烂柯：

围棋古典对称及现代新型

郑 弘　刘乾胜　李炳文 著

成都时代出版社
CHENGDU TIMES PRESS

图书在版编目(CIP)数据

烂柯:围棋古典对称及现代新型/ 郑弘,刘乾胜,李炳文著. -- 成都:成都时代出版社,2024.7
ISBN 978-7-5464-3441-4

Ⅰ.①烂… Ⅱ.①郑… ②刘… ③李… Ⅲ.①围棋-对局(棋类运动) Ⅳ.①G891.3

中国国家版本馆 CIP 数据核字(2024)第 075766 号

烂柯:围棋古典对称及现代新型
LANKE:WEIQI GUDIAN DUICHEN JI XIANDAI XINXING
郑弘　刘乾胜　李炳文　著

出 品 人	达　海
责任编辑	李　林
责任校对	樊思岐
责任印制	黄　鑫　曾译乐
封面设计	袁　飞
装帖设计	合创同辉

出版发行	成都时代出版社
电　　话	(028)86742352(编辑部)
	(028)86615250(发行部)
印　　刷	四川五洲彩印有限责任公司
规　　格	165 mm×230 mm
印　　张	18.5
字　　数	340 千
版　　次	2024 年 7 月第 1 版
印　　次	2024 年 7 月第 1 次印刷
印　　数	1－4000
书　　号	ISBN 978-7-5464-3441-4
定　　价	68.00 元

著作权所有·违者必究
本书若出现印装质量问题,请与工厂联系。电话:85011398

序　言

　　夫棋之制也，有天地方圆之象，有阴阳动静之理，有星辰分布之序，有风雷变化之机，有星辰分布之序，有春秋生杀之权，有山河表里之势。此道之升降，人事之盛衰，莫不寓是。据《左传》记载，春秋战国时期已出现朴素的围棋理论，当时卫国的太叔文子，在公元前548年就说过这样的话："今宁子视君不如弈棋，其何以免乎？弈者举棋不定，不胜其耦，而况置君而弗定乎？"

　　在两三千的历史长河中，关于围棋的诗与书浩如烟海，堪称国学，但还没有一本专门论述围棋对称棋型的专著，《烂柯：围棋古典对称及现代新型》一书，将填补这项空白。

　　棋艺理论需要人去总结，对称棋之美更需要人去开发，该书除了对古人的对称棋做了深入的系统研究外，同时还展示了未曾出现过的对称棋型，令人耳目一新。有时凝思如禅定，暗复一局谁人知？中国是围棋的故乡，自古就有很多关于围棋的神话传说，烂柯的故事最为有名。历代懂棋的文人墨客题诗作赋，唐代诗人孟郊的《烂柯石》，便写了这则神话故事——仙界一日内，人间千载穷。双棋未遍局，万物皆为空。

　　一个没有文化的城市，就是没有灵魂的躯壳。浙江衢州市着力塑造烂柯品牌，举办世界围棋烂柯杯比赛，打造这张亮丽的名片，在神话传说的故乡，手谈棋局，让古老的神话，注入新的内涵，让充满文化底蕴的城市焕发新的活力；让人们记住这座美丽的城市，留下美好的回忆。

刘乾胜

2023年6月22于武汉

目　录

第一章　挖掘古典对称之形 …………………………………（1）

原题第一题　对面千里势 …………………………………（1）
衍生第一题　巴峡相逢 ……………………………………（4）
衍生第二题　引睡书横 ……………………………………（9）
衍生第三题　天旷庐覆 ……………………………………（17）
衍生第四题　解叩黄扉 ……………………………………（31）
衍生第五题　斜日穿云 ……………………………………（55）
衍生第六题　庭空蝶绕 ……………………………………（66）
衍生第七题　春夏秋冬 ……………………………………（98）
衍生第八题　开卷剪残 ……………………………………（110）
衍生第九题　偏宜境寂 ……………………………………（116）
原题第二题　海底取名珠 …………………………………（129）
衍生第一题　江流自迟 ……………………………………（132）
衍生第二题　风摇竹影 ……………………………………（134）
衍生第三题　南风已窥 ……………………………………（140）
衍生第四题　行渐云布 ……………………………………（144）
衍生第五题　争汉楚垒 ……………………………………（155）
衍生第六题　疏帘缥缈 ……………………………………（160）
衍生第七题　古今豪杰 ……………………………………（168）
原题第三题　千层宝塔势 …………………………………（174）
衍生第一题　神机未识 ……………………………………（177）
衍生第二题　归来笑问 ……………………………………（181）
衍生第三题　纷纷玄白 ……………………………………（186）
衍生第四题　此乐商山 ……………………………………（187）

衍生第五题　高处惊鸦 ·· (188)

衍生第六题　唐明皇游月宫 ·· (189)

原题第四题　烂柯势 ··· (192)

衍生第一题　劝君柯烂 ··· (196)

衍生第二题　采樵势 ··· (198)

原题第五题　道士炼丹 ··· (201)

衍生第一题　去沙通断 ··· (203)

第二章　创作世界未见新型 ··· (214)

自创第一题　遣日棋局 ··· (214)

自创第二题　两穷相遇 ··· (217)

自创第三题　松菊吹香 ··· (223)

自创第四题　始悟老仙 ··· (233)

自创第五题　遣醉纵横 ··· (255)

自创第六题　前车之鉴 ··· (260)

自创第七题　循环往复 ··· (267)

自创第八题　轩然大波 ··· (274)

代后记——照耀古今，与《玄玄棋经》相媲美 ··············· (288)

第一章
挖掘古典对称之形

原题

第一题　对面千里势　白先

本题选自宋谱《忘忧清乐集》，是宋太宗御制第一题，白先，下面五子可否突围？

第一题

正解图

白1顶好手，黑2扳，白3断长一气，然后白5跳，黑6只有爬，黑8夹抵抗，白11扑，再于15位枷，以下至白19，黑棋被杀。

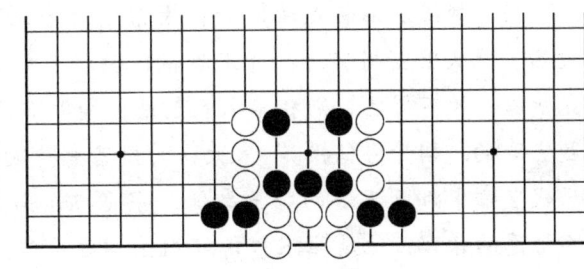

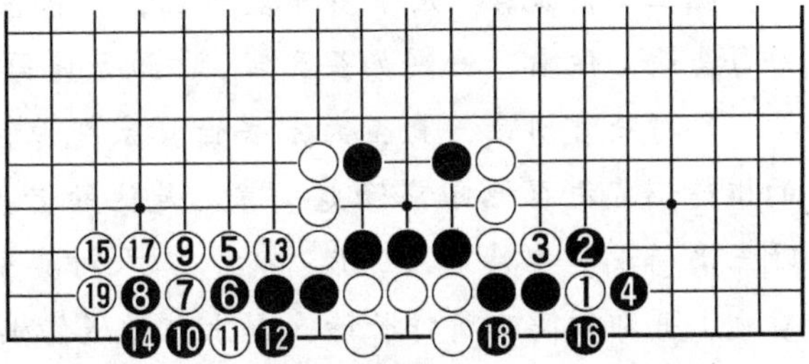

正解图

变化图

白1顶时，黑2拐，白3贴后再于5位扳是好手，这是经典之着，流传千年。黑6阻渡决战，白7以下将黑棋征死，白棋五子胜利突围。

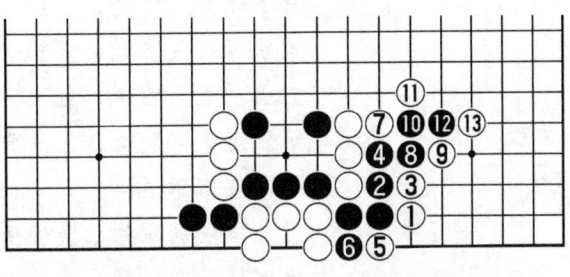

变化图

失败图

白1挖从中路进攻,看似手筋,黑2打后,黑4、6堵住,当白7卡时,黑有8、10救命之着,黑12接时,白攻击计划失败。

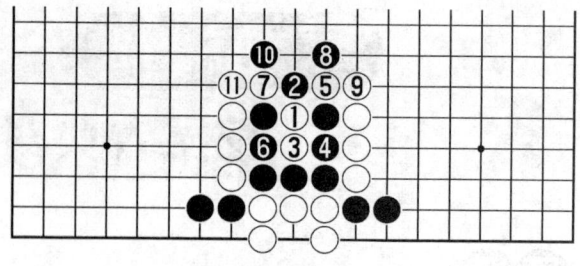

失败图　⓬=①

典故

据叶梦得《石林燕语》云：太宗当天下无事,留意艺文,而琴棋亦皆造极品。时从臣应制赋诗,皆用险韵,往往不能成篇；而赐两制棋势,亦多莫究所以,故不得已,则相率上表乞免,和诉不晓而已。王元之尝有诗云："分题宜险韵,翻势得仙棋。"宋太宗的棋艺有一定的造诣,并创作围棋题,这是历代皇帝中为数不多的。王禹偁,字元之,山东巨野人。宋太宗时进士,任右拾遗的谏官,他是北宋初诗坛盟主,也是棋坛重要成员。他在《黄冈竹楼记》中说："宜围棋,子声丁丁然。"可见他对围棋的浓厚兴趣。

据王禹偁说,"太宗多才复多艺,万机余暇翻棋势",其创作的新棋势,每每先赐给他看,他则如获至宝,"藏于箧笥传子孙"。后来因为直言触怒皇帝,终被贬官出京,直至太宗去世真宗即位,念他是先朝老臣,派了太宗时的棋待诏贾元召他回京修史。贾元是他的老棋友,故人重逢,感慨万千,当晚王禹偁设筵招待老友,散席后,二人对弈至深夜。第二天,王又设宴欢送贾元,并即席高吟所作长诗《筵上狂歌送侍棋衣袄天使》,回顾了当年与太宗的一段棋缘,诗云：

> 昔事先皇叨近侍,北门西掖清华地。
> 太宗多材复多艺,万机余暇翻棋势；
> 对面千里为第一,独飞天蛾为第二,
> 第三海底取明珠,三阵堂堂皆御制。
> 中使宣来示近臣,天机秘密通鬼神。
> 乃知棋法同军法,既诫贪心又嫌怯；
> 唯宜静胜守封疆,不乐穷兵用戈甲。
> 先皇三势有深旨,岂独一枰而已矣。

当时受赐感君恩，藏于箧笥传子孙。
至道年中出滁上，失脚青云空怅望。
移典维扬日望还，轩辕鼎成飞上天。
龙髯忽断攀不得，旧朝衣上泪潺湲。
吾皇曲念先朝物，徵归再掌西垣笔。
悲凉忽见红药开，哭临空随梓官出。
去年领郡得齐安，山州僻陋在江干。
黄民谁识旧学士，白头犹作老郎官。
昨日江边天使到，随例沾恩著衣袄。
皇华本是江南客，久侍先皇对棋弈。
筵中偶说当年事，三势分明皆记得。
我从失职别上台，御书深锁不将来。
遥想棋图在私室，天香散尽空尘埃。

题诗

弈边忘日月，况复遇神仙。
石上无多著，人间几百年。
指枰如料敌，落子欲争先。
想尔腰柯烂，回头亦骇然。

第1题　黑先

提示： 两角黑五子被困，黑怎样打开局面，对白五子进行缠绕攻击，救出一方？

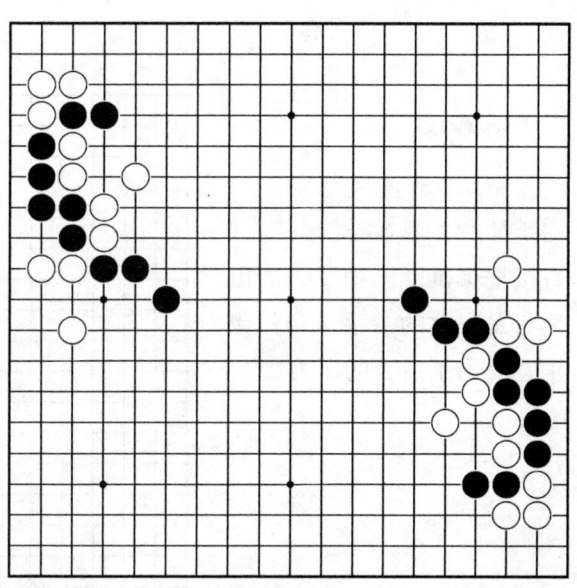

第1题

第一章　挖掘古典对称之形

 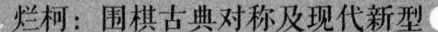

衍生第一题
巴峡相逢　白先

题诗

大骂长歌尽放颠，
时时一语却超然。
巴峡相逢如昨日，
山阴重见亦前缘。

这是由两个"对面千里势"构成，我加了五个黑△，加强黑方防守力量。白先行，对两侧中间的黑五子缠绕攻击。

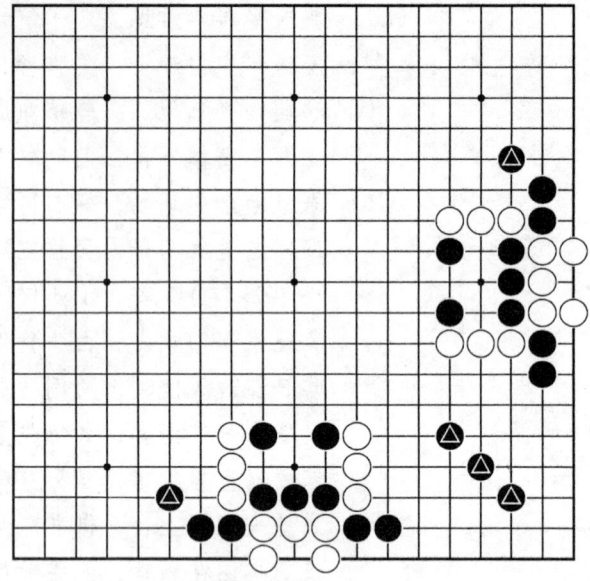

衍生第一题

变化图 1

白1、3直接行动，当白5冲时，黑6接，白7、9直接把黑棋就干掉了，所以黑6是失败的一手，当然黑棋感受到了白方的压力。

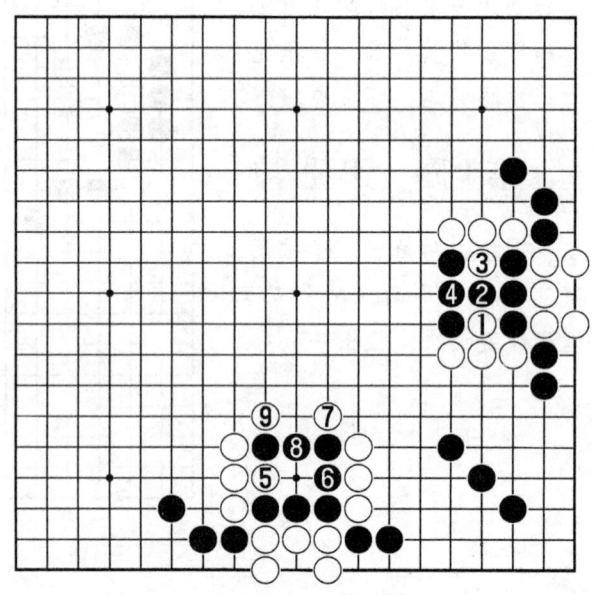

变化图 1

变化图 2

黑 2 位接，白 3 把黑气收紧，然后再于 5 位扳，黑感到窒息，自己行动受阻。黑 6 跳出，白 7 在另一边如法泡制，双方战斗至白 19 打，黑如走 A 位，白 B 打，闷死黑棋。

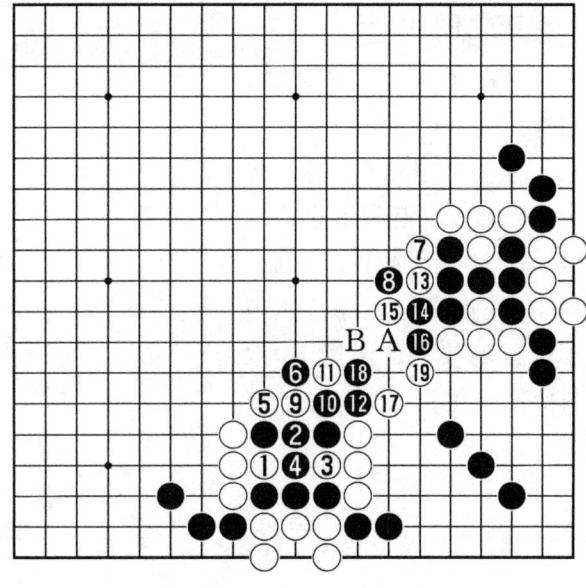

变化图 2

变化图 3

白走 1 位攻击，黑如 2 位防守，是唯一呼应两边的急所，白 3、7 冲断，黑无法动弹，当行至白 13 时，黑欲哭无泪。

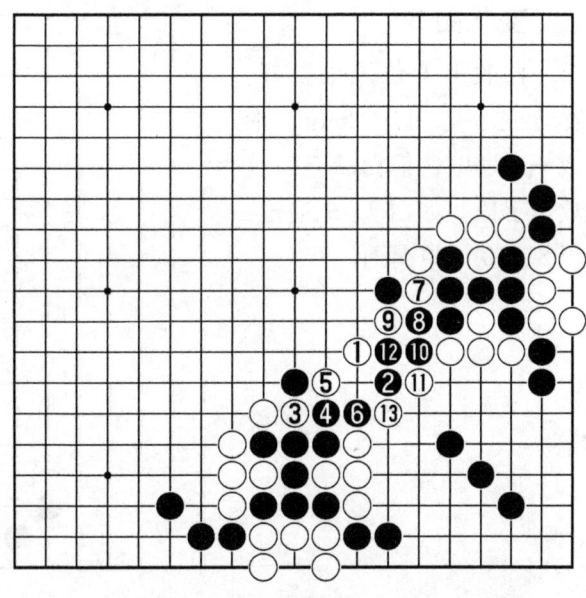

变化图 3

变化图4

当白1扳时，黑2曲，白5、7当头一棒，得意手法，享受攻击的乐趣，黑8、10出逃，狼狈不堪，白11、13被胜利冲昏了头脑，黑14先打是好次序，化解了白方的攻势，至黑18双打突围成功。

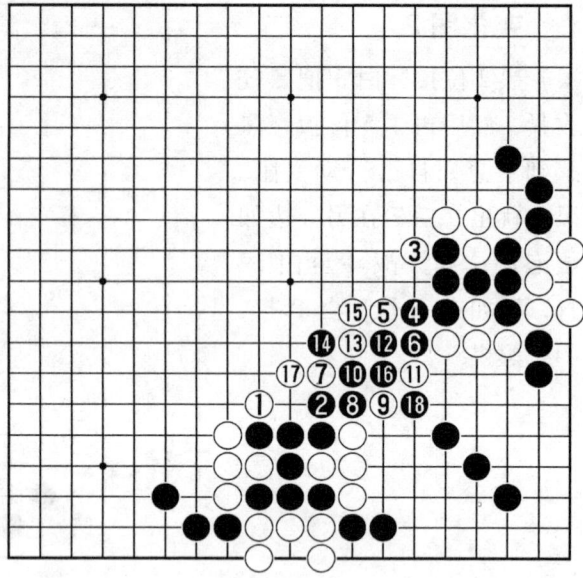

变化图4

变化图5

白改走1位压也不好，尽管先手走到3、5位，形成一道厚壁，但白缺乏后续攻击手段，如白7、9追击，黑8、10简单突围。

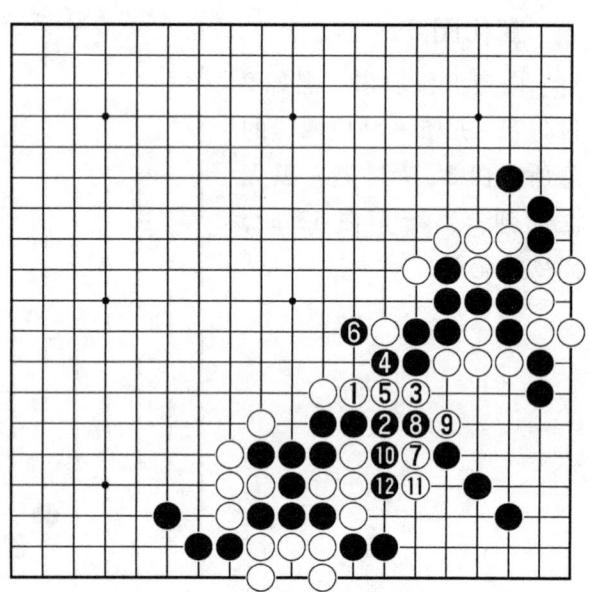

变化图5

正解图

白3、5做总攻前的准备是正解，这是解题的关键之处。黑8、10被迫应战，当黑12打脱险后，白13再扳，黑棋失败。

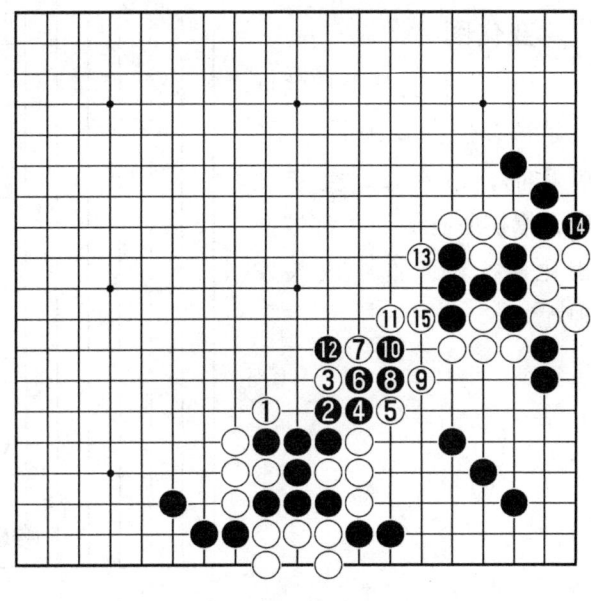

正解图

变化图6

黑改在1位打，不想被对方利用，由于有白△一子的存在，白2、4、6的手段有力，黑被封住了，插翅难逃。

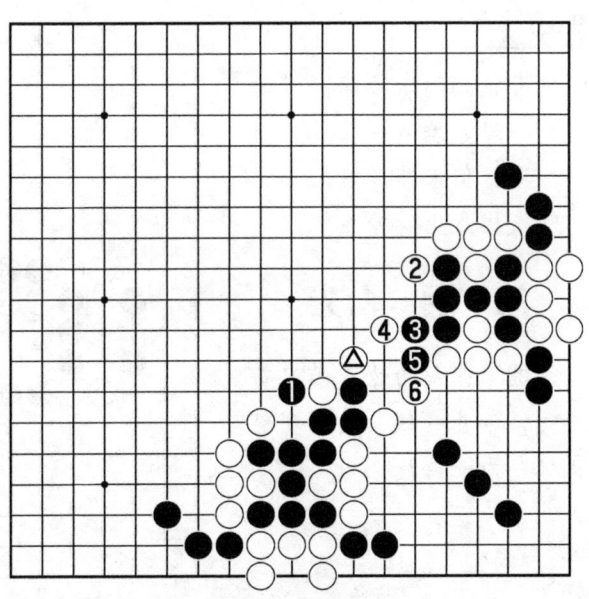

变化图6

变化图 7

黑在 1 位打是最后的抵抗手段，但白 2 顶是先手，黑 3 曲，白 4 接，瓮中捉鳖，黑棋所有的招术都被白棋化解，为何古今没人发现呢？

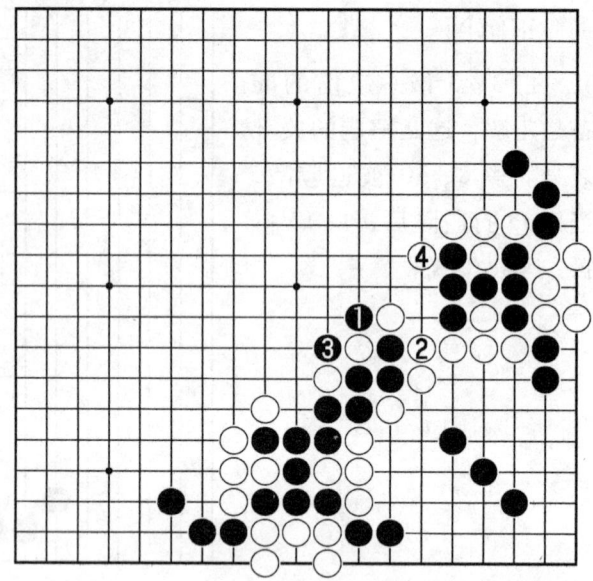

变化图 7

题诗

弈秋鸿鹄未须惊，
一着才差败一枰。
不信但来茅屋里，
纸棋盘上看输赢。

第 2 题　白先

提示：白两边五子只有一气，命悬一线，是否还有良机奋力一搏？

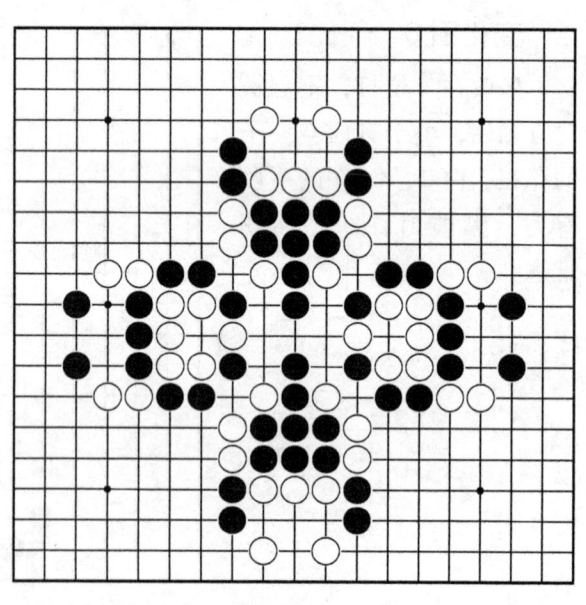

第 2 题

衍生第二题
引睡书横　白先

题诗

寂寂房栊鸟雀声，
熏笼茶灶正施行。
引睡书横犹在架，
围棋客散但空枰。

这是我在校书稿时，突然产生的构思，在角上加一个棋形。这个棋形在《玄玄棋经》中叫"福禄寿三星献瑞"，真是贴切。白先行，只要把三块棋走活一块就算成功，其复杂的攻防超过《围棋发阳论》。

变化图1

白1碰，故伎重施，黑2扳应对无谋，明显中计。白3断，再施白5、7手法，变化至白19，黑棋被杀。

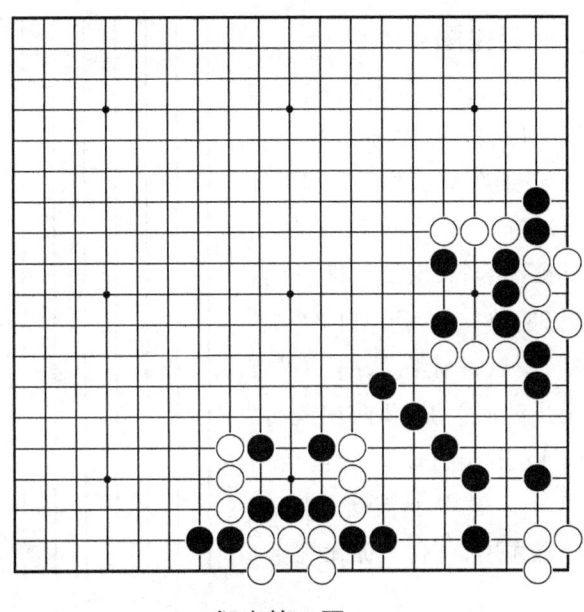

衍生第二题

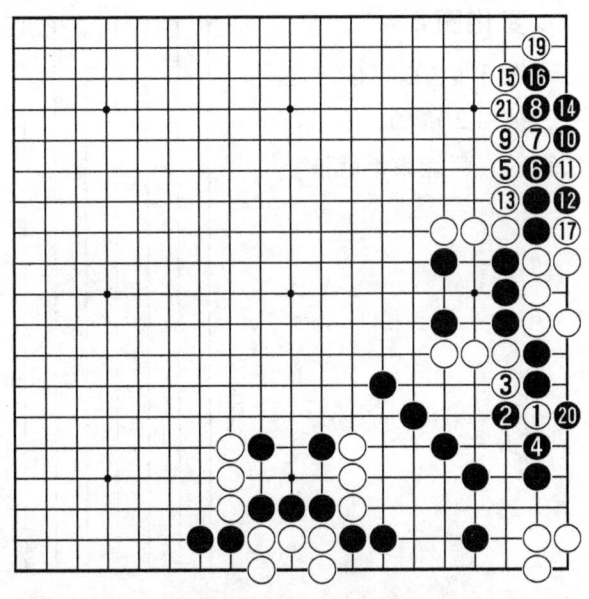

变化图1　⑱＝⑪

变化图 2

黑 2、4 拐去应战，白 13、15 长是先手，黑 14、16 必须防守，白 17、19 发力冲断，然后再于 21 位尖是预计的行动，白 27 扑时，黑 28 单接好手。白 31 扳，黑 32 只好让白联络，双方展开对杀，黑 42 防白闷打，白 43 出击，以下变化至白 55 止，黑六子被吃。黑 56 扑也无用，白 57 提无忧。

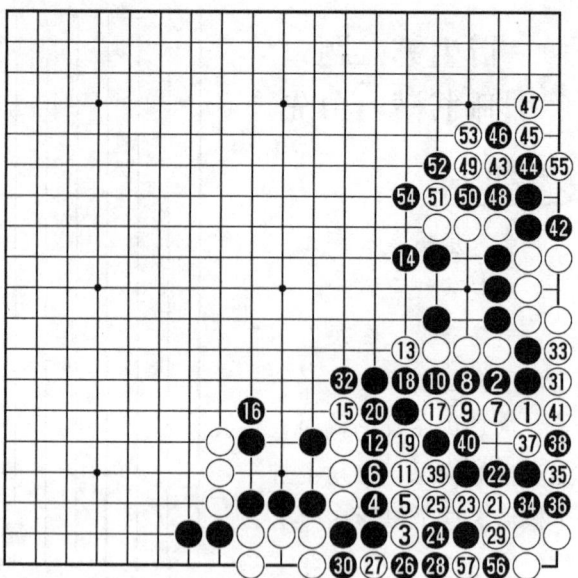

变化图 2

变化图 3

黑 3 改在 1 位立也不行，被白 2 罩枷，黑两子无法行动，只能束手就擒。

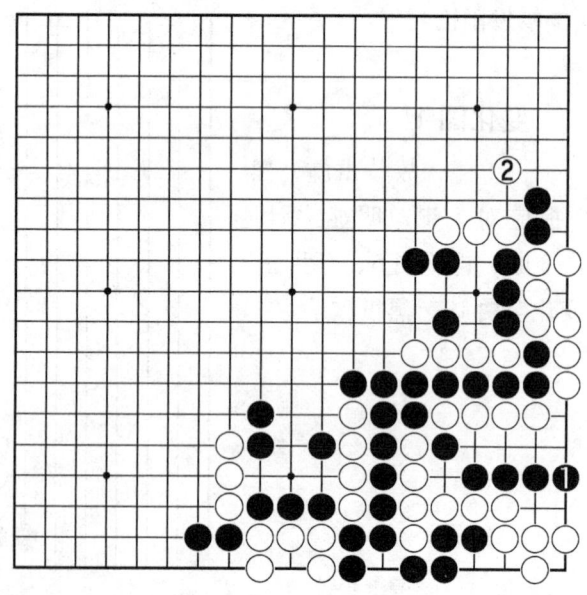

变化图 3

变化图 4

黑改在 2 位应，白 3、5 简单手法，至白 7 黑接不归，白方感谢黑方送的厚礼。

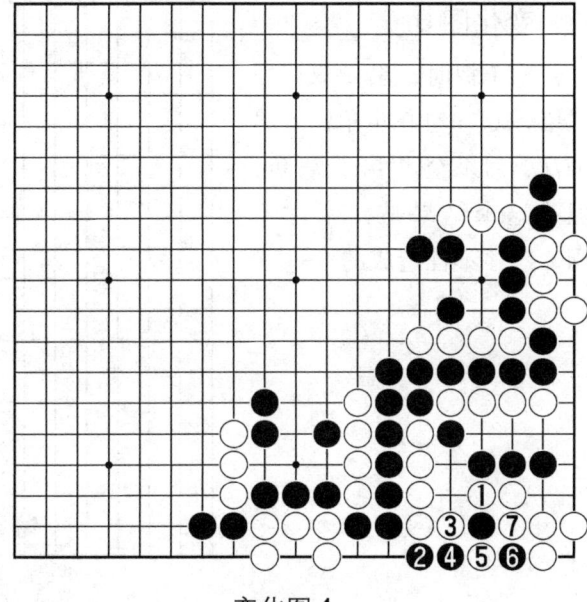

变化图 4

变化图 5

白 1 时，黑 2 并，白 3 以下定形，白 11 扳是此时的要点，黑 12 阻渡决战，关键白 15 是一枚珍贵的本身劫材，黑 16 非应不可，白 17 先提紧气，白 19 征，一步一步勒紧绳索……最后黑后悔都来不及。

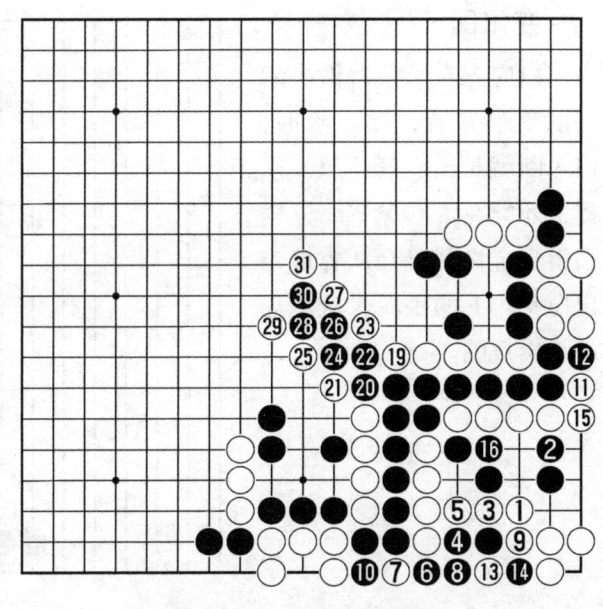

变化图 5　⑰=⑬　⑱=⑦

变化图6

白1扳时,黑2双让白联络,双方勾心斗角,绞尽脑汁,对杀至黑14白告负,但是这个结果是白考虑不周,次序不佳造成的——

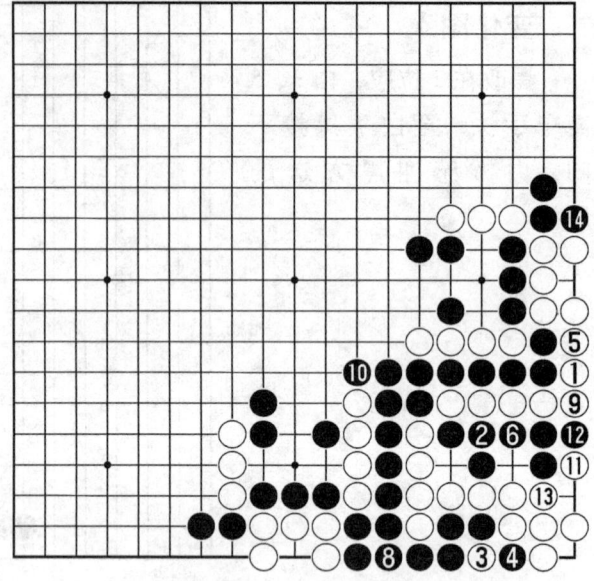

变化图6　⑦=③

变化图7

白应先在1位碰做决战前的最后布置,黑2扳时,白3断就长出一气,黑8须提,才能在A位紧气,这样白得到宝贵的机会从容地走出白9、11的手段,从危局中杀出重围。

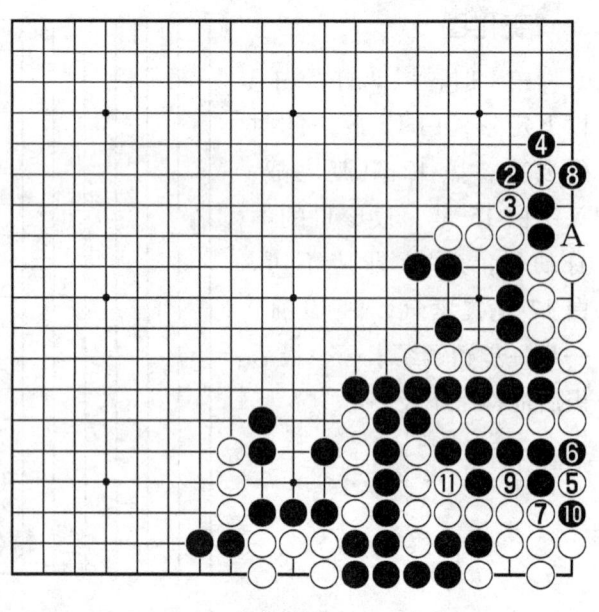

变化图7

变化图 8

黑 1 拐出迎接战斗，可气的是白 6 还可以扳，挑衅黑棋，黑忍无可忍，黑 7 断，不许白棋挑战自己的尊严，白 8 华丽一扳，结果黑两子成了盘中餐，白突破了封锁线。

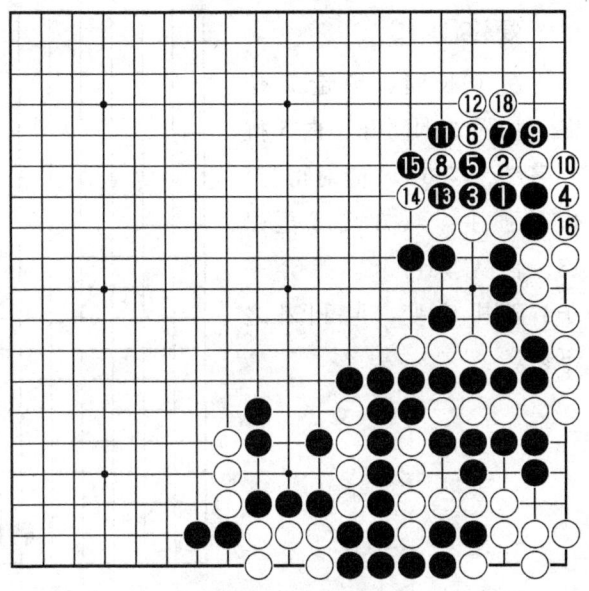

变化图 8　⑰ = ⑧

变化图 9

黑 4 接时，白 5、7 还可以在中腹大打出手。黑 8 被动出逃，白 9、11 两边得利，黑左冲右突，至白 19 黑遭受重创。

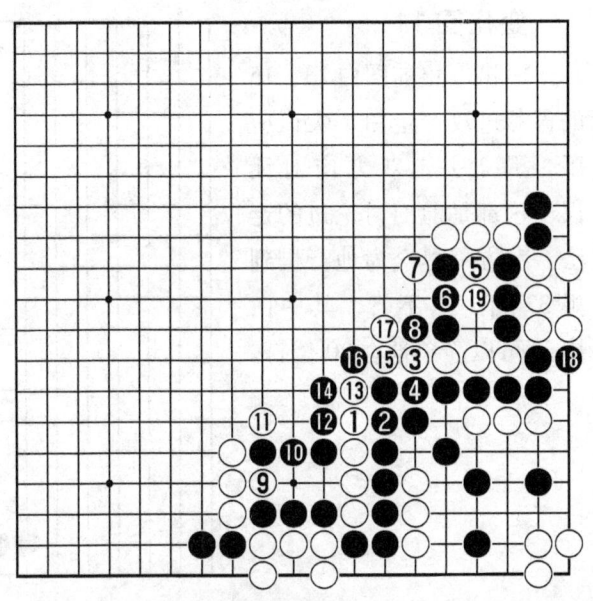

变化图 9

变化图 10

白 1 长时，黑走 2 位贴，加强外围防守，白 5 挑起事端，黑 6、8 应对得当，也是强手，双方交战至黑 18，白无隙可乘。黑弃一子，随机应变，胜利来之不易。

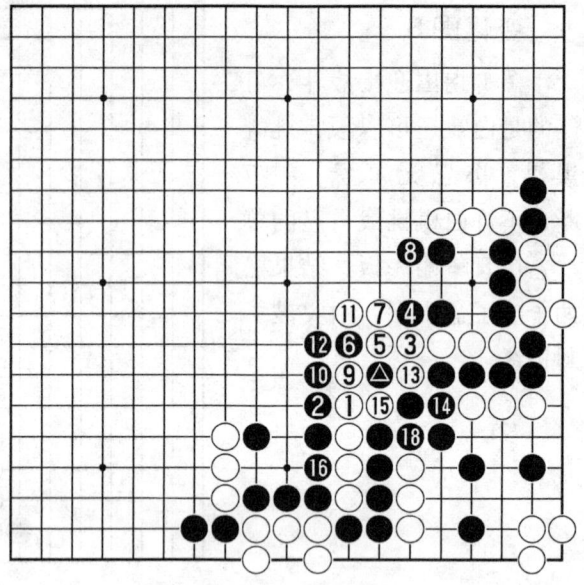

变化图 10　⑰ = △

变化图 11

白棋停止前图白 13、15 的鲁莽进攻，走白 1 尖试应手，黑 2 并，双方应对无误，这都是前面讨论过的走法。双方竭尽全力地行棋到黑 33 打，黑不行，其中白 19 还可以简单地在 20 位打。

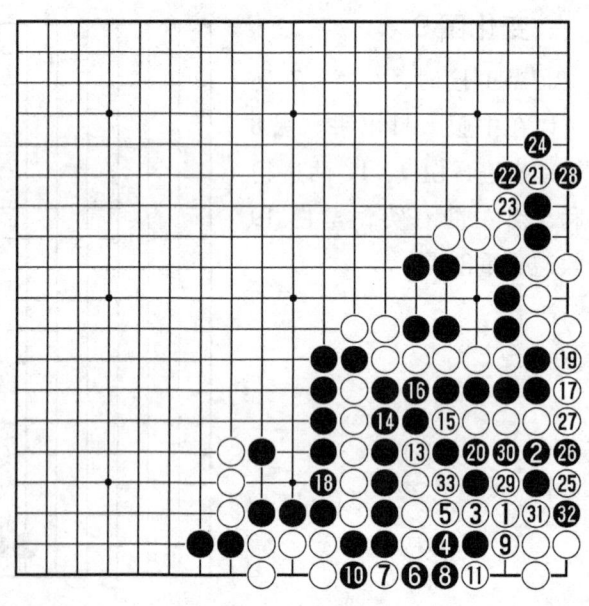

变化图 11　⑫ = ⑦

变化图 12

　　当白 1 长时，黑 2 紧气是正解的第一步，双方均无退路，白 9 尖是最后一搏，黑 10 接是败因，对杀至白 25，白快一气。

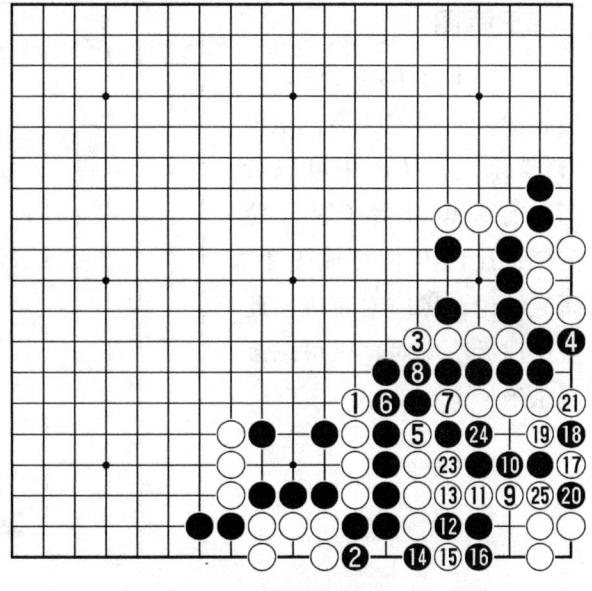

变化图 12　❶❷ = ⑦

变化图 13

　　白 1 尖，黑 2 并，黑 10 接是败招，不能原谅，黑 16 提劫时。白 17 冲是有效劫材，黑失败。

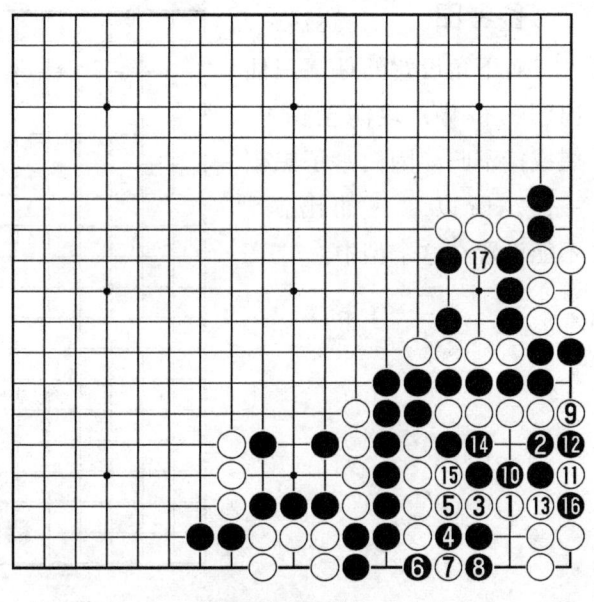

变化图 13

正解图

当白1立下时，黑2双是关键，一招定胜负，至黑6，黑杀白，从图中可以看出，前图黑10等于紧A位公气，让白B位打成先手。研究结论，黑应对正确，此型中白无法应对，黑可以赶尽杀绝。

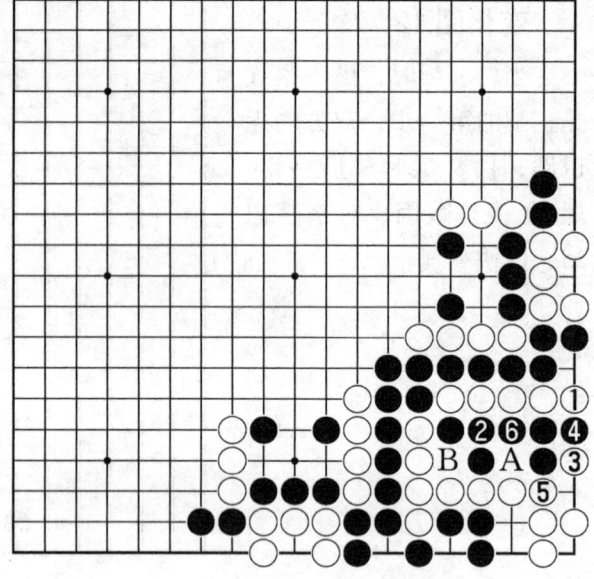

正解图

参考图

右下角设置的是"三仙出洞"棋势，攻防至白9，黑成接不归，因白紧了黑棋一气。所以"三仙出洞"不能设置在这个型中。

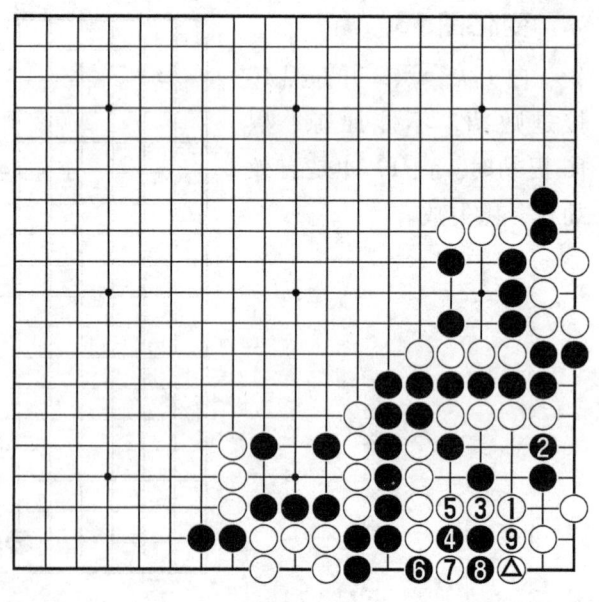

参考图

衍生第三题
天旷庐覆　白先

题诗

　　天旷穹庐覆，
　　风豪野战酣。
　　诗成飞醉墨，
　　棋罢纵高谈。

　　这是以"对面千里势"为基础形而构思的，白棋被围困，有四个假眼，但黑棋气紧，白先行，这里是否有棋？或者说，黑棋有没有净杀白棋的手段？

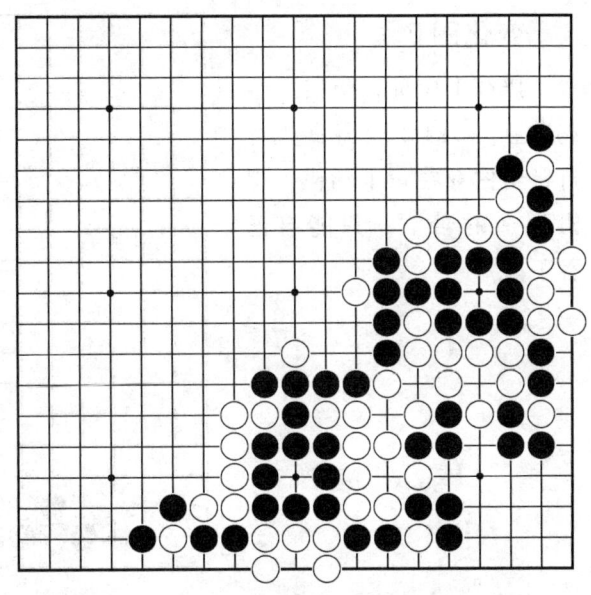

衍生第三题

变化图 1

　　白 1 冲打是机不可失的一手，行至黑 8 打，以为大功告成，然而白 9 立，由于气紧，黑不能在 A、B 位打，只能在 10 位提进行劫争，白成功。

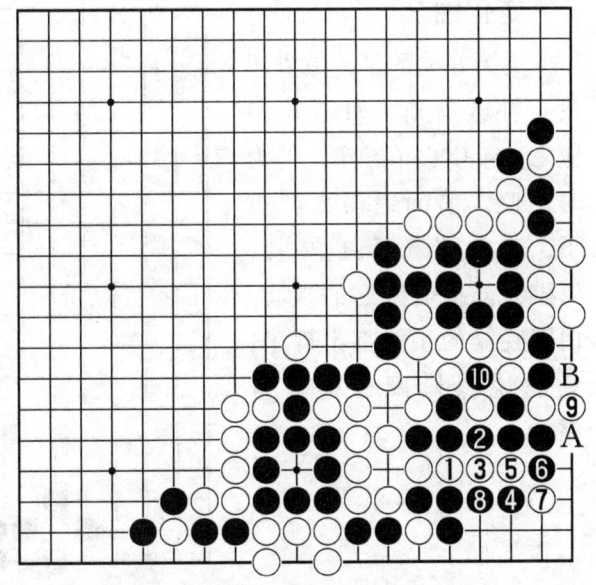

变化图 1

17

变化图2

黑在1位提,防白"金鸡独立",白2获得良机冲打,至白6在角上活棋,黑棋酿造的苦酒,只能自己吞下。

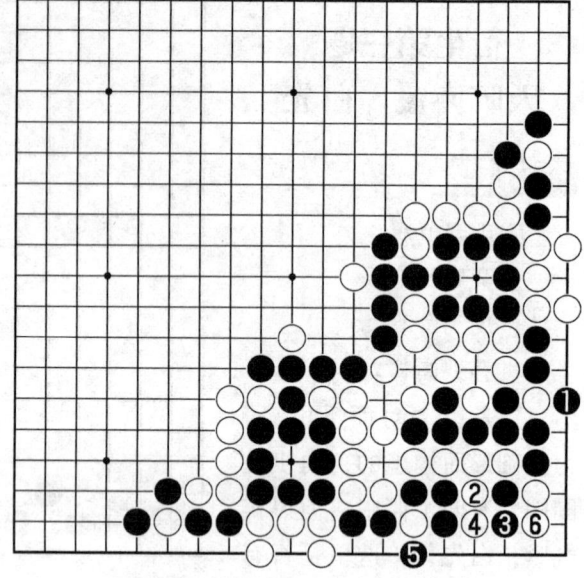

变化图2

变化图3

更为好笑的是,黑棋还没有补救措施。如黑1、3应之,希望亡羊补牢,但为时已晚,前面错误太严重了,双方较量至白12提,黑棋只能接受残酷的现实。白倒脱靴的手段都出现了,只能说黑棋配合得非常完美。

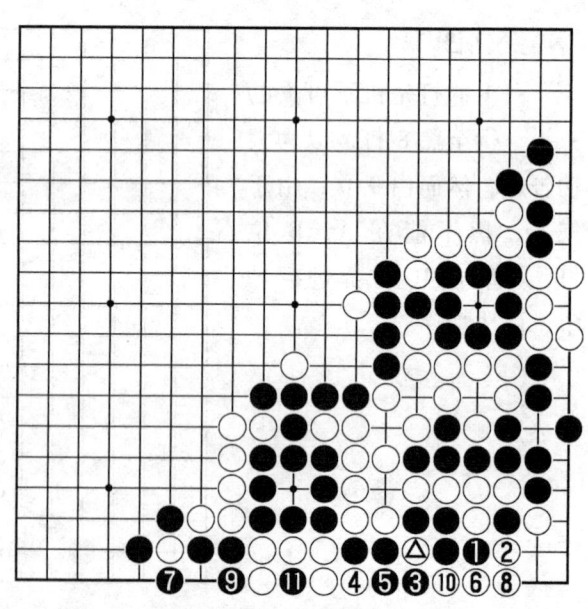

变化图3　⑫=△

变化图 4

黑棋洗心革面，走 1 位跳，因为自身气紧，要采取缓攻战术，才能奏效，双方对攻，变化至黑 23，白差一气告负，白有什么失误呢？

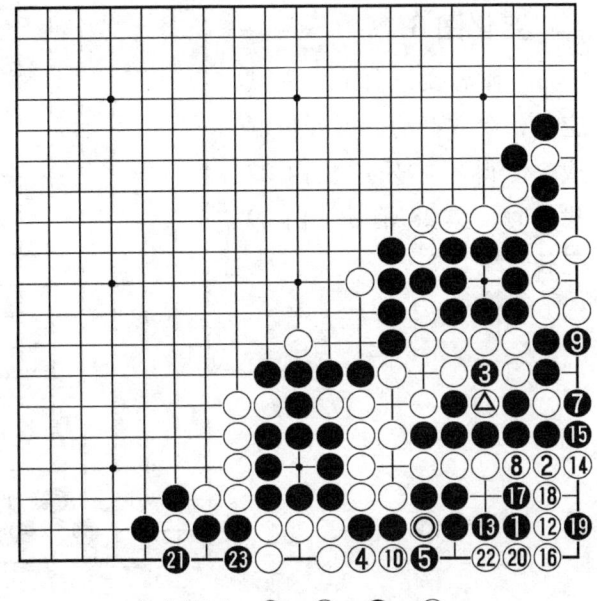

变化图 4　⑥=△　⑪=○

变化图 5

白改变策略走 1 位打，双方打劫，当白 9 打时，黑 10，黑 12 打二还一，白棋被杀，其实黑 10 只要不走 11 位接就行。

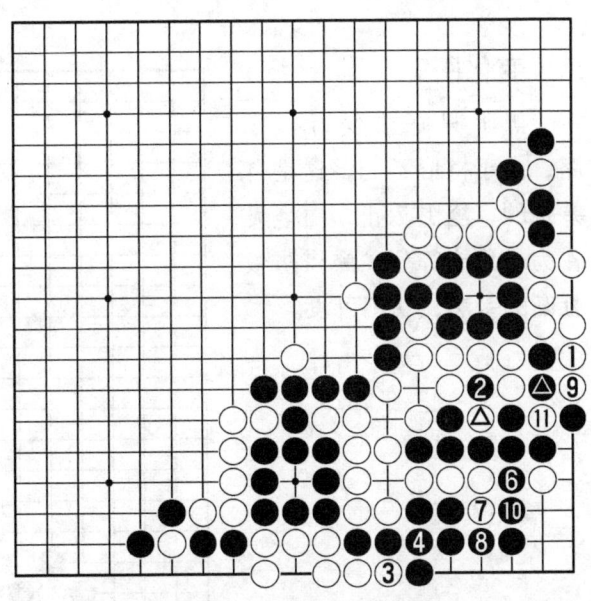

变化图 5　⑤=△　⑫=▲

变化图6

穷则思变，白1先立试应手，双方打劫，展开拉锯战，忙得不亦乐乎，白27找劫时，黑28消劫，白29突破防线。

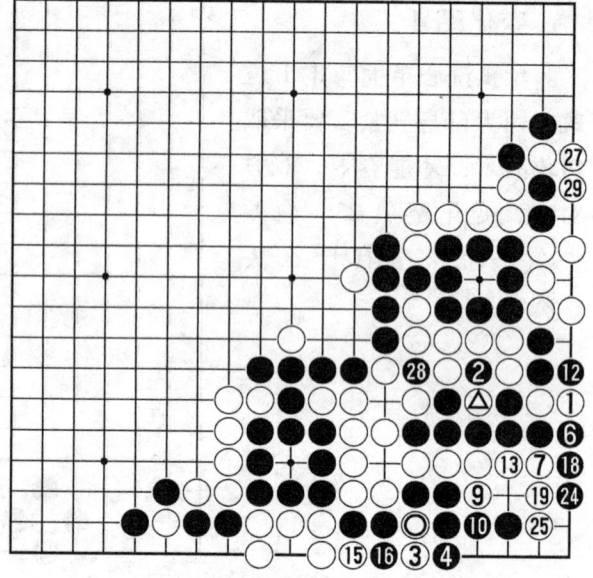

变化图6　⑤⑪⑰㉓=△　㉑=③
　　　　❽⓮⓴㉖=❷　㉒=○

变化图7

黑1只好改变行棋线路，由于棋形不同，这是有差别的，至黑7止，白毫无作为，只能等死，黑棋防微杜渐的手法，功不可没。

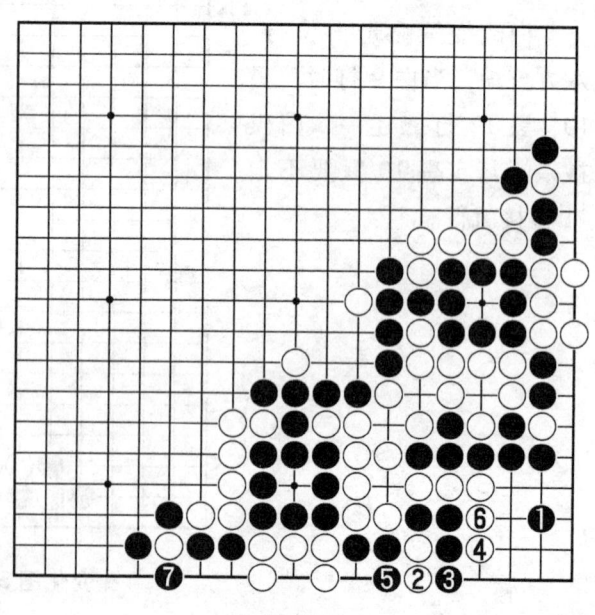

变化图7

变化图 8

白 1 尖顶，困兽犹斗，不甘心被屠，白 5 挡下，黑 6 提劫，白 13 点是找劫好手，黑 14 消劫，白 15 打，黑 16 是不能接的，故黑 16 长气，白 17 挤打，黑接不归。

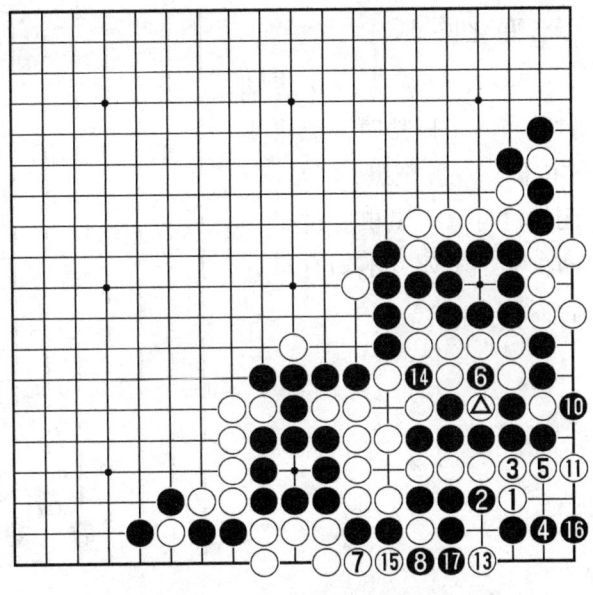

变化图 8　⑨=△　⑫=❻

变化图 9

黑 1 位接，白 2 提打劫，心存侥幸，白棋有 10 位打的阴招，黑棋的厚墙，阴错阳差地被白摧毁了。

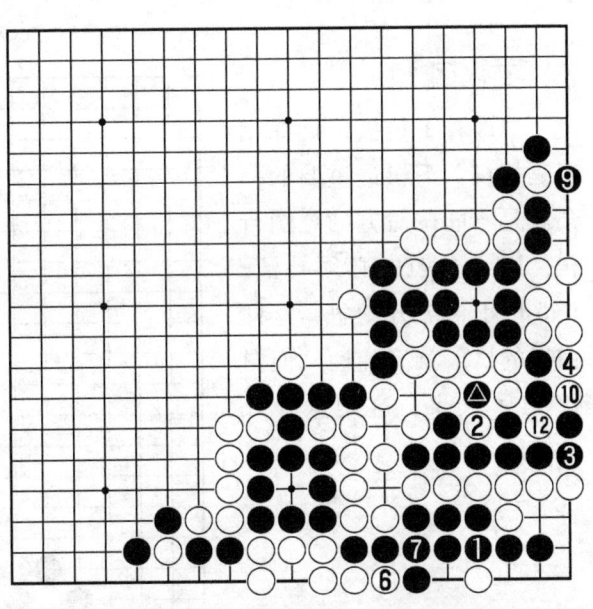

变化图 9　❺❶=△　⑧=②

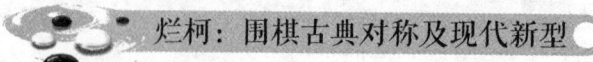

变化图 10

黑1先提劫，节约劫材，当白4提劫时，黑再于5位长，双方至黑19提，白无劫材可寻，黑棋躲过了一劫，大难不死，不知有没有后福。

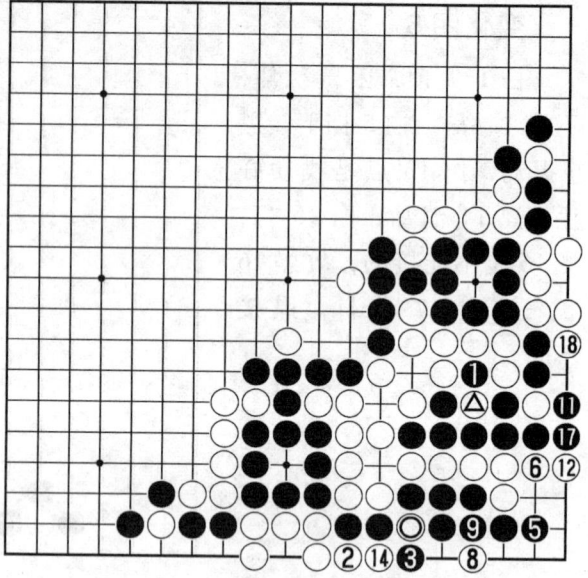

变化图 10　④⑩⑯=△　⑮=○
　　　　　❼⓭⓳=❶

变化图 11

白改在1位扳，针锋相对是好棋。下棋最重要的一条就是不能按对方的意图行棋。黑4要点，必须补活，白5以下再展开劫争，这样白棋的棋形就有弹性，但白17出了大事，这是意外好的结局。

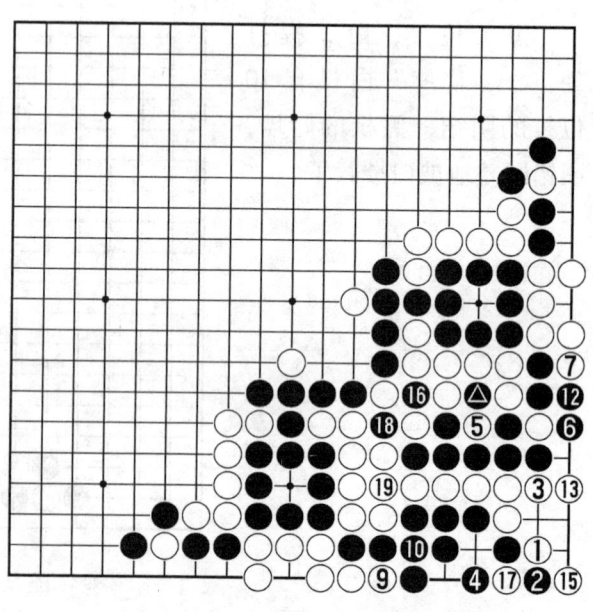

变化图 11　❽⓮=△　⑳=❷　⑪=⑤

变化图 12

黑改在 1 位消劫，白 2 点，黑棋如梦游，当白 10 立时，黑 11、13 如梦初醒，反杀白棋。

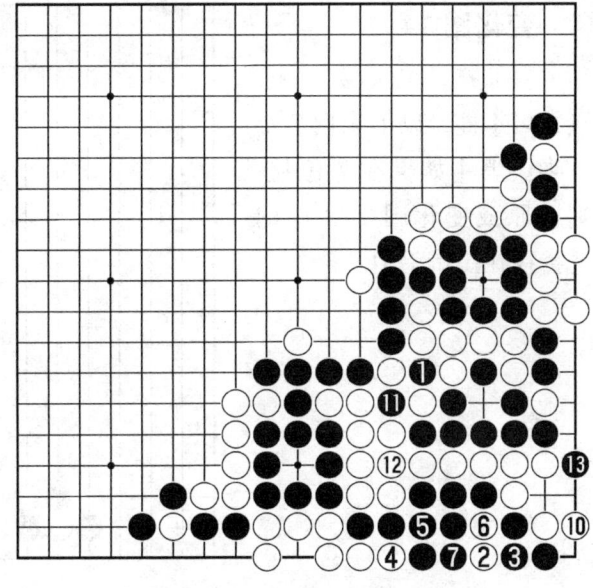

变化图 12　⑧=②　❾=❻

变化图 13

白走 1 位才是正着，黑 2 提与白 3 交换后，再黑 4 提，白 5 抛劫，黑 6 提，白 7 打，要劫材最大化，因为只要一个劫材就可以了，至白 9 白活出一块。如果从另一个角度去探讨棋的成败根源就会发现，黑白双方错进错出，技术变形。

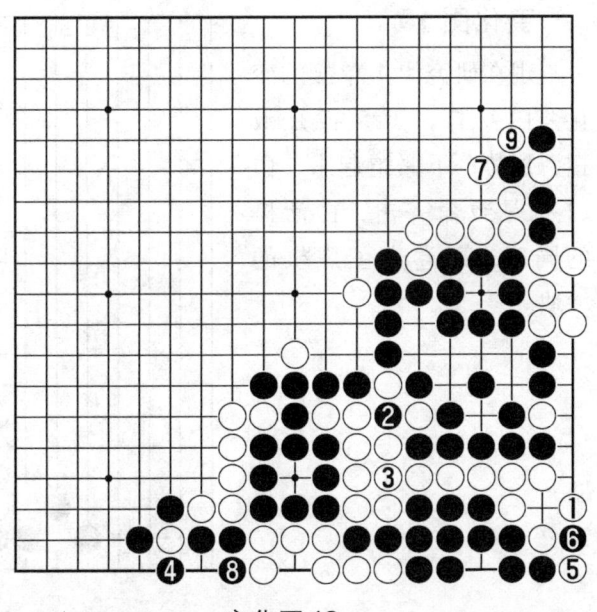

变化图 13

变化图 14

白 1 打，黑 2 接，白 3 点，黑 4 提，以下至白 7 活一半。黑 4 如果在 7 位接，则还原成变化图 13，此时选择权在黑棋手中。

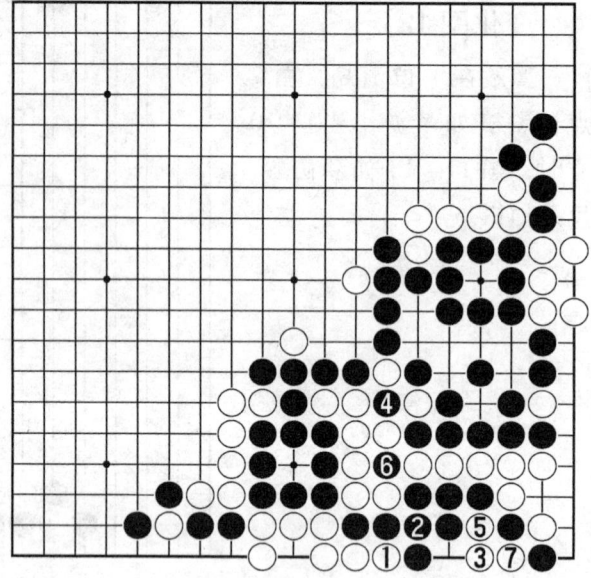

变化图 14

变化图 15

现在研究黑 1 单接的变化，白 4 打，黑 5 扳是败招，形势一下紧迫起来，白 12 挖是致命一击，白活棋的同时，还卷走了黑棋的一块。

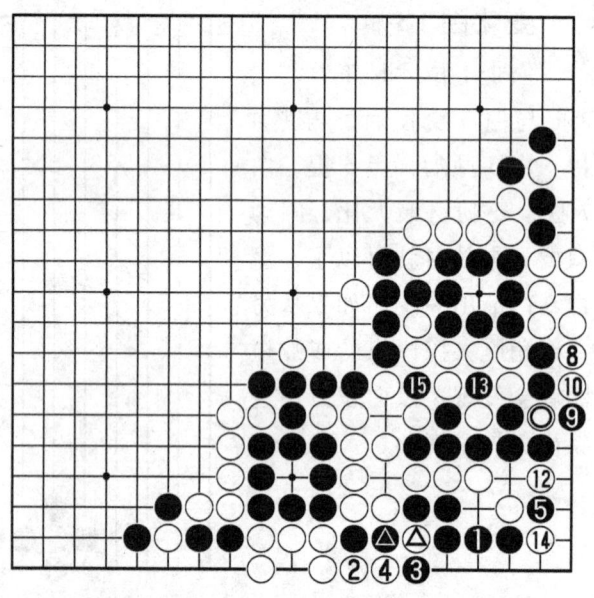

变化图 15　⑥=△　⑦=△　⑪=◎

变化图 16

黑棋为什么不走 1 位粘呢？这么简单的棋都不会下？当白 4 打时，黑再于 5 位扳，至黑 7 痛杀白棋，很有意思，两个打二还一，要做正确选择，才能到达胜利的彼岸。

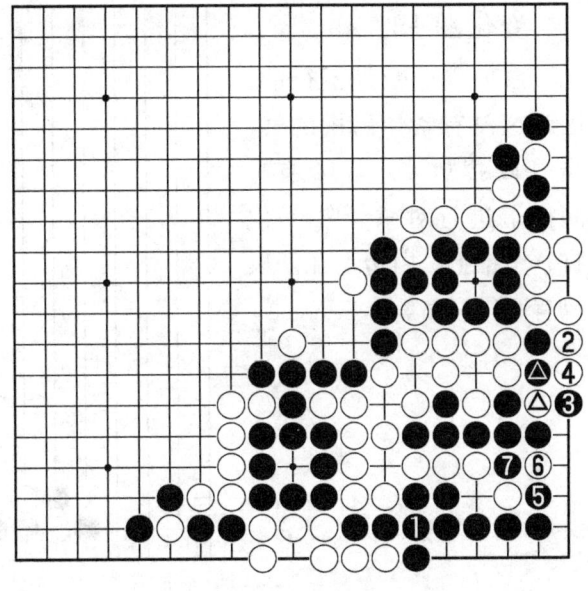

变化图 16　⑧ = △　⑨ = △

变化图 17

白改在 1 位尖，对此，黑 2 提是冷静的好手，白 3 拐，黑 4 挤，白无法招架，黑棋终于走上正轨。

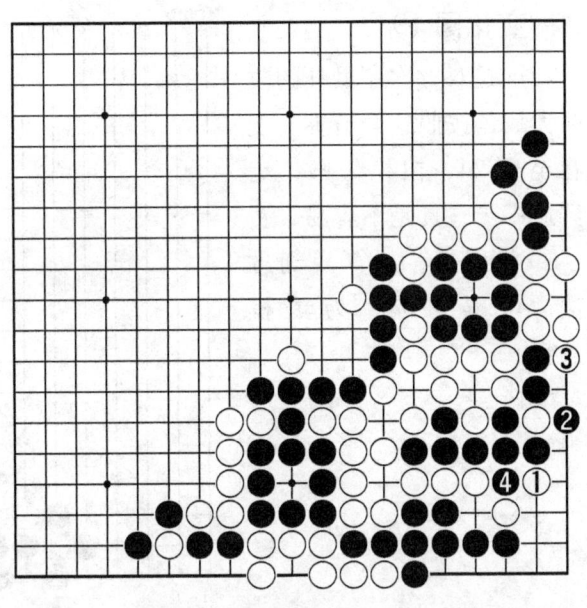

变化图 17

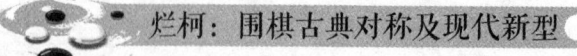

变化图 18

白 1 立分断是不行的，因为这没有紧住黑棋的气，当白 11 提劫时，黑 12 有时间提子进行对杀。白 A 位打，黑粘上，白边上几子棋只有两气，而黑有三气。

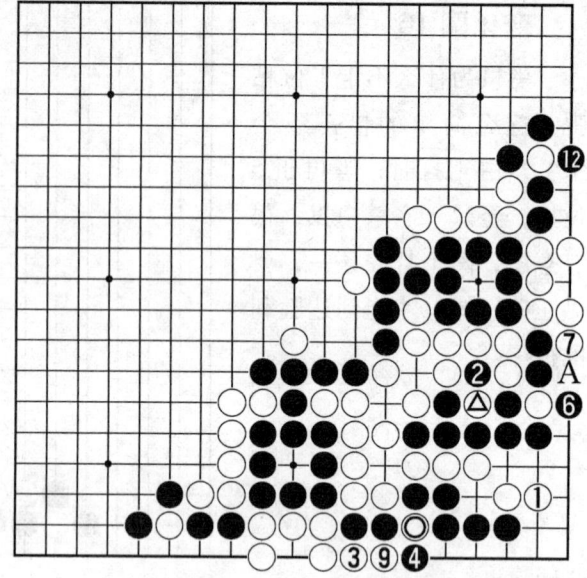

变化图 18　⑤⑪=△　❽=❷　⑩=○

变化图 19

这是双方次序最佳的攻防大战，按照这个节奏，变化至黑 24，白棋失败，走到这一步，真是不容易，费了一些周折，总算找到方法，可喜可贺，为黑棋点赞。

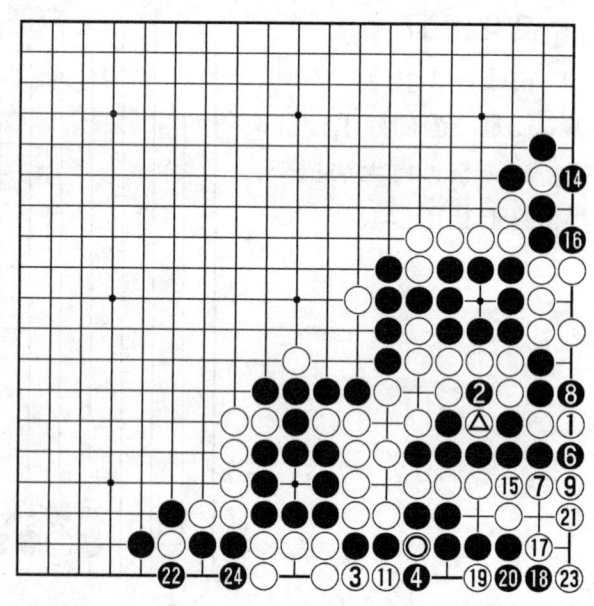

变化图 19　⑤⑬=△　❿=❷　⑫=○

变化图 20

白 1 扑，黑 2 提，态度端正，不给白可乘之机，白 3 做眼，黑 4 长进，白失去了妙味，也自然失去了眼形。

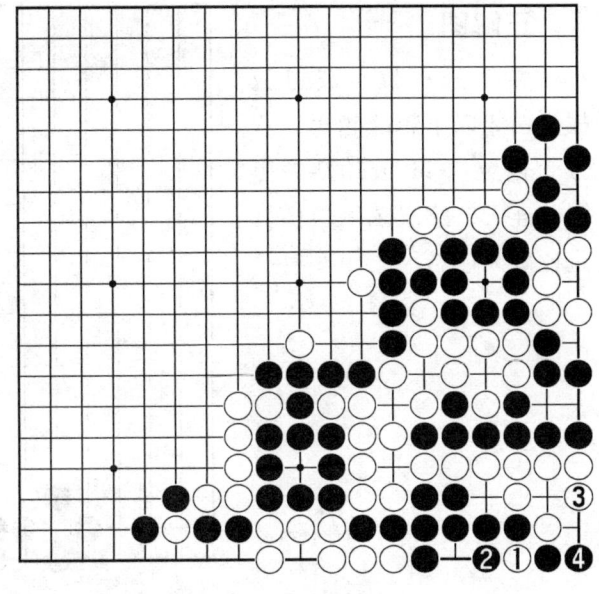

变化图 20

变化图 21

白改走 1 位扑是常用手筋，黑 2 点不想与白纠缠，但白 3、5 还是形成打劫，黑 6 提劫，白 7 扑找劫，却要了黑棋的命。

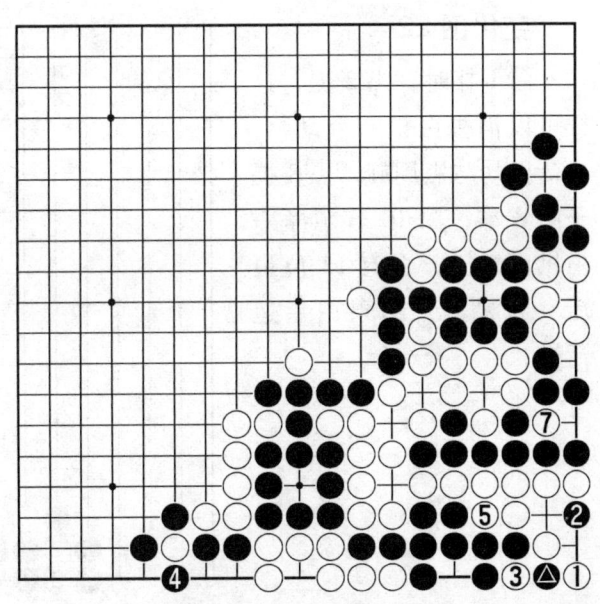

变化图 21　❻ = △

正解图

黑 2 只有提，被迫应战，白 3 以下越战越勇，双方变化至白 11 成劫活，黑叫苦连天，感叹杀一块棋真是比登天还难。

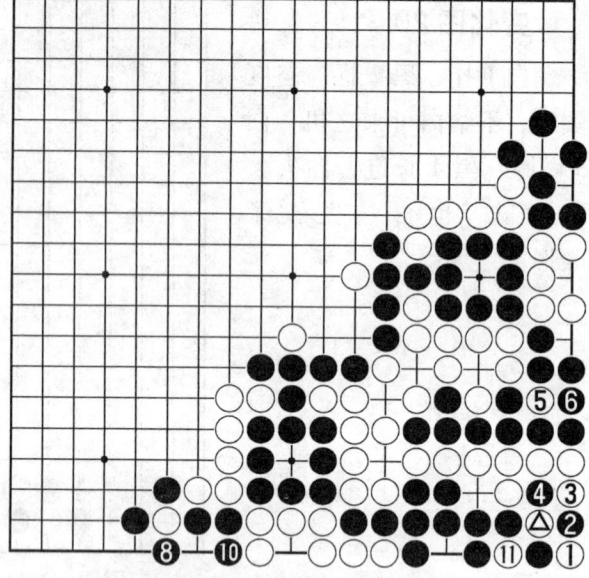

正解图　⑦=△　⑨=①

变化图 22

白 1 扑时，黑 2 提，这样可以消去白棋一个劫材，白 7 提劫与黑周旋，黑 8 提子图省事，黑 10 若想净杀白棋而粘上，白有 13 位最后一枚劫材，结果白幸运活棋。

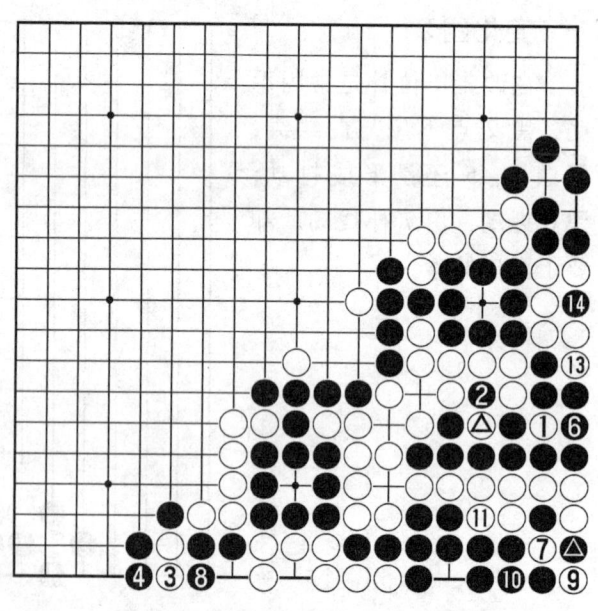

变化图 22　⑤=△　⑫=△　⑮=⑨

变化图 23

黑有 1 位粘的杀法，这往往是鬼手，如果不想打劫，黑棋与白硬干到底，黑 9 粘，白 10 也粘上，结果黑傻了眼，反遭不测。

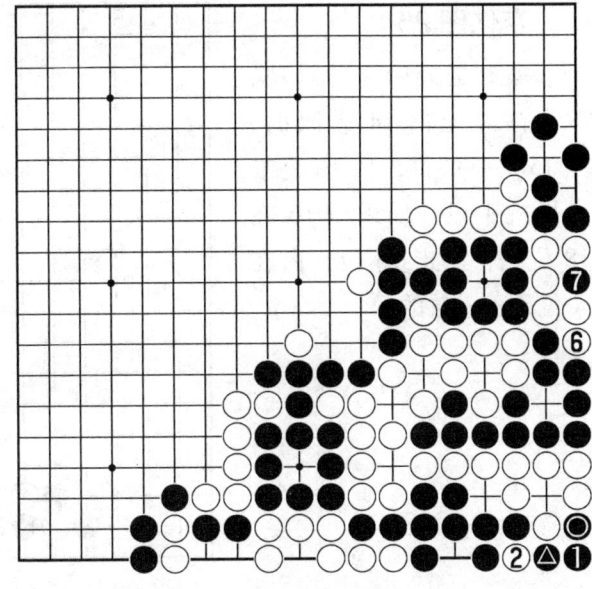

变化图 23　❸ = △　❺⑩ = ◎
④⑧ = ❶　⑨ = ②

变化图 24

这里还有一个分支变化要提一下，即当黑 1 提劫时，白 2 提劫仍是劫争，黑 5 还是不敢在 6 位粘，因白有 A 位立的劫材，黑 7 如提，白 8 粘净活。

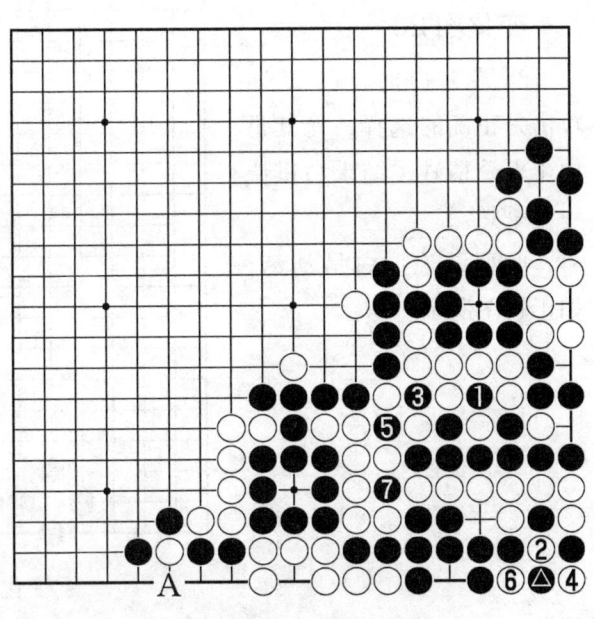

变化图 24　⑧ = △

变化图 25

黑 1 是最后一种杀法，双方战斗至白 14 破眼时，黑 15 夹是好棋，白 16 是唯一抵抗手段，如果白 16 在 18 位粘，黑走 16 位，白在 A 位是不入气的。

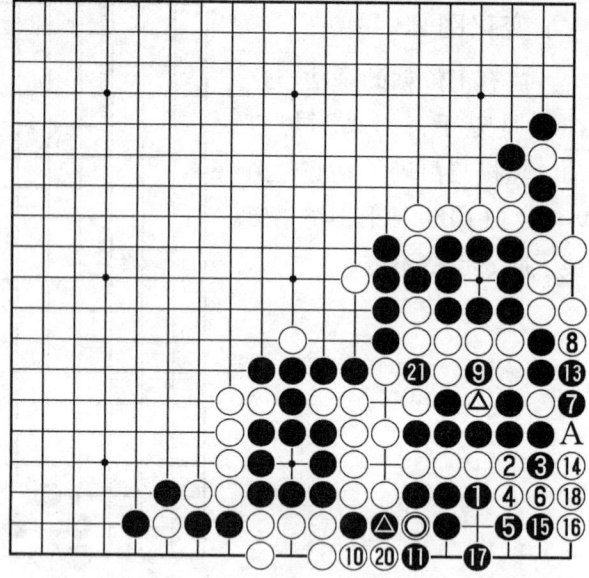

变化图 25　⑫=△　⑲=❾　㉒=○　㉓=△

变化图 26

当黑 1 提时，白 2、4 攻击是正确的选择，尤其是白 4 点杀精妙，结果白棋快一气杀黑。

此型结论：白是劫活，如正解图所示。

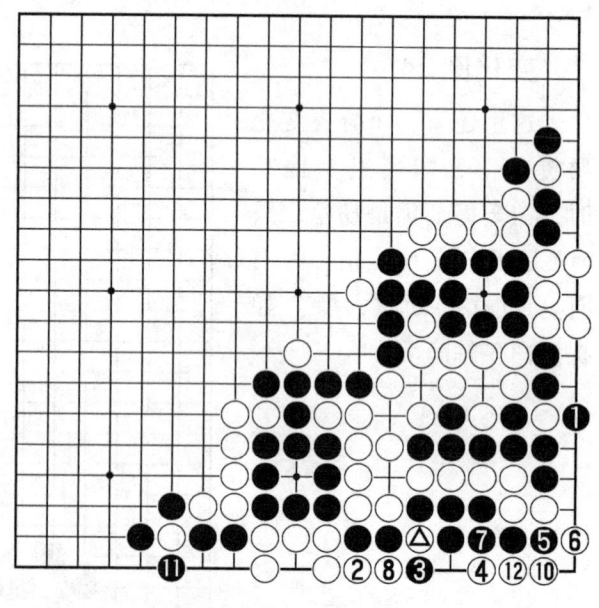

变化图 26　❾=△

衍生第四题
解叩黄扉　白先

题诗

霜橘争棋乐，
仙壶卖药归。
平生钓竿手，
不解叩黄扉。

此题由三个"对面千里势"构成，下面黑多了一个△，白必须次序全对地下出正着，才能求出正解，本题极难，如果不是对称棋，不可能创作出这么优秀的作品。

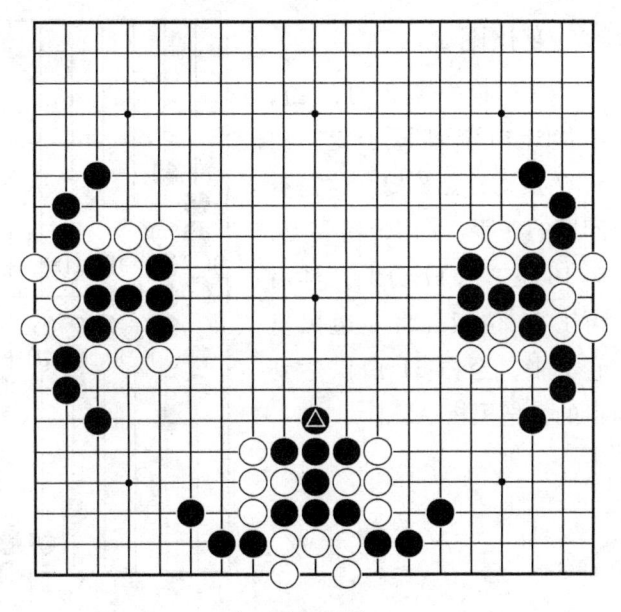

衍生第四题

变化图 1

白 1 顶是有力的一手，战斗从这里打响，黑 2 虎也是第一感，白 3 打畅快，白 5、7 调兵遣将，白 11 是手筋，至白 13 黑成裂形。

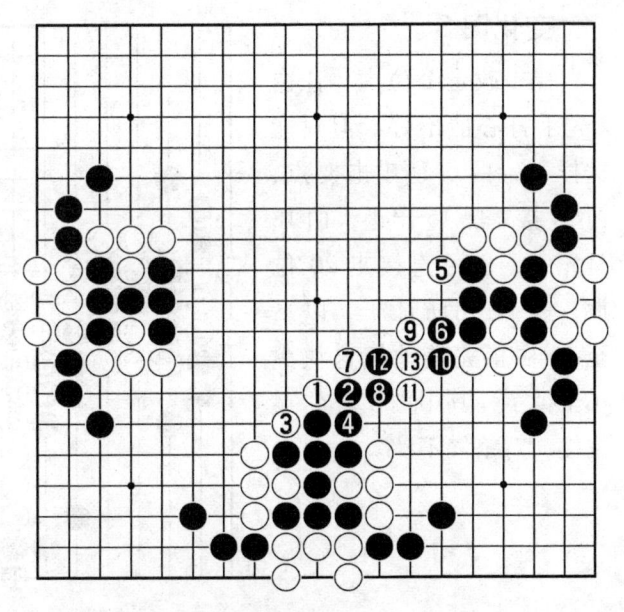

变化图 1

变化图 2

白 1 扳，黑 2 打反击，不能让白牵着鼻子走。白 5、7 策动，黑 8 提，这是有问题的一手，白 15 拐要点，黑 16 压，白 17 分断，然后再于 21 位扳，将左边黑棋卷进来，至白 31 白棋达到目的，把黑棋杀死。

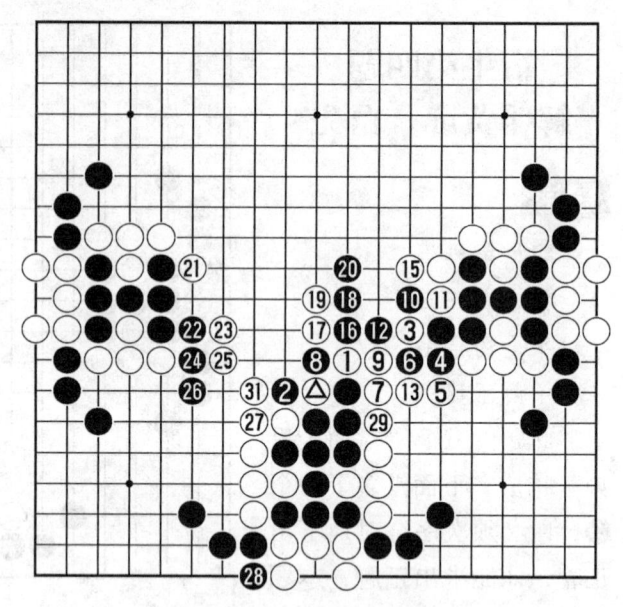

变化图 2　⑭ = ③　㉚ = △

变化图 3

黑 1 改走 1 位虎，让白 2 先手打心情不好，但只能这样下，白 6 是攻击要点，白 14 接，黑 15 出逃，白 18 是先手，也可直接走 20 位扳，黑 19 拐防征子，以下至 26 白棋完美地把这块黑棋干掉了，其中白 8 若在 14 位接，对杀气不够。

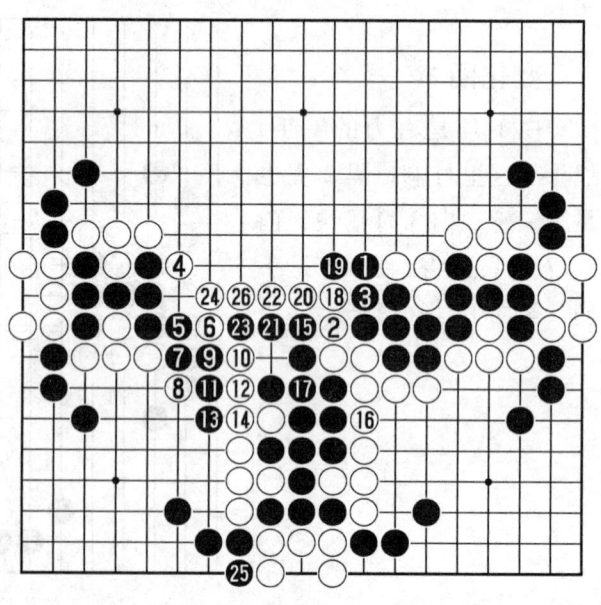

变化图 3

变化图 4

黑改在 1 位打反击，白 2 滚打包收愉快，白 6 是唯一的攻击点，首先撕开裂口，黑棋沉着应战，黑 13 点，一子两用，妙手解围，错误出在白 12 身上——

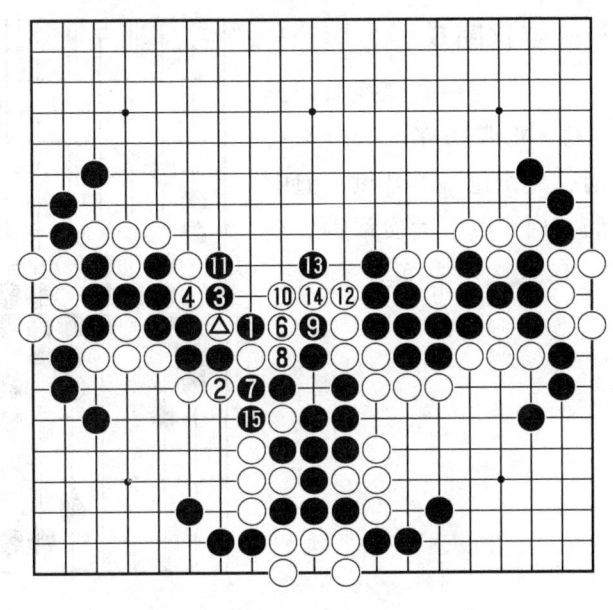

变化图 4　❺ = △

变化图 5

白改在 2 位接才是良策，这样迫使黑 3 出逃，白 4 从后面追击，然后白 8 将黑棋一网打尽。

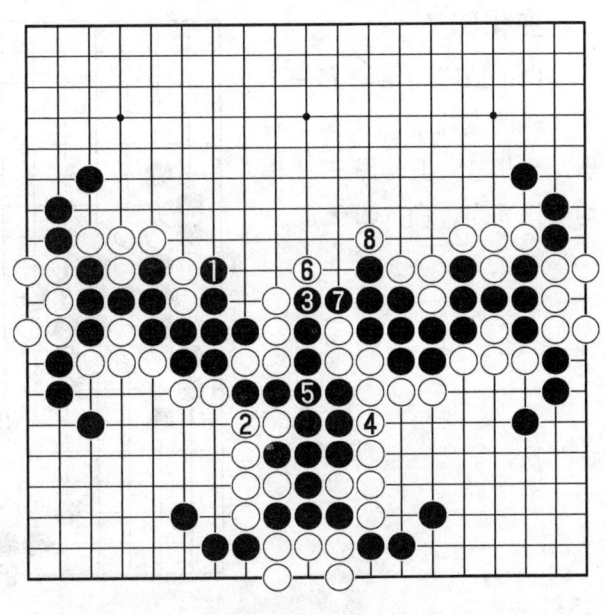

变化图 5

第一章　挖掘古典对称之形

变化图6

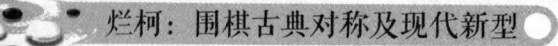

黑1与白2交换后，黑3打，加强防守，当白4接时，黑5花一手补棋，但中腹让白6以下大展拳脚，至白12黑溃不成军。

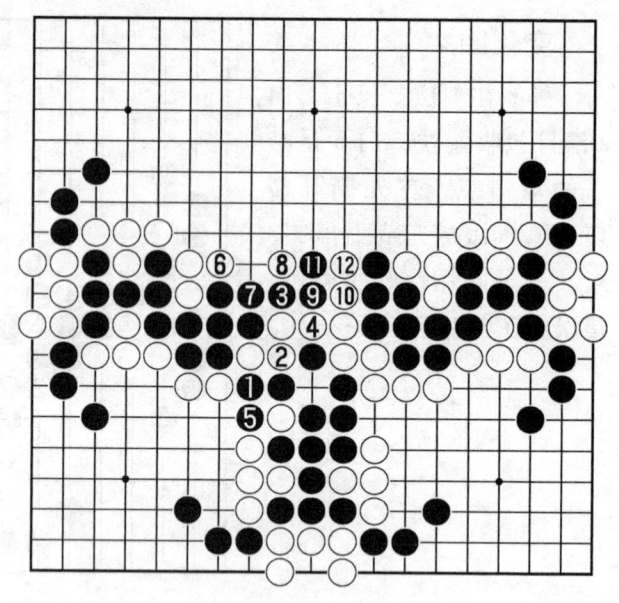

变化图6

变化图7

白1扳时，再研究一下黑2跳的变化，白7简单行事，至黑18止，黑三处棋均安排妥当，白一事无成。

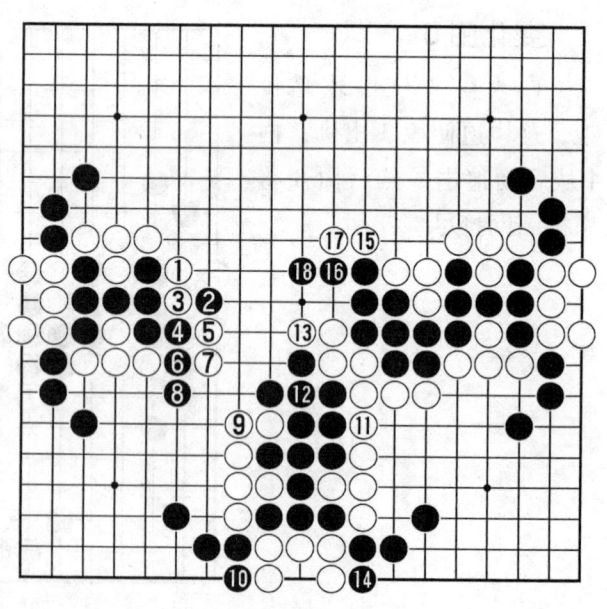

变化图7

变化图 8

黑 1 拐出，白当然要使用白 2、4 的滚打包收手段，当白 6 冲打时，黑 7 提，白 8、10 继续纠缠，结果至白 16 成劫，黑到哪里去找劫材呢？显然头疼。如果黑 17 接，白 18 封打，黑 19 提劫，白 20 从后面打，黑成接不归被杀。

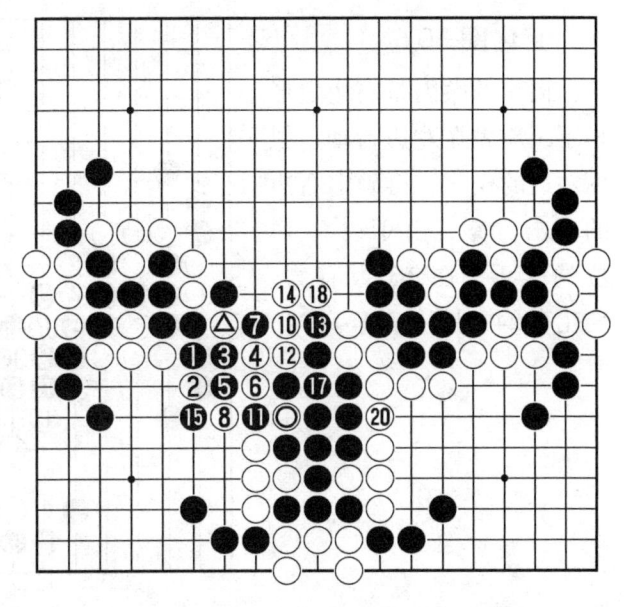

变化图 8　⑨ = △　⑯ = ◯　⑲ = ⑪

变化图 9

当白 1 打时，黑不在 A 位提而改在本图 2 位拔子，才是正确的，后面的研究将显示它的正确性，黑 12 打后，白 13 再扳，黑 14 跳，以下至黑 24 体现了黑棋良好的大局观，黑 2 起到接应的作用，白失败。

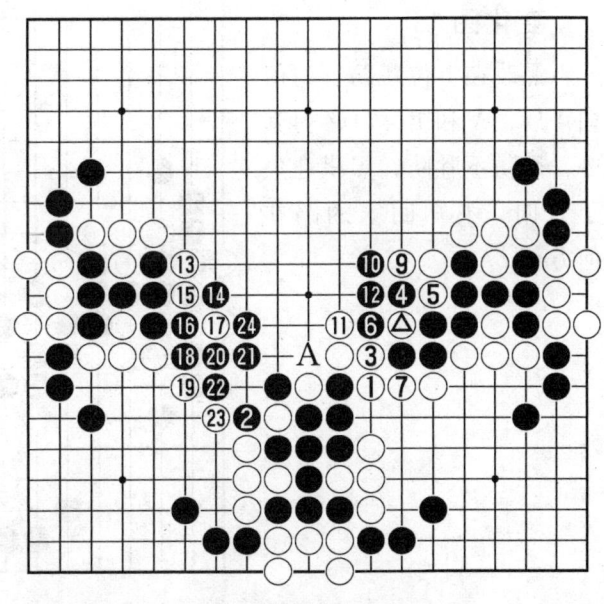

变化图 9　⑧ = △

变化图 10

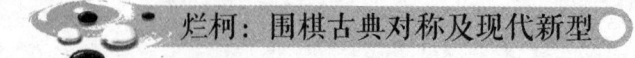

　　白棋的败因是右边定形早了，应先在左边行动，根据左边的变化，再确定右边的攻击方案，由于白有 14 位的先手，白 16 扳有力，变化至 24，黑惨遭毒手。

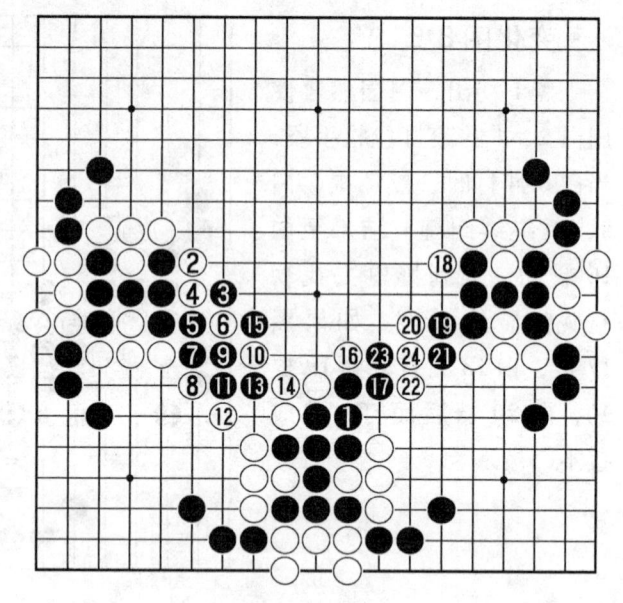

变化图 10

变化图 11

　　黑改在 1 位跳防守，但白 4 后，A 和 B，白必得其一，黑防不胜防，黑棋迷失了方向，不知回家的路在何方。

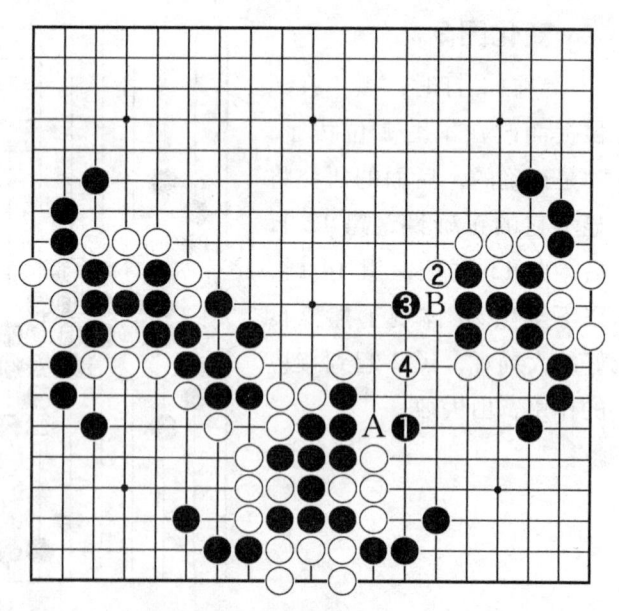

变化图 11

变化图 12

黑2单拔，不让白在9位粘成为先手，但白7软头扳也很有力，黑棋像被催眠似的，昏昏欲睡。黑18勉强招架之后，被白19强力一冲，黑棋棋筋被吃。

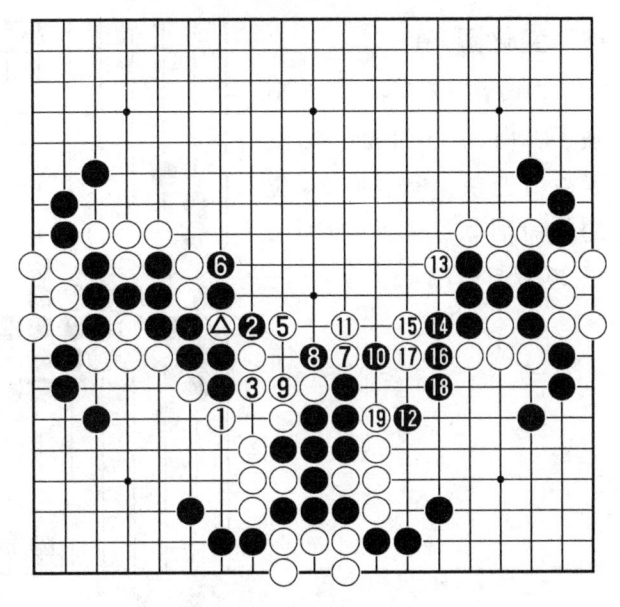

变化图12　❹=△

变化图 13

黑1跳要好一点，白还需思考击溃黑棋的方法，如果按白4、6的方法，是不能成事的，因为黑9接后，白在A位不入气。

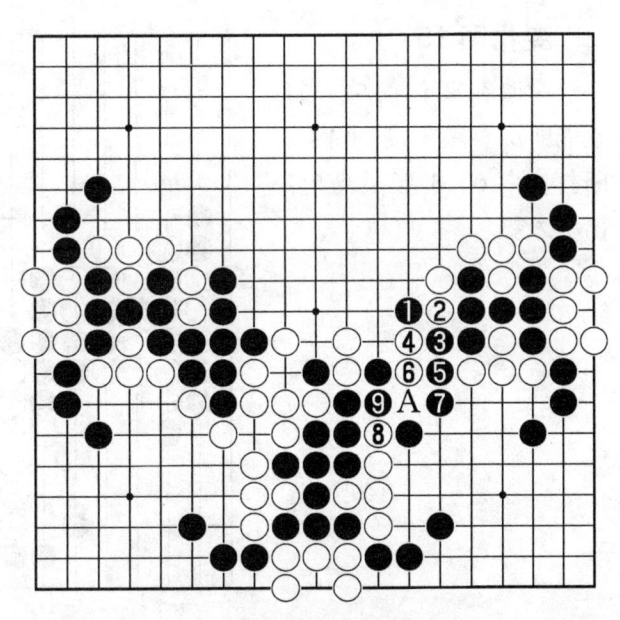

变化图13

变化图 14

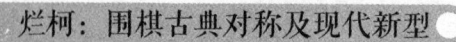

白改在 1 位夹，黑 2 顶强手，白 3、5 冲断，黑气紧被白追杀，但黑有 24 位的救命稻草，缓了一口气，黑 26 双打解围。

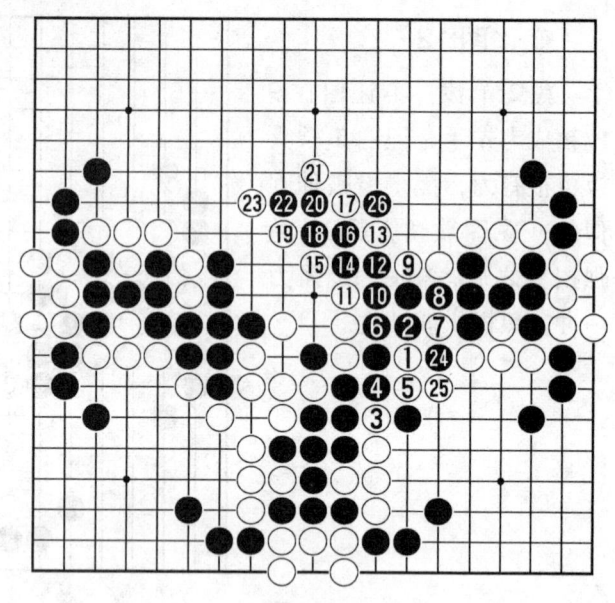

变化图 14

变化图 15

白改在 2 位简单一打，就能凯旋。黑 3 接，白 4 再断打，白 6、8 形成乌龟不出头之势。

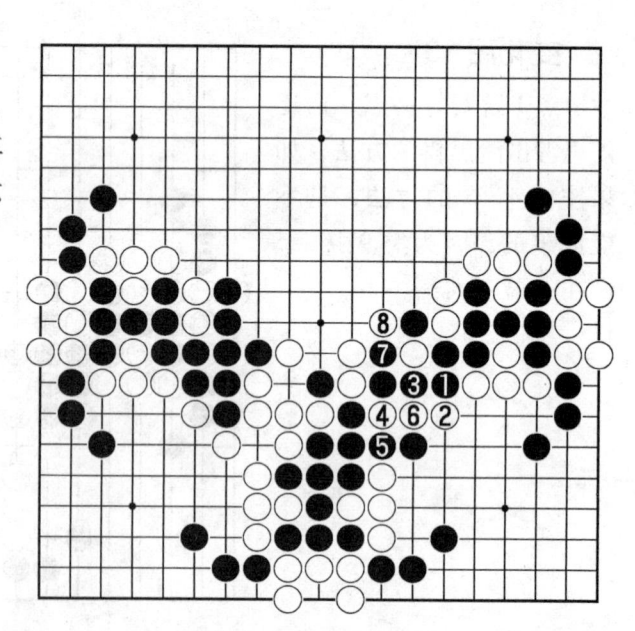

变化图 15

变化图 16

白 1 滚打时，黑 2 直接提。白 5 扳，以下至白 25，黑踏上了不归之路。黑棋似乎走进一个误区，不管怎么变化，都逃不出白棋的手心。

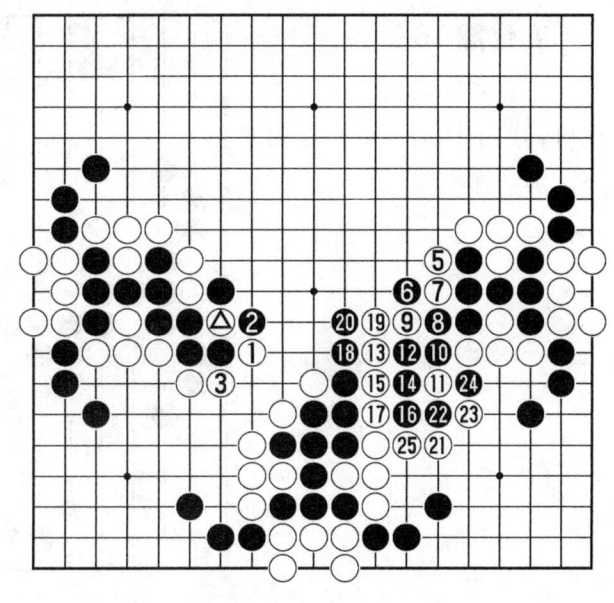

变化图 16　❹ = △

变化图 17

黑改在 1 位防守，但中腹白 2、4 攻击，至白 10，黑仍有一队人马遭袭。

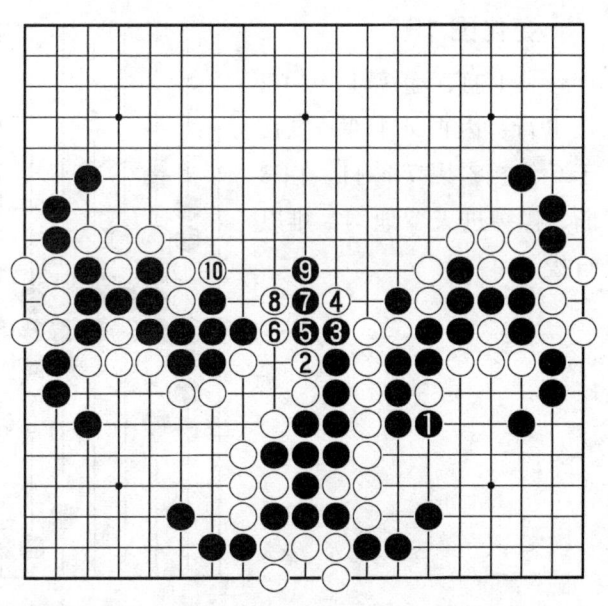

变化图 17

变化图 18

白有多种杀法。白1枷也可置黑于死地，变化至白15，黑动弹不得。

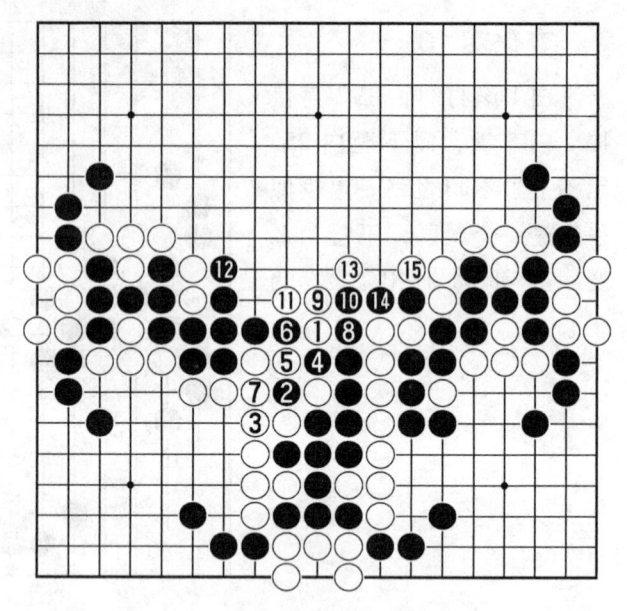

变化图 18

变化图 19

黑1打，事实上，白2接也行，因白4打紧气后，于6位挡，黑7冲打，白8断，黑掉进天罗地网，难以自拔。

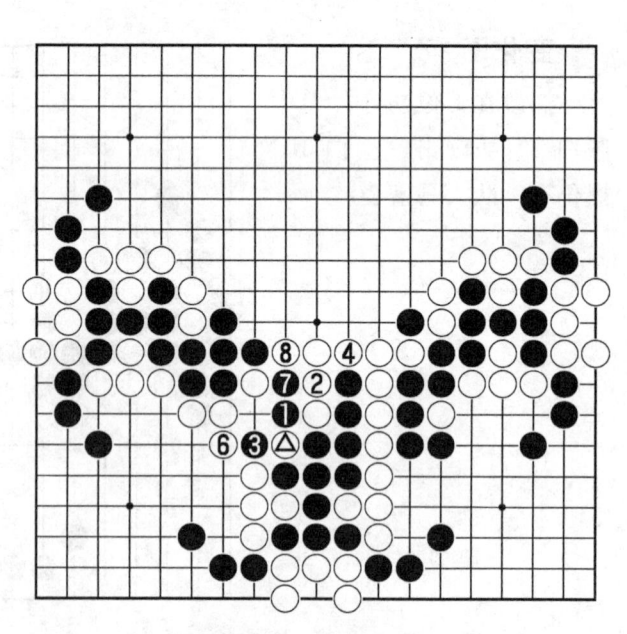

变化图 19　❺ = △

变化图 20

白 1 滚打时，黑只能在 2 位提，白 3、5 祭出自家法宝，分断黑棋，白 9 拐先手，白 11 再扳，至白 19 黑棋还是壮烈牺牲。

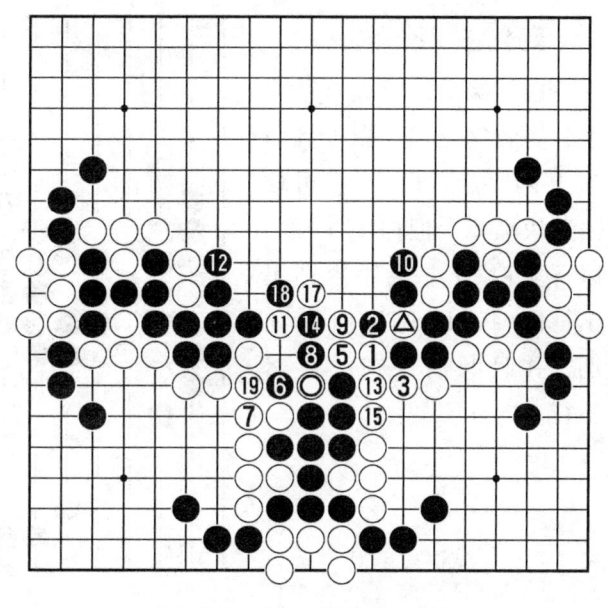

变化图 20　❹ = △　⑯ = ○

变化图 21

黑改在 1 位虎想扭转局势，无奈白 2 先手打愉快，白 4 接冷静，攻守兼备，至白 14 为必然变化，黑期待的好结果仍未出现。黑棋前几个变化都不尽如人意。

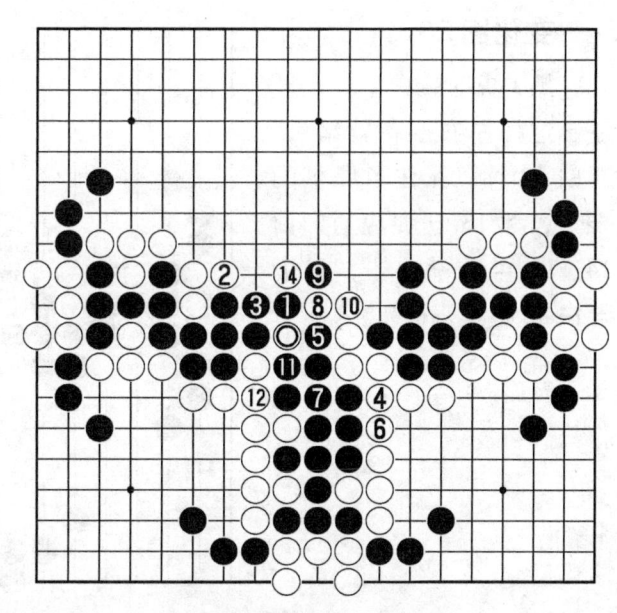

变化图 21　⓭ = ○

变化图 22

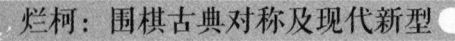

白 1 接时，黑 2 打是冷手，黑收气吃白，白走到白 7、9 两手后，白 11 拐再攻击这块黑棋，但白 13 轻率，以下至白 31 是后手封锁黑棋，因 A、B 两处白是死刑，并且只有三气，显然不行。

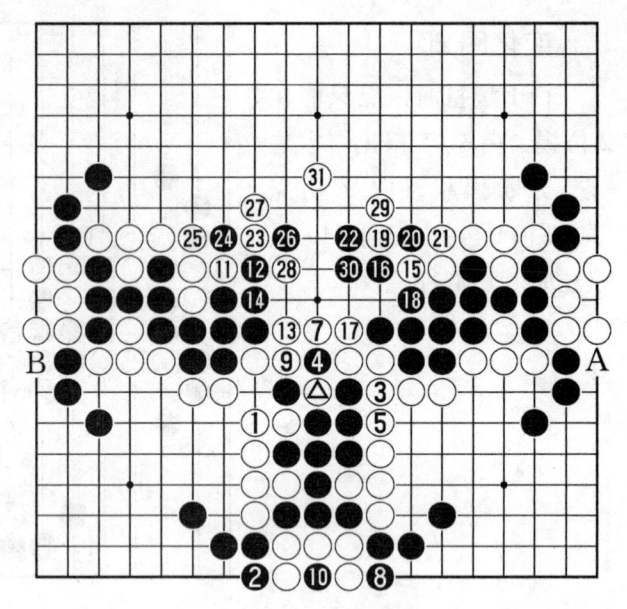

变化图 22　❻＝△

变化图 23

黑 1 虎时，白 2 扑是妙手，这样左右准备就绪后，再白 12 冲，抓住了黑棋的弱点，黑 13 仓促应对，白 14、16 再重拳出击，以下至白 32 把黑棋征死。

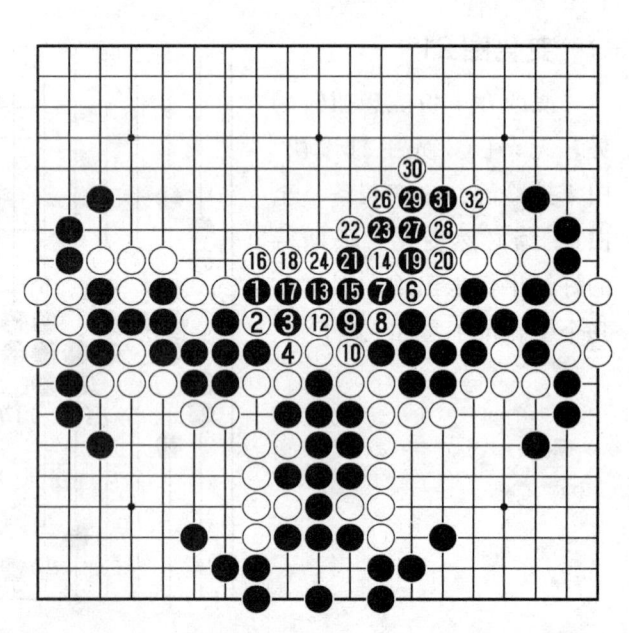

变化图 23　❺＝② ⓫＝⑧ ㉕＝⑭

变化图 24

白 1 冲时，黑 2 单长也不行，因白有 11 位空扳的妙手，A 位的征与 13 位的倒扑，二者必得其一，棋下到这里，黑也没有什么遗憾的了。

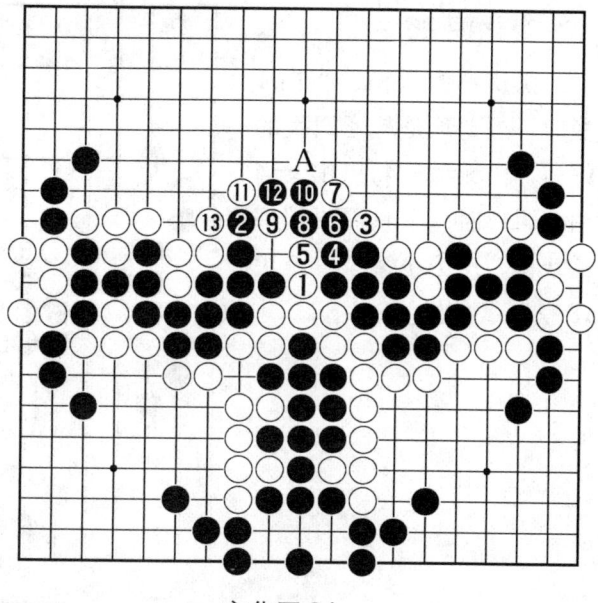

变化图 24

变化图 25

黑 1 打，白 2 反打，白 4、6 简单地吃掉黑棋。

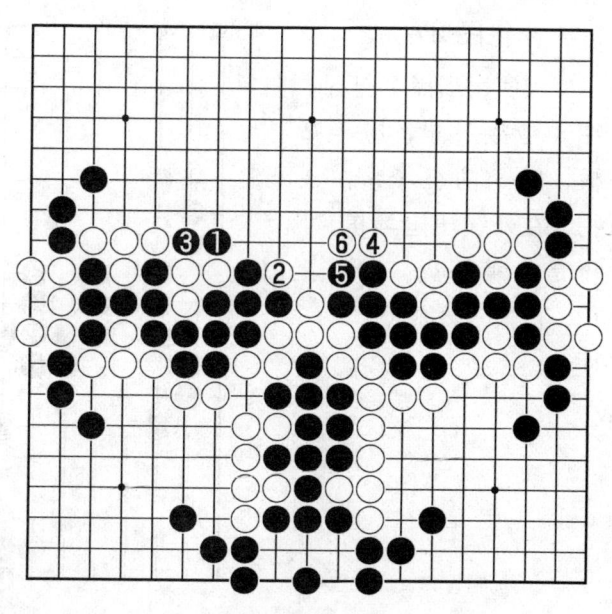

变化图 25

变化图 26

黑棋不愿认输，当白 1 扳时，黑 2 顶是起死回生的好棋，白无法分断黑棋，当白 7 再攻时，黑只需要处理一块棋，压力小多了，至黑 18 摆脱了危机。

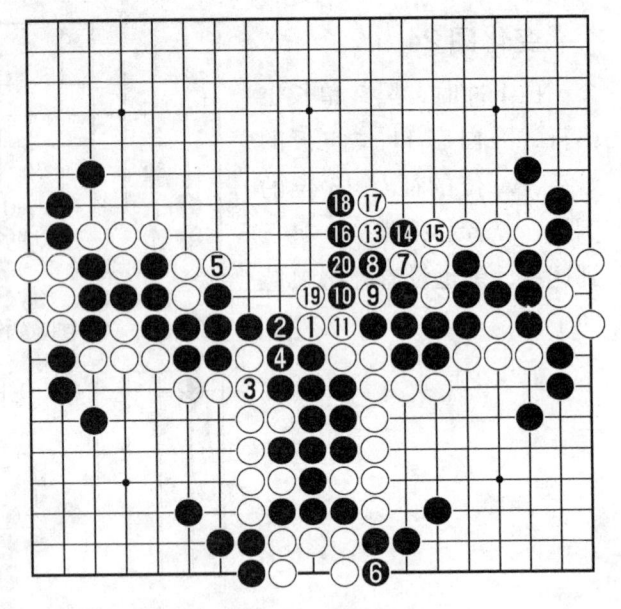

变化图 26　⑫ = ⑨

变化图 27

其实，当黑 1 打时，白在 8 位接过早，应于 2 位扳，黑 3 防征子，白 4 再拐，在外线压迫黑棋，黑 5 压是飞蛾扑火，以下至白 12，白快一气杀黑。

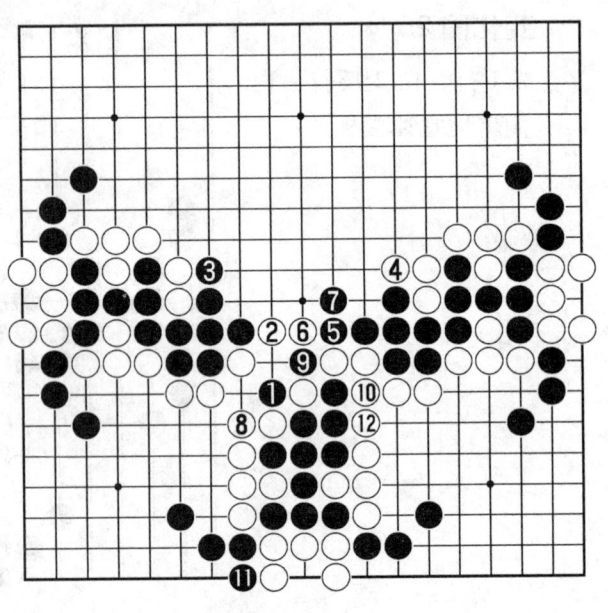

变化图 27

变化图 28

黑改在 1 位虎是好手，识破了白棋的圈套，以下至黑 11，黑快一气杀白。

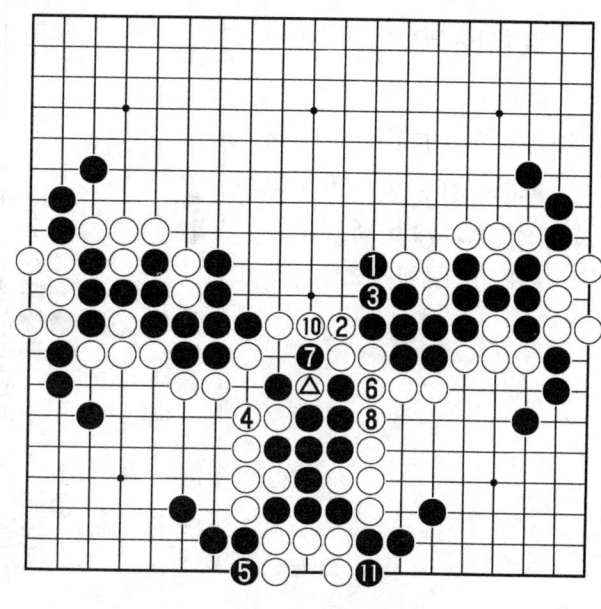

变化图 28　❾ = △

正解图

当黑 1 双打时，白 2 拐才是正解。首先研究黑 3 压的变化，白 4 接，黑 5 须防，白 6 虎是急所，之后一气呵成，至白 22 屠龙。

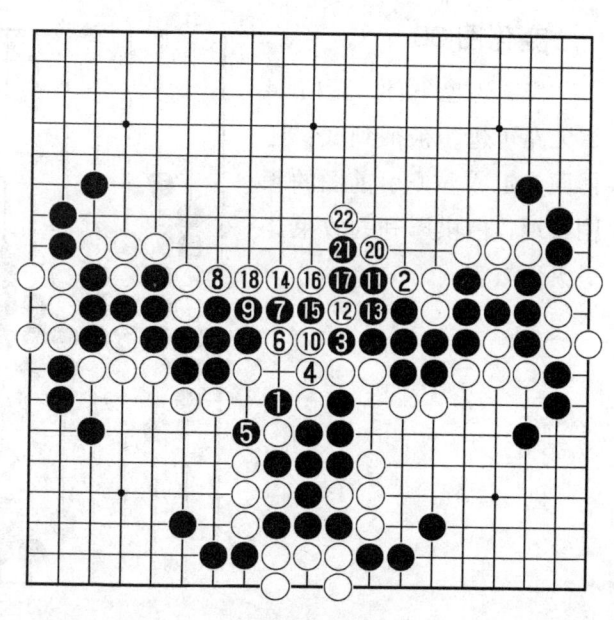

正确　⑲ = ⑫

变化图 29

黑改在 1 位虎，白 2 打不冷静，白 4 再拐，极为重要，把黑棋往火坑里推，黑 5 痛心之着，白 6 断打是手筋，至白 12 黑棋崩溃。

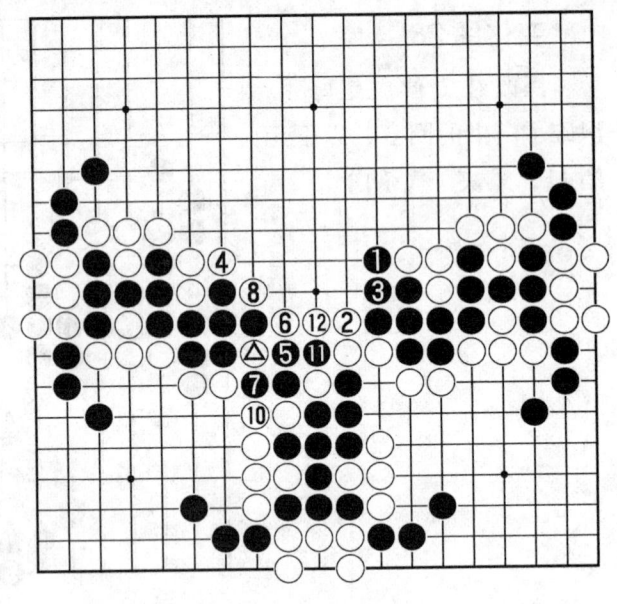

变化图 29　❾ = △

变化图 30

黑 1 逃也不行，至白 14 黑无路可逃，被征到底，还得回头走 A 位吃，前图的悲剧重现，白棋犀利的收束让黑无地自容。

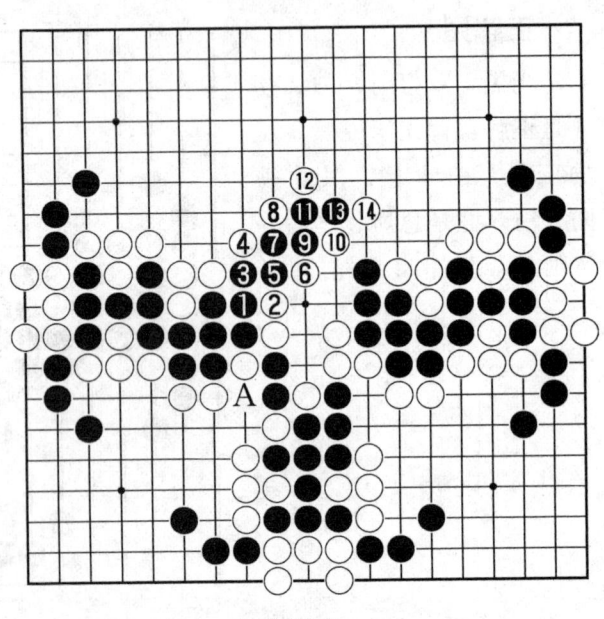

变化图 30

变化图 31

黑 2 长是形，白 3 冲，只有拼杀才有出路，以下变化是一手一着的较量，到白 13 先手提劫，黑又陷于泥坑，令人瞠目结舌。

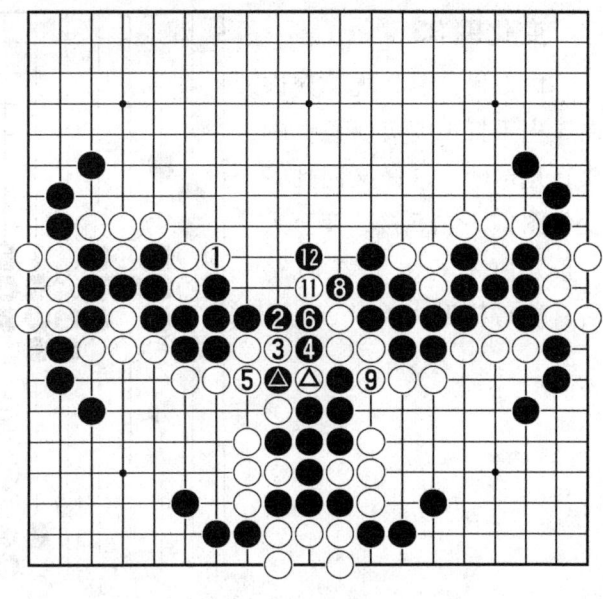

变化图 31　⑦⑬ = △　❿ = △

变化图 32

黑改在 1 位提，白 2 当仁不让地断，白 10、12 手法华丽，至白 18 形成接不归，这种奇特之形，还是第一次出现。

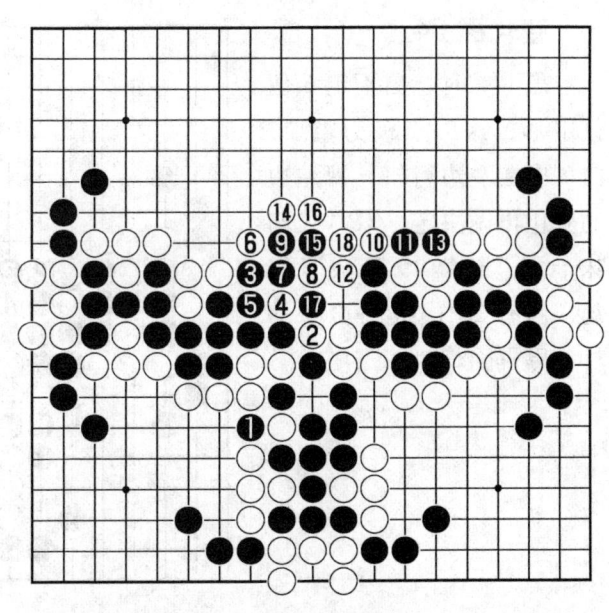

变化图 32

变化图33

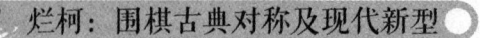

白1拐，黑2虎，允许白3先手打，匪夷所思，围棋真是奇妙，这样又回到了变化图22，白5接，弈至黑8止，白不行，黑峰回路转，柳暗花明。

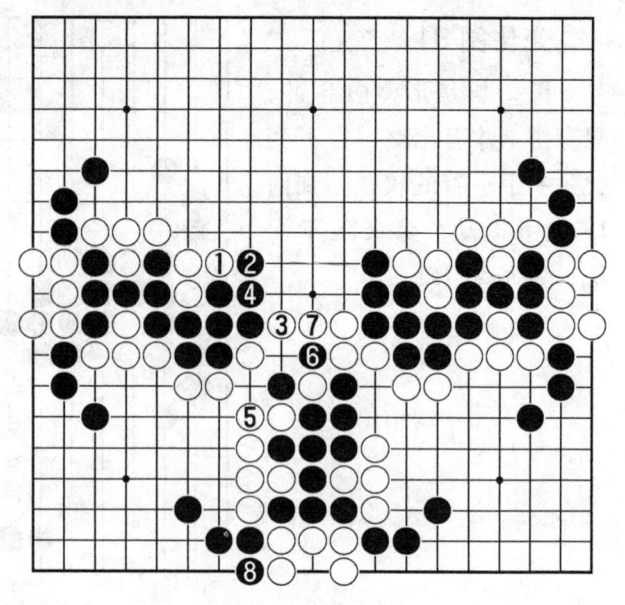

变化图33

变化图34

黑1虎时，白不走6位打定形，这一点极为重要，白2先在左边行棋，视左边的变化再做决定，双方火药味十足，至黑19形成紧气劫，白有20位扳的自身劫材，黑棋困难。

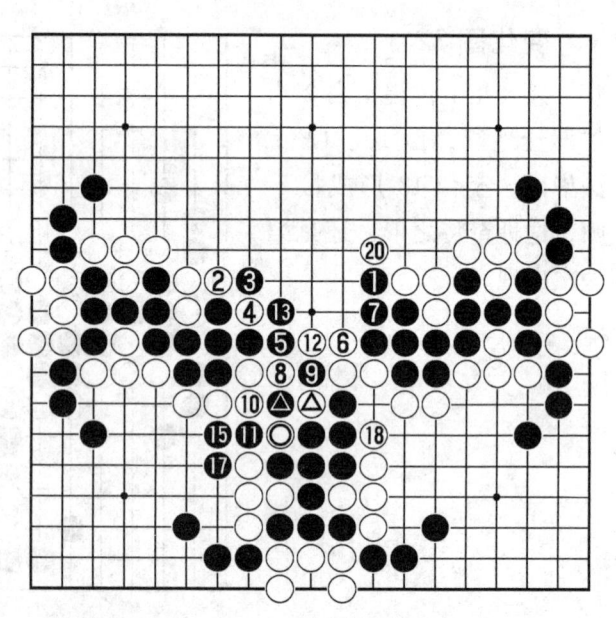

变化图34　⑭=△　⑯=○　⑲=△

变化图 35

白改在 1 位打是不行的，至黑 8，白因不能在 A 位枷而失败。白 9 无力，黑 10 长，一场危机解消，黑棋扬眉吐气。白 9 若在 10 位扳，黑在 B 位打也可防守，白 C 接，黑 D 打，逃得也很轻快。

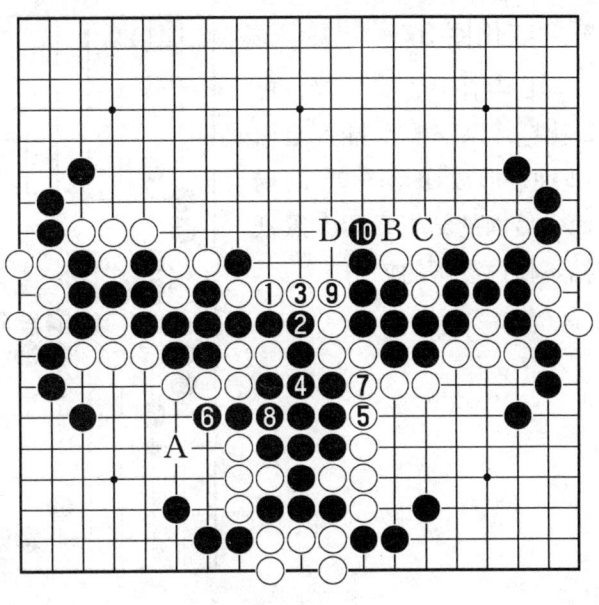

变化图 35

变化图 36

黑 2 提，白 5 扑，时机绝佳，黑 6 长，不甘屈服，白 7 再接，黑 8 提，一切按照白棋设计的路线行棋，白 9 拖刀计。

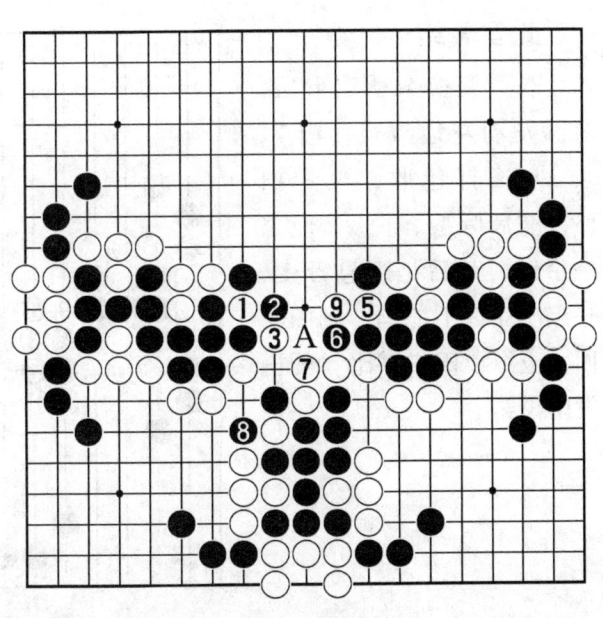

变化图 36　④ = ①

变化图 37

　　白△扑时，黑1提，白2就打，以下顺水推舟至白12冲，形成变化图23的局面，后面的结果显示，黑抵挡不住白凌厉的攻击。

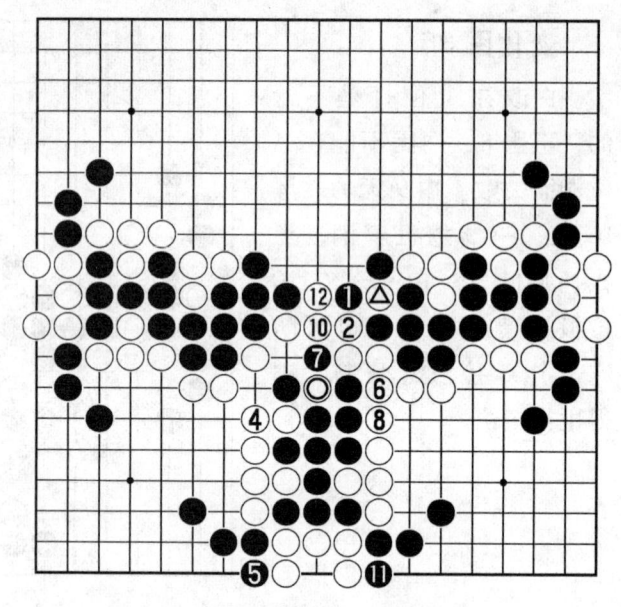

变化图37　❸=△　❾=○

此型总结

　　双方交换数手定形后，白再发动左边战役，白7、9、11滚打包收，再走白13，前后呼应，白21使出杀手锏，其后是瞬息万变，一点次序都不能错，阴阳轮回，沧海桑田，堪比《围棋发阳论》。

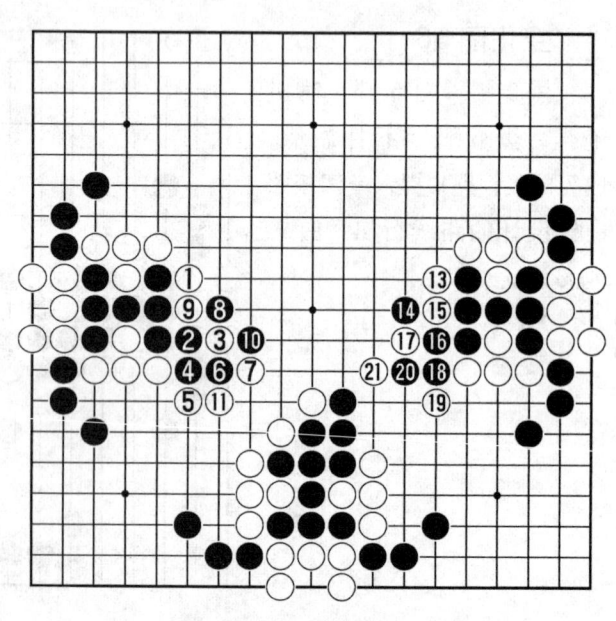

此型总结　⓬=③

变化图 38

经过一系列研究，黑棋走 A 位虎是不行的，现在的 2 位可不可以改变命运？白 5 是攻击好点，但白 11 被习惯所害，至黑 18 黑反包围成功。

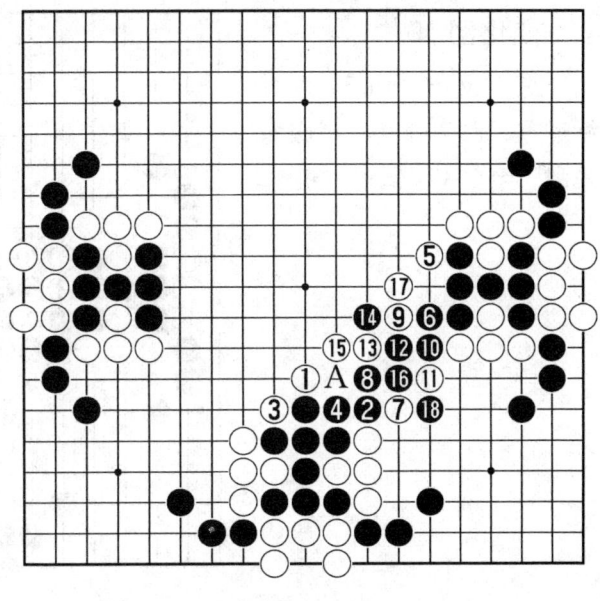

变化图 38

变化图 39

白 1 走 1 位才是正着，黑被分断，白 5 拐高瞻远瞩，黑 6 龟步曲，白 7 时机绝好，这样走到白 13 的先手，对围歼中间的黑棋起到至关重要的作用，白 17 压，泰山压顶，黑棋失败。

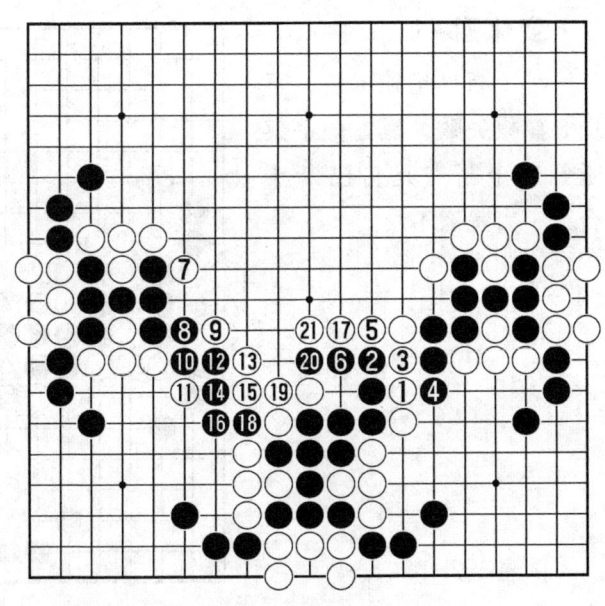

变化图 39

变化图 40

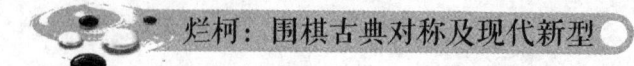

黑 2 反击，白 3、5 继续进攻，白 7 分断，黑腹背受敌，至白 17 黑慢一气。

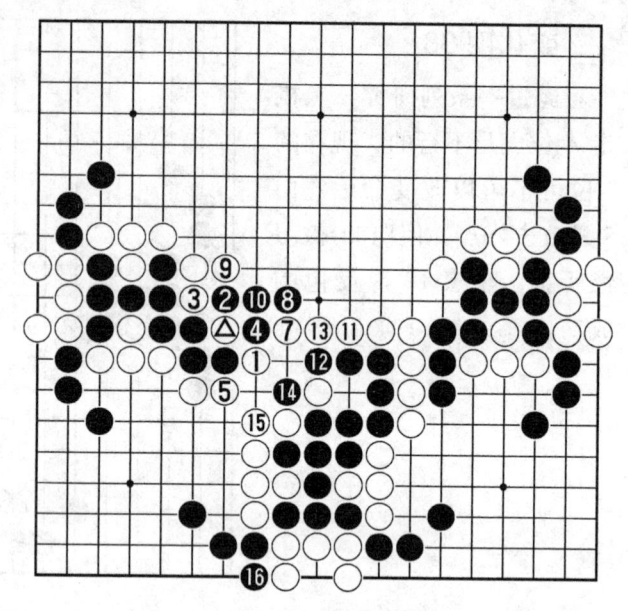

变化图 40　⑥ = △

变化图 41

黑 1 断打是独木桥，至白 8 黑棋失败，黑方似乎察觉到这个断点是自己断头台，一直犹豫不决。

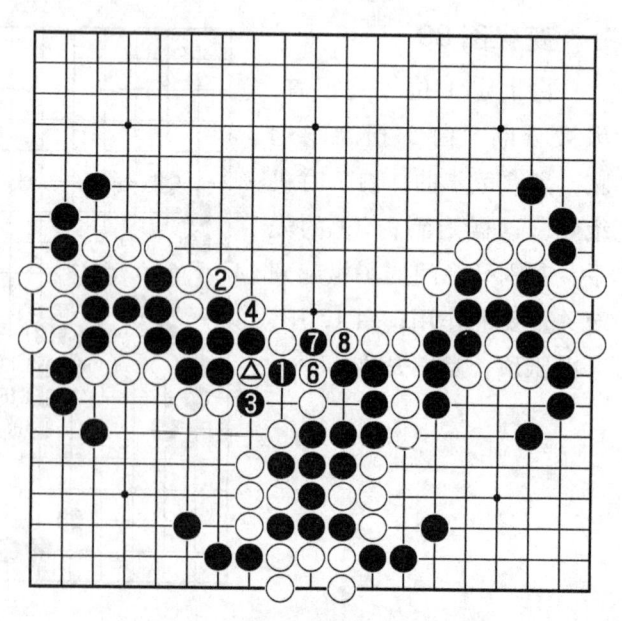

变化图 41　❺ = △

变化图 42

黑 1、3 非常配合白棋表演，白方不负所望，次序绝佳走了白 4、6 两手，断其后路，黑 7 撤退防备，白 8、10 征子，黑棋起到反面教材的作用，白棋施展教科书般的攻击手法，给黑棋留下深刻的印象。

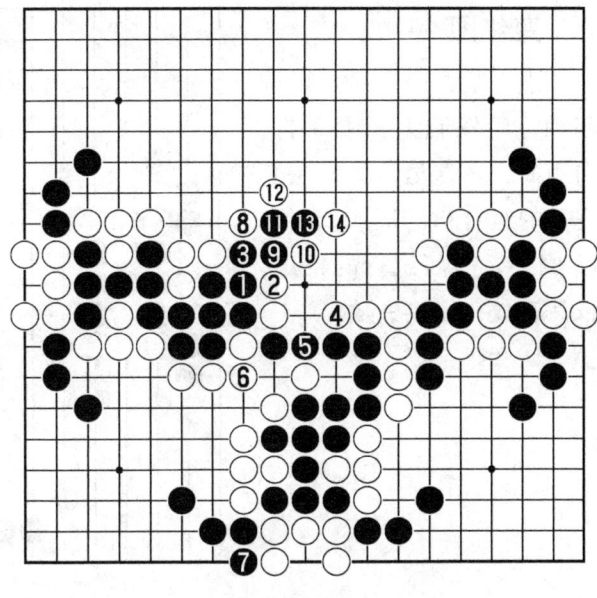

变化图 42

变化图 43

黑棋先走 1 位打再走 3 位逃。白 4 是打破均势的关键，从这里着手，就掌握了全局主动，至白 20 黑只能默默独吞苦果。

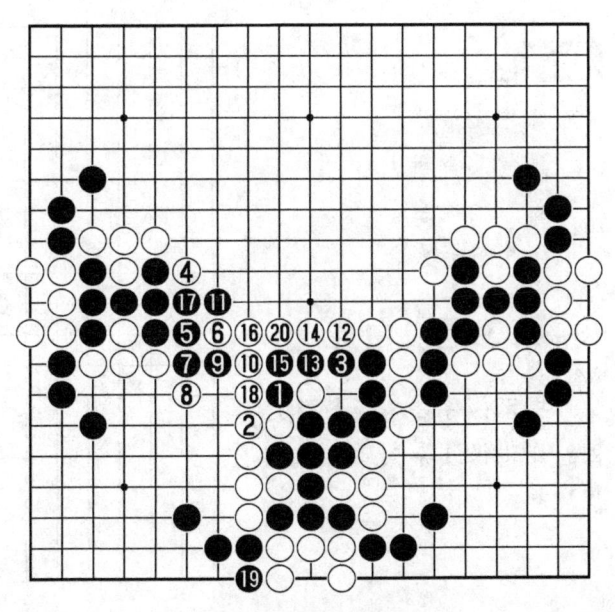

变化图 43

变化图44

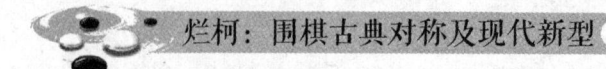

黑1跳，白2扳，以静制动，后发制人，黑3打，白4冲，在这里发力，一套完整的组合拳已形成，至白18倒扑，前面试行的招法，依然有效，黑棋失败。

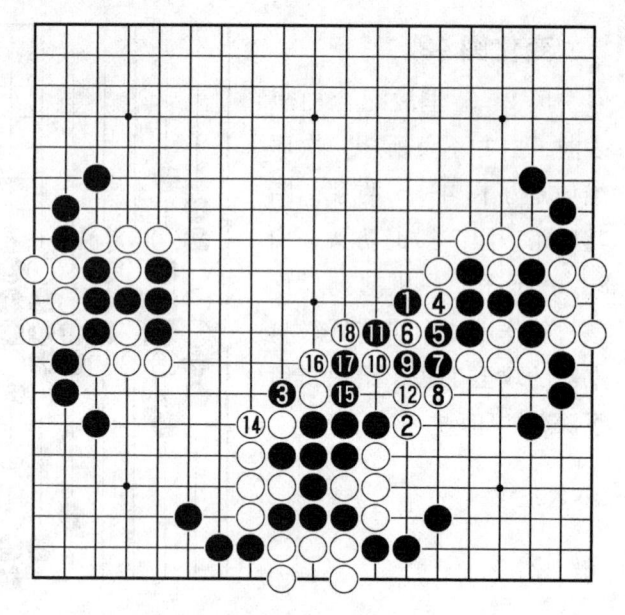

变化图44　⑬=⑥

题诗

盘中无活路，
败局几番新。
好着输前辈，
危机逊后人。

第3题　白先

提示：哼哈二将怎样突围？变化很复杂，战火在四周燃起。

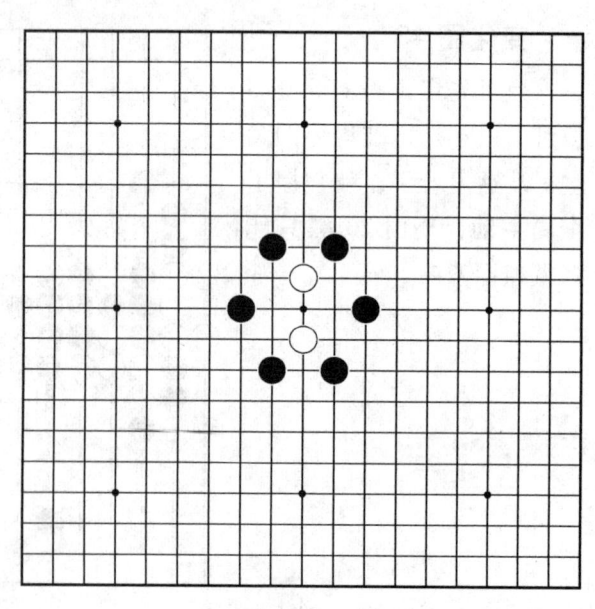

第3题

衍生第五题
斜日穿云　白先

题诗

繁花满树春才半，
斜日穿云雨乍晴。
病怀莫道伤幽独，
小槛芳醪手自倾。

这里由四个"对面千里势"所构成，题目很早就设计出来了，但一直找不到答案，直到加了两个白△子，才有正解，可以说，白△子从头到尾都起着至关重要的作用，的确神奇，题目要求是救出牢笼中的白棋任何五个子就算成功。

变化图1

白1顶是急所，黑2扳，白3扑是次序，黑4提，白5以下简单地就把黑棋征死了。

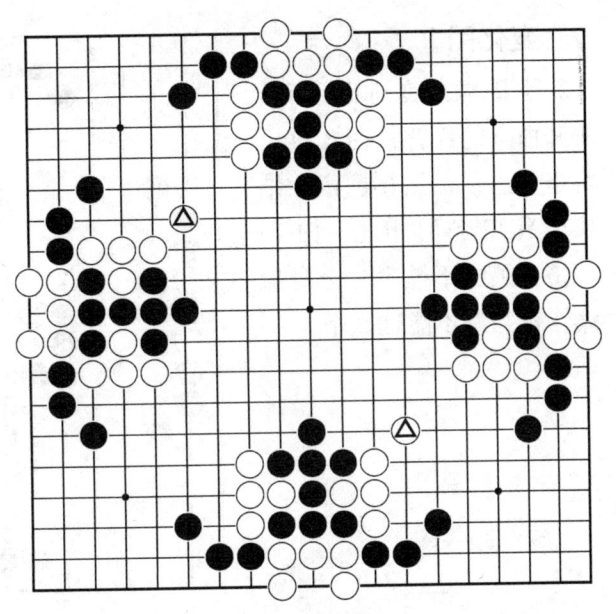

衍生第五题

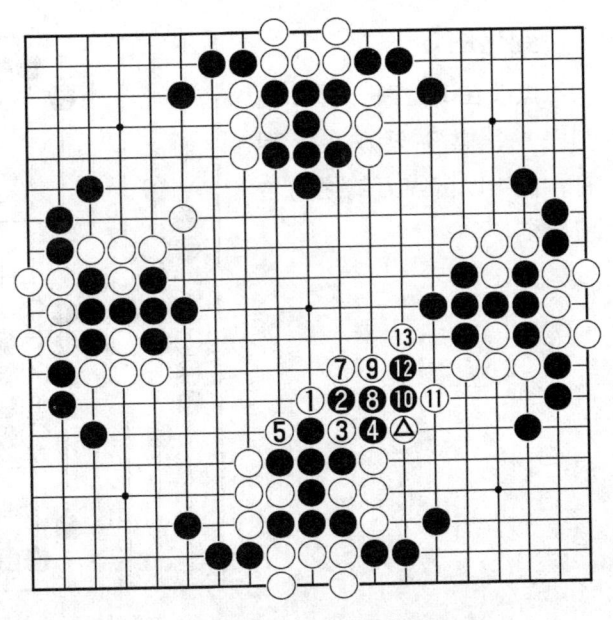

变化图1　❻=③

第一章　挖掘古典对称之形

变化图 2

黑 2 虎改变逃跑线路，避开白△的锋芒，白 3 打后再于 5 位顶，黑 6 逃窜，结果至黑 12 狭路相逢，白 13 一挤，黑痛不欲生，全身瘫痪。棋当然不能这么下。

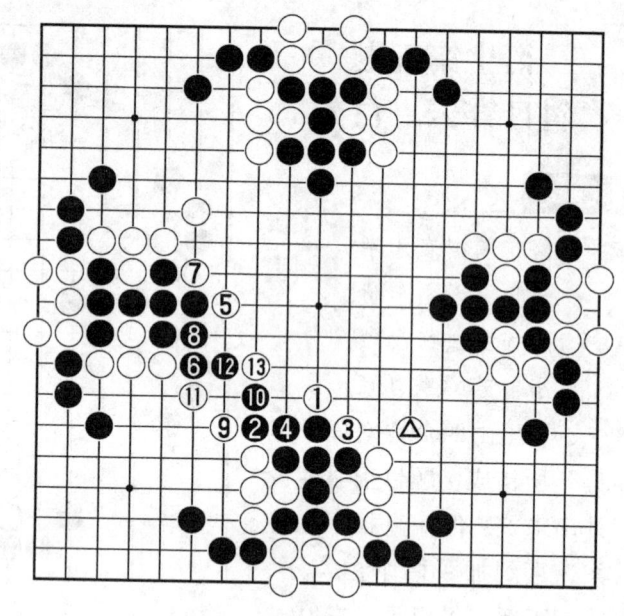

变化图 2

变化图 3

黑改在 1 位跳，白 2 锐利一挖，黑 3 只好在外围打，白 4 以雷霆万钧之力击溃黑棋。

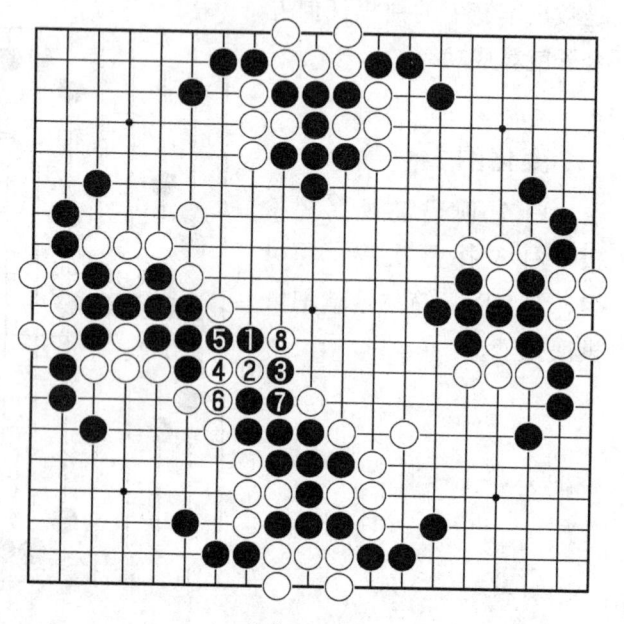

变化图 3

变化图 4

黑 2 上虎向中腹挺进，白 7 夹，击中黑棋要害，黑 8 长，白 9 冲，黑 10 垂头丧气，至白 13 打，又形成一波征子。

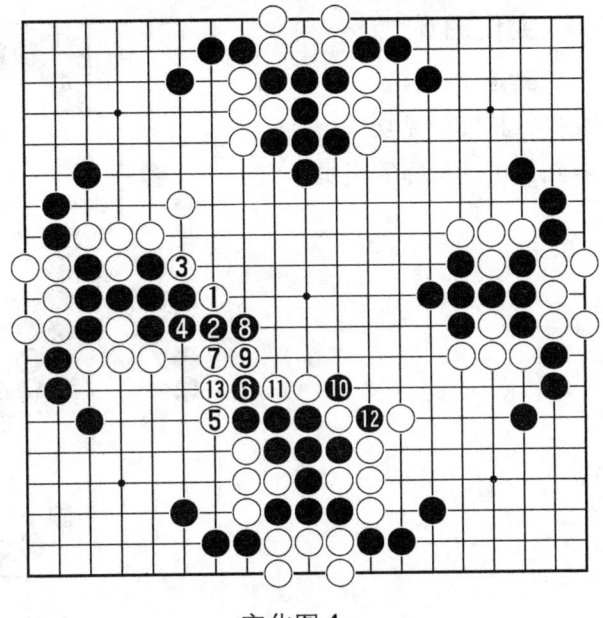

变化图 4

变化图 5

黑 2 先跳也没用，白 3 接，黑 4 慌不择路，白 5、7 刺刀见红。

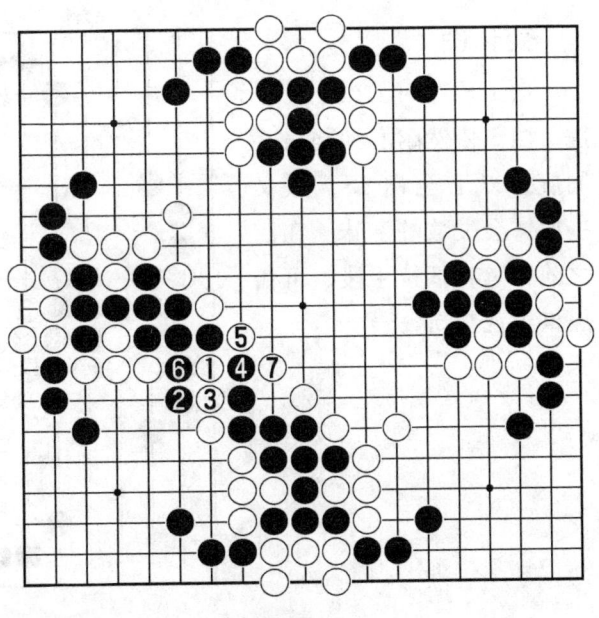

变化图 5

变化图 6

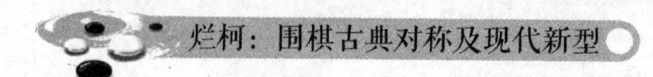

黑走 2 位跳，白 3、5 冲打，朴实中见功夫，让人看到白棋胜负师的气质。

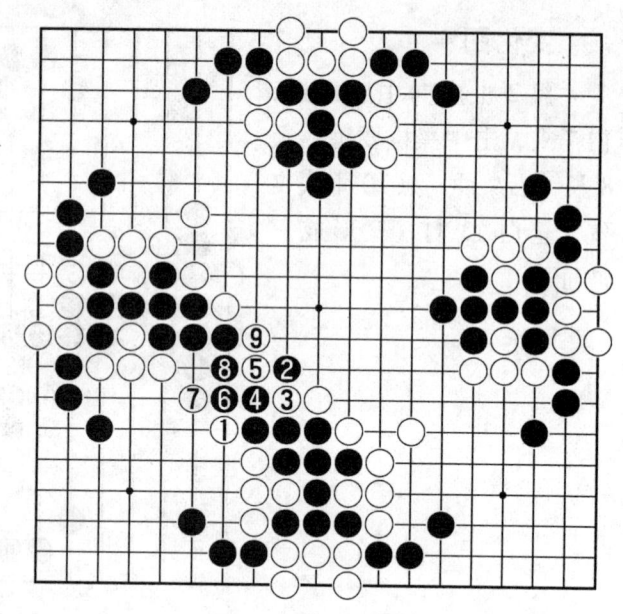

变化图 6

变化图 7

白 1 顶鼻时，黑在 2 位虎，白 3 依然耐心地与对手周旋，以下至白 13，黑又一次体会失败的滋味。在此之前，黑有抵抗手段，可惜黑棋出现判断失误。

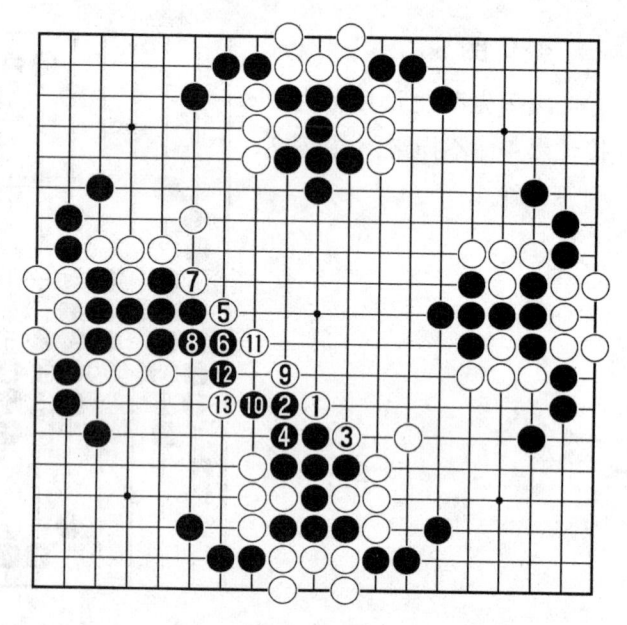

变化图 7

变化图 8

黑 2 跳，穷途末路，至白 7，黑棋失败。

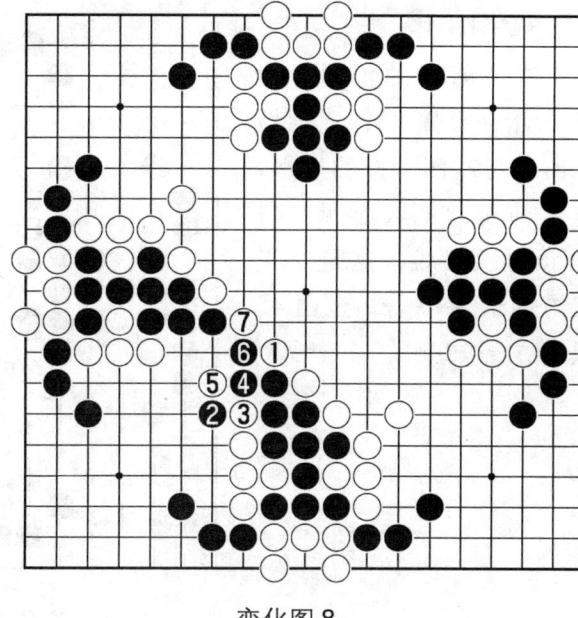

变化图 8

变化图 9

当白 1 扳时，黑 2 打突围，白 3 再扳，继续对黑施压，同时试应手。白 13 好手，白 15、17 弃子取势，白 23 接是冷静的一手，这是洞察全局的好手。

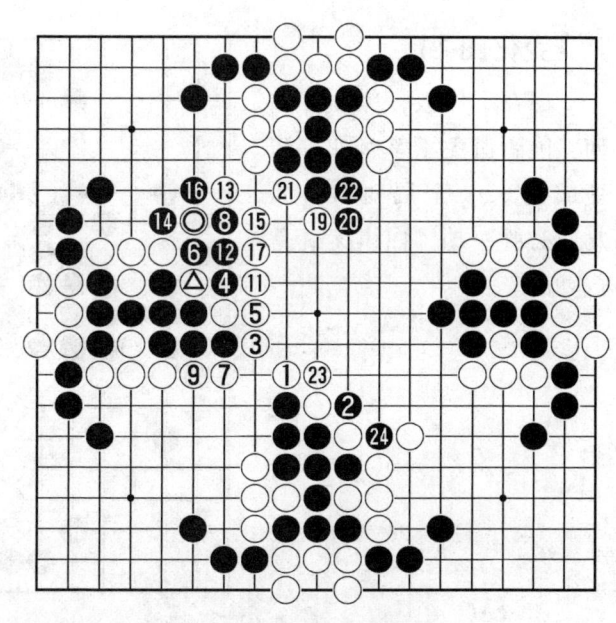

变化图 9　⑩=△　⑱=○

变化图 10

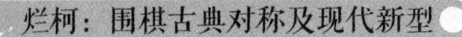

这是前图的演进。白 25 封堵，至黑 36，戏剧性地出现与左侧一样的棋形，鬼斧神工，实属罕见。白 37 顶再次发难，这是对黑实施的最后一击，至白 45 黑的防线被瓦解。

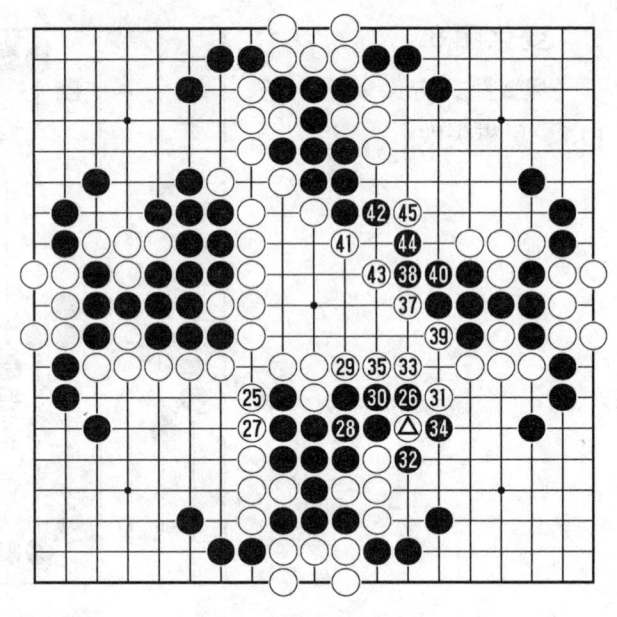

变化图 10　㊱＝△

变化图 11

白在 1 位扳，黑 2 打如何？能否避免不幸？如果演变成白 13，全局对称，两劫白必胜一劫，白棋无疑是成功的。

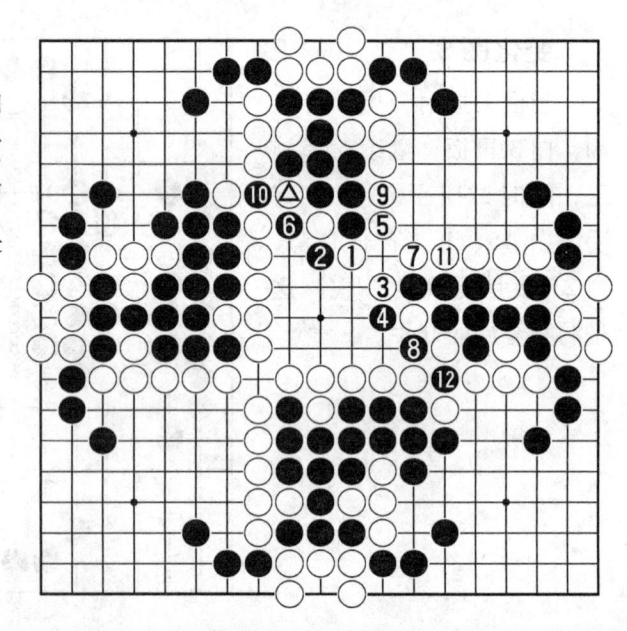

变化图 11　⑬＝△

变化图 12

黑笨拙地在 2 位曲，白 3、5 不给面子，黑不得善终。全局白肆无忌惮地实施攻击，在中央一步一步地构成绝杀，表现出精湛的棋艺。

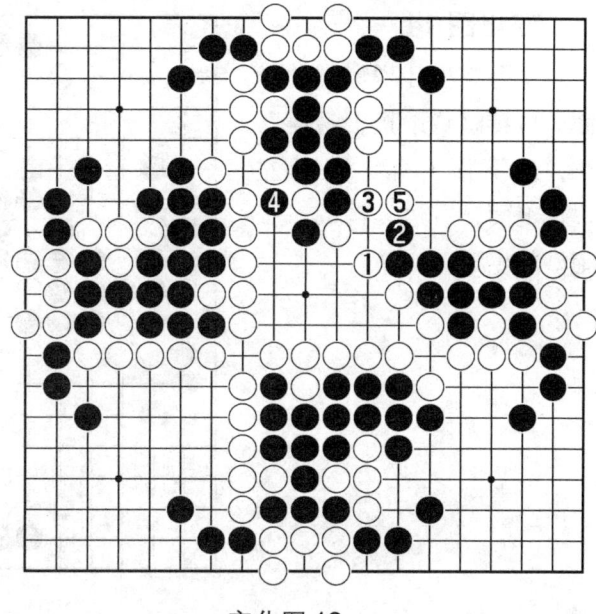

变化图 12

变化图 13

当白 1 扳时，黑棋不走 12 位虎，而走 2 位压，向中腹寻找出路，白 5 扳，黑手脚仿佛被捆，仍然只有按照旧路回家，至白 28 对角同形，与变化图 10 大同小异。

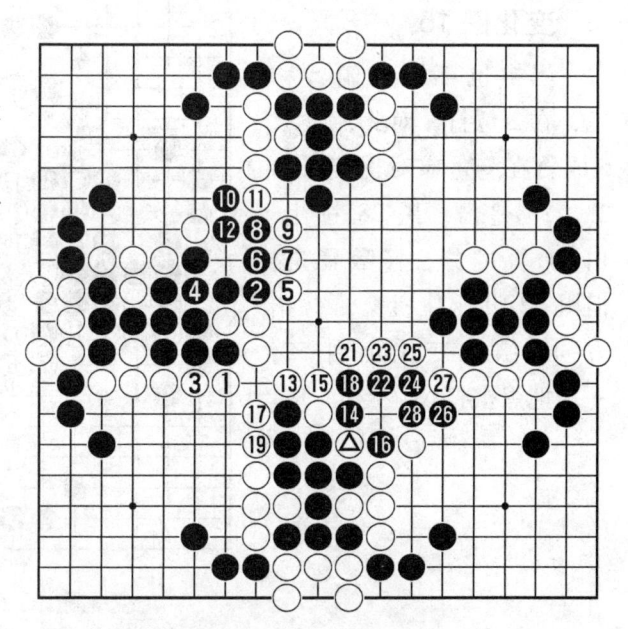

变化图 13　⑳ = △

第一章　挖掘古典对称之形

变化图 14

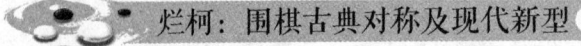

这是黑棋壮烈牺牲的场面。白棋暗藏杀机，蓄谋已久，从下面开始，绵延左边、上面、右边，构成一张绝妙的棋谱。

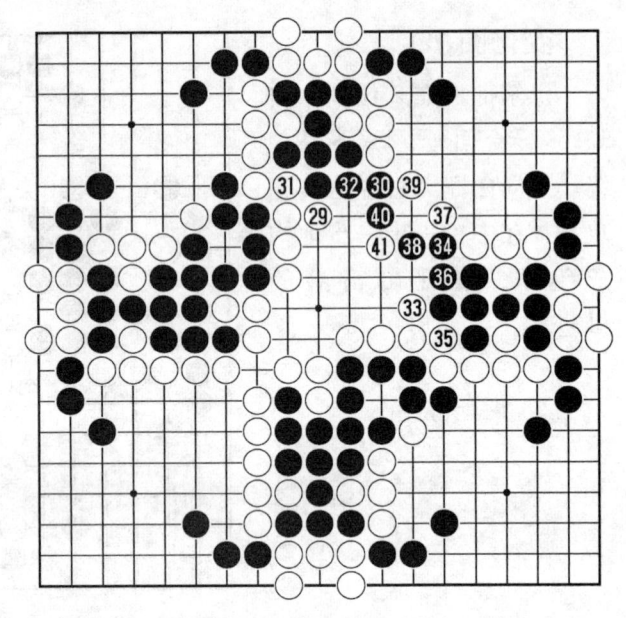

变化图 14

变化图 15

黑棋也不愿意俯首称臣，在2位打，对此，白3、5成竹在胸，应对得当，白23、27追击，黑28逃生，白31扳过分，轻敌冒进，但黑32没抓住机会，打错方向，结果变化至白55，一劫把黑棋打爆。

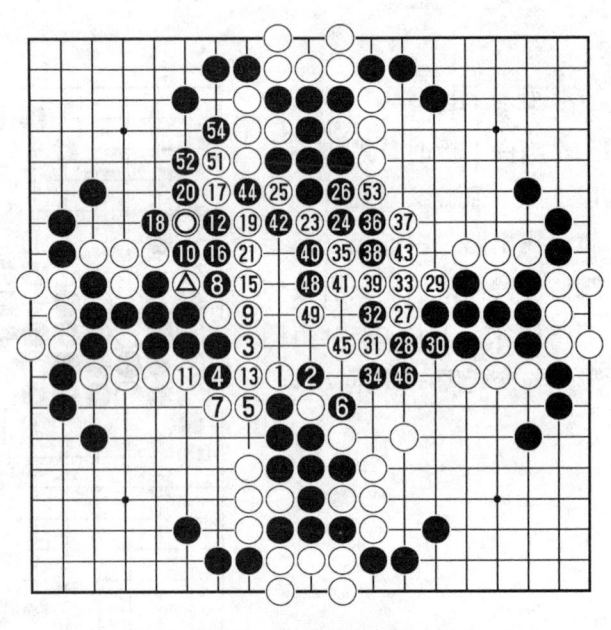

变化图 15　㊿=㊹　⑭=△

㉒=○　㊸㊼�=㉕

变化图 16

面对白 1 的挑衅，黑 2 打严厉无比，白 3 扳软弱无力，双方按部就班变化至黑 8，黑两军会师，白之前的围追堵截都付诸东流。

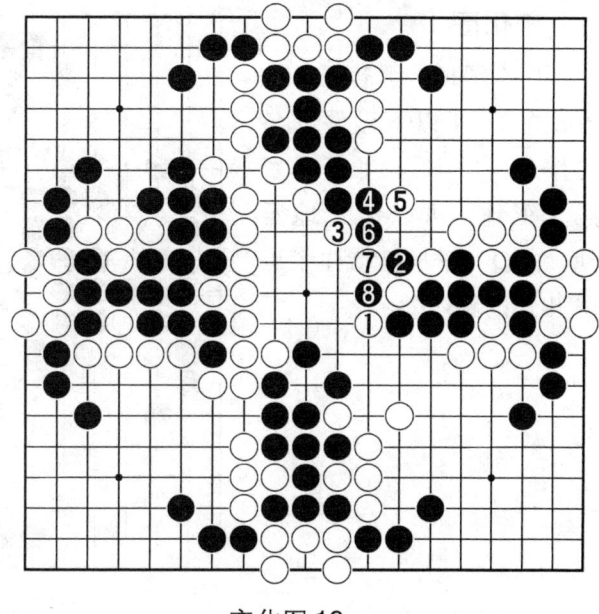

变化图 16

变化图 17

白棋走 1 位扳，很有力量。黑 2 至 8 安顿一方，白再于 9 位虎才行，因为有白 5、7 积蓄的力量，黑 10 路径狭窄，至白 15 形成劫争，这是白△子的功劳，至白 19 提劫，黑难办。

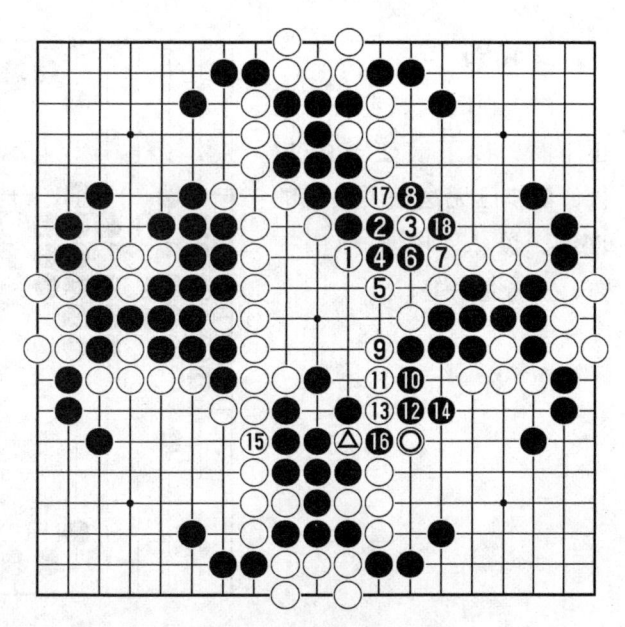

变化图 17　⑲ = △

第一章　挖掘古典对称之形

63

变化图 18

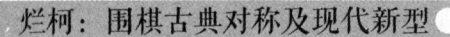

白△子顶，黑若在 1 位虎，白 2、4 以下做好准备工作后，白 12、14 两手置黑于死地，可以清楚地看到，白◎一子早已堵住了黑 13 出逃的路线。

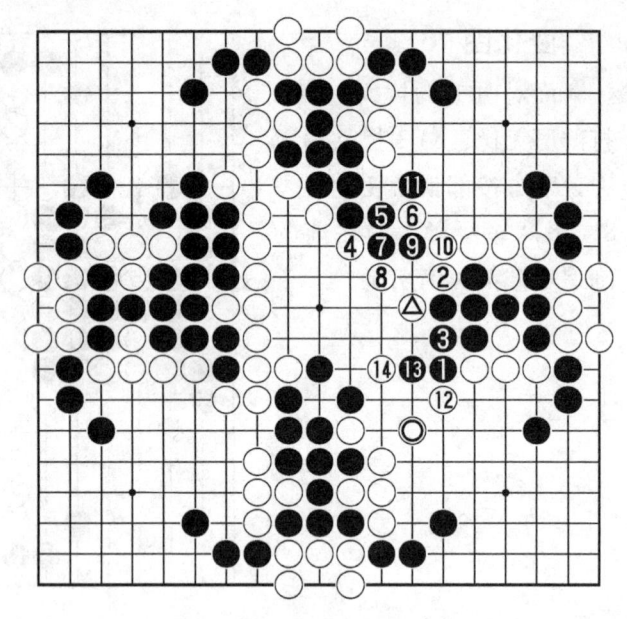

变化图 18

变化图 19

白 1 扳时，黑走在 2 位也不行，以下演变至白 17 扳，黑棋已无法摆脱白棋的攻击，黑 A，白 B 当头一棒，黑奄奄一息。

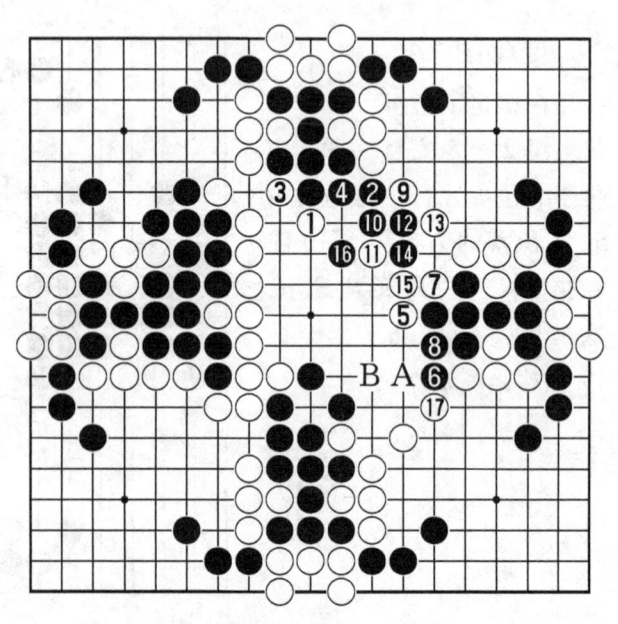

变化图 19

变化图20

　　白1扳时，已敲响了黑棋的丧钟。白7先手一打，借得东风，白9再贴住，黑已无路可逃。

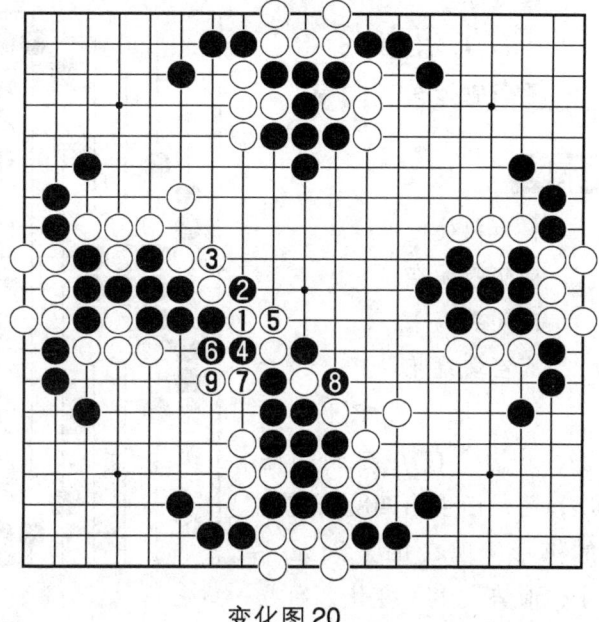

变化图20

题诗

　　静边闲袖手，
　　穷处巧翻身。
　　黑白无分别，
　　归欤当自陈。

第4题　白先

　　提示：中腹是战场，白能否力挽狂澜，做活一方？

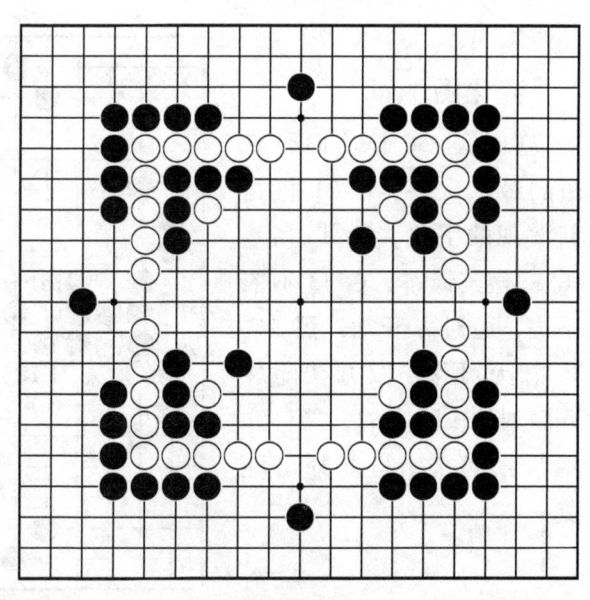

第4题

第一章　挖掘古典对称之形

65

衍生第六题
庭空蝶绕　白先

题诗

棋声何处起，
满院寂无哗。
门闭鸡鸣午，
庭空蝶绕花。

把天元一子拿下，左边、下边、右边构成的图形，曾是衍生第四题研究过的棋形。现在加上天元一子，形势发生了变化，白方能否擒住黑方中腹一队人马？

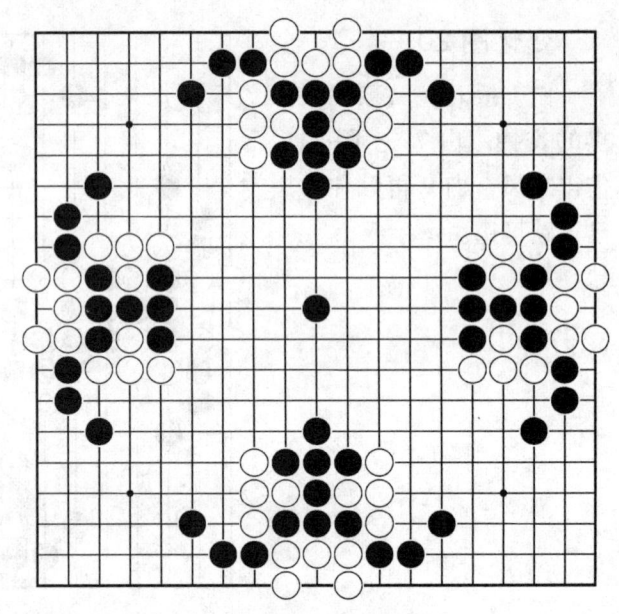

衍生第六题

变化图1

白1至30是前面研究过的最佳次序，白31打是新发现的手段，极其厉害，黑32避其锋芒，白33不依不饶，逼对方开劫，黑34、36忍无可忍，双方在此展开激烈的攻防大战，局势立刻紧张起来，马上分出胜负——

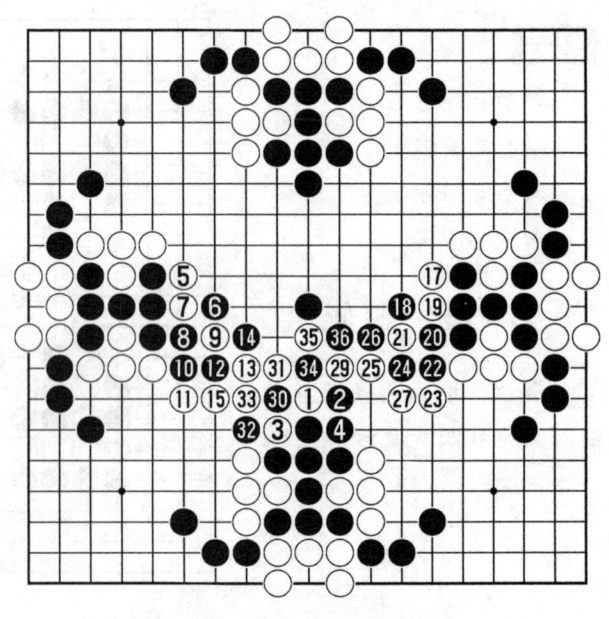

变化图1　⑯=⑨　㉘=㉑

变化图 2

白 1 提劫，黑 2 长，白 3 继续提劫，白 5 打是紧气劫，因白有 7 位等一系列劫材，黑打劫是打不过白棋的。

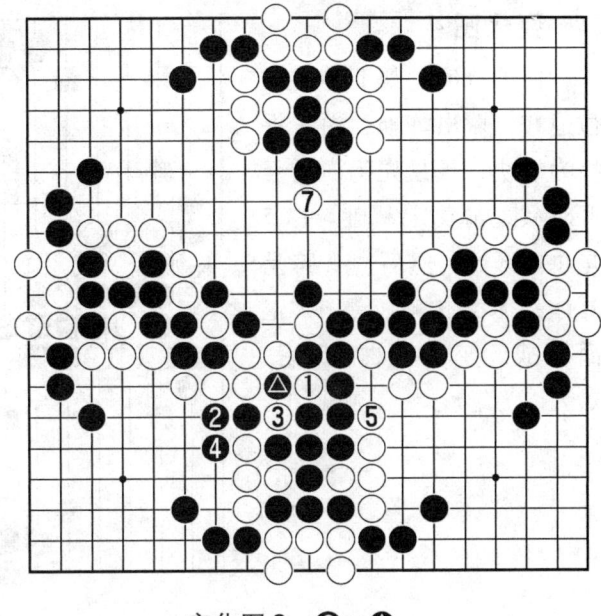

变化图 2　⑥ = △

变化图 3

黑如果在 1 位接则更糟，一方面白可以与黑打劫，即使劫材枯竭了，也可以在 10 位打，进退自如。

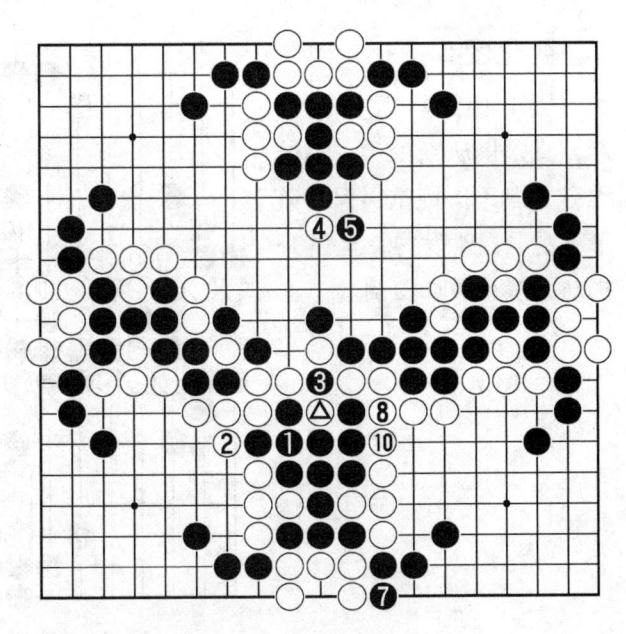

变化图 3　⑥ = △　⑨ = ❸

第一章　挖掘古典对称之形

67

变化图 4

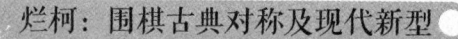

　　白1打时，黑只有在2位退守，撤出阵地，白3提极为畅快，且是先手，为展开对黑袭击奠定基础。白5是总攻开始，然后白9跨是具体战术袭击点，黑10正面应战，变化至白15后，黑无以为继。

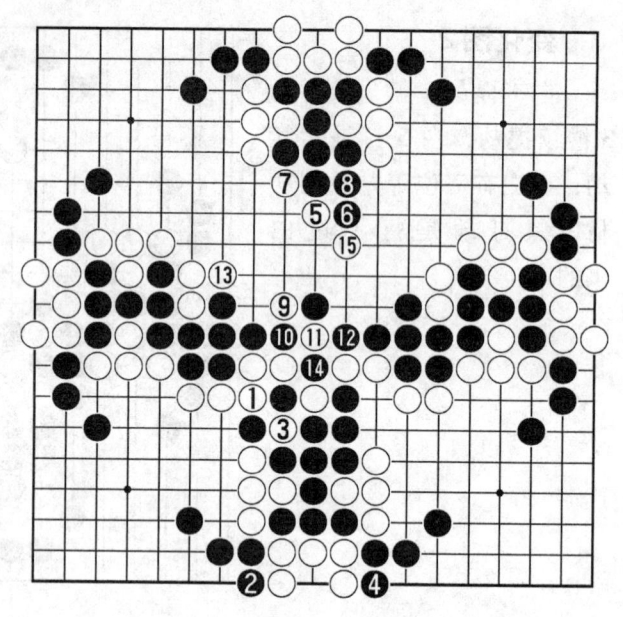

变化图 4

变化图 5

　　黑1扳，然而白2一断，真是棋从断处生，韵味无穷，黑3长持重，保持阵形不乱，白4发力，至白18提劫，黑兵败如山倒。

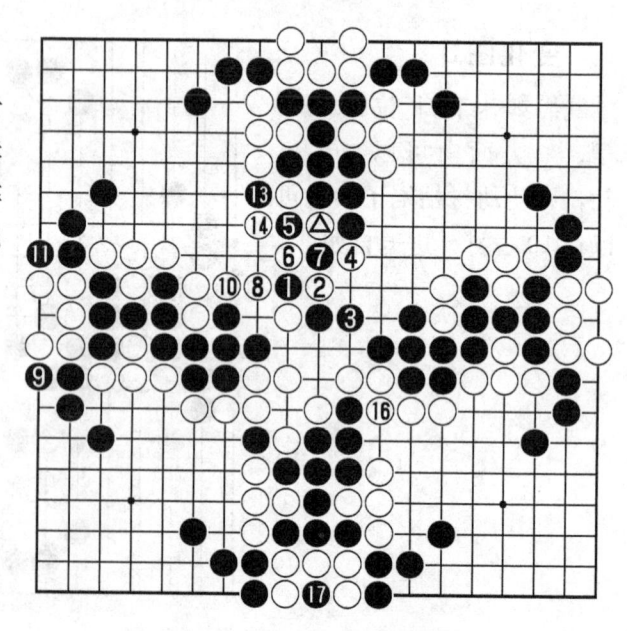

变化图 5　⑫⑱=△　⑮=❼

变化图 6

黑 2 接，白 3 封住，黑痛不欲生，白 11 提，黑成一团凝形无法前行。

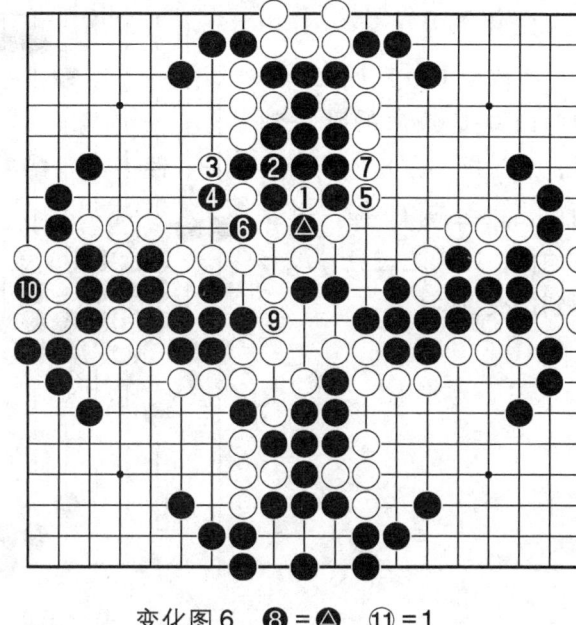

变化图 6　❽ = △　⑪ = 1

变化图 7

黑改在 1 位长头，白 2 提，机不可失，黑 3 弯是本身劫材，白 4 当头一棒，黑 5 提劫，至白 16 黑另一块棋在不知不觉中被吃了，原来白另有所图。

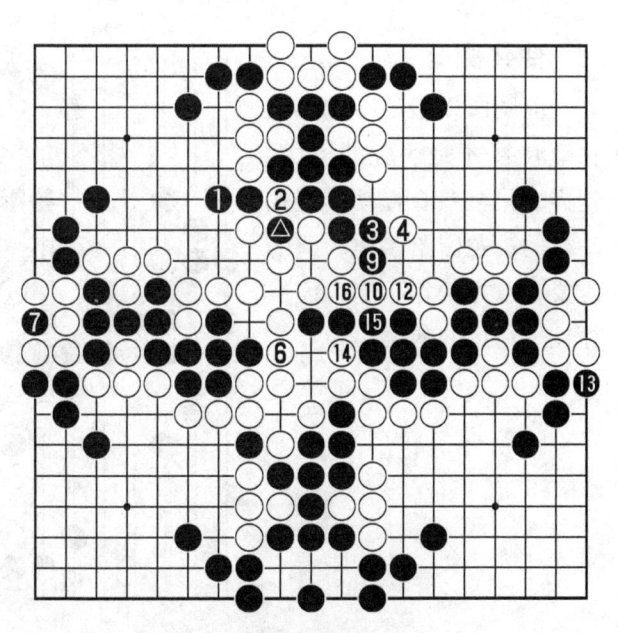

变化图 7　❺⓫ = △　⑧ = ②

第一章　挖掘古典对称之形

变化图8

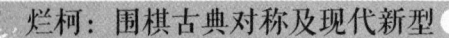

黑改在1位打抵抗，如何？白6是救命的唯一劫材，黑7提，白8、10从后面出击，至黑11提，黑渡过危机，白操之过急，没有达到作战目的。

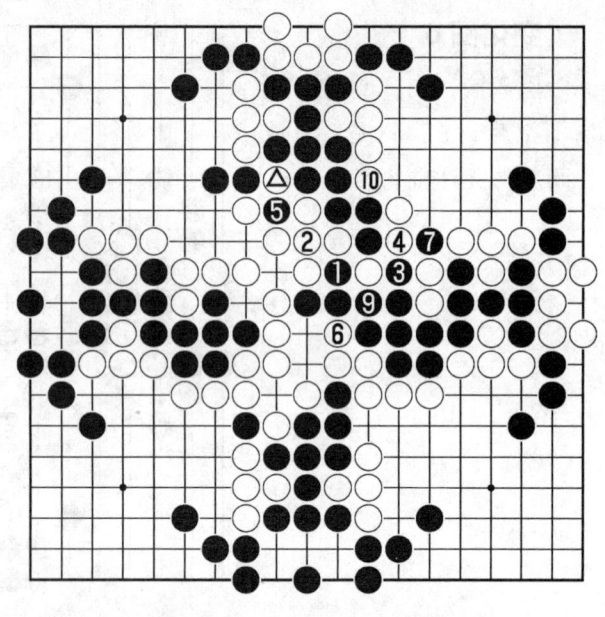

变化图8　⑧=△　⓫=❺

变化图9

前图白2接是败因，改在2位接才是争胜的下法，这样变化至白6提劫，把找劫材的难题留给黑棋，此劫重要，双方都输不起，但白扼住了命运的咽喉。

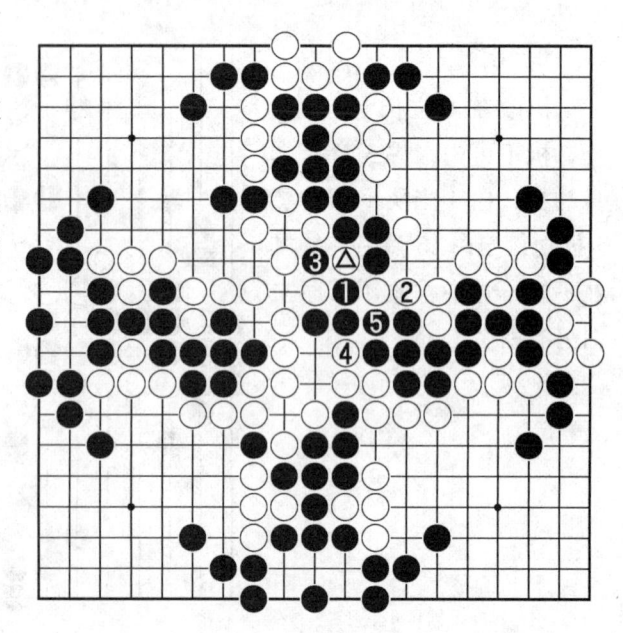

变化图9　⑥=△

变化图 10

黑改变思路，走黑 4 提劫，白 5 正着，黑 6 继续提劫，白 7 接，黑大块棋筋被吃。如黑 6 在 7 位提突围，白于△子处提劫，黑仍不能挽回危局。

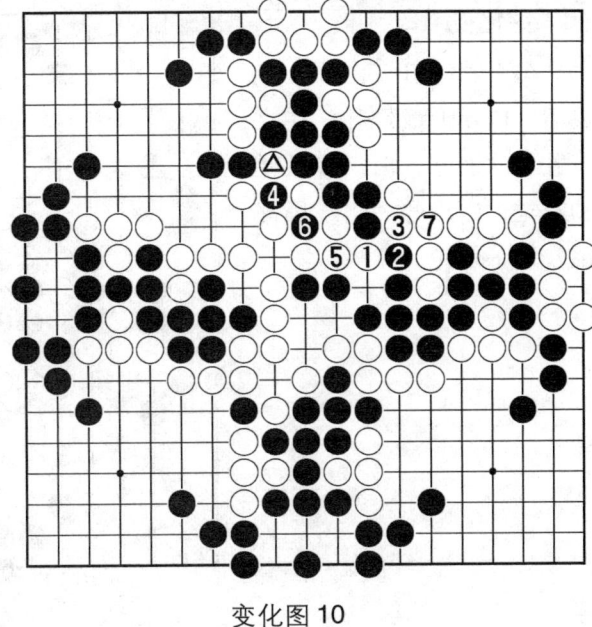

变化图 10

变化图 11

当白 1 提时，黑幡然醒悟，黑 2、4 冲出，但出路狭窄，至白 13 提通后，A、B 两点白必得其一，黑被白宰割。

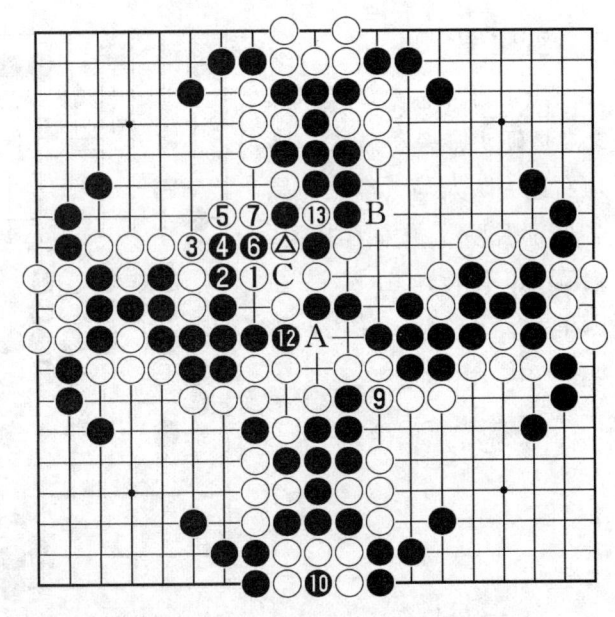

变化图 11　❽ = C　⑪ = △

变化图 12

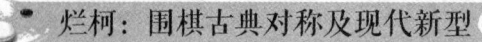

黑1若翻打，白2转身灵活，白6形成倒扑，在决定胜负的地方，白棋有敏锐的嗅觉，白冷酷一击，黑挥泪告别。

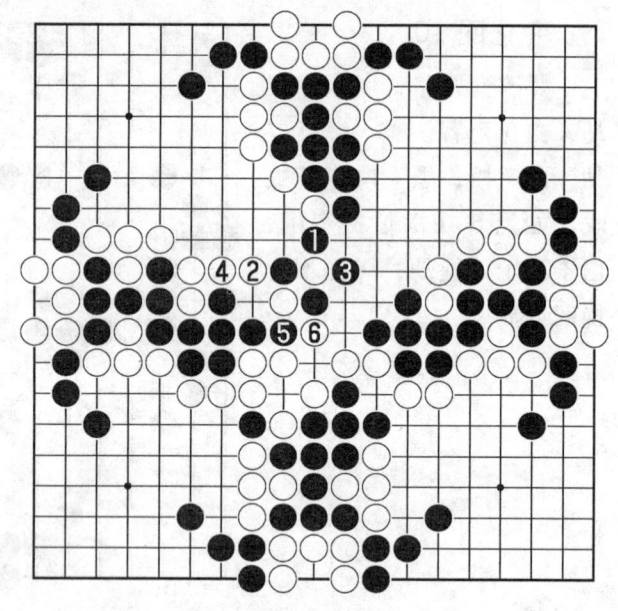

变化图 12

变化图 13

黑1再冲，白2提，黑3接是硬头，舍小就大，呼应右边一队人马，至黑9黑各处都脱险了，安营扎寨，白显然不行，白棋错在哪里？

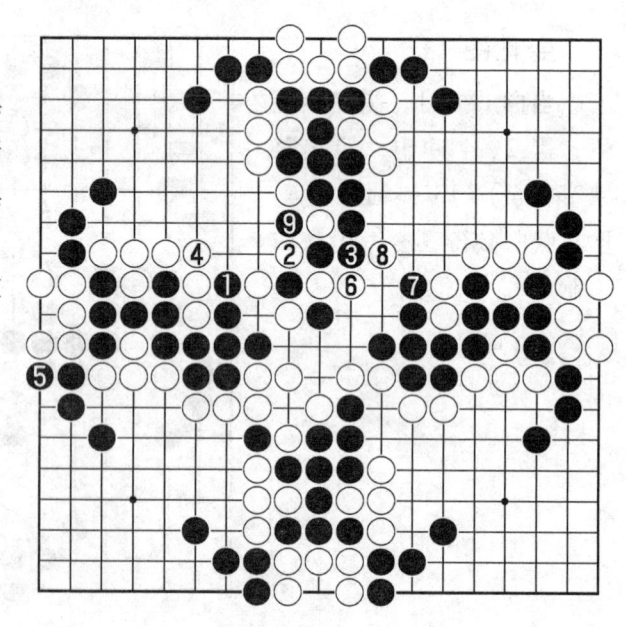

变化图 13

变化图 14

原来白棋不能走 2 位翻打，只能走 1 位压，敌之要点，即我之要点，这符合兵法，对此，黑 2 顶，白 3 是先手，白 5 长出，黑出现危机，且看黑 6 先处置这里，白 7 拐，围魏救赵，这块黑棋落入虎口。

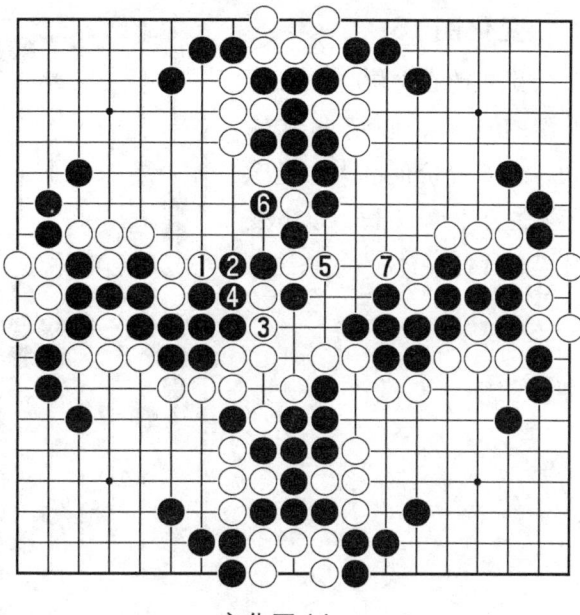

变化图 14

变化图 15

黑 1 手忙脚乱，心浮气躁，白 2 是致命一击，黑 3 延气，虎口逃生，但不过数手就被击杀。总之，被白棋分断后，黑棋崩盘，已无法挽回。

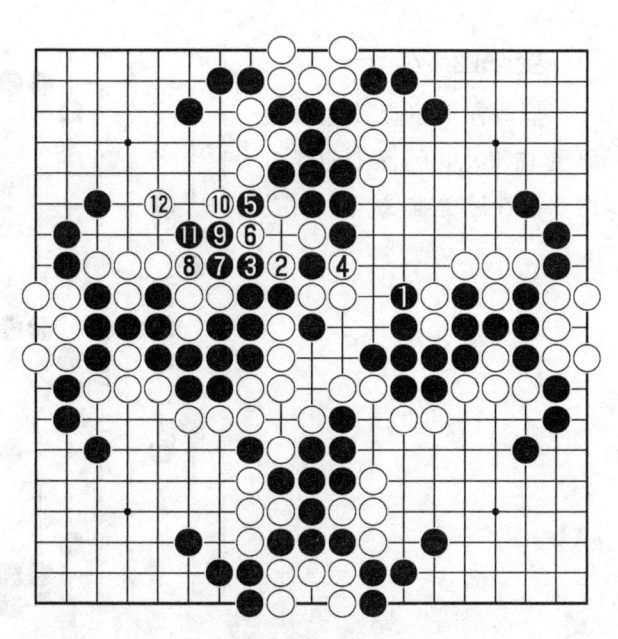

变化图 15

变化图 16

　　黑棋改在 1 位吃，白 2、4 滚打包收，心情非常愉快，白 6 提价值巨大，处于不败之地，黑 7 长，以下变化至白 14，白快一气杀黑。

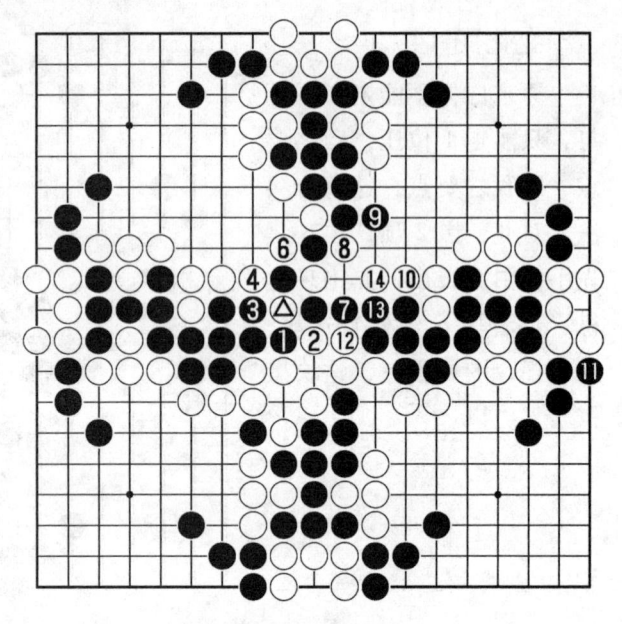

变化图 16　❺=△

变化图 17

　　黑改在 1 位提，这得先忍受白 2、4 的滚打包收，白 6 接让黑更难受。

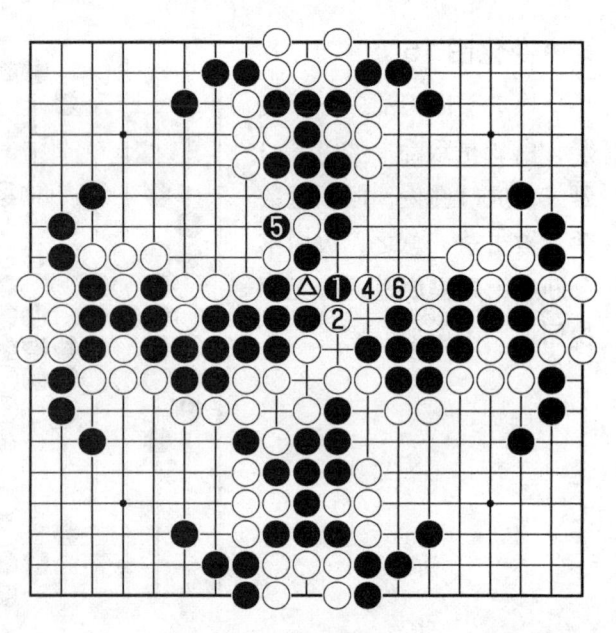

变化图 17　❸=△

变化图 18

　　黑棋不与白纠缠，黑 2 千里走单骑，且看白一系列手筋，令人眩目，白 3 拐是急所，黑 4 要点，白 5 扳分断，黑 6 双打，可以与白周旋，白以下看似主动，结果处处扑空，至黑 22 白失败。

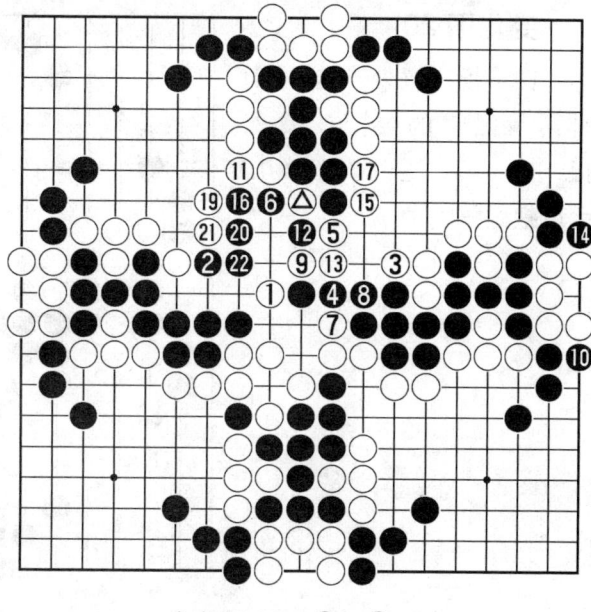

变化图 18　❽ = △

变化图 19

　　白 1 分断，黑 2 长冷静，将计就计，白 3 分断黑棋，又能怎样呢？

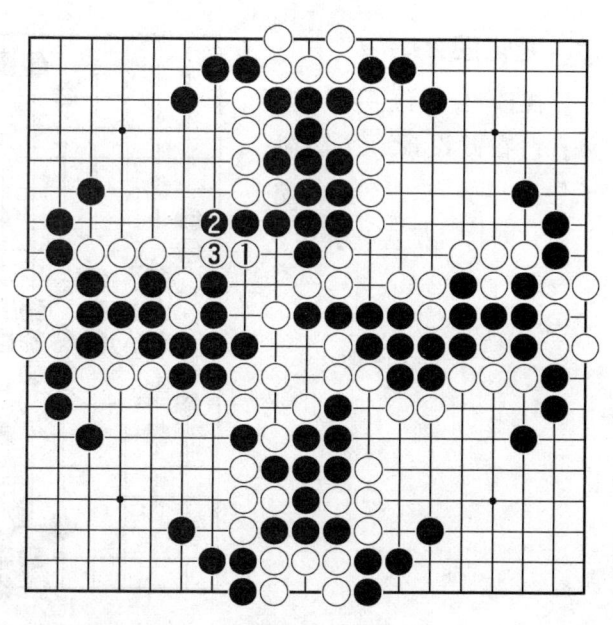

变化图 19

变化图 20

白1扳，意外，这一招是击溃黑棋的要点，黑2提，白3压，至白7简单几手就把黑棋吃掉了。

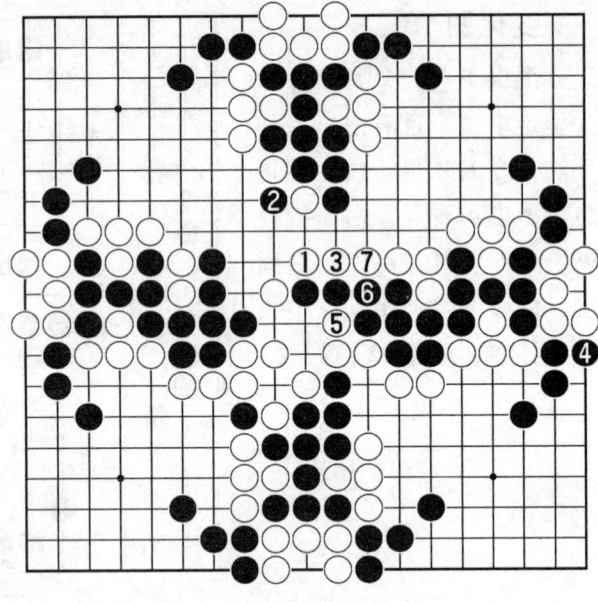

变化图 20

变化图 21

黑改在1位拐寻找联络，白在此设计一个陷阱，抓住黑棋弱点，轻轻一挖，至白8断打，黑丢盔弃甲。

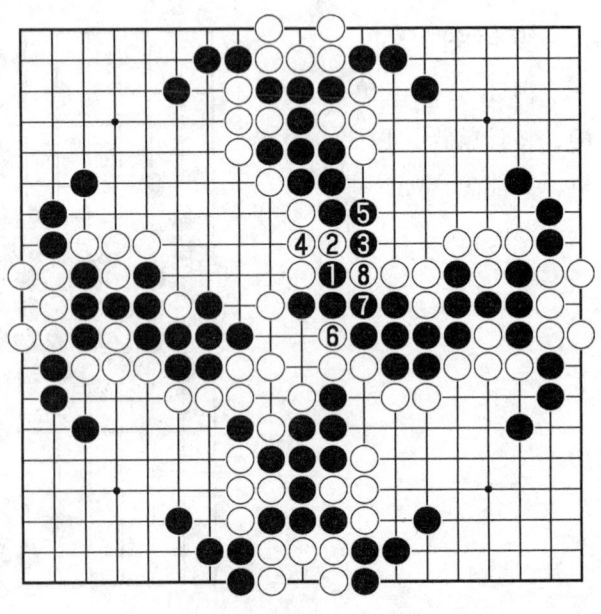

变化图 21

变化图22

黑1虎，白4板，当黑5打时，白6激流勇退，A、B两点，白棋无论走到哪一点，黑都是失败的结局。

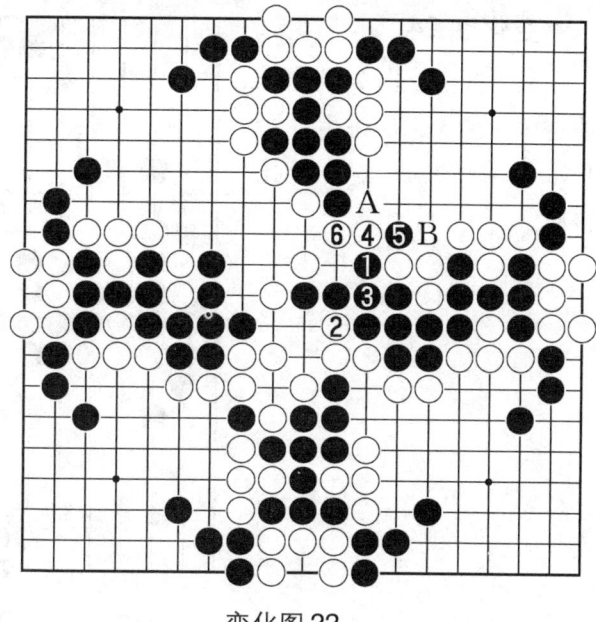

变化图22

变化图23

黑1断，白2虎，黑3打，白4做劫，求之不得，正好混水摸鱼，至白10，一夫当关，万夫莫开。

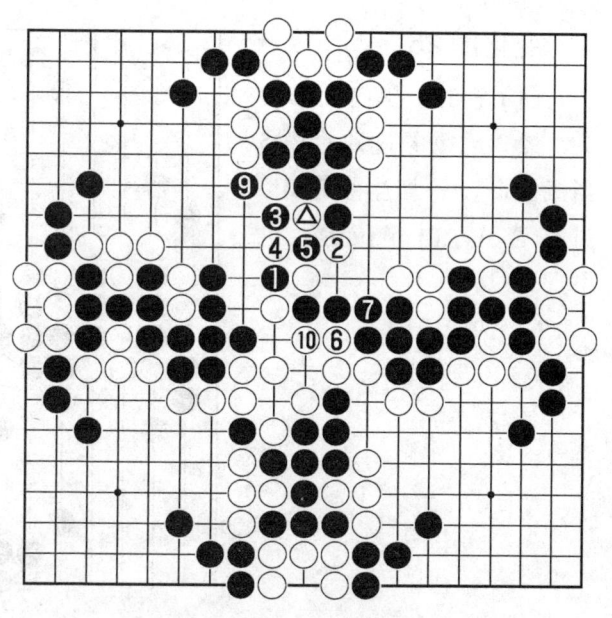

变化图23　⑧=△

变化图 24

黑 1 冲吃，白 2 拔花价值连城，黑 3 无法逃生，白 4 如钢钳，黑棋哪里挣扎得脱。

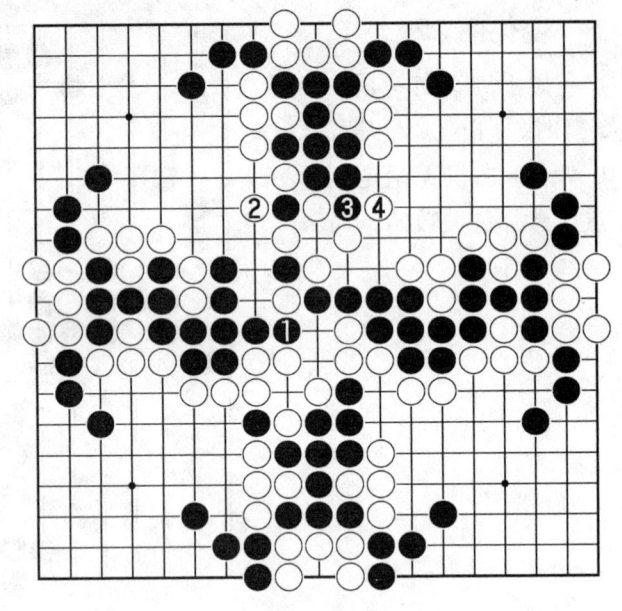

变化图 24

变化图 25

白 1 拐时，黑已大难临头，黑 2 虎欲寻逃路，白 5 当机立断，一切尘埃落定。黑 6 若 A，白 6 位退，也不行。

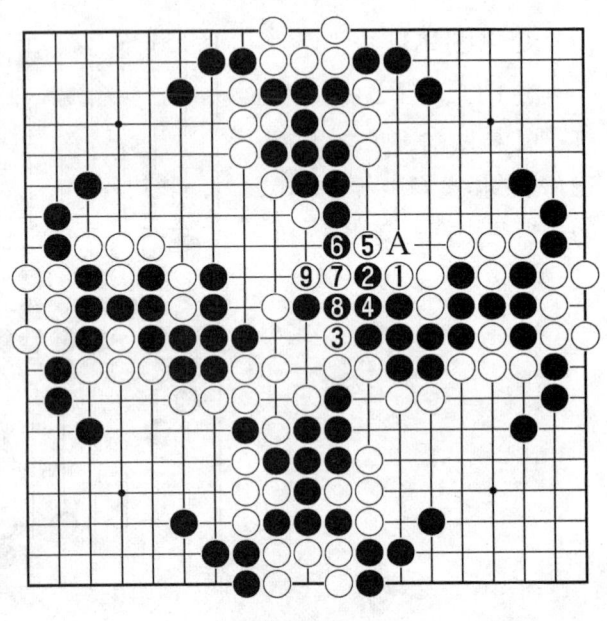

变化图 25

变化图 26

白 1 扳，黑 2 冲，暗度陈仓，白 3、5 招法华丽，至黑 10 偏安一隅，但经不住白 11 一击。

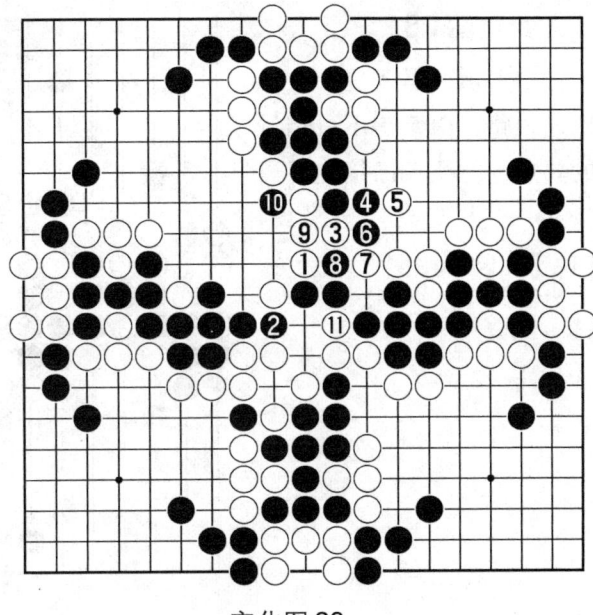

变化图 26

变化图 27

黑改在 1 位双打，暗自得意，但白 2、4 此处用力，突生波澜，至白 8，黑棋被吃。

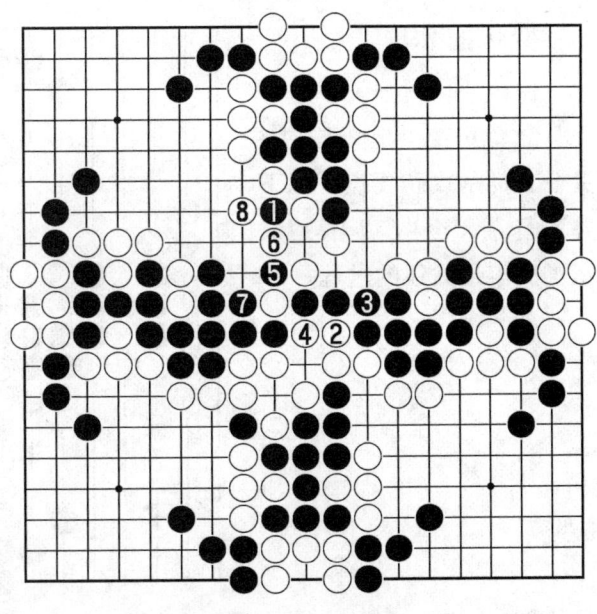

变化图 27

变化图 28

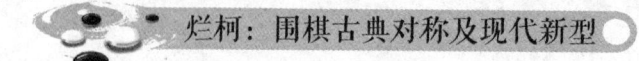

白1顶，黑2虎，改变出逃线路，白5是不可错过的要点，但黑6已接应了黑2、4一队人马，至黑24"换了人间"。

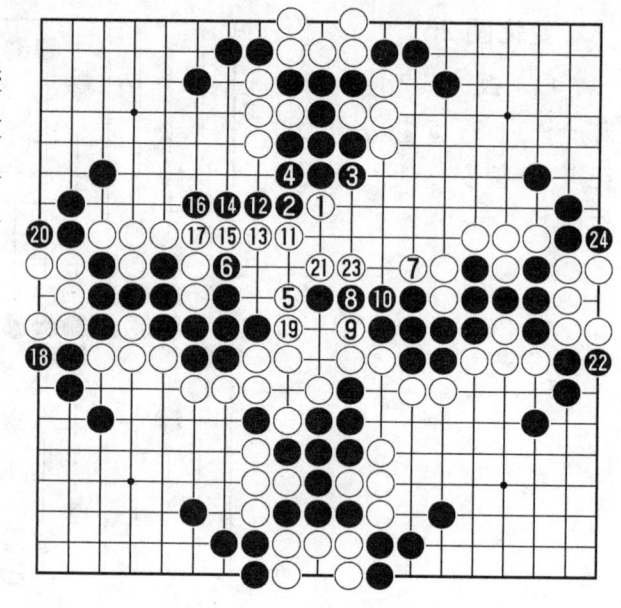

变化图 28

变化图 29

白改在1位跨才是好手，敌变我变，黑2与白3见合，都是攻防要点，以下并不复杂，至白13清楚展示了黑棋被擒住的过程。

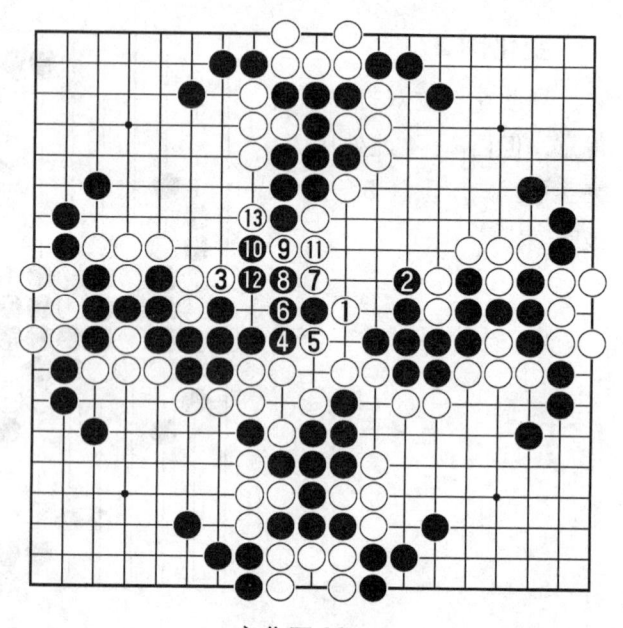

变化图 29

变化图 30

黑 1 虎，改变手法防守。双方都有手筋闪现，稍有不慎就会跌入万丈深渊，黑 13 失误，至白 16 黑败。

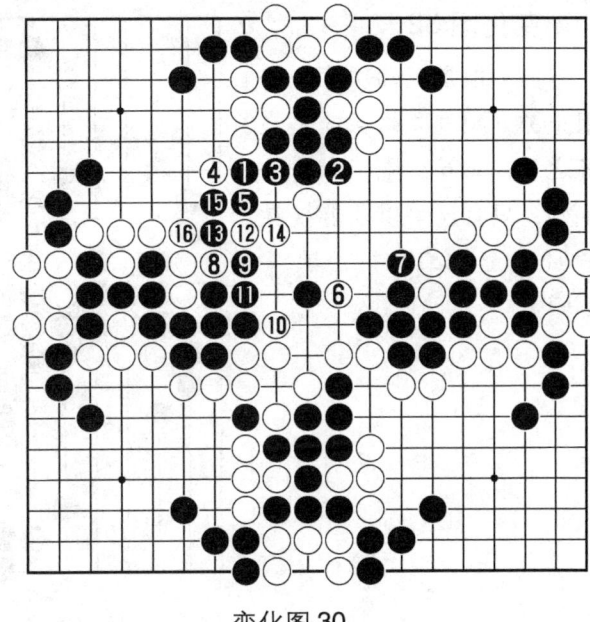

变化图 30

变化图 31

黑改在 1 位打正着，白 2 接，棋筋不能舍弃，这样黑 3 反过来折磨白棋，至黑 9，白失败。

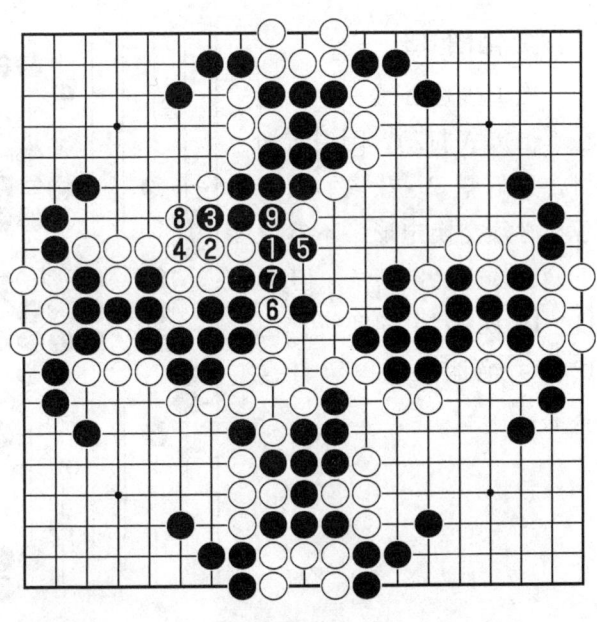

变化图 31

变化图 32

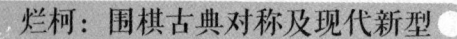

白 1 顶是正确次序，先阻止黑方顺利联络，才是当务之急，黑 6 突围，白 7 扑绝妙，只有这手棋才能挽救危局，至白 19 打，黑接不归。

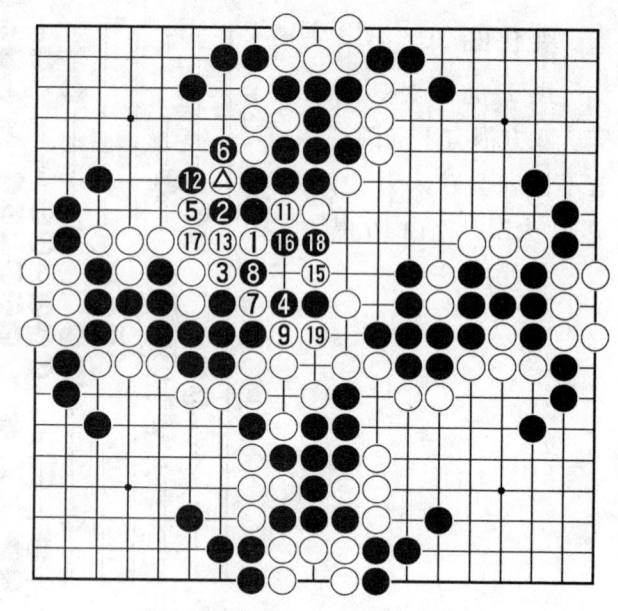

变化图 32　⑩=⑦　⑭=△

变化图 33

黑 1 接是必然一手，现在不怕黑 A 打劫，因白有劫材，只好黑 3 提，白 4、6 现在必须交换定形，不然留下隐患，难做大局，但黑 11、13 两手错失良机，白 12、14 绝地反击，黑自食其果。

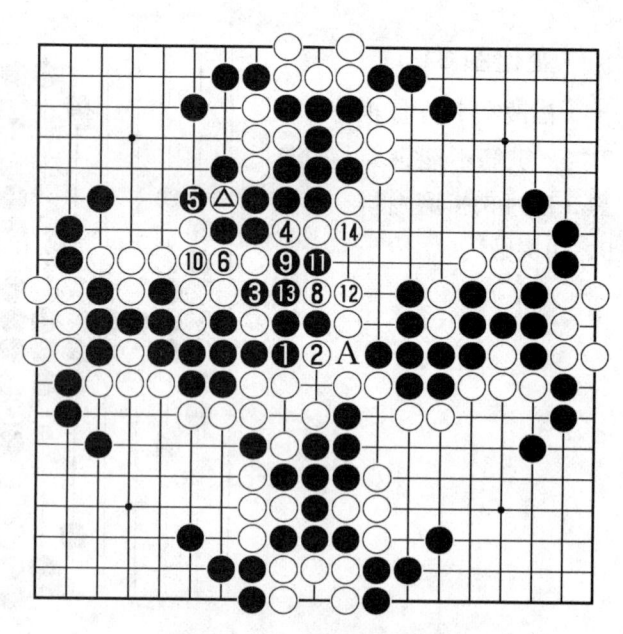

变化图 33　⑦=△

变化图 34

黑改在 1 位打有力,白 2 只好开劫,当黑 3 提劫时,各处变化已走尽,白已无劫材可寻,只有等死,此时,白 A 已不是劫材,因黑可在 B 位消劫,一举两得。

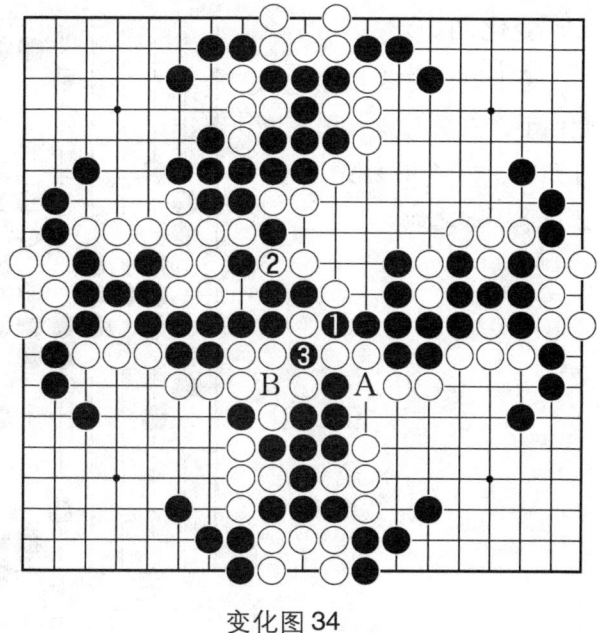

变化图 34

变化图 35

白棋在 1 位扳才是正着,黑 2、4 开劫,白有 5 位的劫材并不惧怕,这样黑棋不行。

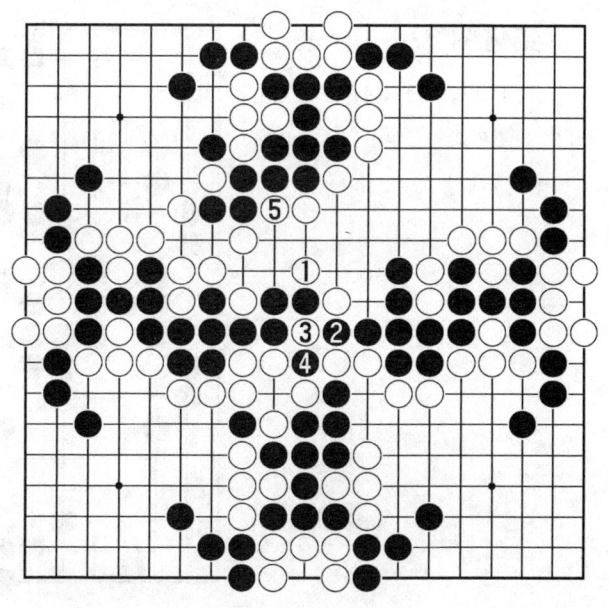

变化图 35

变化图 36

黑 1 提，白 2 拍上，只此一手，有勇有谋，黑 3 断打开劫，白 4 提是先手劫，已立于不败之地。

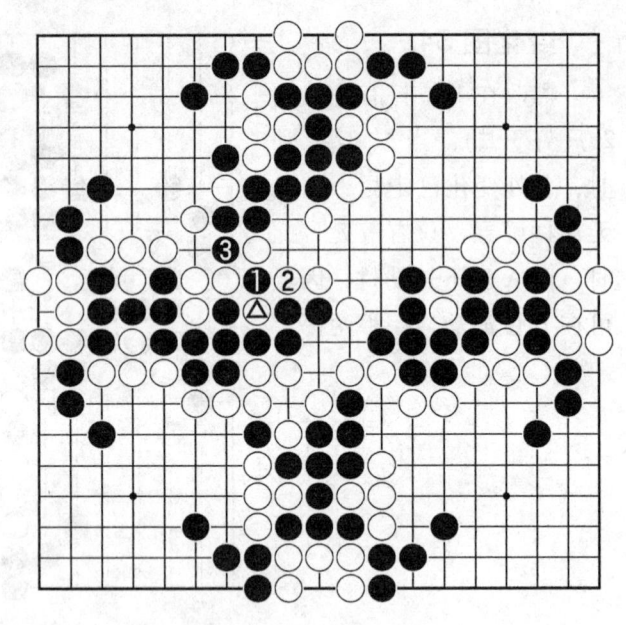

变化图 36　④ = △

变化图 37

黑 1 冲，白 2 挡上，黑 3 打，白 4 吃，至白 10，将黑一网打尽。

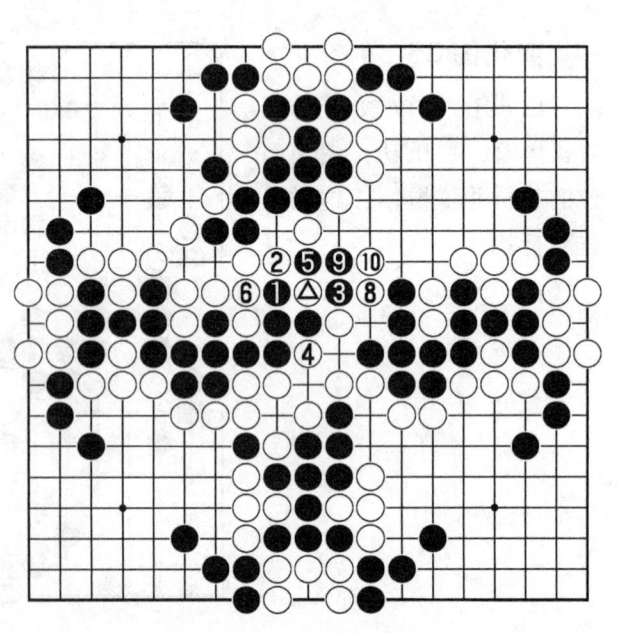

变化图 37　❼ = △

变化图 38

黑 1 位打，铤而走险，黑 9 冒失，白 10 打，黑接不归。

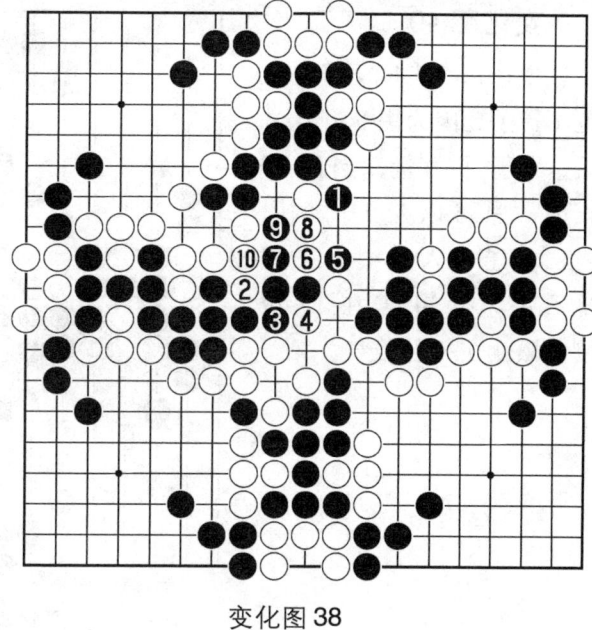

变化图 38

变化图 39

黑 1、3 回吃连通，白 4 接，黑 5 打，黑 7 粘后，万事无忧。

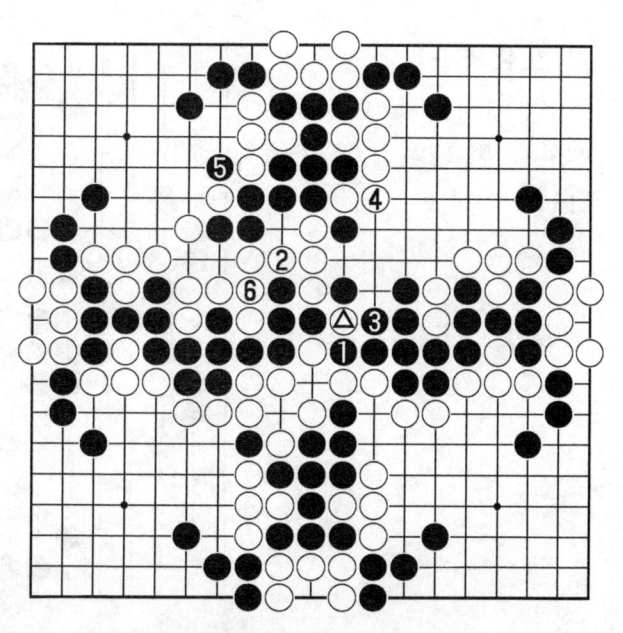

变化图 39　❼ = △

变化图 40

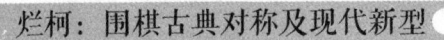

现在白 2、4 滚打包收也不行了，因为黑 5 开花之后，积蓄了力量，当白 10 长时，黑可以在 11 位扑，将白几子收入囊中，白 14 是后手。白 14 若在 13 位接，黑就在 A 位收气。

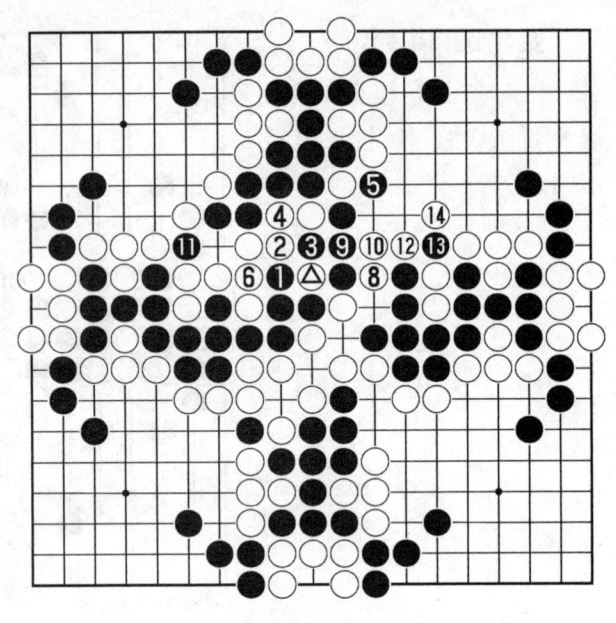

变化图 40　❼ = △

变化图 41

白 1 挤打，是见缝插针的好手，黑 2 提，以下变化至白 7，白妙手回春。

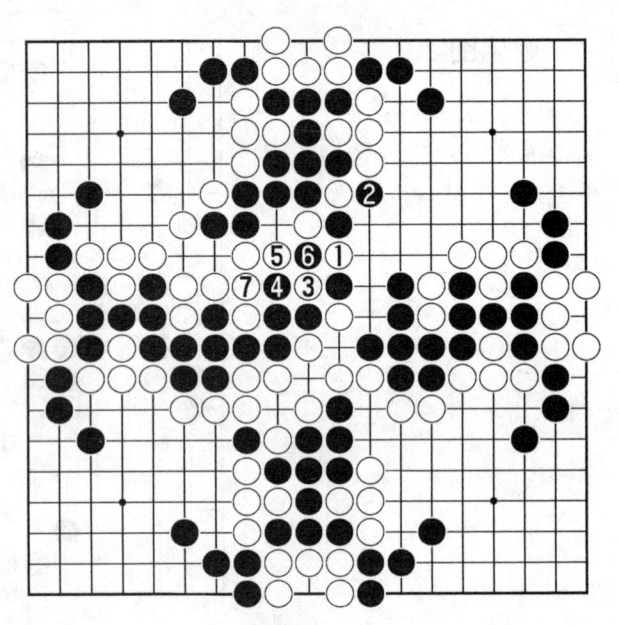

变化图 41

变化图 42

黑1挤打应之，以其人之道，还治其人之身，但躲不过白6双打，黑不敢在A位接，黑不得不再寻良策。

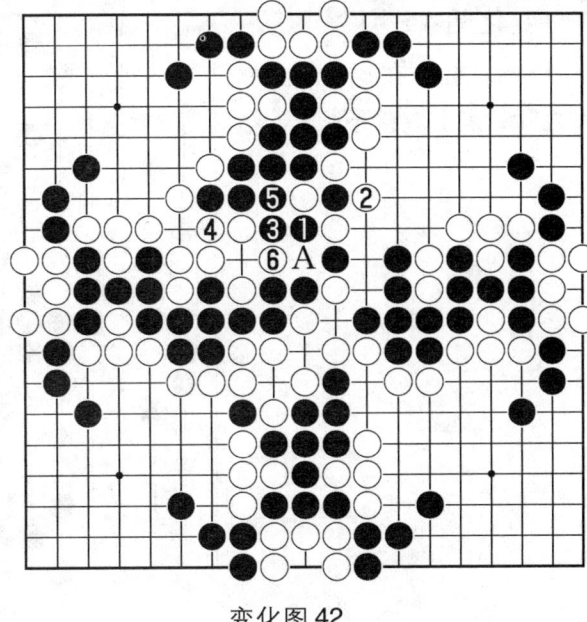

变化图 42

变化图 43

黑1提通，简化局势，白2打，黑3只有听之任之，至白10后，白12、14构思庞大计划，好像在时光隧道里穿梭，至黑25——

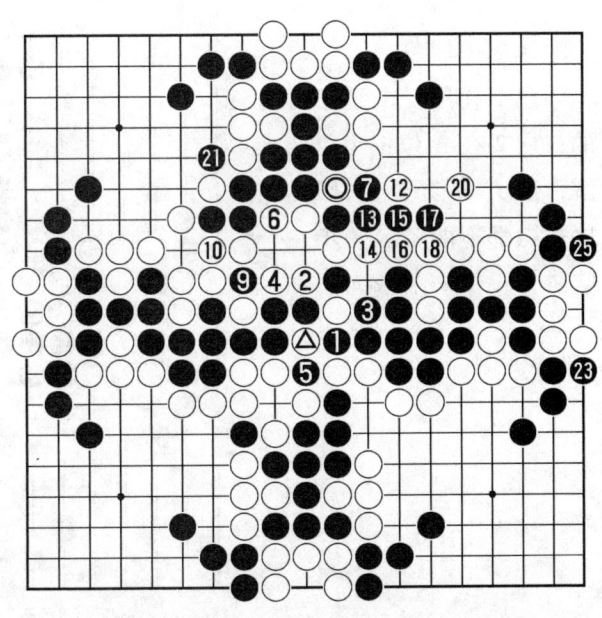

变化图 43　⑧㉒=△　⑪=○　⑲㉔=❺

变化图 44

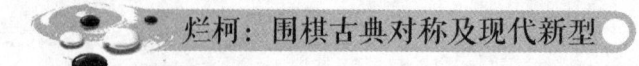

白 26 提，在这千钧一发之际，黑形成接不归。

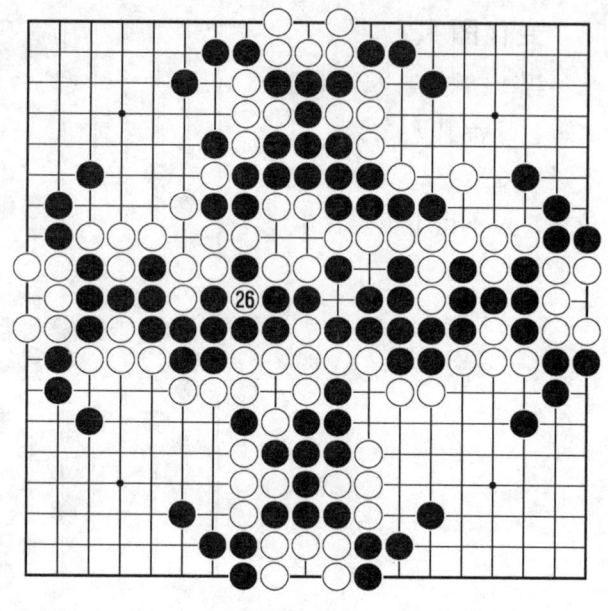

变化图 44

变化图 45

黑 1 拐出反击是很厉害的，白 2 在 A 位提也复杂难解，双方攻防至黑 15，次序一点都不能错，一步一个陷阱，一步一个深坑——

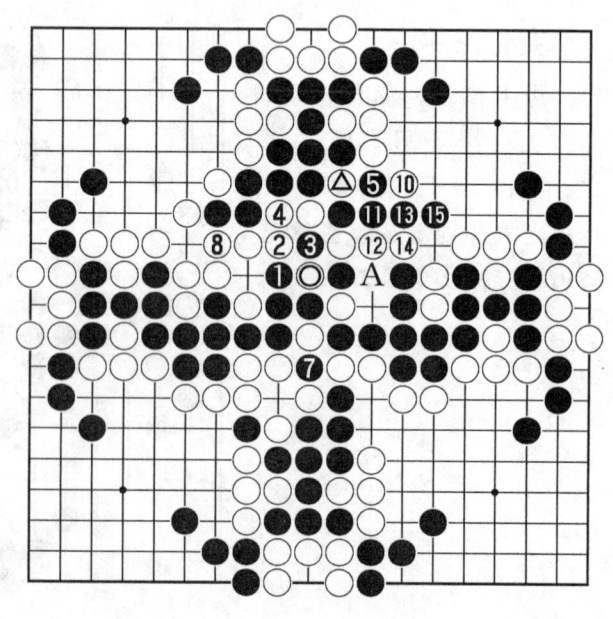

变化图 45　⑥=○　❾=△

变化图 46

这是接前图的变化，白 16 必须先提劫，如果单走 18 位接，黑走 A 位提，一切问题都解决了，当白 22 提时，奇妙的事情发生了，黑 23 接，在这样拥挤的空间，却做活了，白 24 粘劫，黑 25 接，白不能走 B 位接破眼。

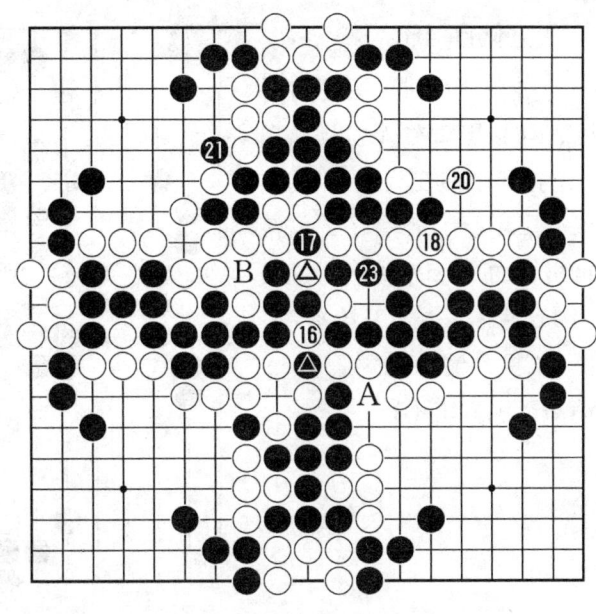

变化图 46　⑲㉔ = △　㉒ = ⑯　㉕ = △

变化图 47

白改在 1 位和黑 2 交换，白 3 提劫，但黑 4 提是先手，白 5 必须接，黑 6 提做眼，两劫摇橹，黑必粘其一，让假眼成真。

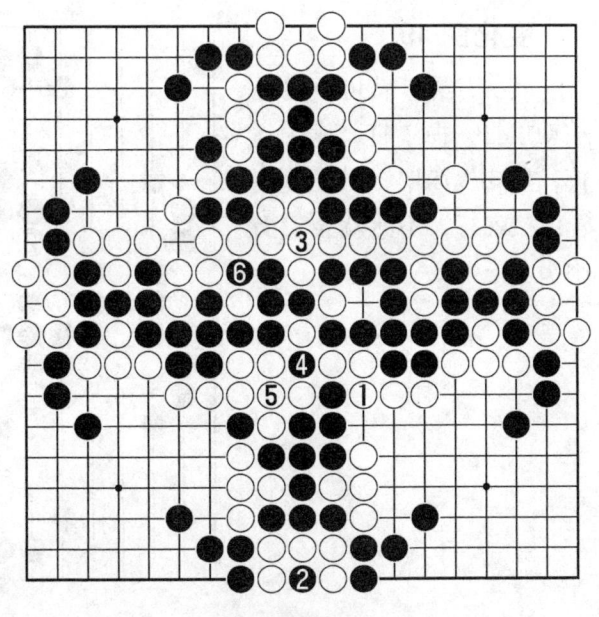

变化图 47

变化图 48

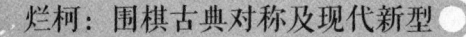

　　白在 1 位打是正确手法，如果黑 2 在 A 位提，白 2 位打，就演变为图 43 的结果，黑不行，故黑在 2 位接抵抗，白 3、5 滚打包收后，白 11 冲击，白 13 接冷静，黑 18 提，消除劫材，白 19 消劫，黑肯定不行。

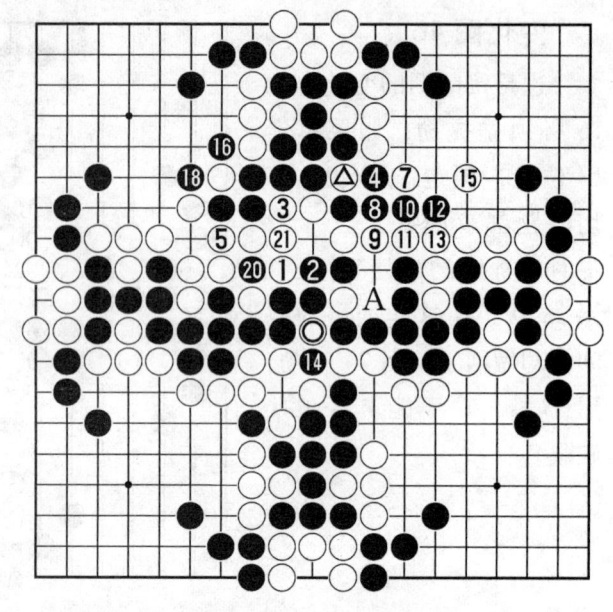

变化图 48　❻=△　⑰=○　⑲=❹

变化图 49

　　其实，黑 1 就可以避免被动挨打，白 2 打，孤注一掷，黑 3 提简明，只要不在 A 位接就行，不然就会大祸临头。

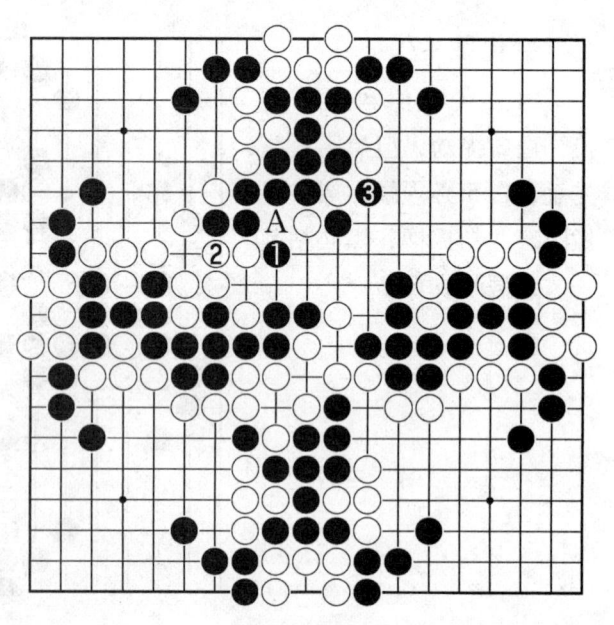

变化图 49

变化图 50

　　白棋在 1 位扳才有可能起死回生，黑 4 打反击时，白 5 与黑 6 交换定形后，以下至白 15 把黑赶尽杀绝。

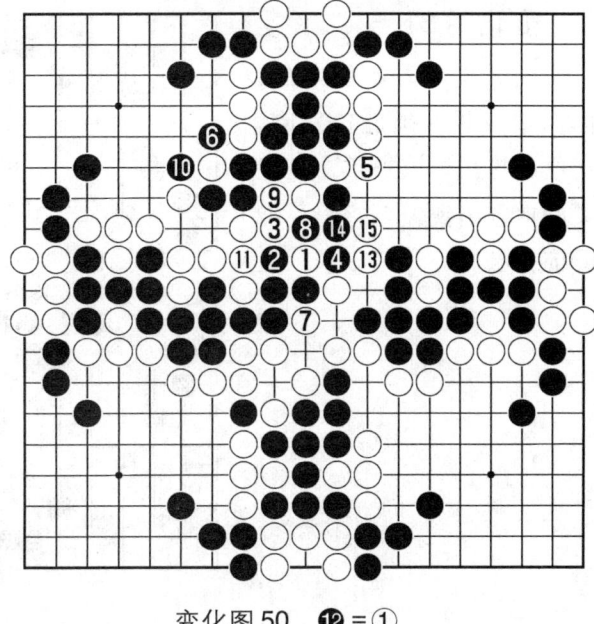

变化图 50　⑫ = ①

正解图

　　黑 1 打，尽量不影响别处，白 2、4 滚打包收虽然愉快，但愉快之后就会茫然，以下至黑 17，黑穿过层层迷雾，白棋陷入无棋可下的窘境。正解图意外的简单，所以思路很重要，但话又说回来，如果不研究那么多复杂的变化，又怎么知道会不行呢？这正是围棋的乐趣。

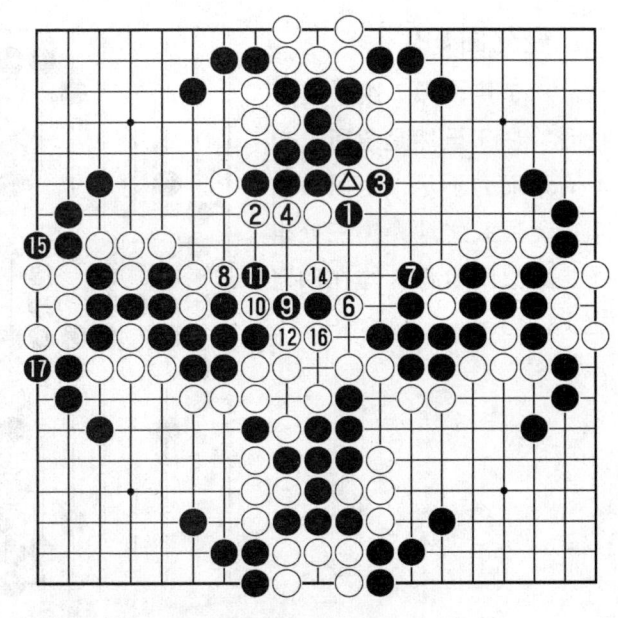

正解图　❺ = △　⑬ = ⑩

第一章　挖掘古典对称之形

变化图 51

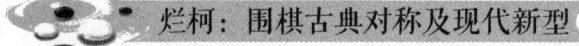

黑 1 是万万不能走的，因白 2 一挖，黑虎口发麻，至白 6 打，黑棋被杀，在紧要的地方出现失着，黑不能原谅自己。

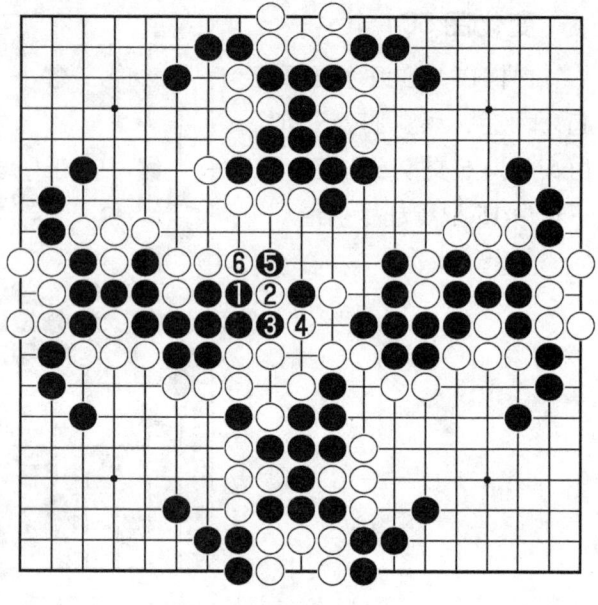

变化图 51

变化图 52

白 1 接，黑 2 跳，姿态优雅，白 3 虽然是急所，但心有余而力不足，至黑 6 白英雄无用武之地，黑三处棋子，都悠闲自得，均在四气之上。

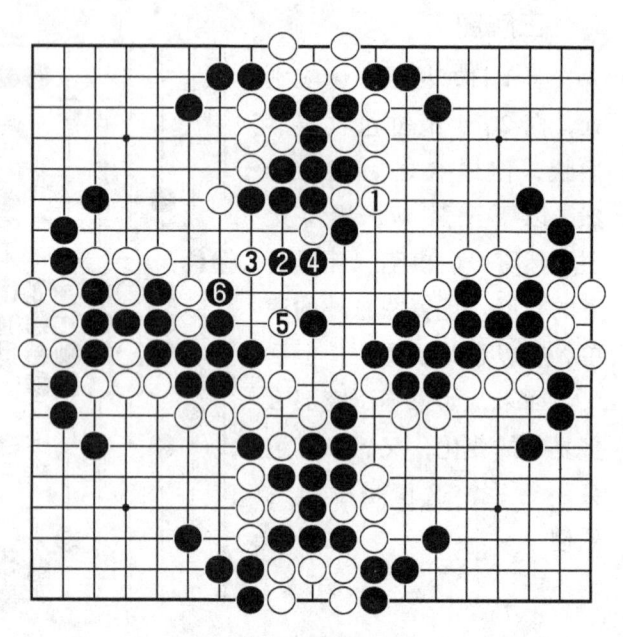

变化图 52

破解正解图

黑1打，白2先跨次序好，这是关键的一手，黑3应。白4至8围攻，黑9收气，白10做成外势，这样白12就可以接，以下至白18，黑棋被杀。

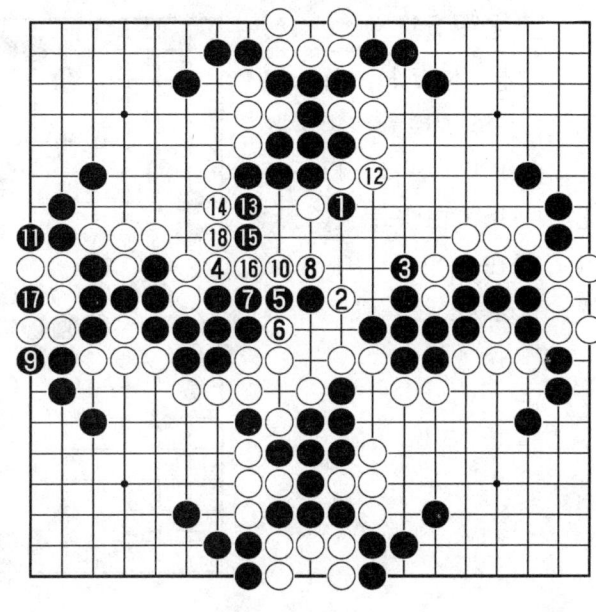

破解正解图

变化图53

黑改在1位冲，黑3断突围，对此，白4双打，黑无可奈何，只能在5位提，白6、8滚打包收愉悦，黑17还要防，白A位打，快两气杀黑。

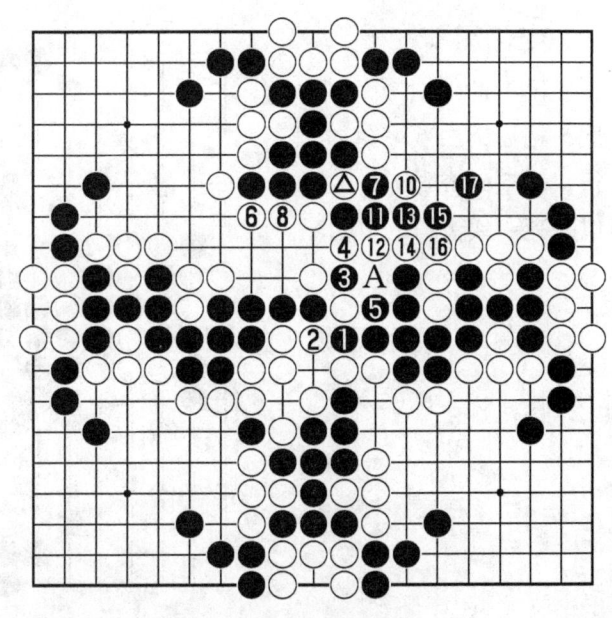

变化图53　❾ = △

变化图 54

黑走 1 位反击，白 2、4 包收，白 6 虎冷静，黑 7 收气，白 8 当头一棒，以下变化至白 16，白快一气杀黑。黑 7 若在 8 位长，白 A 紧气，黑这块棋慢一气。

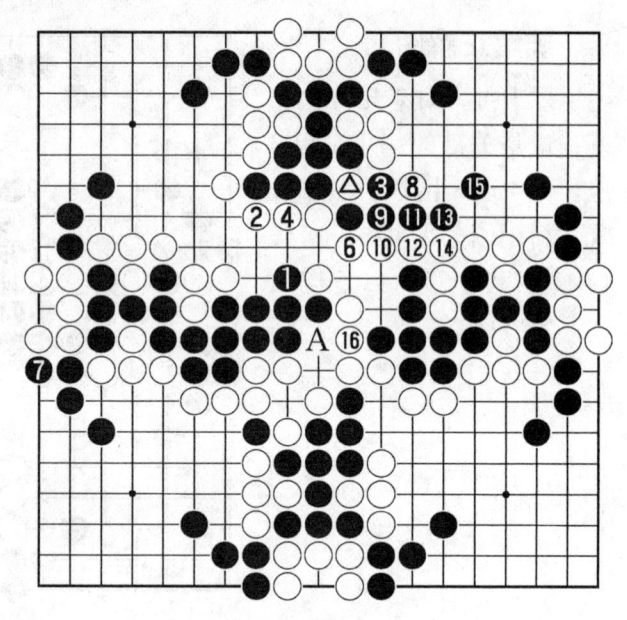

变化图 54　❺ = △

变化图 55

黑 1 冲，白 2、4 收气，黑 5 粘后，白 6 紧气，黑不行。此型研究结论，白棋可以杀死一块黑棋。

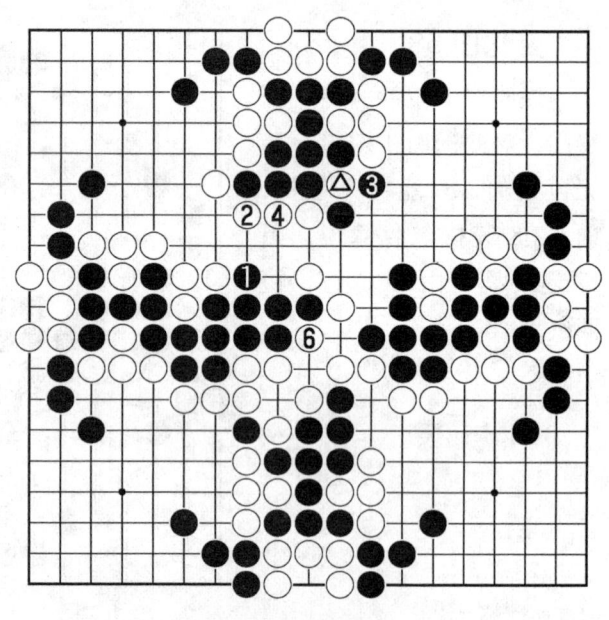

变化图 55　❺ = △

变化图 56

黑走1位，白2挤，白4接忍耐，黑9打，白10反击，以下至白24为必然应接，至白26，黑慢两气。黑25若在A位断，白于11位粘劫，黑依然不行，黑25若在11位提劫，白于28位紧气，虽为劫，白万劫不应。

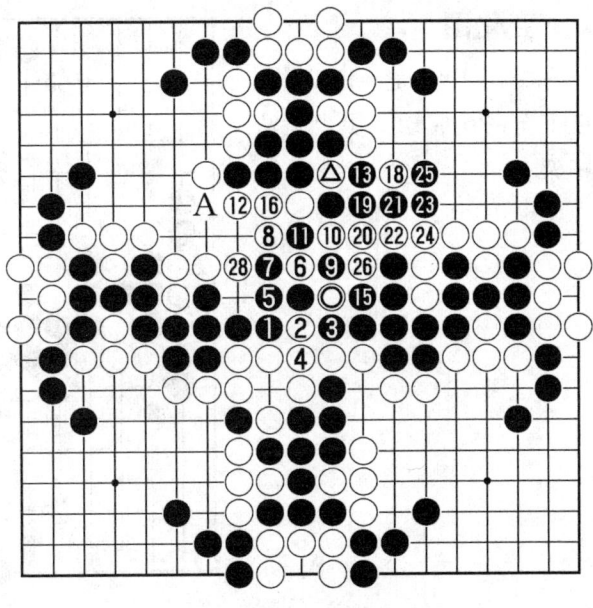

变化图 56　⑭=⑥　⑰=△　㉗=○

变化图 57

黑在1位扳，白2断是好手，黑3、5欲保一方平安，以下至白14，黑仍不能自保。

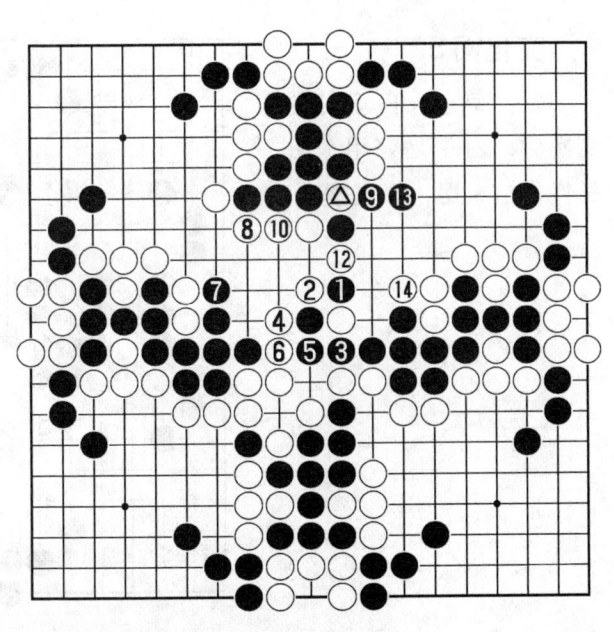

变化图 57　⑪=△

变化图 58

黑在 1 位提，白 2 拐，以下至白 6 成劫，黑也无法招架。

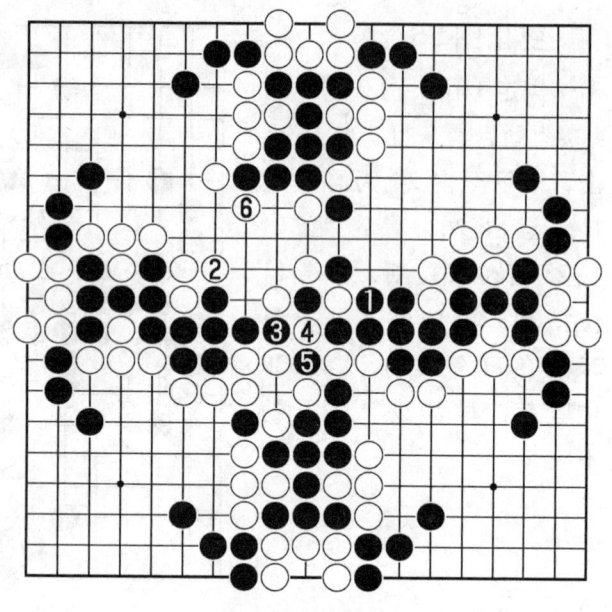

变化图 58

变化图 59

黑 1 单退，白 2 与黑 3 交换后，白 4 是好手，黑 5 长气，白 6 拐，黑棋被吃。

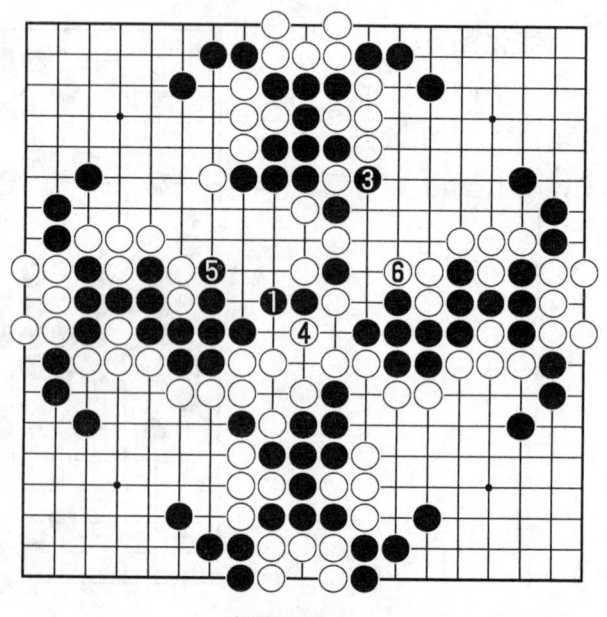

变化图 59

变化图 60

黑1防守，白2至黑11定形后，白12打，黑崩溃。

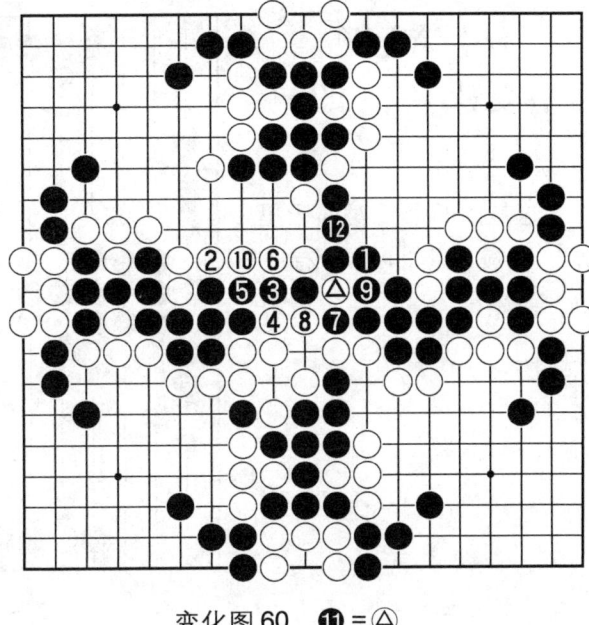

变化图 60　⑪ = △

变化图 61

黑1打是最激烈的反抗，白2反打，黑3冲突围，白4提，黑5长气，白6打，黑7提，白8再打，黑9被迫提，白10提劫，万事大吉。

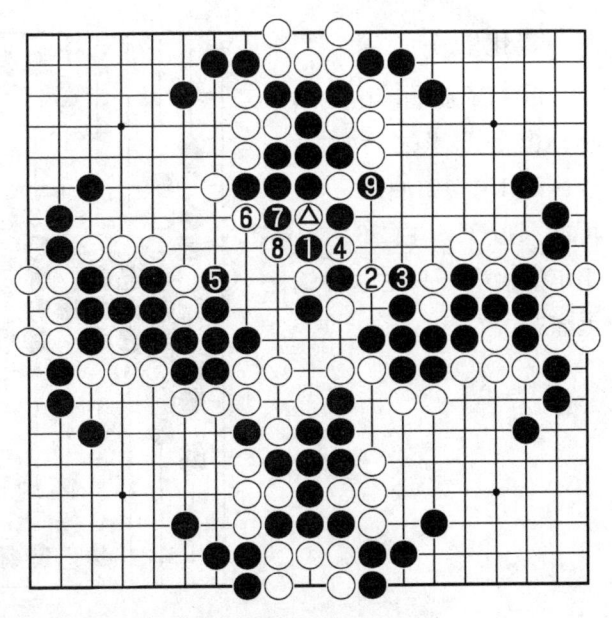

变化图 61　⑩ = △

衍生第七题
春夏秋冬　白先

这是由四个"对面千里势"组成，黑四处各有一眼，白先行，擒住一方就算正解。

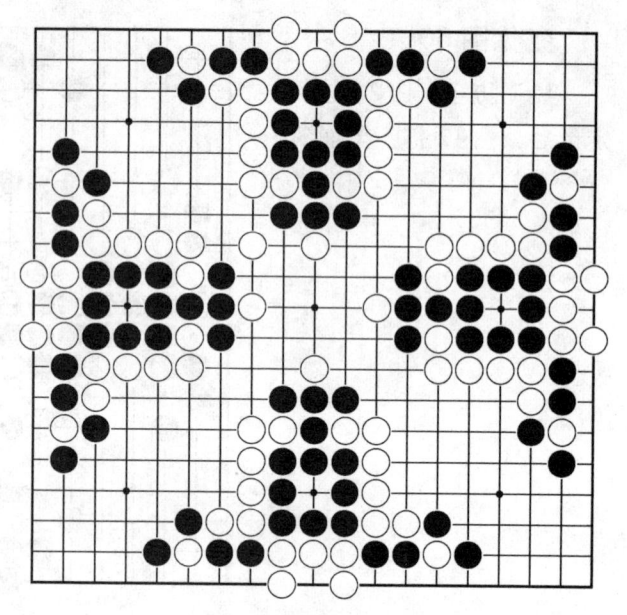

衍生第七题

变化图 1

白 1 穿象眼，这是第一感，也是万里之行的第一步，黑 10、12 冲断，白 15 再冲，以下至白 23，黑不是不能输棋，只是这种输法太痛苦。

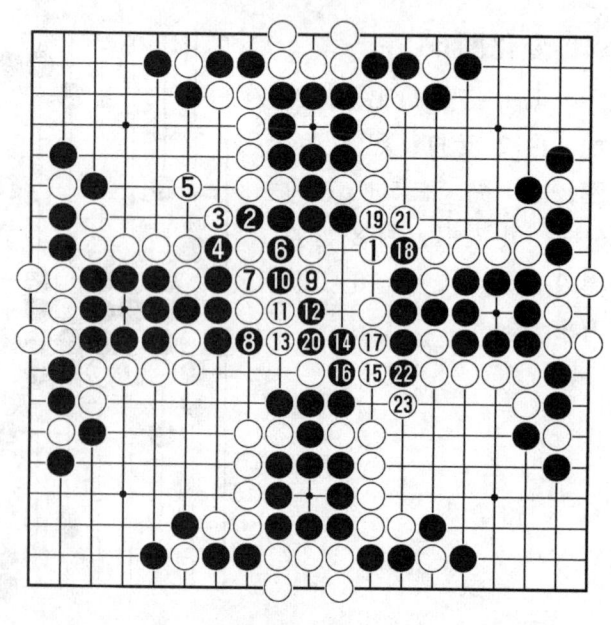

变化图 1

变化图 2

黑改在 2 位接，你让我连，岂有不接之理？以下至白 11，A、B 两点黑不能兼顾。

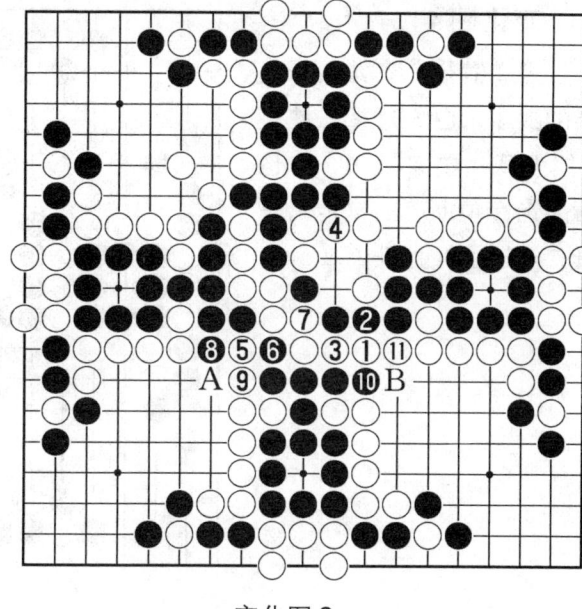

变化图 2

变化图 3

黑 2 顶也不行，白 7 打，黑棋一命呜呼。中央是围棋相对较难把握的地方，而且也没有确切的理论依据，对此型的研究，可以让棋手在中央的攻防变化中有所借鉴。

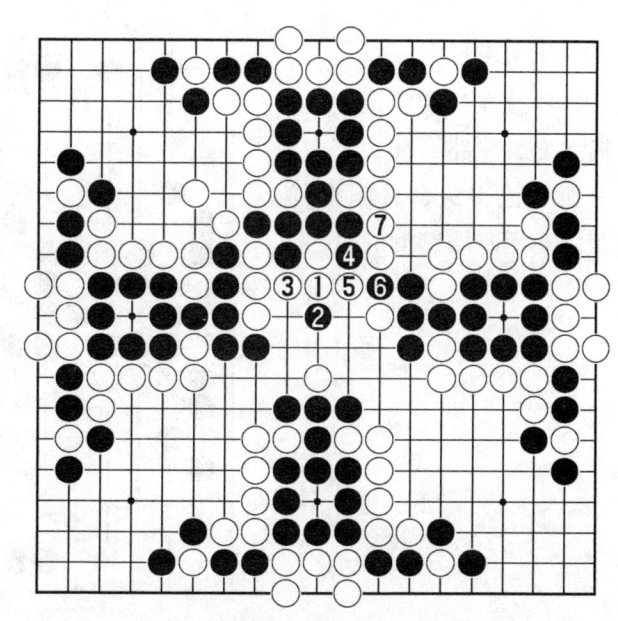

变化图 3

变化图 4

黑 2 横行，双方展开复杂的战斗，白 3 过重，被黑 4 挡失算，白 A 黑 B，白也不能走 C 位断，白棋走出庸着，错过了好时机。

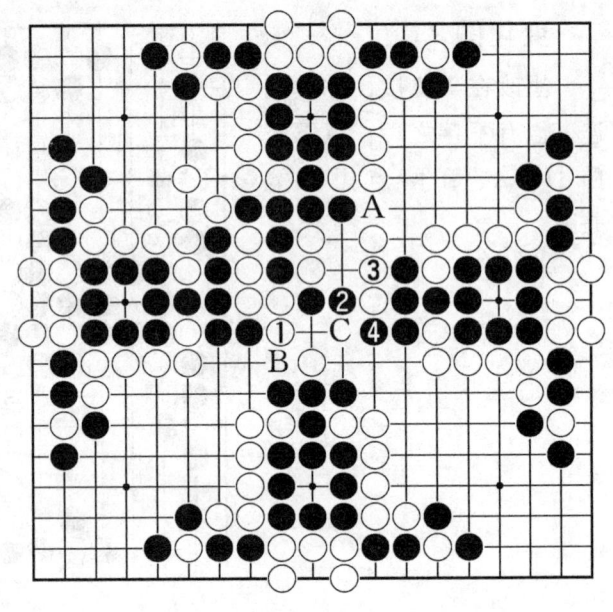

变化图 4

变化图 5

白改在 2 位穿象眼，灵活多变，思路开阔，不在意一城一池得失，放眼全局，至白 6 无心插柳柳成荫。

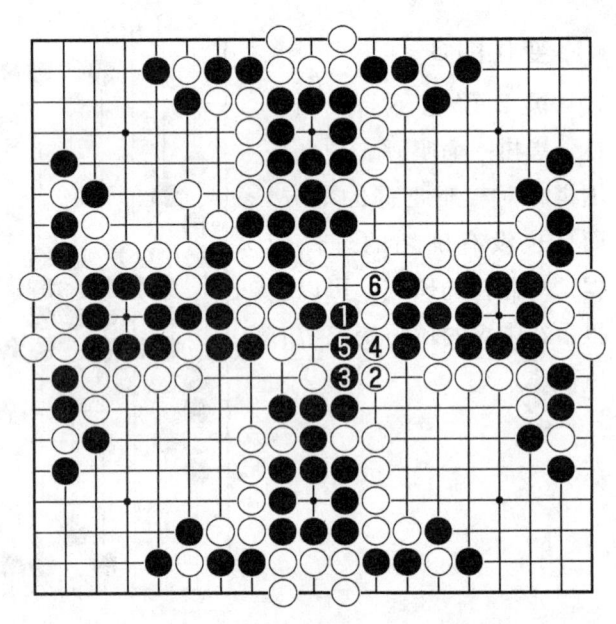

变化图 5

变化图6

黑2接，白3通连，走上康庄大道，黑4与白5见合。

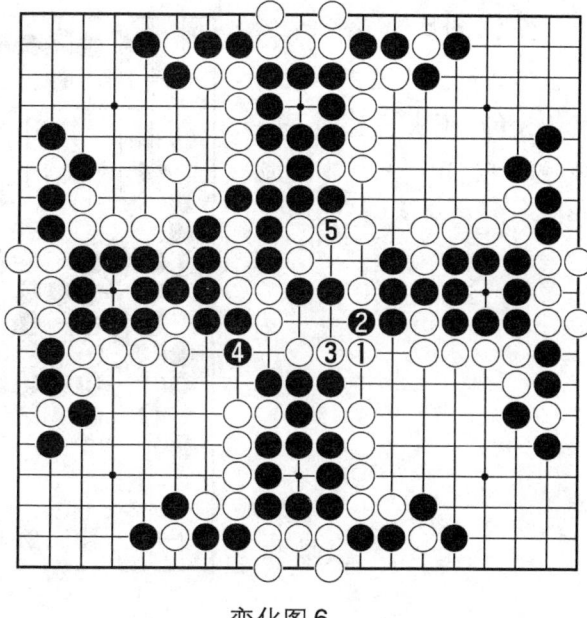

变化图6

变化图7

黑1打是正确的第一步，但黑7、9杀心过重，反被白棋利用，黑11、13软弱，至黑17冲出黑是后手，这样白颇有机会走18位的反攻，弃子取势，再于24位反冲。

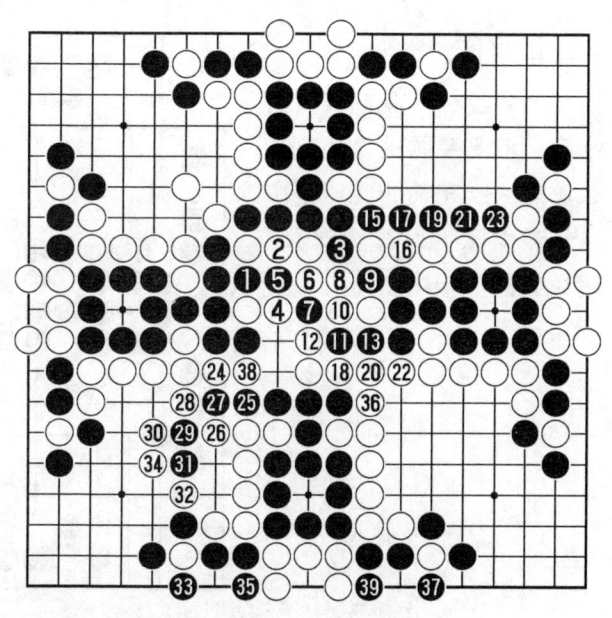

变化图7　⑭=❼

变化图8

白2长引诱黑棋，放长线钓大鱼，总归左边有一块被吃，白10提，黑割地赔偿。

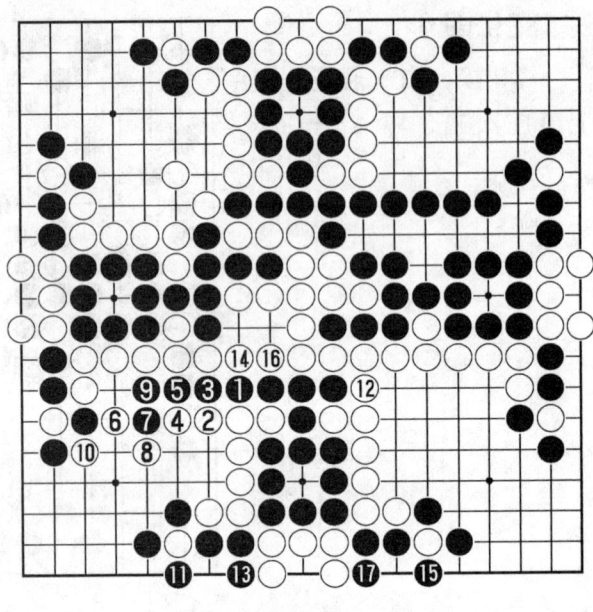

变化图8

正解图

黑2轻轻一碰，快刀斩乱麻，白3接顽抗，还有什么比黑4扳完美的呢？至黑14，黑大队人马毫发未伤，用兵如神。

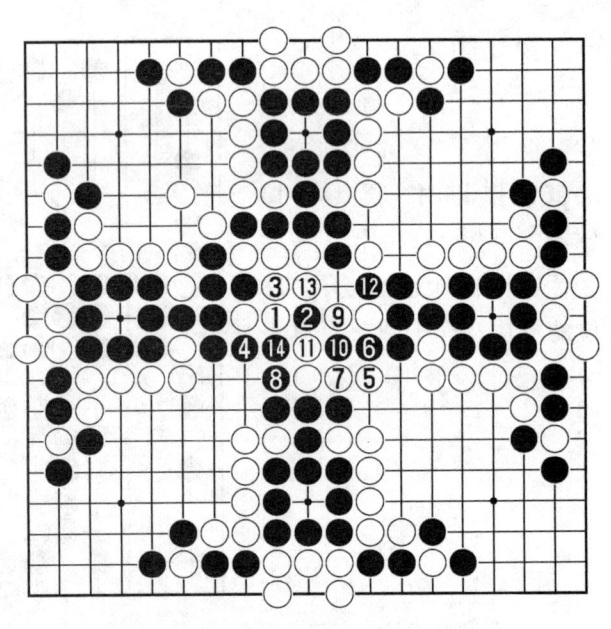

正确图

变化图 9

黑 1 冲时，白 2 撤出阵地，抢占天元，无奈黑 5 先点，次序绝佳，白 14、16 投下重兵。变化至黑 29，黑各处安营扎寨，白失败。

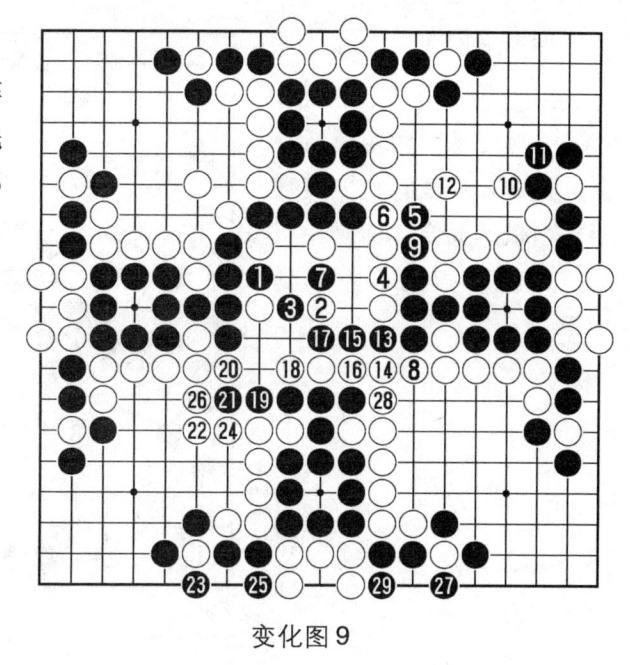

变化图 9

变化图 10

黑 1 时，白 2 穿象眼，但此时却是远水解不了近渴。

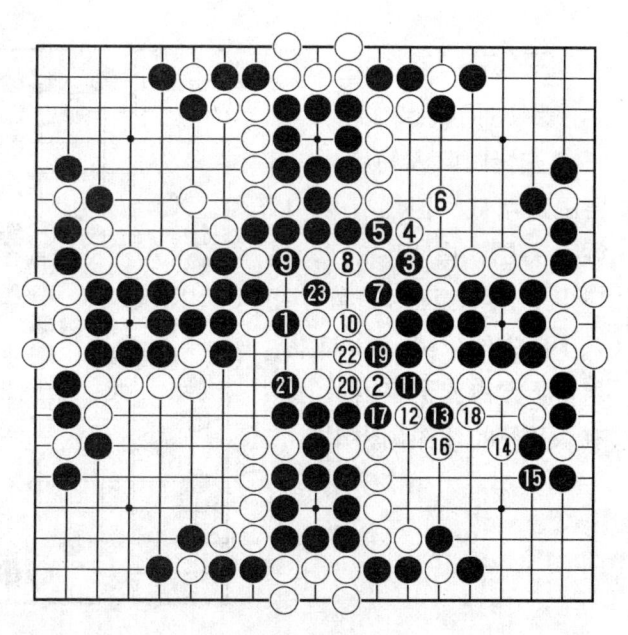

变化图 10

第一章 挖掘古典对称之形

变化图 11

黑 1 冲，白 2 接，黑 3 冲，安然无恙，白 4 最后一搏，黑 7、9 解围，交换数手，白棋感觉像是面对一堵墙，用任何招法都收不到效果。

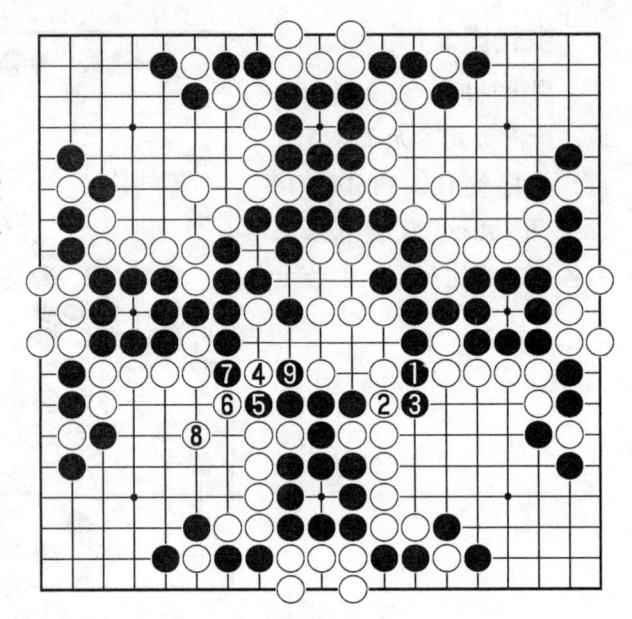

变化图 11

变化图 12

黑 1 冲，白 2 接上，黑 5、7 安置两队人马后，白 8 再围追堵截，但黑有 9、11 妙手突围，白 12 如打，黑 13 长，以下至黑 21 黑方瓦解了白方的攻势，白 22 提，虽帮下方白五子解困，但没有杀死黑的"佩剑将军"。

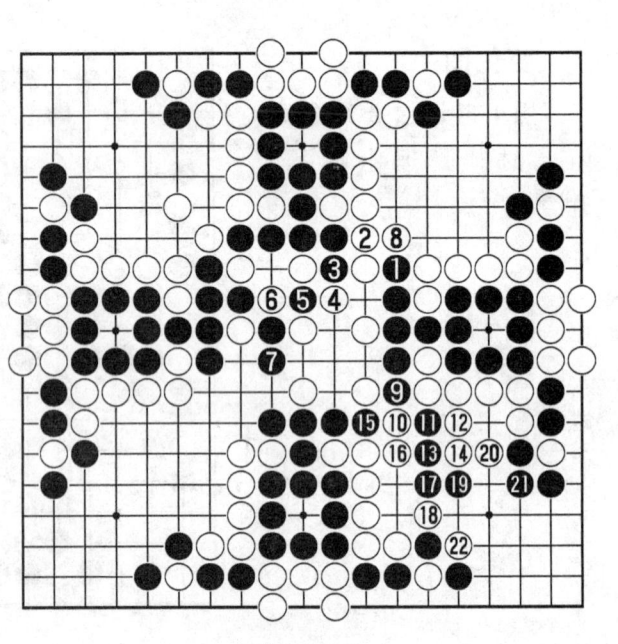

变化图 12

变化图 13

白改在 2 位打，黑 3 单长妙手，白 4 再打顽抗，黑 5 接，白 6 压欲杀出一条血路，以下至黑 17，黑像变魔术似的，把一只猛虎装入布袋，其中白如 5 位或 15 位吃一子，则没达到题目要求，这是本型最精彩的变化，相信很多人都没有看过吧？

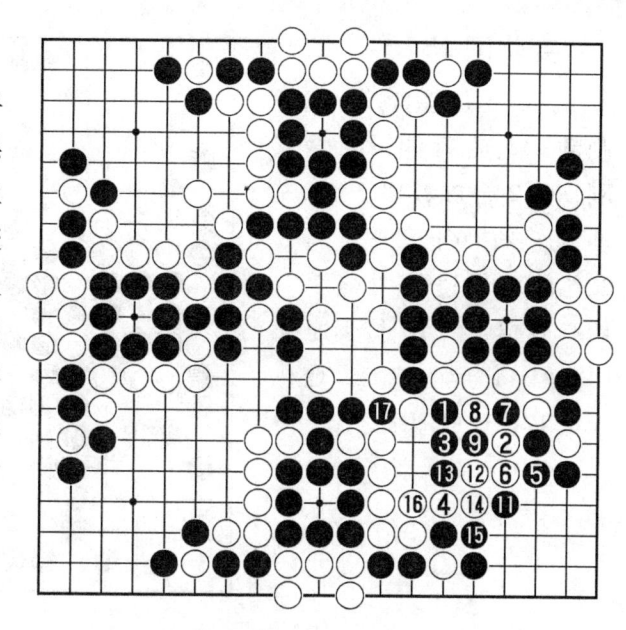

变化图 13　⑩ = ❼

变化图 14

修改战术，白 9 单退，黑 14 虽然是有气势的一手，但意气用事，白大受刺激，顷刻间杀心已起，白 15 以下攻势如潮，至白 31，最终把黑棋击倒，黑错在哪？

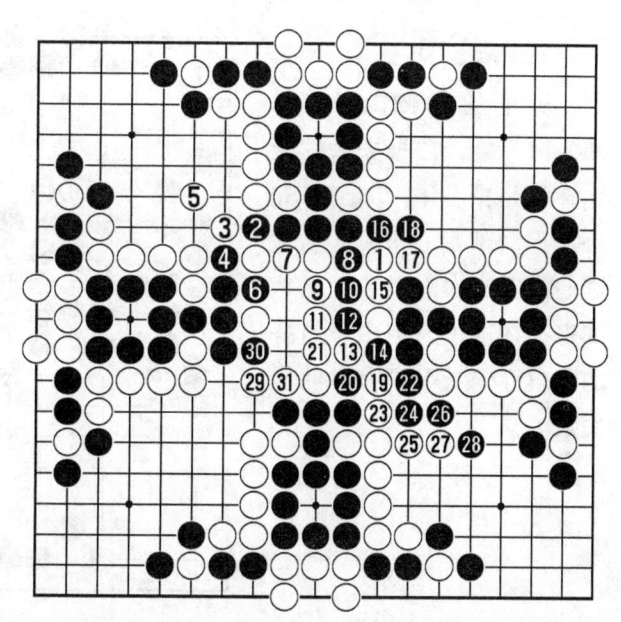

变化图 14

第一章　挖掘古典对称之形

105

变化图 15

黑走 1 位接含蓄，以静制动，先曲后伸，以柔克刚，白 2 分断，黑 3、5 先冲后连，白 6 接破眼，黑 7、9 是前面讲过的"绝学"，留有后招，白 10 打不是先手，黑 11 弃小就大，变化至黑 17，形成闷杀之局。

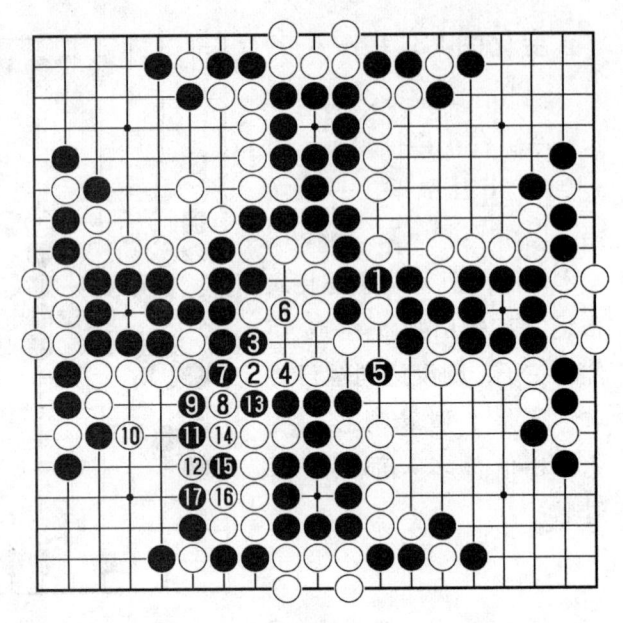

变化图 15

变化图 16

更早的时候，当黑 2 冲，白 3 接，白失去大片土地，就是要走白 11、13 先手定形，然后白 15 发动关键的最后一次战役，把希望都寄托在这里，但白没有好的收气手段，至黑 30 白棋失败。

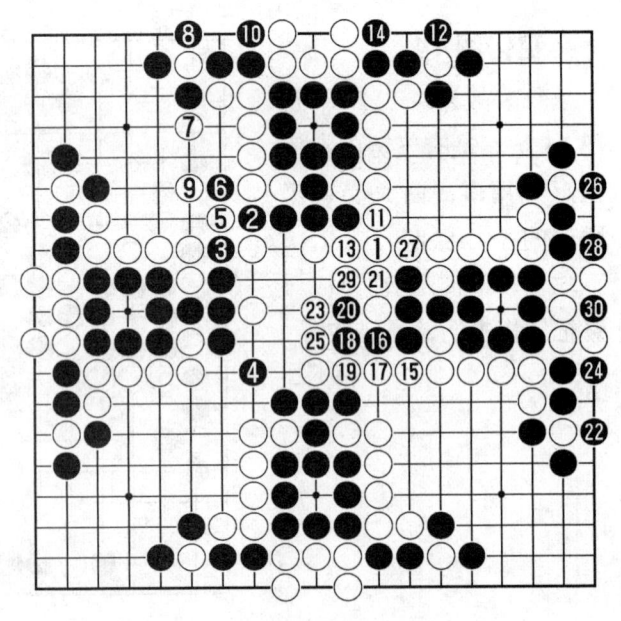

变化图 16

变化图 17

前图白在 24 位打，黑 A 位提。帮黑长出一气，对杀告负，这回白走 1 位与 5 位相关联的处理手法，但黑 14 杀过了头，收不住手，以下至黑 24，尽管白棋被吃，但白 25 还可以冲击黑棋薄味，至白 35，颜面未失。

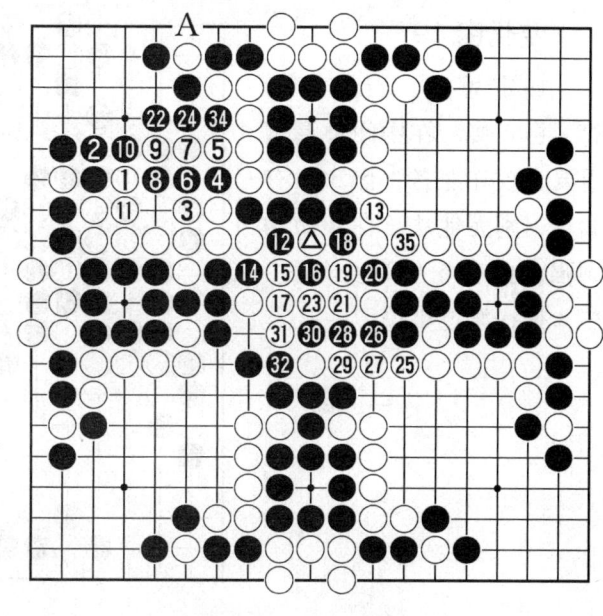

变化图 17　㉝ = △

变化图 18

其实前图黑 14 只要走 1、3 两手就没事，白 2、4 强行破眼，黑 5 长出，如硬刺卡在白喉中，白 6、8 一意孤行，变化至黑 13，白支离破碎，土崩瓦解。

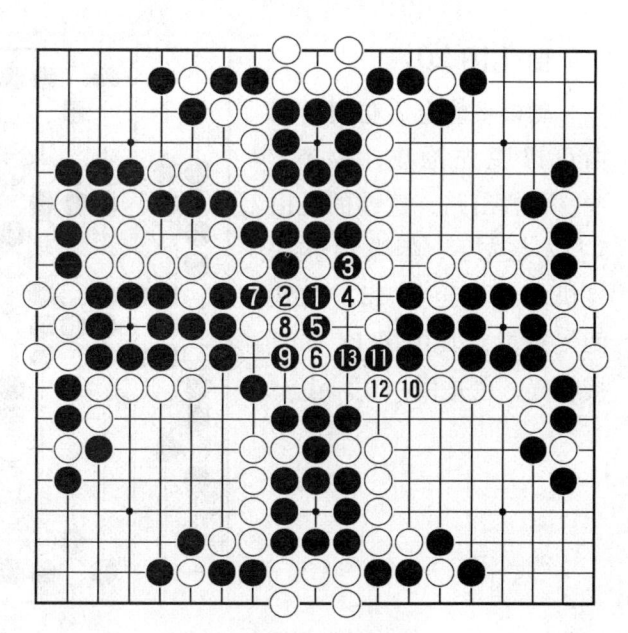

变化图 18

变化图 19

痛定思痛，当黑 1 断打，白 2 接，在中间补漏洞重要，攻守兼备，黑 3 只有紧气，别无他法。白 4 做劫顽强，白有 6 位自身劫材，白 8 提，渡过难关。

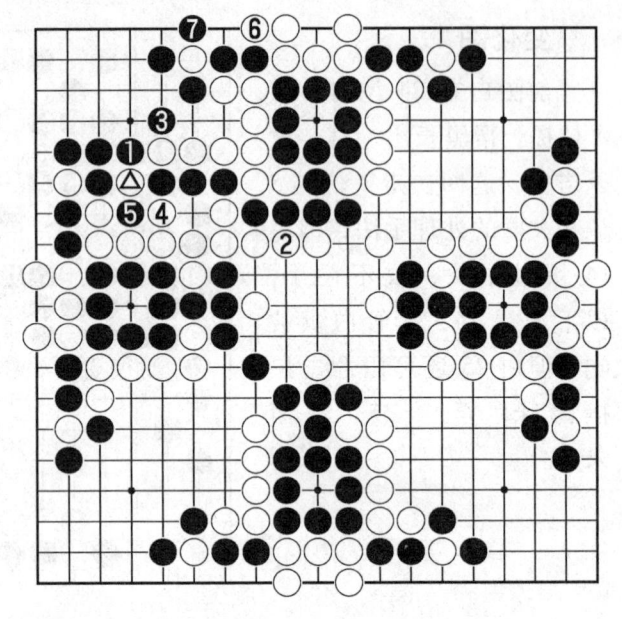

变化图 19 ⑧ = △

变化图 20

黑棋不能走 A 位打，因白可以脱先抢攻，故黑 2 冲，寻找出路，遗憾的是白 5 打不是先手，但黑 14 错失良机，以下至黑 32，白快两气杀黑，其中黑 18 如直接收气，也是慢一气。

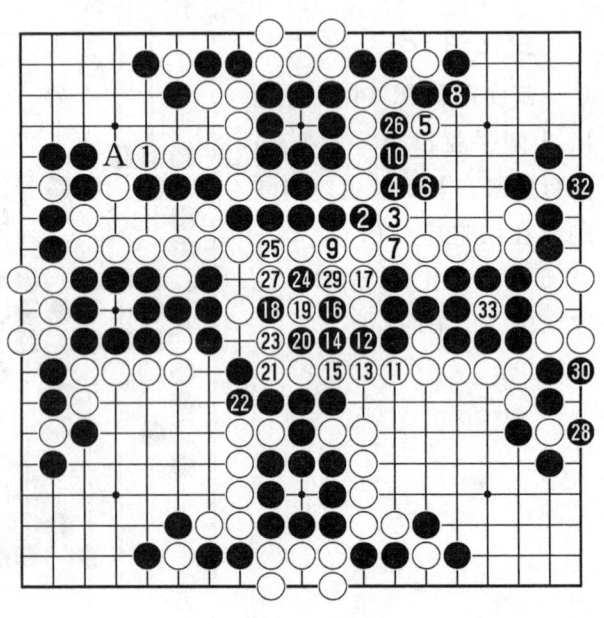

变化图 20 ㉛ = ⑲

变化图 21

黑改走 2 位挡是正着，才不会上当受骗，以下至黑 8 压，白棋形崩溃。

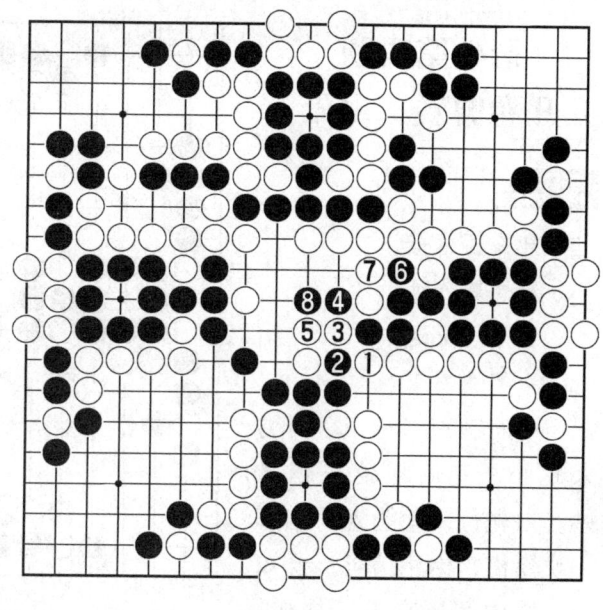

变化图 21

变化图 22

白 1 枷，黑 2、4 解围好手，如变化图 12 所示，白失败。但黑切不可先走 6 位打，因白 7 紧了黑气，黑二子威力大减，但黑有 12、14 位的手段，又另当别论。

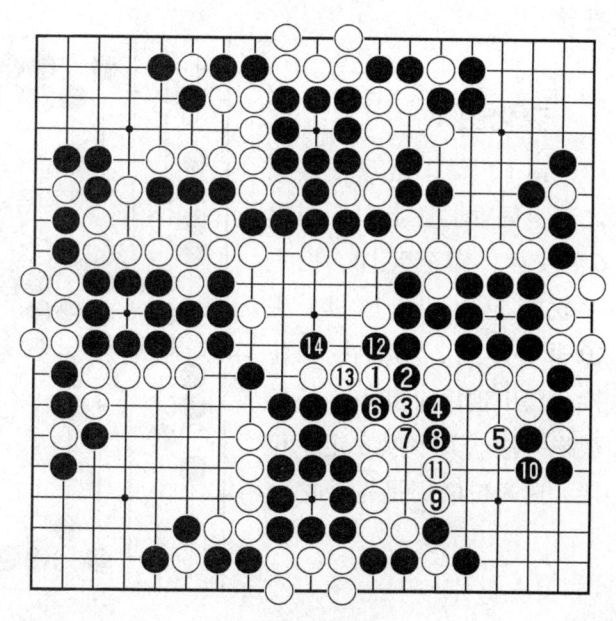

变化图 22

衍生第八题
开卷剪残 白先

题诗

却寻西窗书，
开卷剪残烛。
官闲居更远，
一笑谢羁束。

中间密密麻麻，空间越来越小，变幻却越来越奥妙。白先行，竟能先手吃掉一块黑棋，你相信吗？要知道，黑中间还有五子接应。这是一个迷宫，它让人迷失方向，我们可以用反证法来推导。

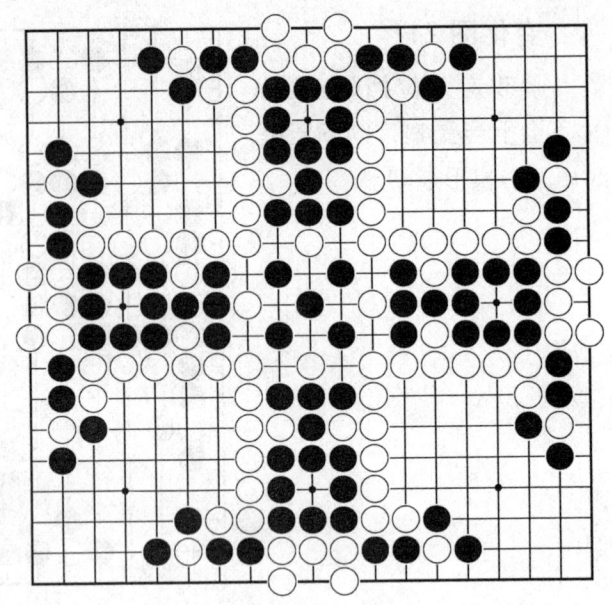

衍生第八题

变化图1

白1、黑2是双方必应之着，凭着惯性走白5与黑6的交换，弈至黑10，白先手吃掉上边一块黑棋，黑10非补不可，不然白A位接，黑出现两个断点，还要被吃一块。其中黑8走9位接，白8位断仍是先手吃。

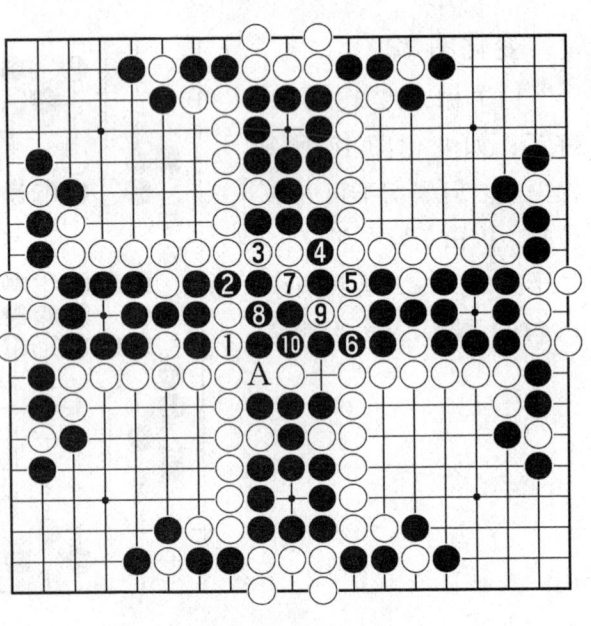

变化图1

变化图 2

黑改走 1 位接大气，白 2 断是明显的后手吃。敌进我退，敌驻我扰，敌疲我打，敌退我追。

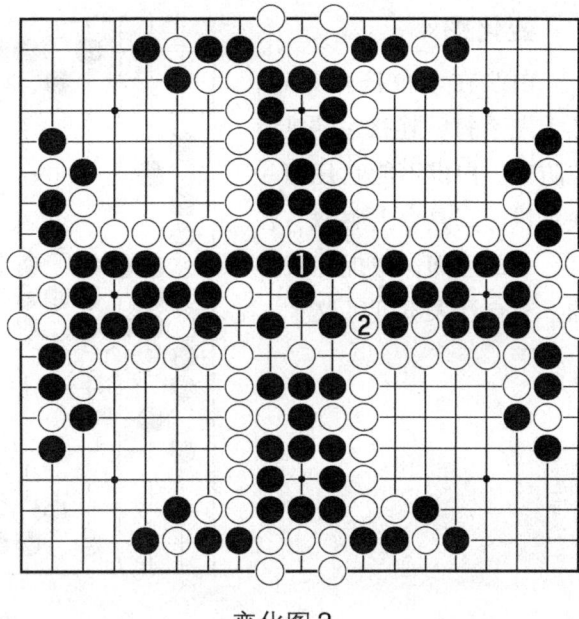

变化图 2

变化图 3

白改走 1 位挤，抢占进攻要点，黑 2 接，按兵不动，双方交战至白 5，仍是白后手吃黑。尤其是黑 4 难能可贵，主动弃掉，叫弃子争先，如果拖泥带水，黑 4 在 5 位接，白在 4 位断，那会还原成变化图 1，白是先手吃。

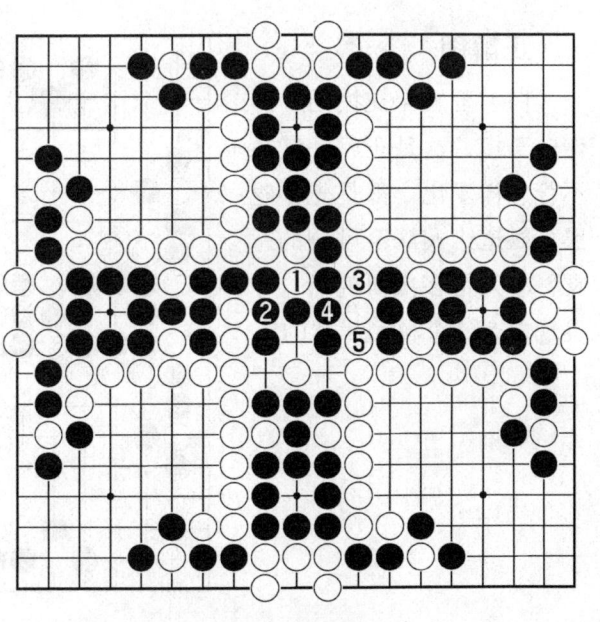

变化图 3

变化图 4

白改在 1 位挤则更坏，黑 2 先手打，连接后再走 4 位防守，白棋不能吃任何一块黑棋。真是令人感慨，在这么小的空间，像捉迷藏似的，有点让人不可思议。

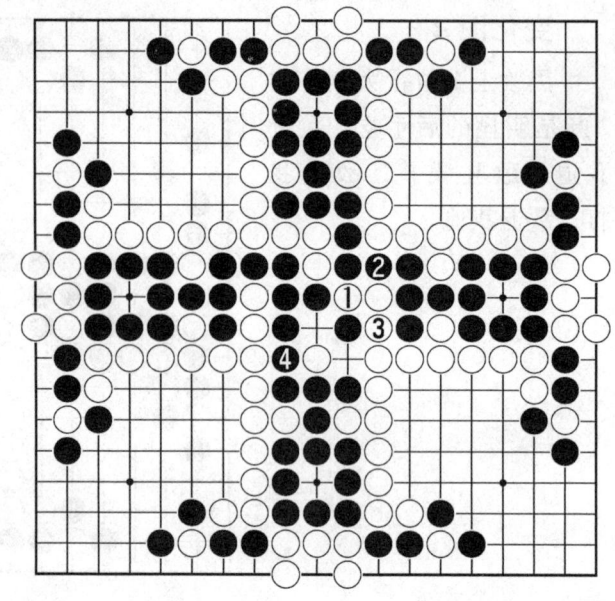

变化图 4

正解图

白 1 至黑 4 交换后，再走白 5 接，这是正解，其后不管怎样变化，都是先手吃黑。棋道给人深不可测的感觉，本人是多次研究后，才发现白 5 这个秘密武器的。

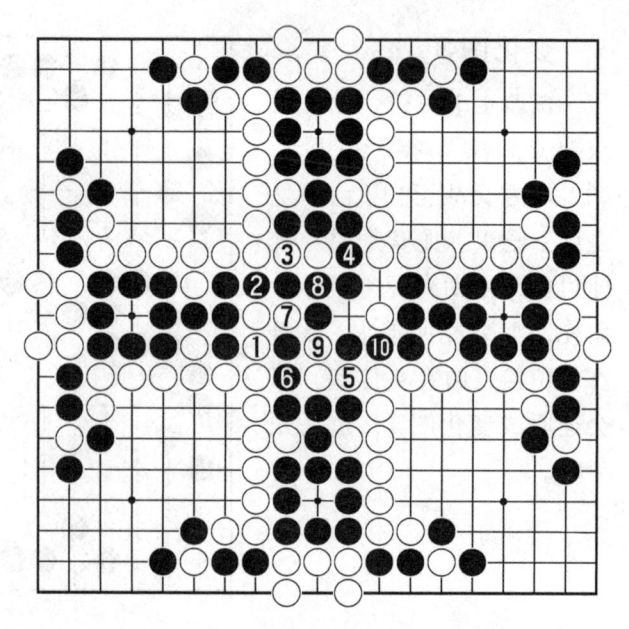

正解图

变化图 5

黑改在 1 位接，白 2 先手挤，仍是先手吃。面对白华丽飘逸的棋风，黑棋不满意自己的平庸之着。

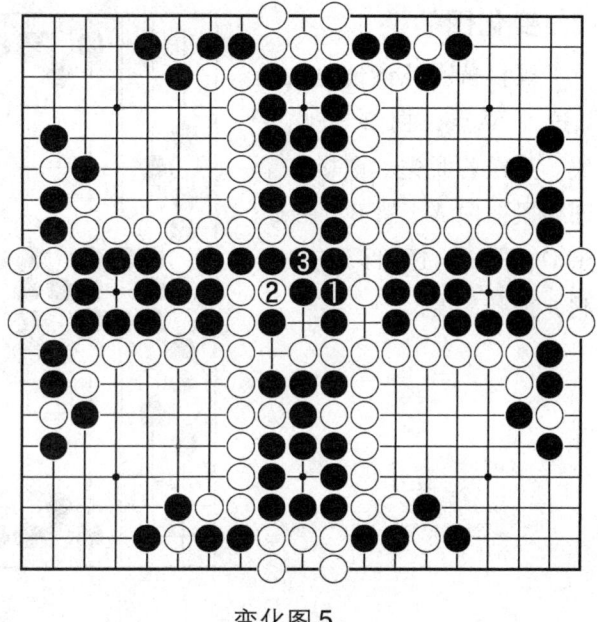

变化图 5

变化图 6

黑在 1 位接，白 2 吃后，黑 3 还要补一手，真是不甘心，不然白 A 接，黑 3 位连，白 B 挤，黑还要死一块棋。

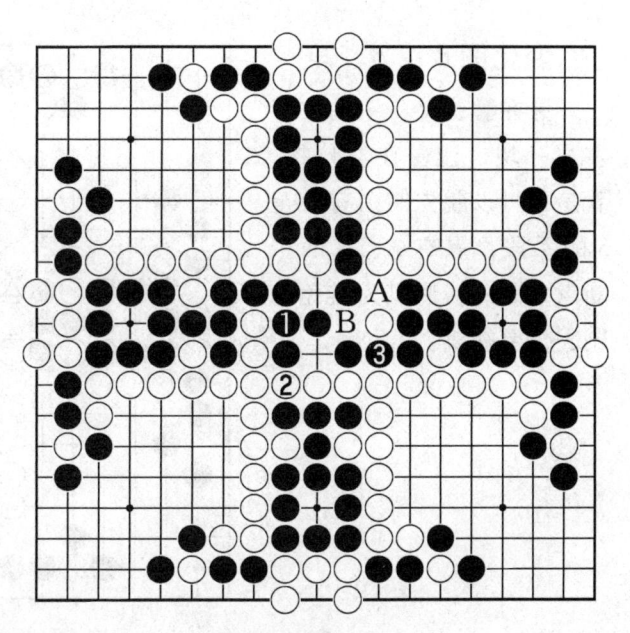

变化图 6

变化图 7

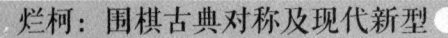

黑棋苦心孤诣地抢占黑 1 这个要点，白 2 先吃一块。黑棋若脱先，白棋有下列手段：白 A、黑 B、白 C、黑 D、白 E。还可以坐收余利，梅开二度。

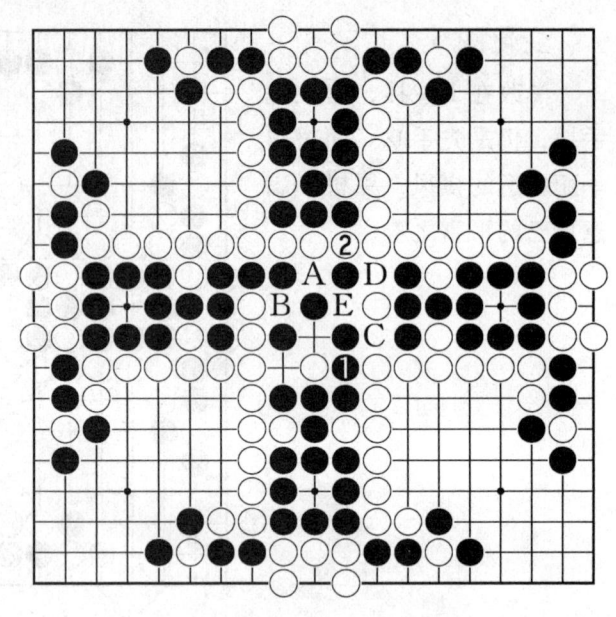

变化图 7

变化图 8

黑在△位接，主动放弃左边一块，让白在△位接，看是否可以脱先？白有 1 至 5 的手段，黑有 A、B 两个断点，因此，黑棋为避免悲剧，仍要补棋。

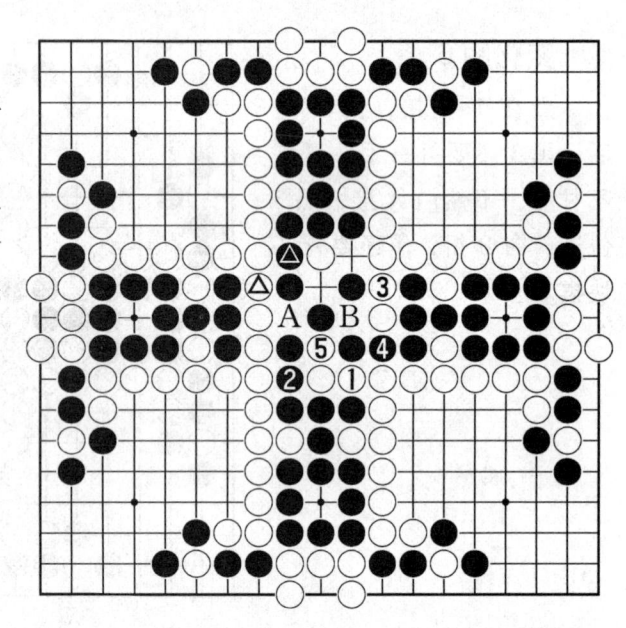

变化图 8

失败图 1

白1和黑2交换后，白3不好，以下至白11，白是后手吃棋，白棋并没有为自己前进的道路扫清障碍。

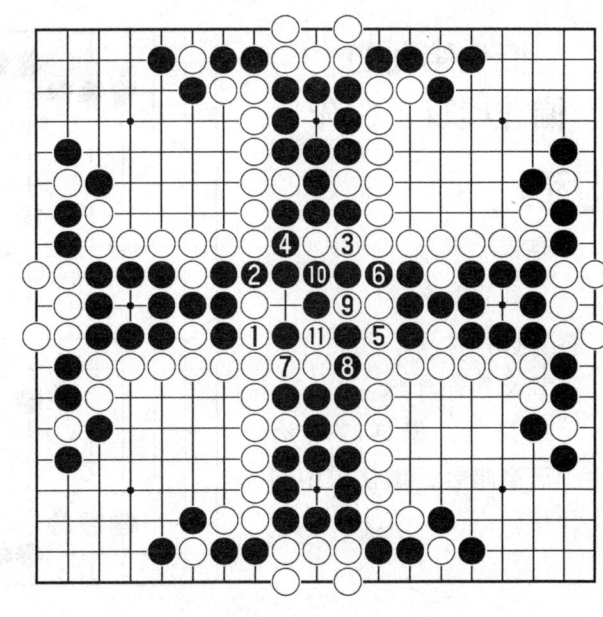

失败图 1

失败图 2

白改在1位接，则是更不能原谅的错误，因黑2接，白3以下一阵忙碌，至黑6止，黑一块未吃。白1不是之前说的秘密武器吗？现在却失效了，因被黑4连后，就有一种放虎归山的感觉，大方向错了，小地方再怎么努力，效果都不会很理想，就是这个道理。

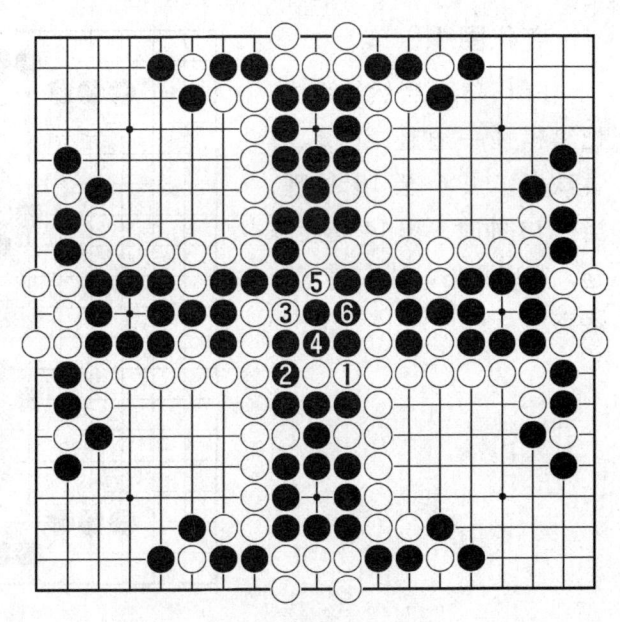

失败图 2

衍生第九题
偏宜境寂　白先

题诗

棋信无声乐，
偏宜境寂寥。
著高图暗合，
势王气弥骄。

白先行，怎样攻防有度，著高暗合，擒住黑中间一块棋？

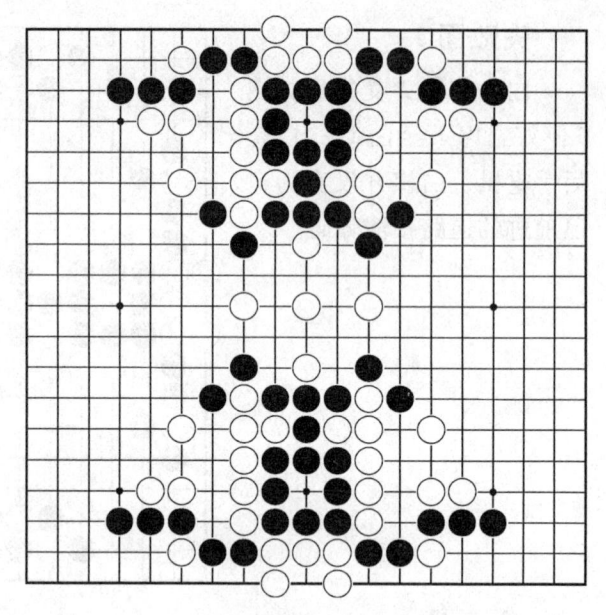

衍生第九题

变化图1

白1、3是当然的手法，把黑棋往一边赶，白5、7尝试断，黑6至10处理，当白13冲时，黑14暗渡陈仓，实现联络，让白棋意图落空。

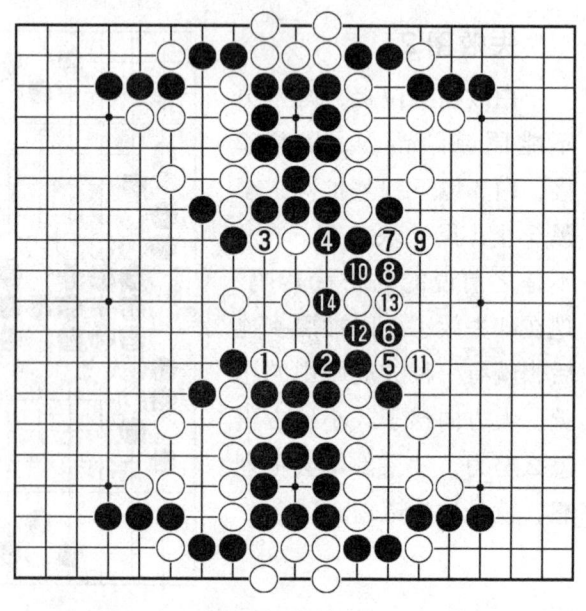

变化图1

变化图 2

白棋认为前图白9、11两手长早了,让黑10、12接后,不好发力,故改在本图1位单冲,黑2挡是第一感,白3接冷静,黑有两处要忙,黑4、白5,至白9黑一块棋被杀。

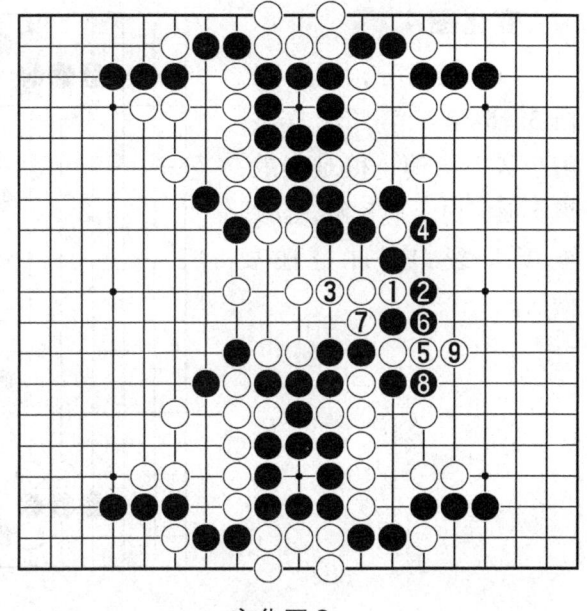

变化图 2

变化图 3

黑在1位挖是好手,由此双方进入实质性较量,比拼算路。先说白2单长的变化,黑3接后,白4必挖断,黑5、7先安定一方,白8长攻,但黑有9、11位的防御手段,白一无所得。

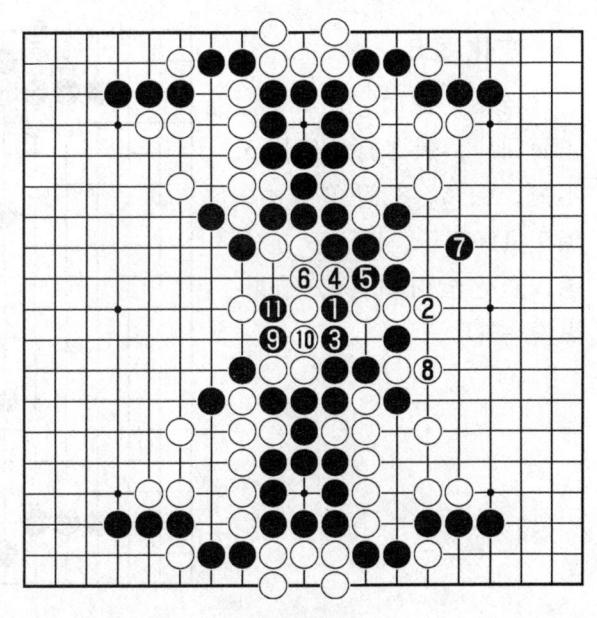

变化图 3

变化图 4

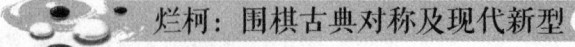

白 1 接防守，黑 2 提，白 3、5 组织第二次攻击，由于势单力薄，很难奏效，黑 6 扳，白土崩瓦解，防线被撕开裂口，自身还要做活。

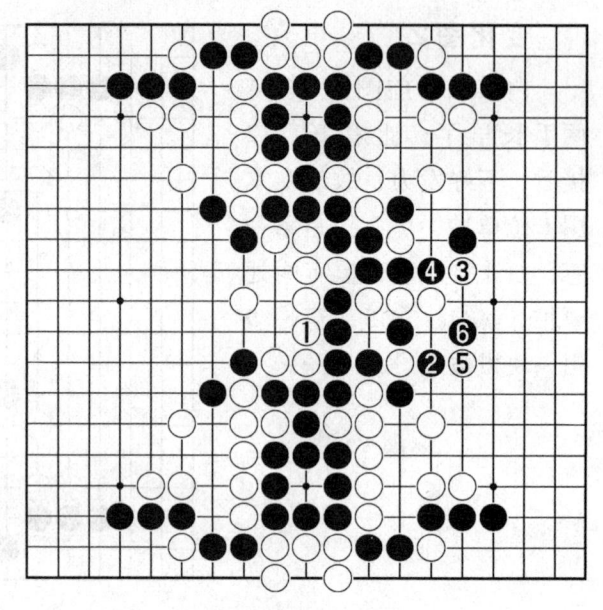

变化图 4

变化图 5

当黑 1 挖时，白 2 打，正面回应，黑 3 打，但黑 5 不好，白 6、8 简单有力，黑 9 只好弃子，以下双方对杀，变化至白 20 提，结果黑慢一气。

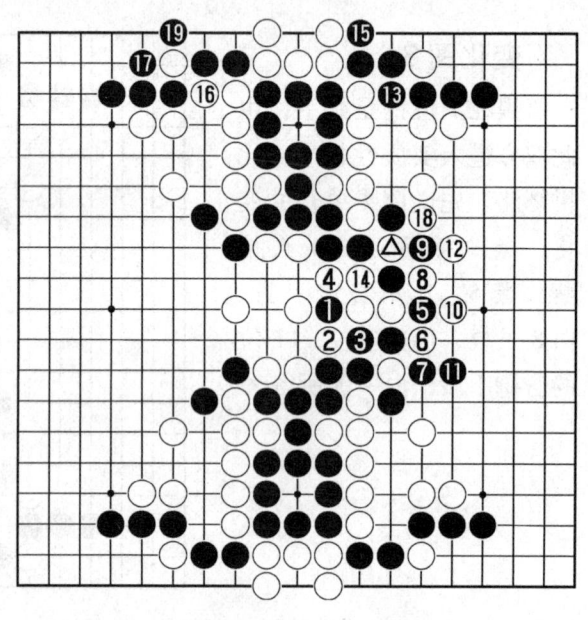

变化图 5　⑳ = △

变化图 6

黑改在 1 位打抵抗，白 4 接，黑 5 长出，白 6 断打，但白 10 轻率，因黑有 13 至 19 的反扑手段，白盲目贪功，自酿惨祸。

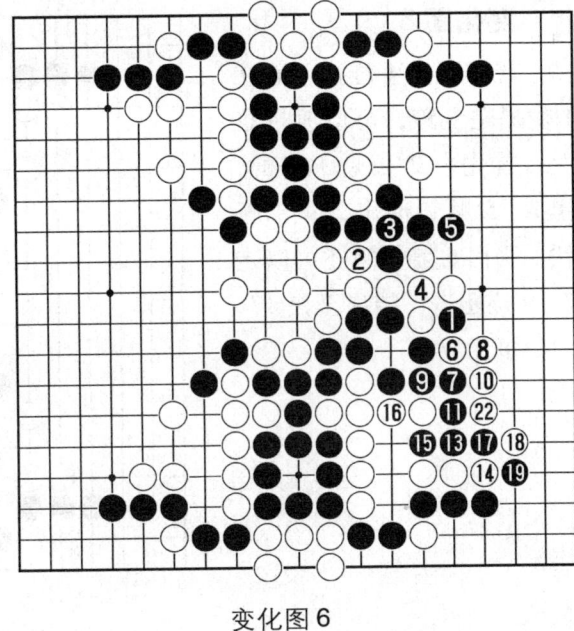

变化图 6

变化图 7

白 1 跳成立，看似有些单薄，好在可以全部撑住，以下至白 13 便是一例。其中，黑 12 如在 13 位接，白 A 位打，黑还是不行，如出一辙。

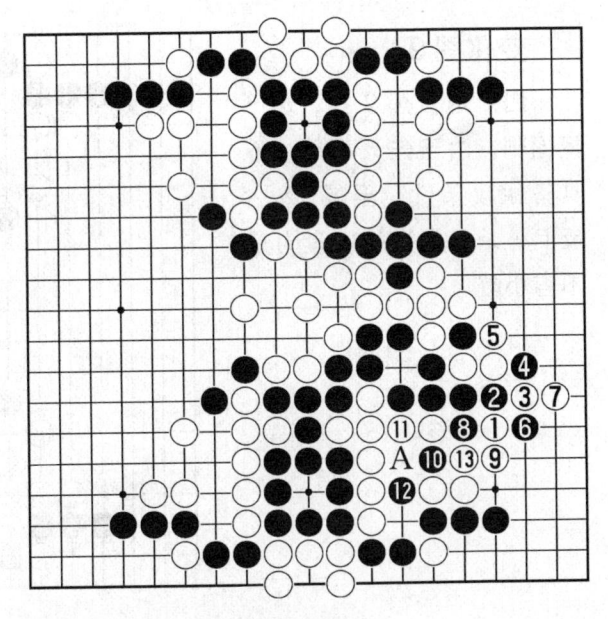

变化图 7

变化图 8

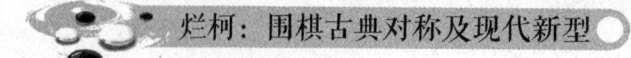

　　黑棋不在 4 位挡，而在 1 位提是良策，可以渡过难关，首先白 2 长是不行的，黑 3、5 顺势冲出，非常畅快，当白 6 盖，黑还可以走 7、9 位还击，结果至黑 17，白一事无成。

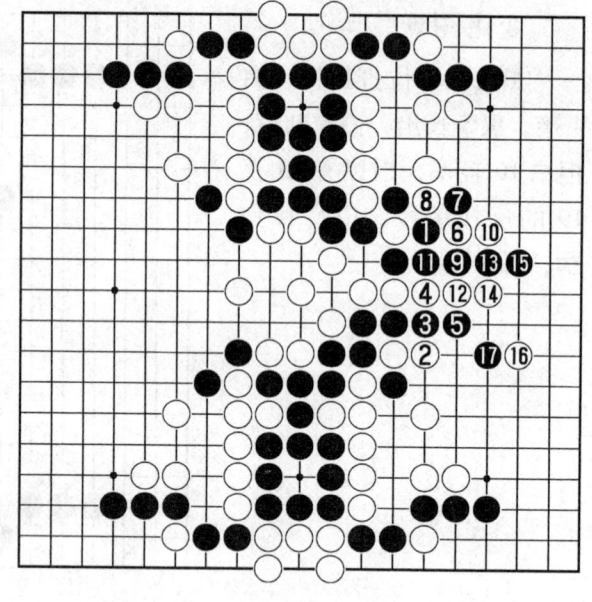

变化图 8

变化图 9

　　白 1 退，黑 2 接，白 3 扳围剿，由于先天不足，不具备猛攻条件，至黑 12 白反而被杀。黑棋的中盘力量不容小觑。

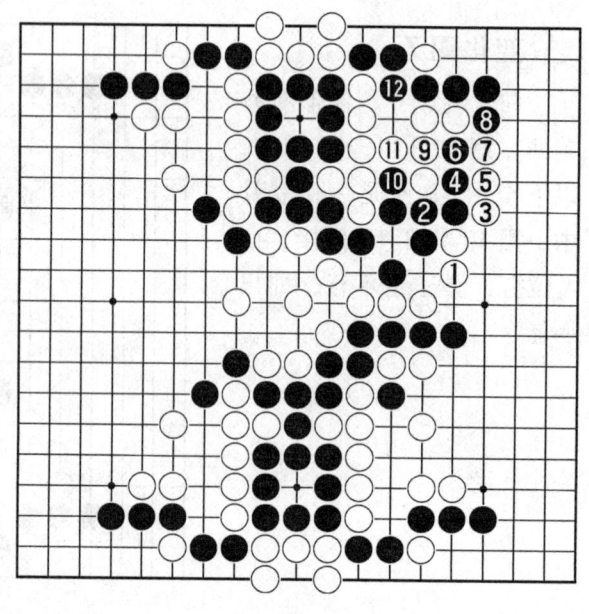

变化图 9

变化图 10

　　白走 1 位尖，由于天时、地利、人和的外部条件变了，很难达成心愿，变化至黑 12 白被吃。

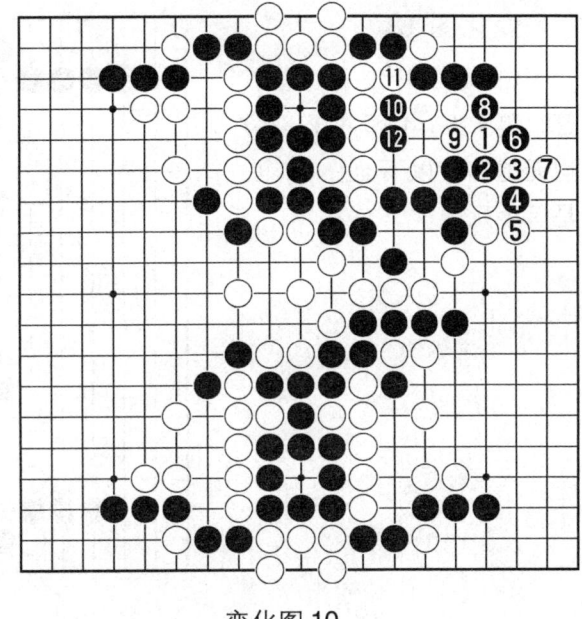

变化图 10

变化图 11

　　白 1 走单长，黑 2 应，白 3 盖，想组织有效进攻，黑 4、6 正面回击，黑 10 长出，白 11 对这块棋还有企图，白 13 必须破眼。白在围追堵截中，仍棋差一着，局部皆输。

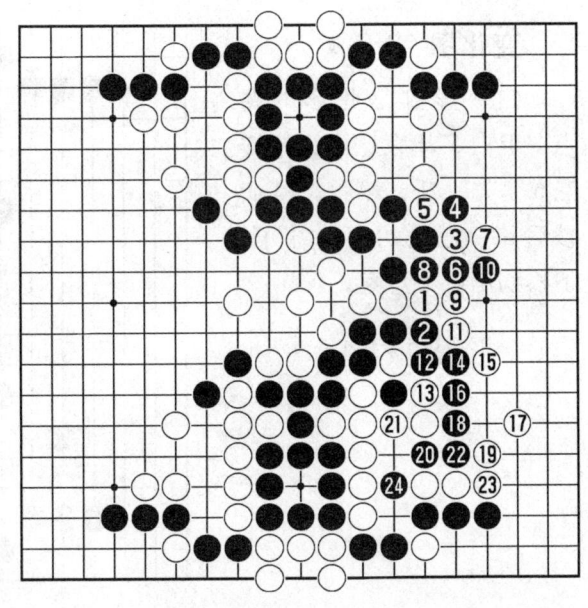

变化图 11

变化图 12

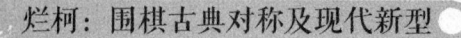

白改在 1 位顶，黑 2 打，黑 4 扳，白 5 断，双方均无退路，以下至白 9，白是后手死。

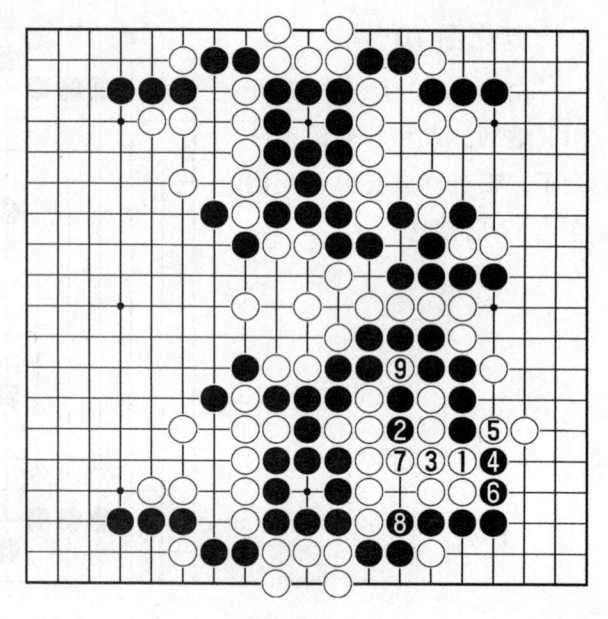

变化图 12

变化图 13

白 1 虚枷是此形的要点，但白 5 却大意了，这样黑 6 是先手断，然后，黑 10 抄后路，把白的窝给端了，下棋切不可大意啊。

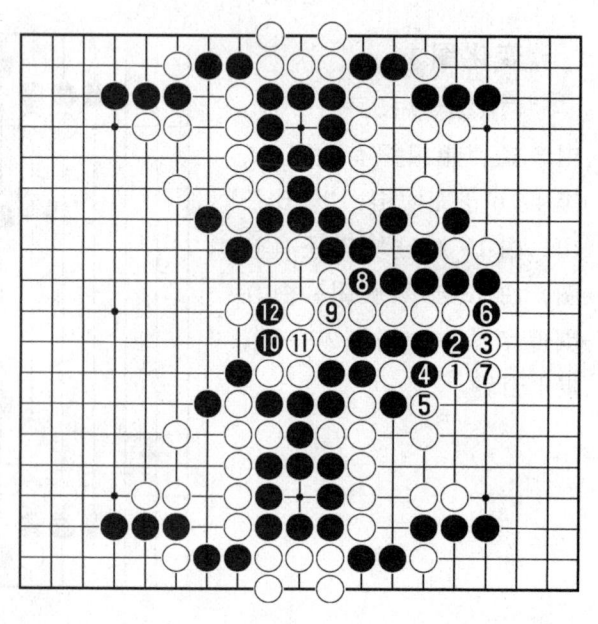

变化图 13

变化图 14

　　白在 1 位接非常重要，黑 2 补活的同时，希望给白留下一点利用，但白 3 封后，黑 8 还须后手接，不然白在此一打，黑就全身瘫痪，白 9 打，尘埃落定。

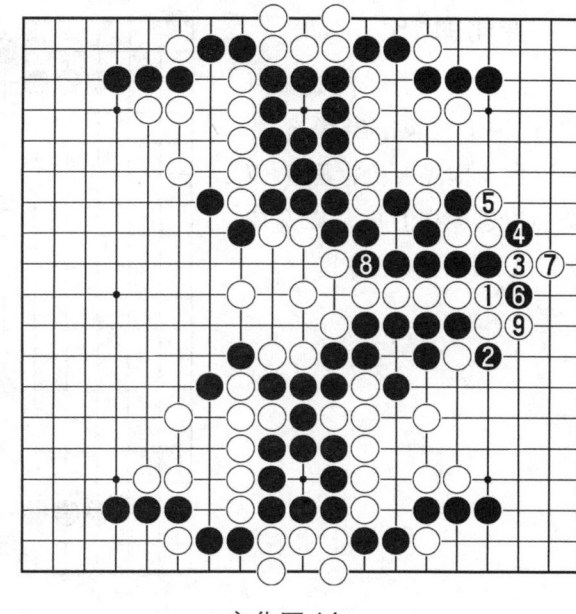

变化图 14

变化图 15

　　白 1 靠，黑 2 收气，以下至白 9 成劫，但双方都没有把最好的变化下出来。

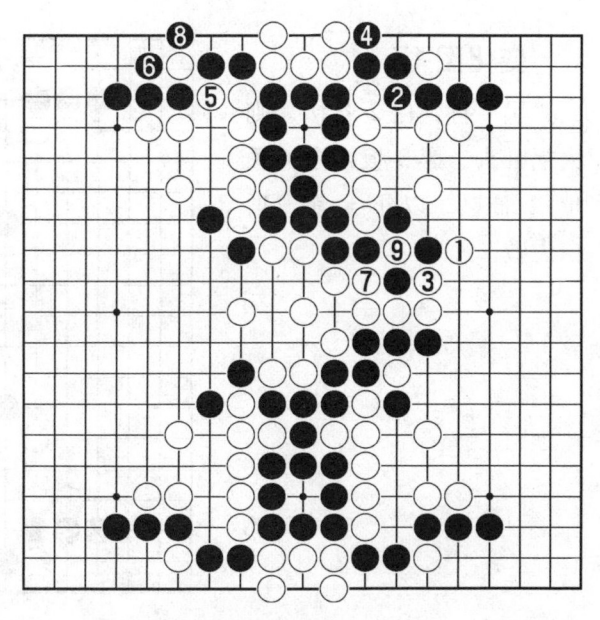

变化图 15

变化图 16

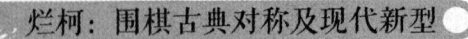

黑 1 团庸着，没有一点妙味，白 2 长，当黑 3 冲时，白 4 虚晃一枪，黑 5、7 全力以赴，白 8 虎，以逸待劳，A、B 两点必得其一。

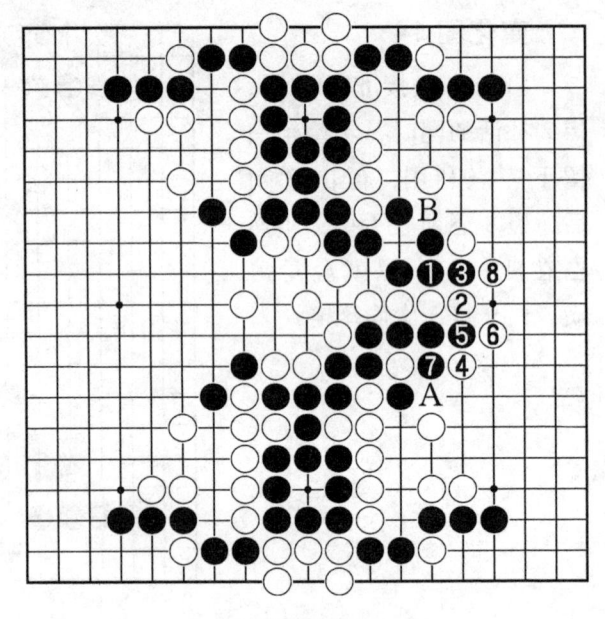

变化图 16

变化图 17

黑 1 打，白 2 若接，则大祸临头，黑 3 扳，白 4 顶也没细想，以下至黑 11，白失败。

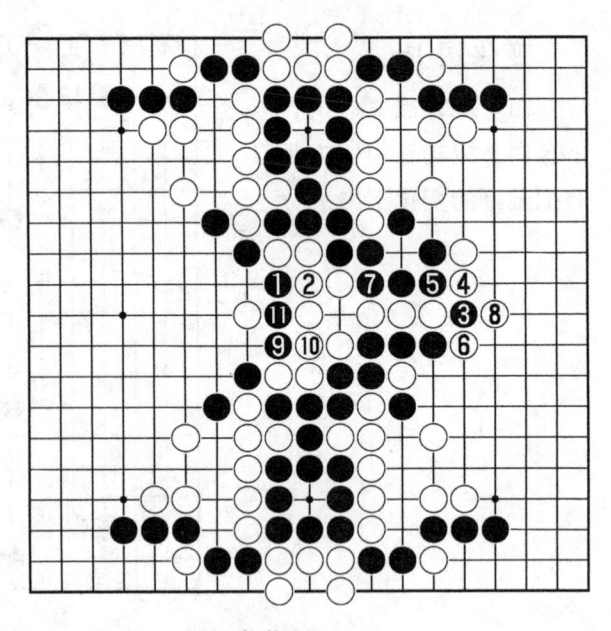

变化图 17

变化图 18

白 2 必须先长，黑 3 也必然跟着应一手，白 4 再接，已无后患，黑就死定了。可见 2 位是多么重要，是攻防急所，如果不走黑 1 与白 4 的交换，黑直接走 2 位扳，又没有威力，这是让黑痛苦的地方。

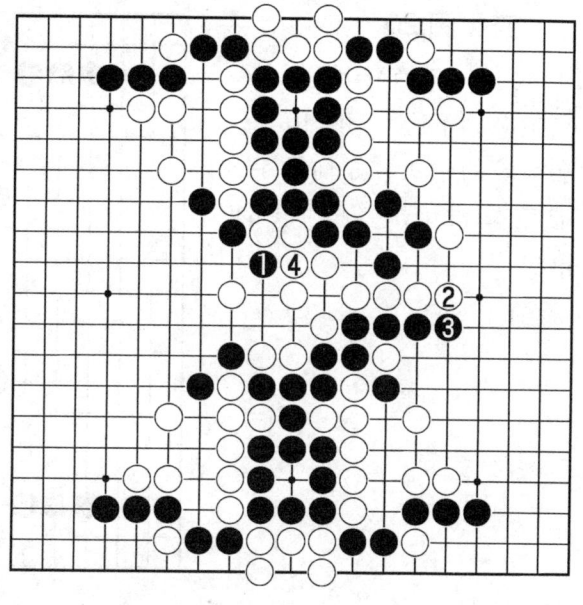

变化图 18

变化图 19

对白 1 长，黑 2 是最佳应对，白 3 盖住，黑 4、6 反抗，白 9 尖顶，黑 10 挤紧凑，以下至黑 16 后，若继续弈下去，就是变化图 11 中的各种结果，白都不行。

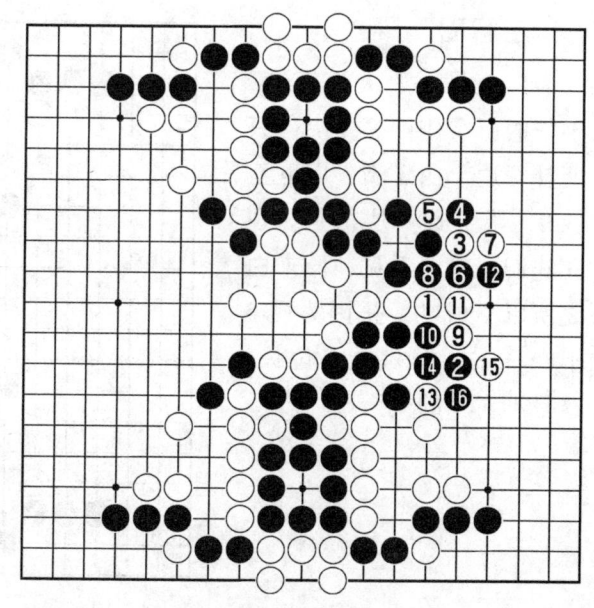

变化图 19

变化图 20

白 1、3 直接动手，黑 4、6 从容不迫，至黑 10 止。在空旷的中央，如何动手，难道真没有一剑封喉的招法？

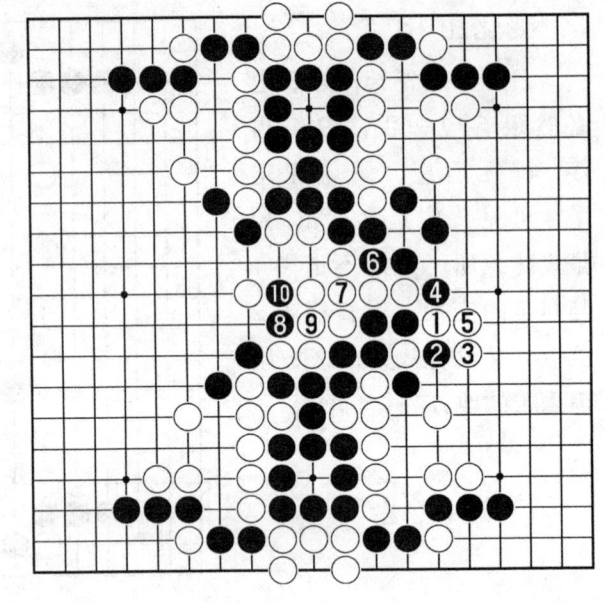

变化图 20

正解图

白 1 呆并，大道至简，不华丽但实用。黑 2 虎，只能补一边，白 3 断，以下至白 9，黑上边一块被杀。现在我们清楚地看见，原来白之所以不成功，是因为白 5 下在 A 位，让黑在 5 位拔，这是不对等的交换。

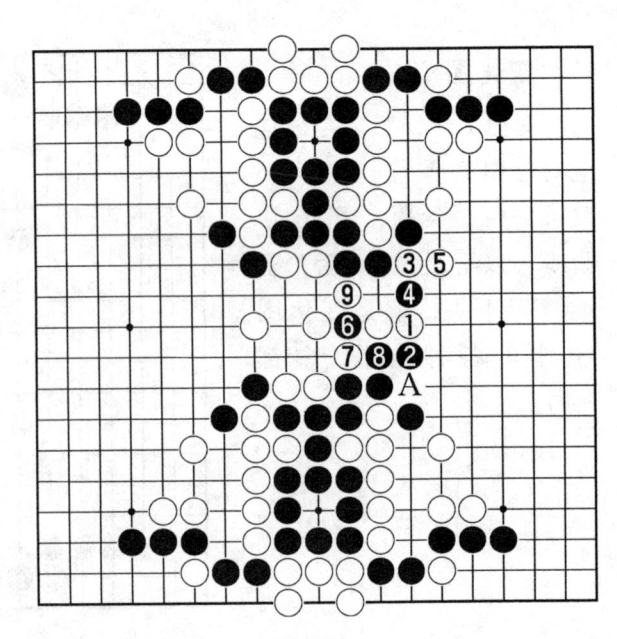

正解图

变化图 21

黑改在 1 位接，白 2 接，以下至白 10，黑棋孤掌难鸣。

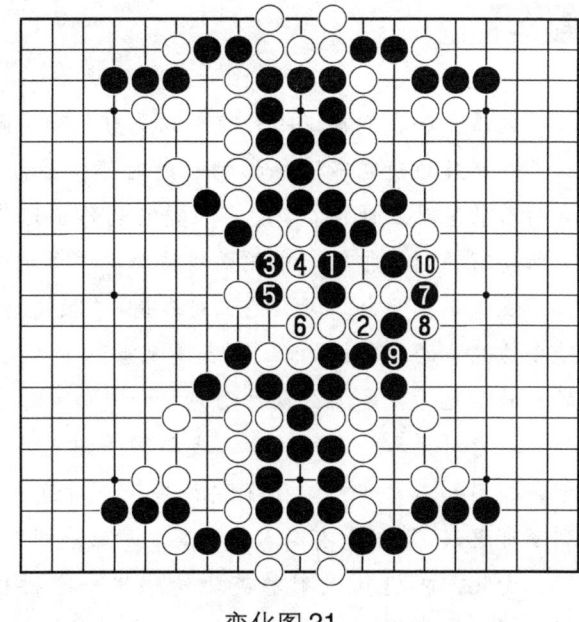

变化图 21

变化图 22

黑若走 1、3 位，下边已死，盖棺定论。白棋揪住黑中间薄弱之处，先是引而不发，然后给白致命的一击。

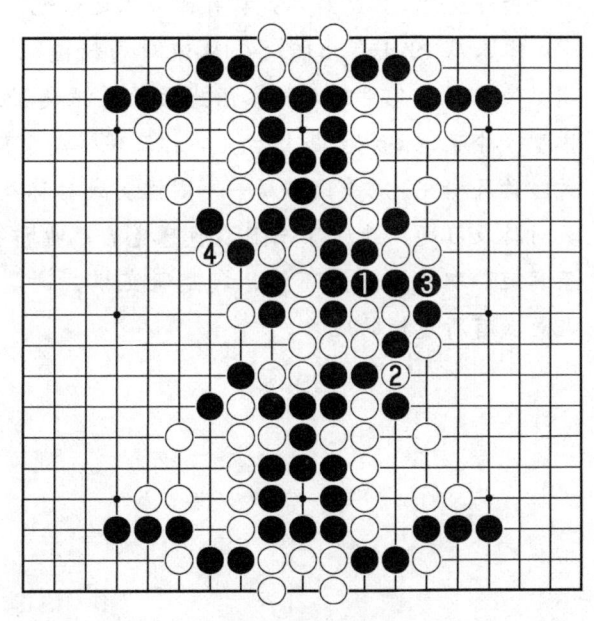

变化图 22

第一章 挖掘古典对称之形

烂柯：围棋古典对称及现代新型

感悟

创造力和我们常说的天赋，只是勇气和不懈努力的副产品。

在我致力研究不同性格的人的时候，最让我惊讶的是，每个创作者总是在前人的基础上创作。"没有人凭空创作出好作品"，而我打破了棋界一直以来所特有的刻板印象。中国围棋协会秘书董远航是围棋业余三段，《围棋报》社长王振华是业余二段，他们对我说："按道理说，一个业余棋手是不可能创造出这么多的对称棋的。"我真是无言以对，他们两人的想法代表了绝大多数的人的意见，我是怎么创作的呢？

我曾对孟泰龄七段说："我与国手棋艺水平差距很大，但我研究对称棋型，在不知不觉间就缩小了这种差距，对这点我自己都感到很神奇，甚至感到不可思议。"难道有高人在冥冥之中帮我吗？

由此，我想到《射雕英雄传》里一个桥段，就是周伯通在讲《九阴真经》时对郭靖说："黄裳在刻《万寿道藏》这部道家之书时，一卷一卷地细心校读，持续不断地读了几年，他居然便精通了道学，更因此而悟得了武功中的最深道理。"这是不是有异曲同工之妙呢？除了这，我没有更好的解释。

本人从1991年出版《小林流对局精选》，至今刚好30年，黄裳比我聪明，他只用了几年时间就参悟武功的最深奥秘，不过我也系统地研究了对称棋型，除了《烂柯：围棋古典对称及现代新型》，还有《坐隐竹贤——围棋定式对称及研究》《手谈妙局——围棋实战对称及赏析》《珍珑玄势——围棋经典对称及习题》上中下三册。我感觉自己也许探索到了世界的本源，接触到了真理。职业棋手是下棋，我是研究棋，这是我与职业棋手有差别的地方，也是我有所建树的地方。

题诗

客憩茂林晚，
风生凉簟秋。
纵横飞碎玉，
胜败决中流。

第5题　白先

提示：中间的两个"之"字，死而不僵，要赶尽杀绝，切不可心慈手软。

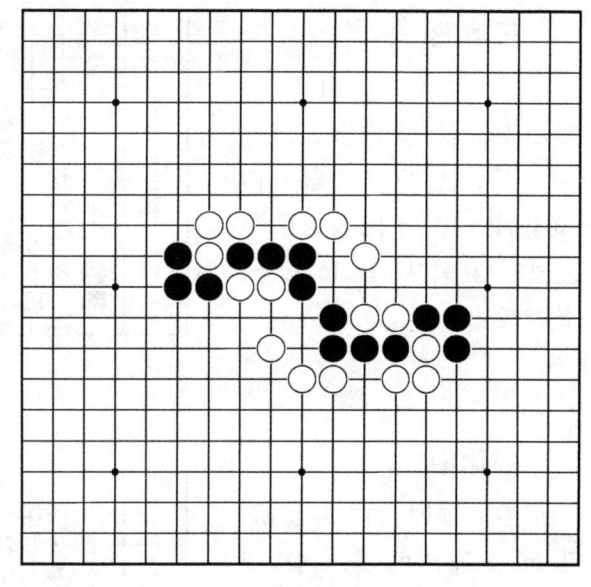

第5题

原题

第二题　海底取名珠　黑先

本题选自明谱《秋仙遗谱》，从题中的构思、解题思路分析，可能是北宋时期宋太宗失传御制第三题。

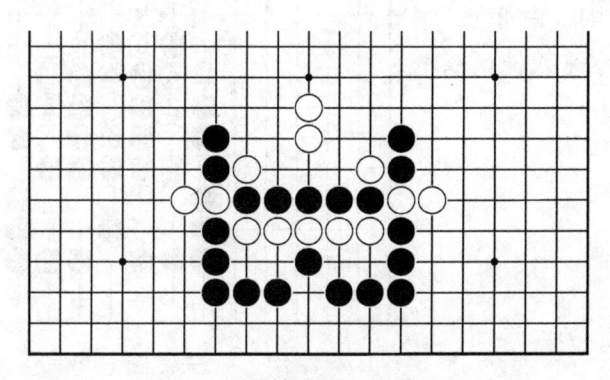

第二题

正解图

黑1顶绝妙,白2拐,至白14,黑15再顶,至白28打后,黑29跳手筋,白30必冲,黑33把战火引至左边,至黑41提起三子,突围成功。

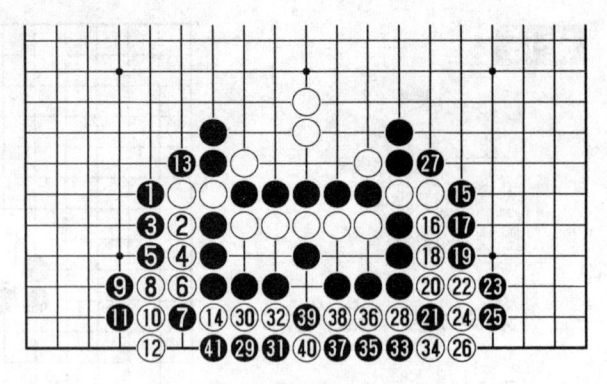

正解图

变化图

黑1顶时,白2上拐,黑3、5连压两手,再于7位打出,白12挡,黑13至19把白棋征死。

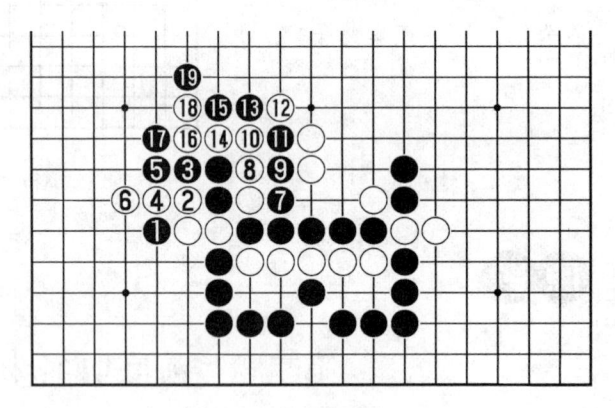

变化图

失败图

黑1冲突围,白2长,黑兵来将挡,水来土掩,双方战斗至白18扑,黑全部被歼。

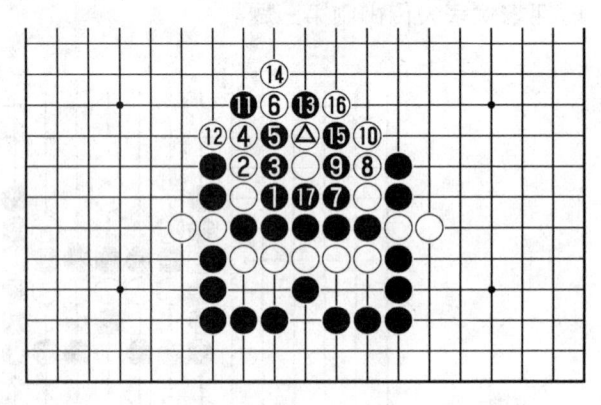

失败图　⑱=△

典故

　　李逸民为御书院待诏，当朝国手，为何在《忘忧清乐集》一书中没收录"海底取名珠"势呢？据清朝的《眉山野隐》一书讲，宋太宗不仅自己爱好围棋，还常在王公大臣中提倡下围棋，以闲散其心，忘却失国的痛苦，特别有名者是徐铉、潘慎修、宋白、王元之四臣。宋太宗时的大臣为了趋奉皇上，日夜攻读棋谱。

　　徐铉，字鼎臣，广陵人。仕南唐为吏部尚书，常侍李后主弈棋。李后主归宋，他也入宋为仕。徐铉对围棋造诣很深，著有《围棋义例诠解》《金谷园九局谱》《棋势》。《围棋义例诠解》是徐铉奉宋太宗的圣旨，对当时棋界流行的术语，逐一加以解释，如"劫""提""征"一直沿用至今。宋太宗奖励他，把"海底取名珠"赐他一人收藏，没有公开发表，近臣只闻其名，不知棋势。他家藏书颇多，围棋书也不少，其中有数百种围棋故事、棋坛佳话。宋朝灭亡后，元朝晏天章、严师合编《玄玄棋经》。晏天章，字文可，元末庐陵人。《四库全书提要》和《中国人名大辞典》说他是宋人有误，他是北宋丞相晏殊的后人。晏殊文章瞻丽，工诗、好棋，范仲淹、欧阳修、韩琦等皆出其门。他喜欢收藏棋书，世代相传，至晏天章，棋书甚丰，爱不释手。

　　严师，字德甫，与晏天章同乡，且国手，是晏天章的好友。晏天章说他："其行醇，其志专，弱冠时已以善弈得名江右，且辑《棋经》以淑后学。"

　　两人在对弈之余，共商合作编辑围棋谱之事。棋谱先由严德甫起草，晏天章加工而成。他们在编《玄玄棋经》时，"海底取名珠"还未浮出水面。到了明朝，《秋仙遗谱》的编辑者诸克明与徐铉的后人，喝酒聊天，徐玉昌才说出御制一题的事，因两人在对局时，徐玉昌没有下出"鼻顶"的手筋，极为懊恼。

　　诸克明如获至宝，他早就听说棋界关于"海底取名珠"的种种传闻，宋太宗御制三题，只有两题面世，那失传的一题在何处呢？编书必须有自己新的东西才能传世，如果自己没有，有别人东西也可以，对于皇上的这个东西，诸克明垂涎已久，他对徐玉昌百般劝说，均已无效，诸克明知道徐玉昌喜欢收藏，就把祖传的一副玉质围棋相送，徐玉章才勉强同意，这样，宋太宗的御制第三题，才重见天日。诸克明，性好弈，深知用谱之说。乃集国工谱，自唐王积薪及宋刘仲甫诸人，莫不悉备，又时出新意，以补古人之不及。因刻之贻同好者，将望其俱有谱之可依。他同时开创实战棋谱注上对局者人名之先河，一直沿用至今。

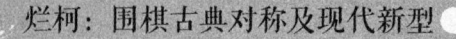

创作

衍生第一题
江流自迟　白先

题诗

鸟过目不瞬，
江流意自迟。
世人空黑白，
一色看坡棋。

两个"海底取名珠"势错位斜对称，白先行，怎样逃脱一方？注意，在原题上加了四个黑△，不让白产生鼻顶手段。

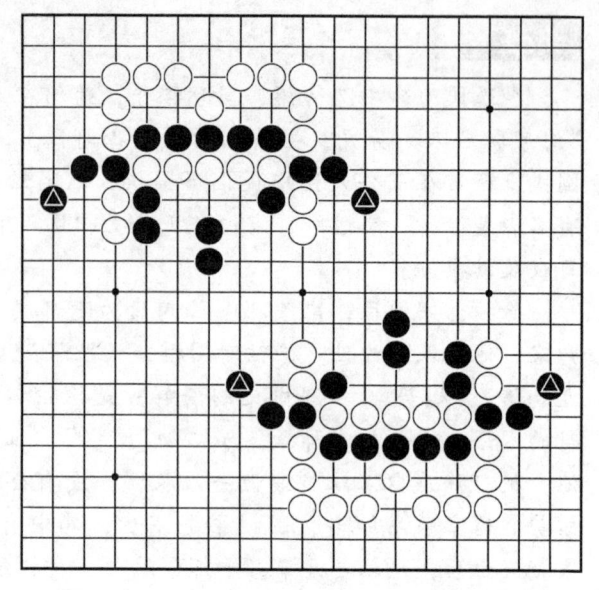

衍生第一题

正解图 1

白 1 打，白 11 平易打，黑 12 也只能提，白 13 打先手，谁都会下白 15 的打逃吧？

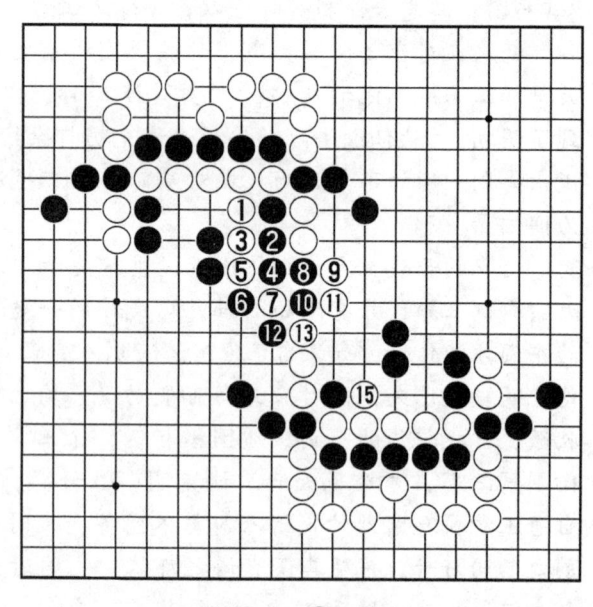

正解图 1　⑭ = ⑦

变化图

黑改在 1 位逃,那是自投罗网,死路一条。

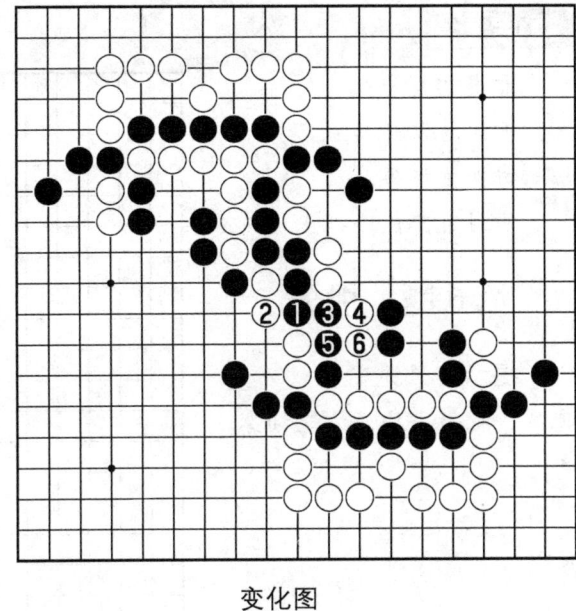

变化图

正解图 2

白 1 至黑 8 后,白 9 再行动,以下至白 17 形成双打,韵味无穷。

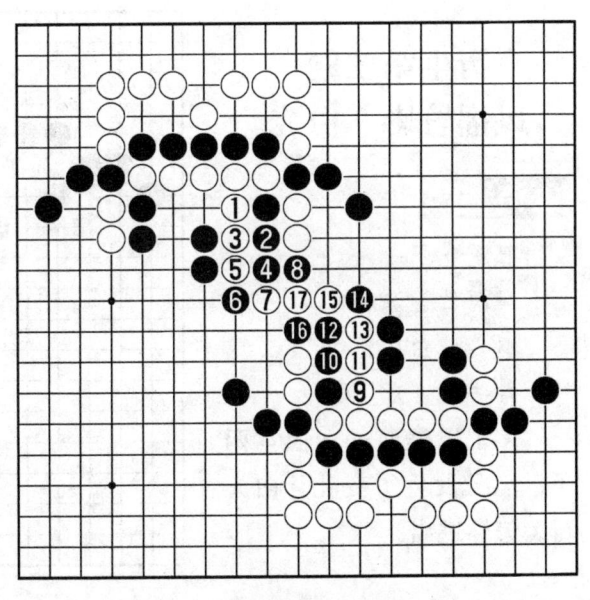

正解图 2

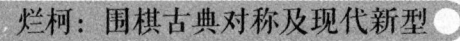

> **题诗**

北叟暂亡马,
西风还覆舟。
谁能关许事,
寓目且忘忧。

第6题　黑先

提示：黑先行,切不可恋战,把握全局,方能抽身。

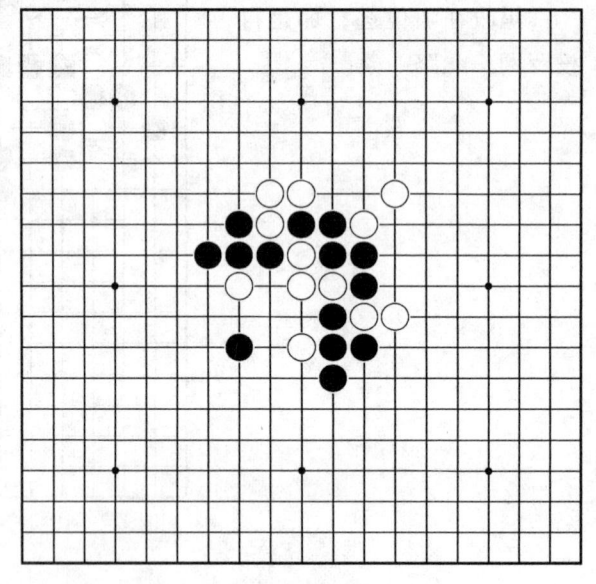

第6题

衍生第二题
风摇竹影　白先

> **题诗**

日透花阴午,
风摇竹影漪。
呕心谁白黑,
袖手见安危。

多了黑△两子和白△两子,境况发生了变化,白先行,怎样逃出?

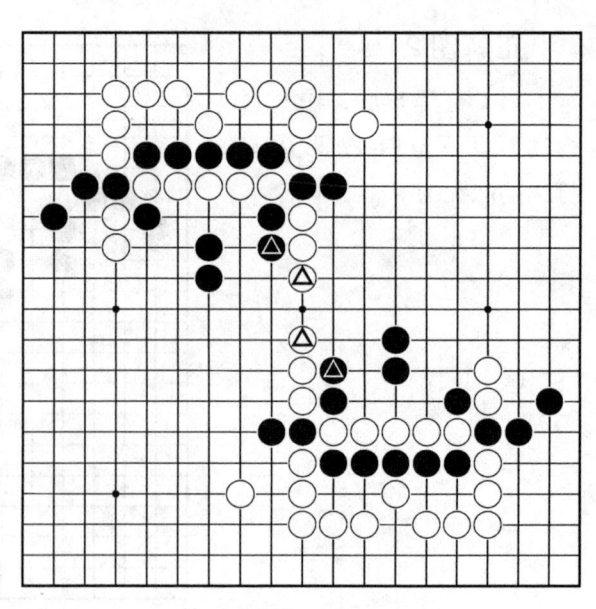

衍生第二题

变化图 1

白1顶，这是好手段，白9接显得悠闲，似守株待兔，黑10麻木，让白11拐成先手，以下至白17白快一气杀死黑子。

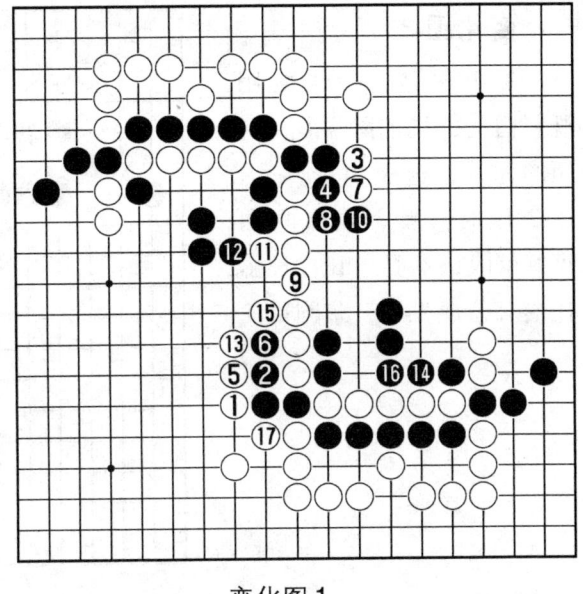

变化图 1

变化图 2

黑改在1位压也不对，因白4仍是先手，黑5必须救棋筋，白6压的手段有效。黑棋攻防要点在哪？

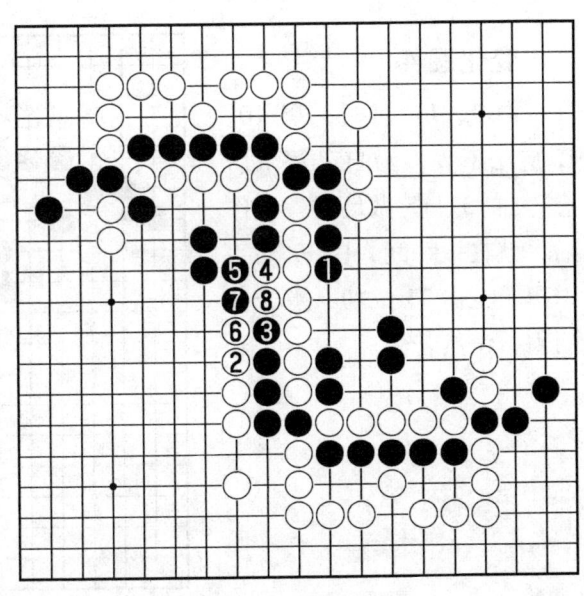

变化图 2

第一章 挖掘古典对称之形

变化图 3

黑 1 最佳，一子两用，既紧白气，又消除了白 A 位压的先手，这极为重要，当白 2 压时，黑 3 收气吃白，见好就收，不要走 B 位长出，让白 C 位成先手，悲剧重演。

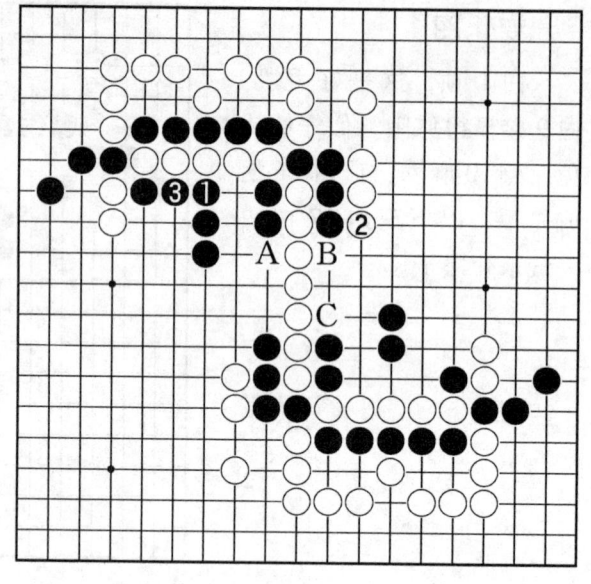

变化图 3

变化图 4

白 9、11 拐时，黑 10、12 应法不妥，为自己留下后患，白 13、15 做足准备工作后，就在一瞬间，白 17 动手杀黑，至白 23 成功，黑十分后悔，怅然若失。

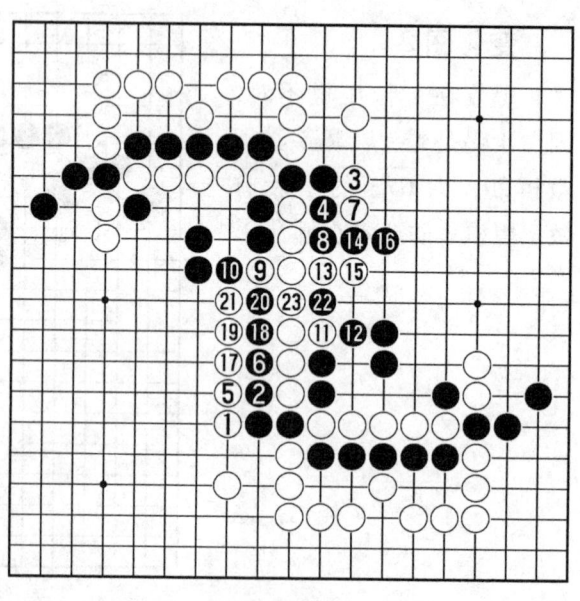

变化图 4

变化图 5

白1拐时，黑2是唯一救命好手，白3黑4，白5追杀时，黑6收气，白竹篮打水，一无所获。

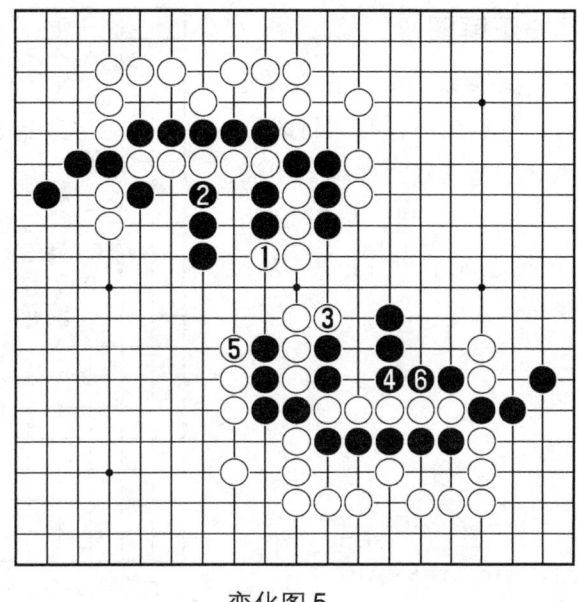

变化图 5

变化图 6

白改在1位直接进攻，则条件不充分，黑可以利用白棋形缺陷，黑6、8反击，白几子反而成了黑刀下之鬼。

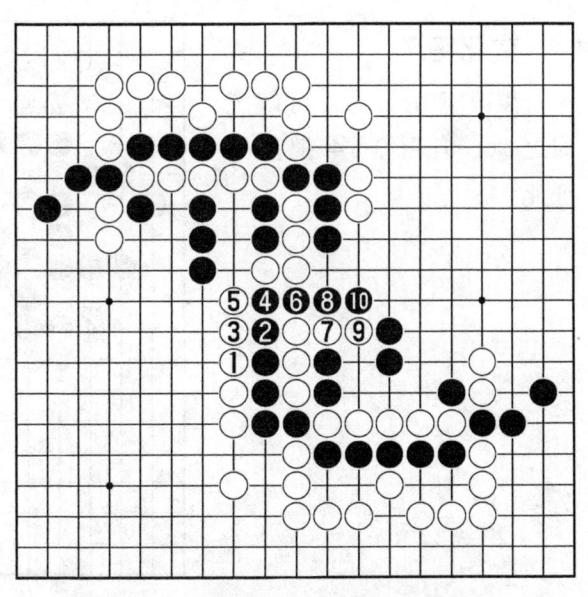

变化图 6

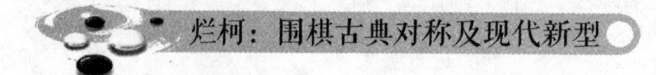

正解图

交换数手后，白在 1 位打，气吞山河，有大将风度，黑 2 围追堵截，却越陷越深，白 9 打、13 压，极其简明，直要黑命，至白 19 大战落幕。

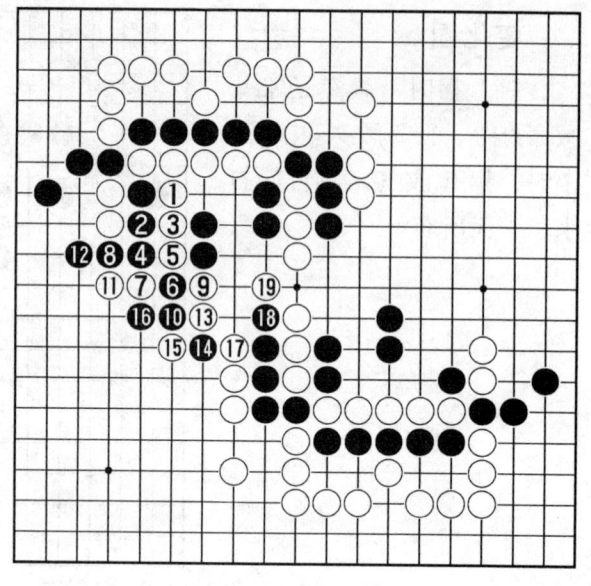

正解图

变化图 7

黑改下在 1 位，可解燃眉之急，但白 2、4 把黑子征死。

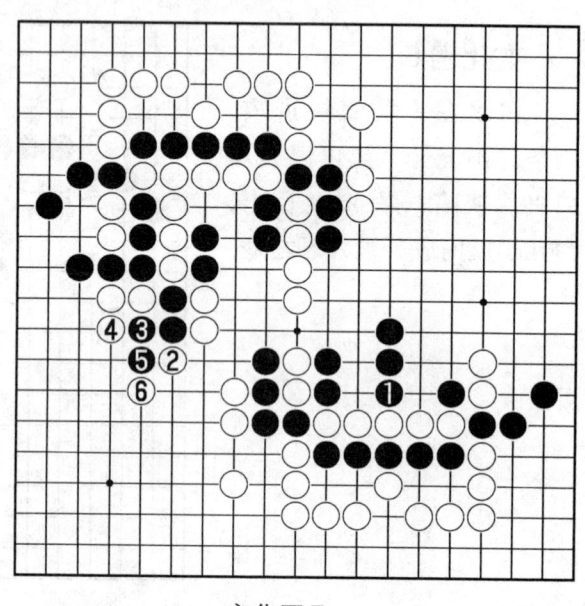

变化图 7

变化图 8

白 1 至 7 直接行棋，十分有利，黑 8 补后，白 9 直接冲打，以下至白 15 形成两打，也可以突围。

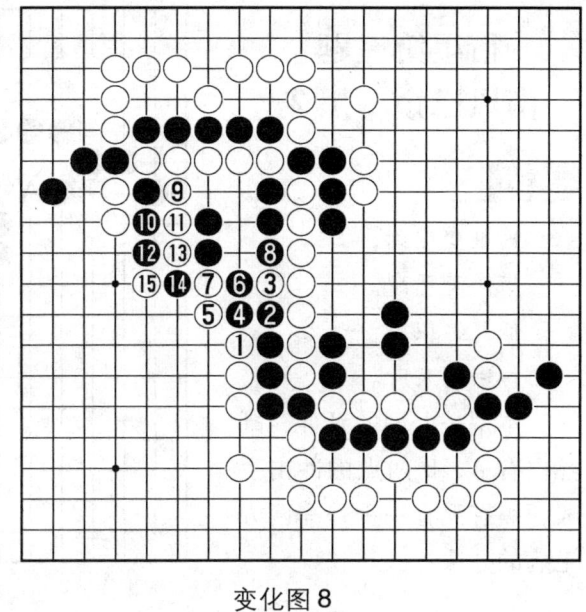

变化图 8

题诗

凝神迷远躅，
致一有全功。
皎皎妇姑月，
冥冥鸿鹄风。

第 7 题 黑先

提示：黑中间开花，怎样向外辐射，把自己的能量传递出去？

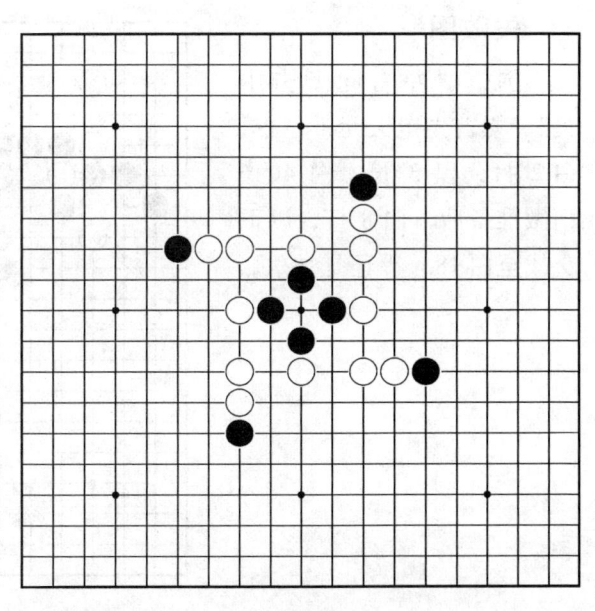

第 7 题

第一章 挖掘古典对称之形

139

衍生第三题
南风已窥　黑先

题诗

别墅尘难到，
南风管已窥。
仙凡终似隔，
仿佛记来时。

本型是上型的延伸，既然白有 A、B 两点的冲击手段，黑有没有一手补净两方毛病的办法？

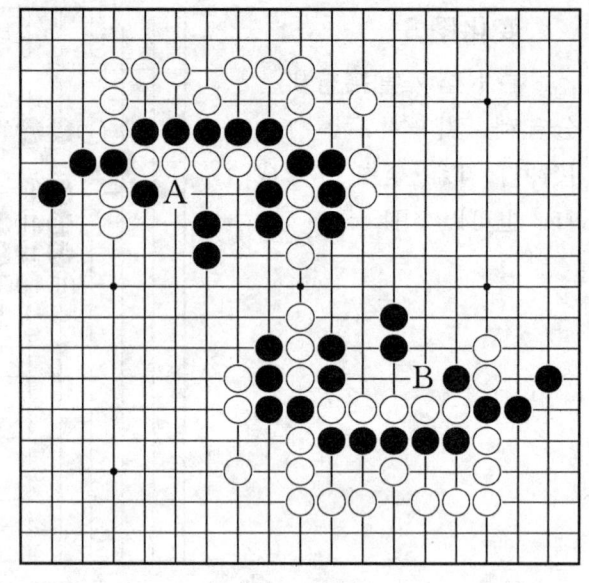

衍生第三题

失败图

围棋"左右同型击中央"，黑首先走天元 1 位挖，白 2 打，黑 3 长，白 4、6 稍做准备后，白 8 打，以下交战至白 18，黑还是被杀。

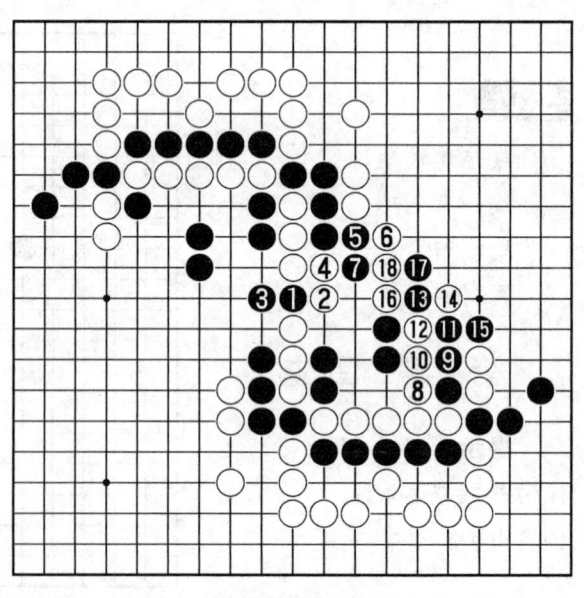

失败图

正解图

黑在 1 位补才是正解。白 2 再次动出，黑 15 可以放心大胆地长，白 16 紧气，黑 17 打，快一气杀死白棋，解了两方之忧。

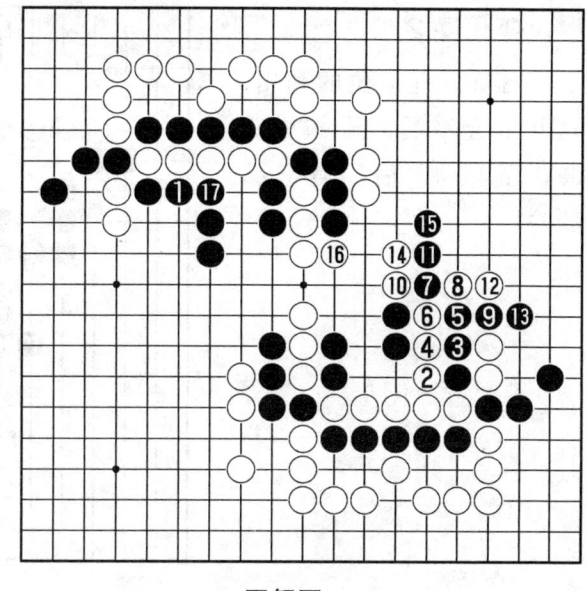

正解图

变化图 1

黑棋即使走 1 位也能防范白棋，当行进至黑 7，白 8 打，黑 9 提，白也没有好的针对左边黑四子的手段。

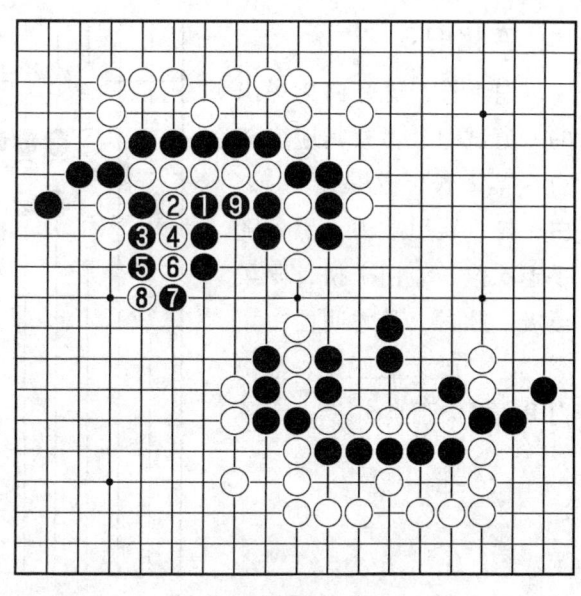

变化图 1

变化图 2

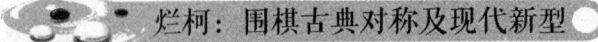

白棋只有 1 位的利用，这并不会对黑四子构成威胁，至黑 10 后，黑棋已脱险。

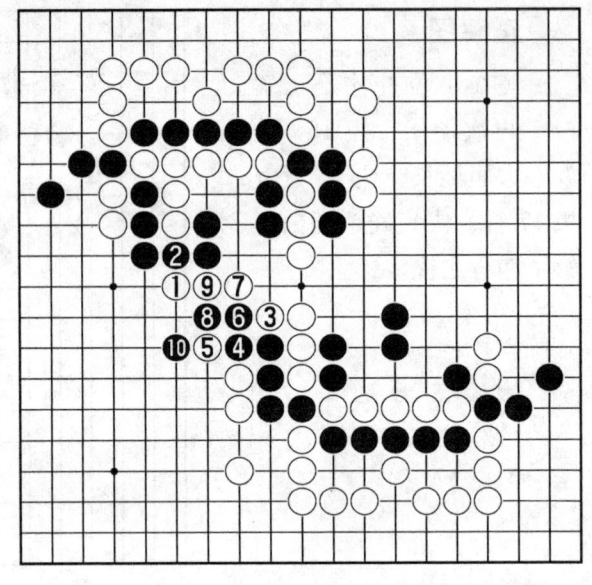

变化图 2

变化图 3

白 1 长，这是白为黑出的一道试题，考察其应变能力，黑 2 长，这是第一感。白 5 打，笑里藏刀，黑若随手走 6 位长，白 7 挤，阴柔至极，此时，黑才明白中了圈套，却已无法脱生，黑 A 白 B，弱肉强食。

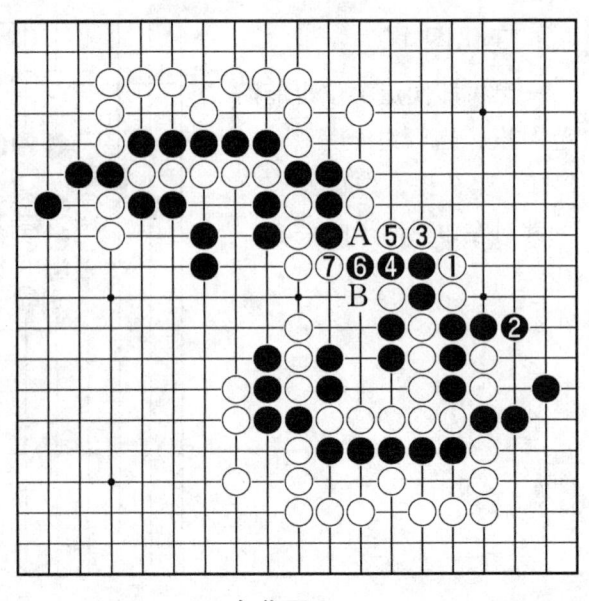

变化图 3

变化图 4

跳出惯性思维，走黑 1 提，可以解围，但一般人都不能容忍白 2 打，想都不想走 2 位长，最终酿成大祸，真是小不忍则乱大谋，这是至理明言。

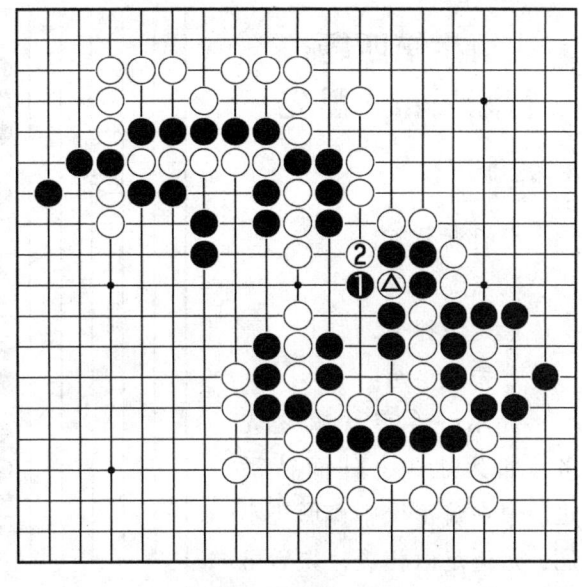

变化图 4　❸ = △

变化图 5

还有白 5 长的迷惑手段，黑棋那里不能乱动，只有黑 6 打，万事大吉。其实黑 2 直接走 6 位打最简明实用，作为趣题研究，才加了这些变化，当然，黑 2 还可 A 位扳，这有点复杂，须小心应对。

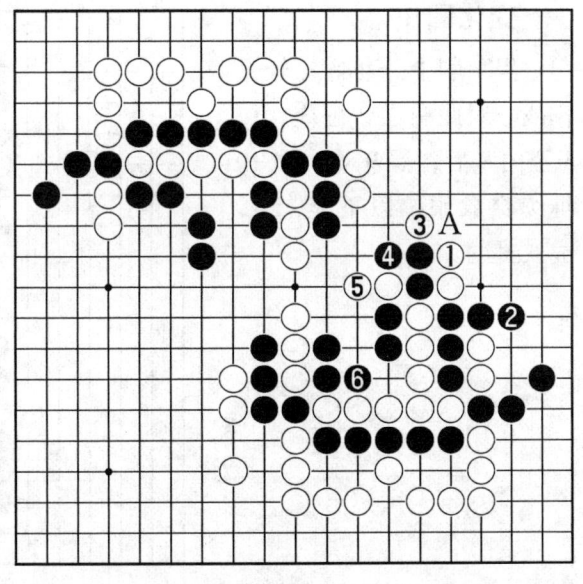

变化图 5

衍生第四题
行渐云布　黑先

题诗

分行渐云布，
乱点逐星连。
胜是精神得，
非关品格悬。

提示：盖布置棋之先务，如兵之先，阵而待敌也。意在疏密得中，形势不屈，远近足以相援，先后可以相等。取舍者，棋之大计。

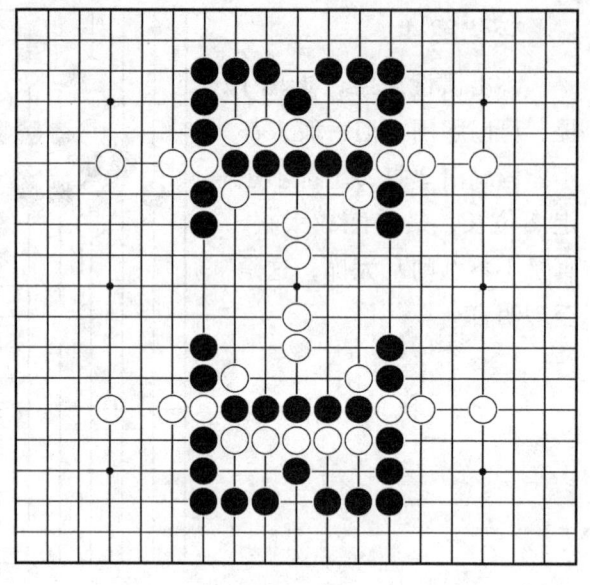

衍生第四题

变化图 1

黑 1 刺十分巧妙，轻灵作战。对此白在 2 位应，黑 3 至白 8 后，黑 9 点，白 10 继续穿象眼，以下至黑 19 成八卦图。

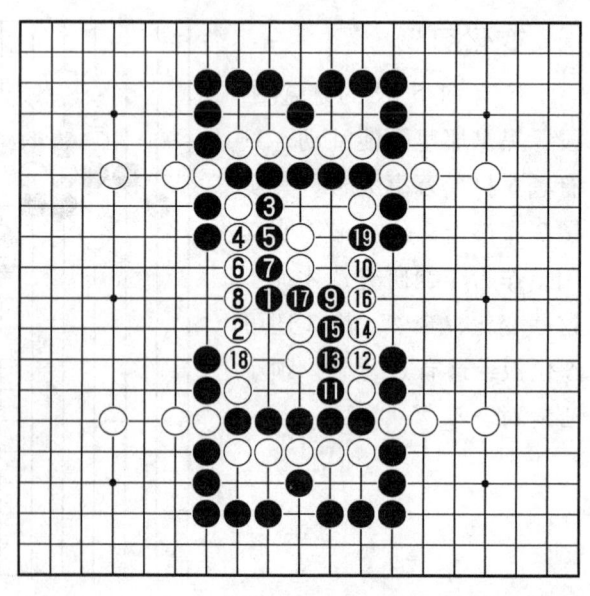

变化图 1

失败图 1

黑 1 时，白 2 盖，黑 3 扳，看似俗形但实际上并不差，白 4 显得很勉强，黑 5 以下至黑 11 顶鼻，白掉入陷阱。

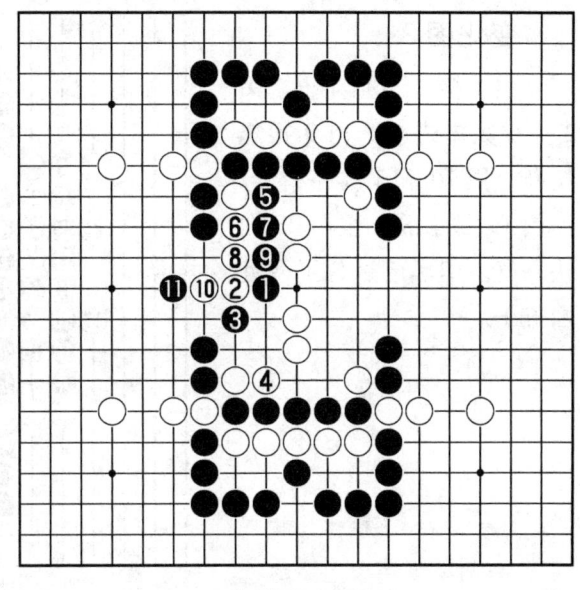

失败图 1

变化图 1（渐进渐明）

黑 9 点时，白 10 接好，黑 11、17 逃出，白 22 顺势圈地，棋形饱满。黑 23 冲时，白 24 谨慎，以下至白 30 的交换，形势渐明。

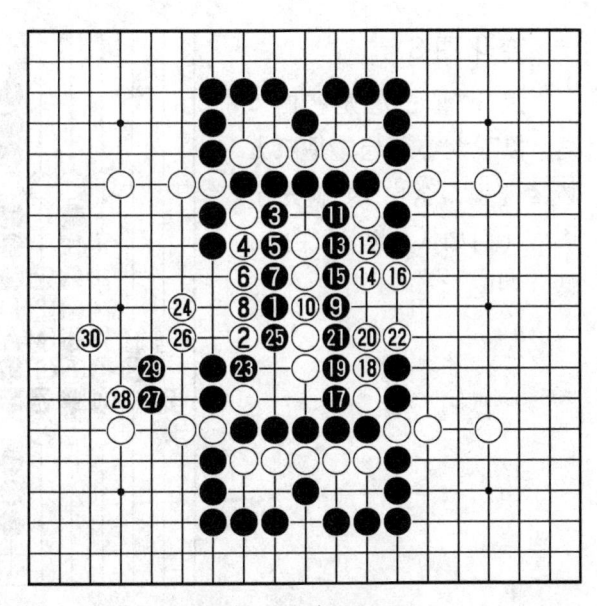

变化图 1（渐进渐明）

变化图 2

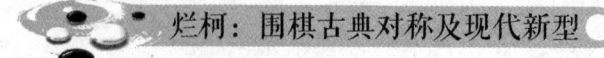

白 1 接，不愿弃子。黑 2 至 6 大举进攻，白 9 很想扭断。黑 10、12 次序精妙。但白 19 是手筋、至白 23 白快一气。但黑已杀死了两处白五子。

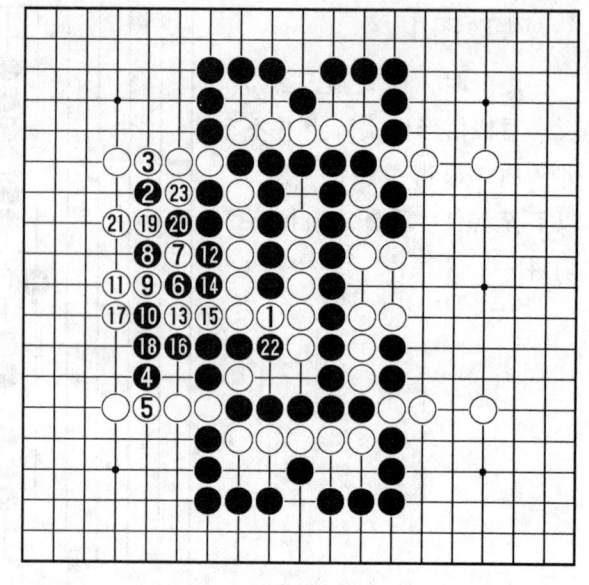

变化图 2

变化图 3

黑 1 重心清楚。白 2 跳，以下大势所趋，是双方必然进程，至白 24 黑先手杀白（白如 A，黑 B，白 C，黑 D 叫吃）。

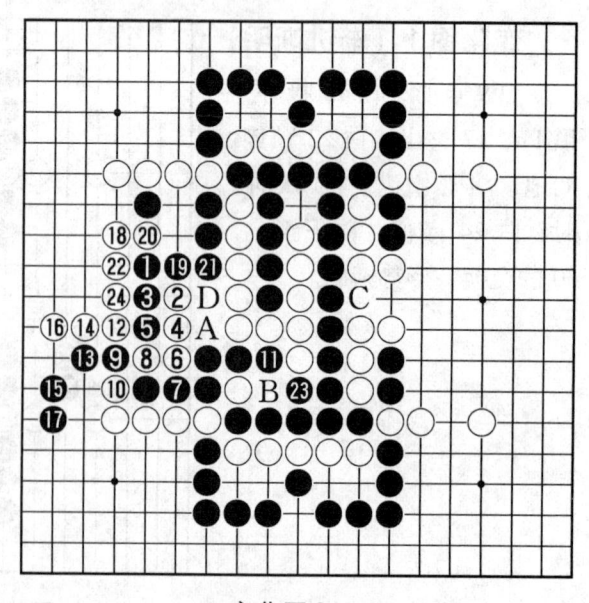

变化图 3

变化图 4

白改在 1 位冲，黑 2 双后，白只能走 3 位拆二，以下至白 9 后，黑先手杀白（白 A，黑 B）。不必虑。

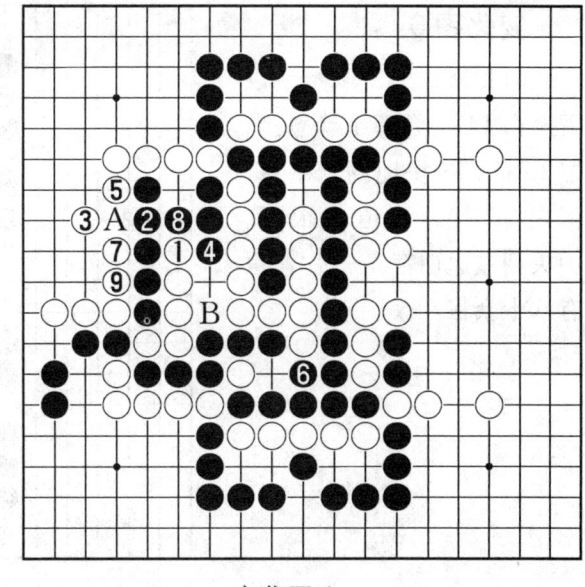

变化图 4

变化图 5

黑 9 比下在 A 位要柔软，白 10 接，黑 11、13 暗中使劲，白 14 若粘，黑 15 至黑 29 把白棋征杀。下围棋的关键是要发挥每个棋子的作用。

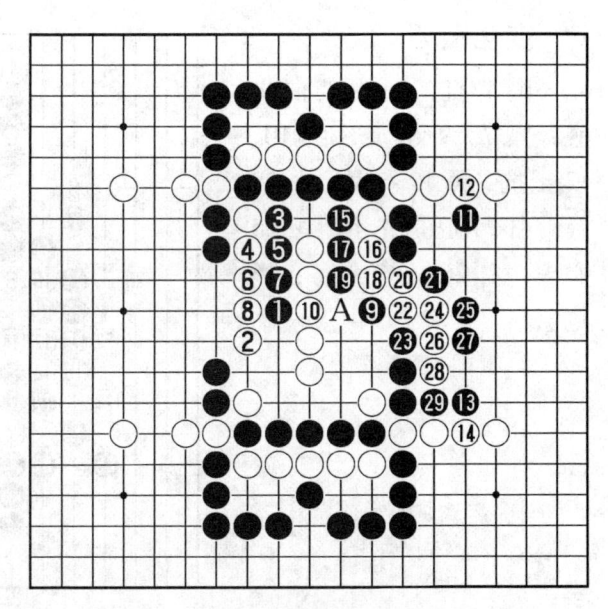

变化图 5

变化图6

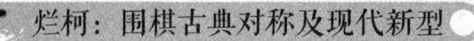

白2补，黑3刺穿，以下至白14是局部正确应接，黑15征，这块地约八十目，但白16接，味道也很好，中央到左边白茫茫一片，也有八十余目。

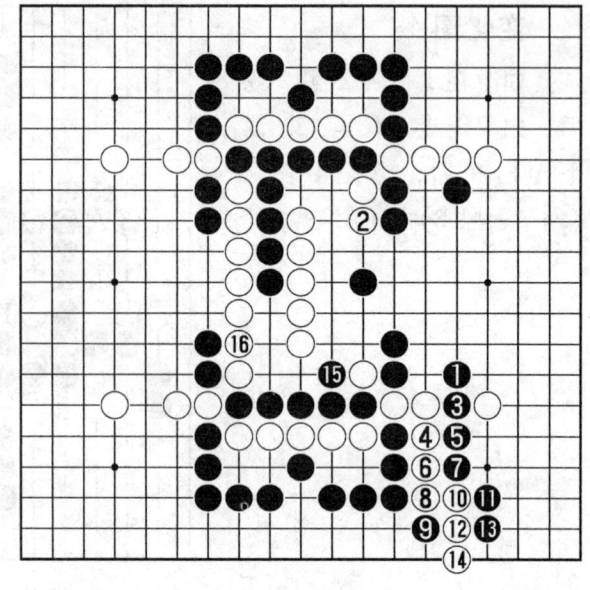

变化图6

变化图7

黑1打，回头破白中腹，黑7、9出动，白10、12抵抗，黑19打时，白20提。白24退是先手，黑25必虎，白26攻守兼备，黑危急。

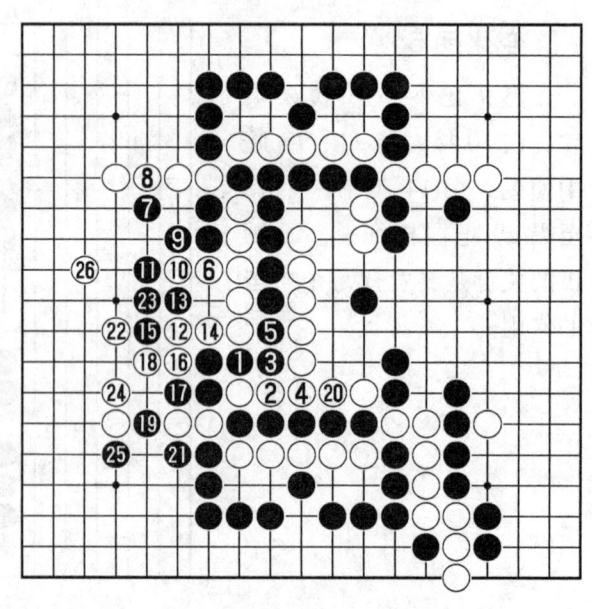

变化图7

变化图 8

黑在 1 位扳时，白 2、4 反击正是黑所欢迎的，黑 11 打，白 12 长，黑 13 贴强手，这样变化至黑 25，白仍不敢下在 A 位，黑 B 白崩溃。

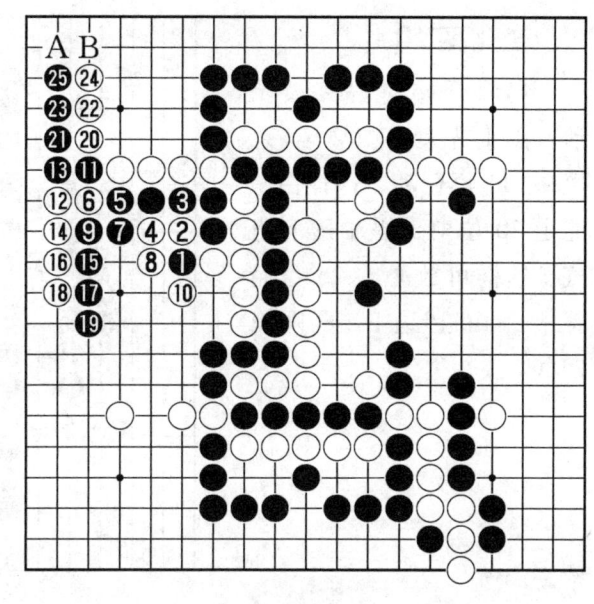

变化图 8

变化图 9

要及时惩罚对方的无理手，这是行棋的关键。白 1、3 舍轻就重。黑 4 扳，白 5 打后，白 7 跳整形，这里缠斗至白 13，A 和 B 白必得其一。

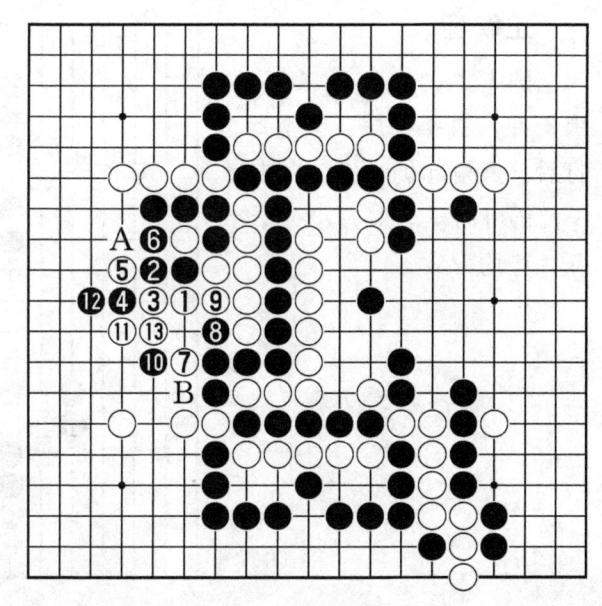

变化图 9

变化图 10

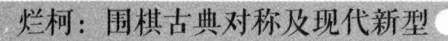

　　局面开阔时思路要灵活。黑 1 先刺，白 2 若接，黑 9、11 再行动，这样白只能走 20 位弯，黑中腹有五气，这样可放心在 25 位打补棋，白上边四子只有四气。

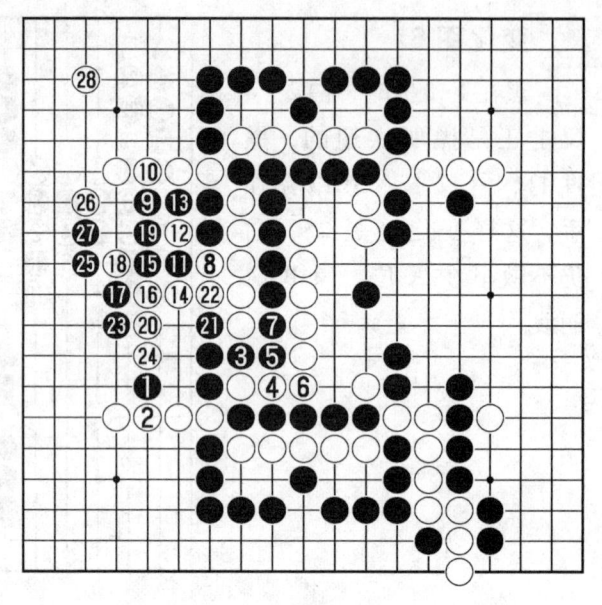

变化图 10

正解图

　　黑 1 刺时，白 2 紧气，黑 3 冲，白 4 打好，因黑 5 打后，黑角部仍空虚。白走 A 位仍可活棋。双方十分活跃，势均力敌。

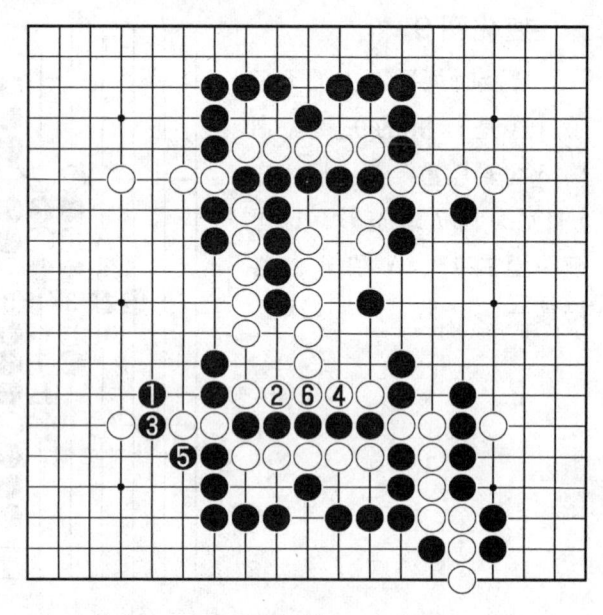

正解图

失败图2

白改在1、3位冲，心怀不轨，则要掉进无底的深渊，黑6、8连扳分外有力，白11、13冲断反扑，回手白15再接，变化至白31可战，但关键是黑棋给白棋的机会。

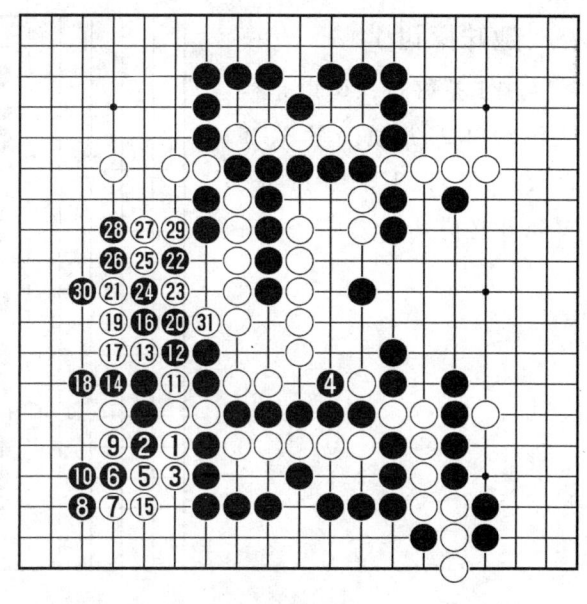

失败图2

变化图11

黑改在1位虎好，以下至黑9，白气短。

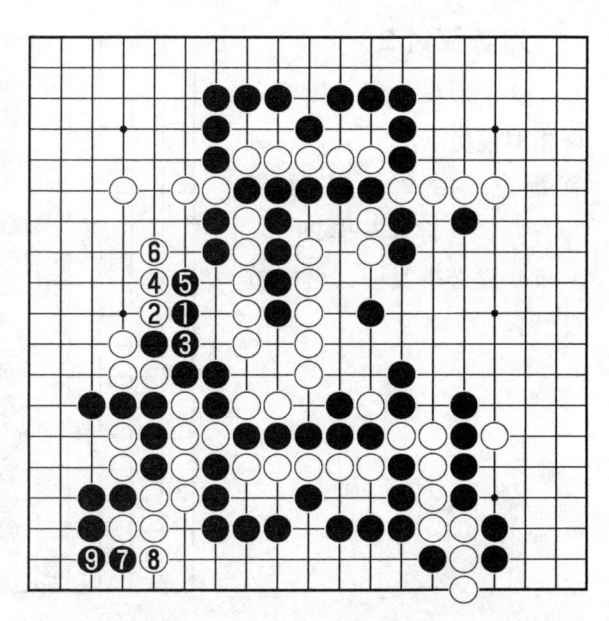

变化图11

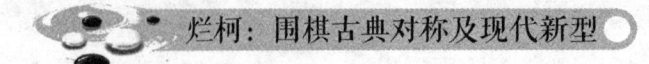

趣味探讨 1

黑 1 是好点，可以是桥头堡，白 2 尖顶，黑 3、5 两翼启动，以下至黑 11 长，A 和 B 必得其一。

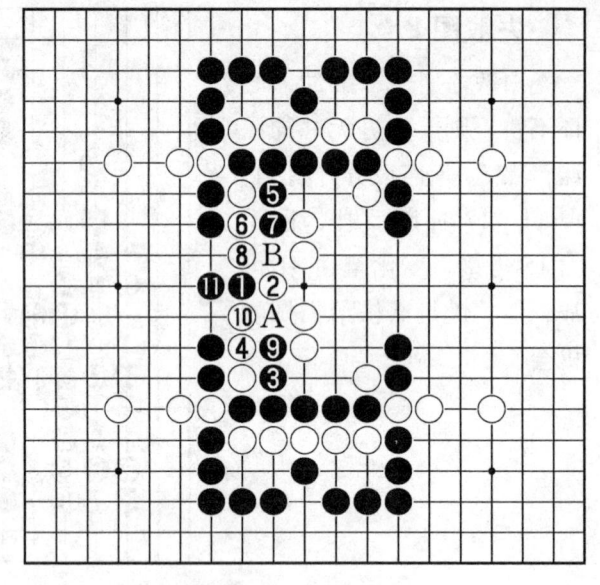

趣味探讨 1

趣味探讨 2

这个形很神秘，如果允许相似模仿下法，黑 17、21 有新意，白 20、24 成斜"对称"，这样弈至黑 29 止，A 和 B 黑必得其一，可拯救自己。

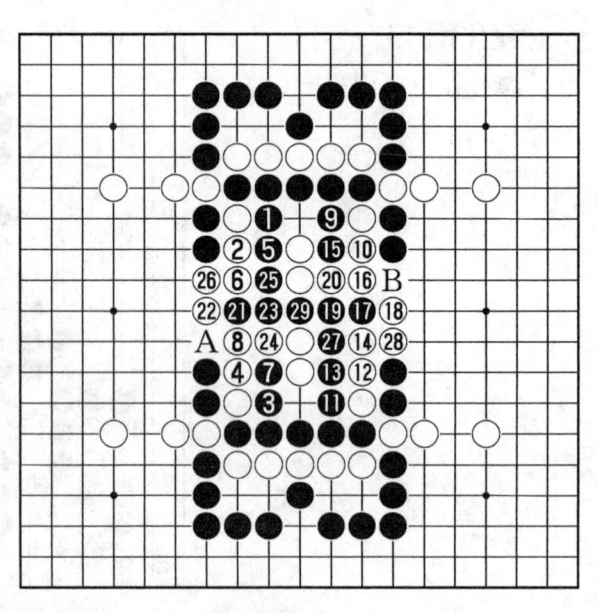

趣味探讨 2

趣味探讨 3

　　白下在 1 位构成平行对称最好，黑 2、4 两打，白 3、5 两接，至白 9，黑四分五裂。

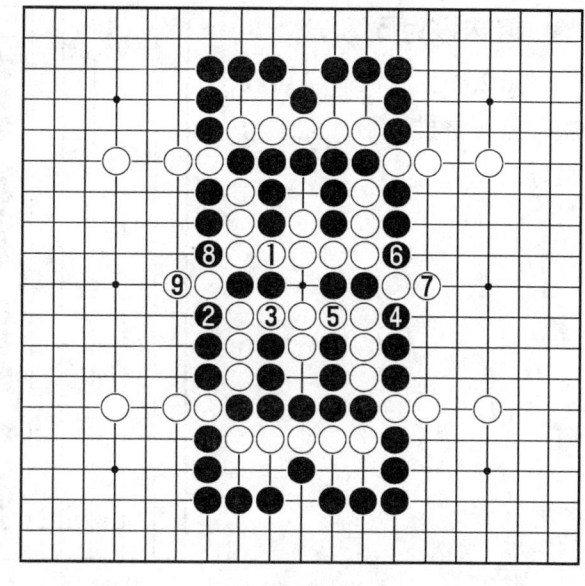

趣味探讨 3

趣味探讨 4

　　白 1 与白△上下对称，以下至黑 6 接后，就产生了 A 和 B 两个诱人的好点，可是黑不能在 C 位和 D 位打，只能束手被擒一方。

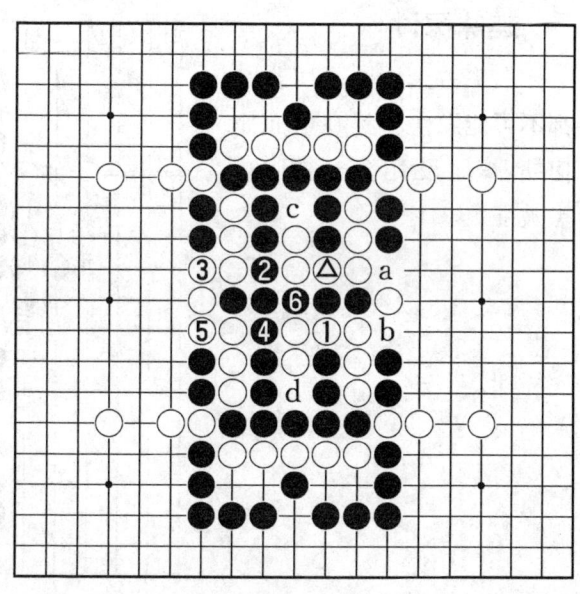

趣味探讨 4

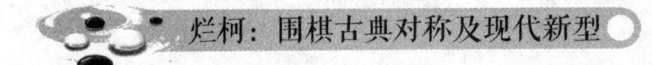

趣味探讨 5

黑 2 外打，没有实质收获，黑 6 空拔一子，但主力被歼。

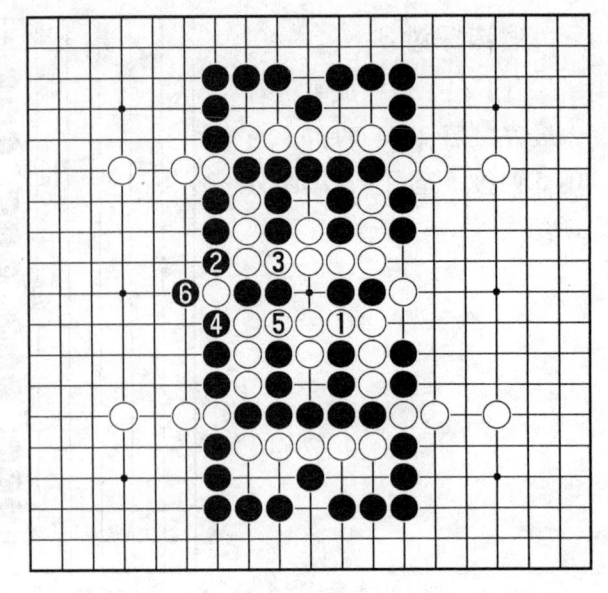

趣味探讨 5

趣味探讨 6

白 1 占天元，一切悲剧都不可能发生，黑在里面如何折腾都没用。至白 23，黑被征服。

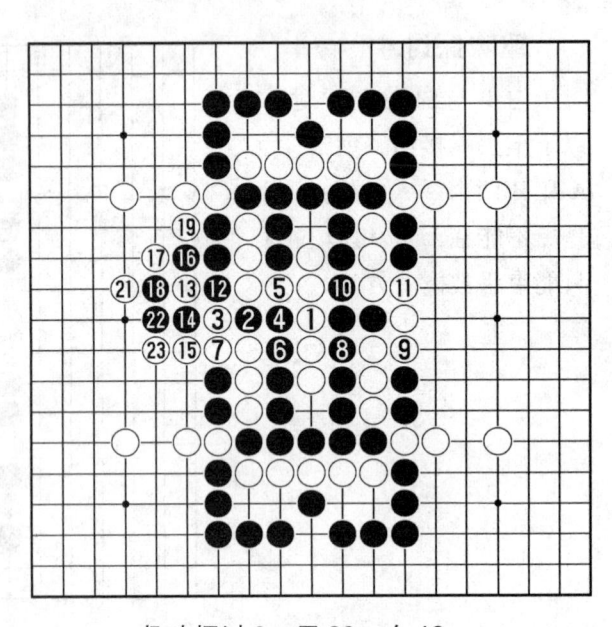

趣味探讨 6　黑 20 = 白 13

衍生第五题
争汉楚垒　黑先

题诗

雄争汉楚垒，
秘逞孙吴兵。
偾着还自错，
先机非偶赢。

提示：整个模型像江南名楼，黑白内切，外侧白密不透气，黑怎样翩翩起舞？只要一方黑棋走出重围就算成功。

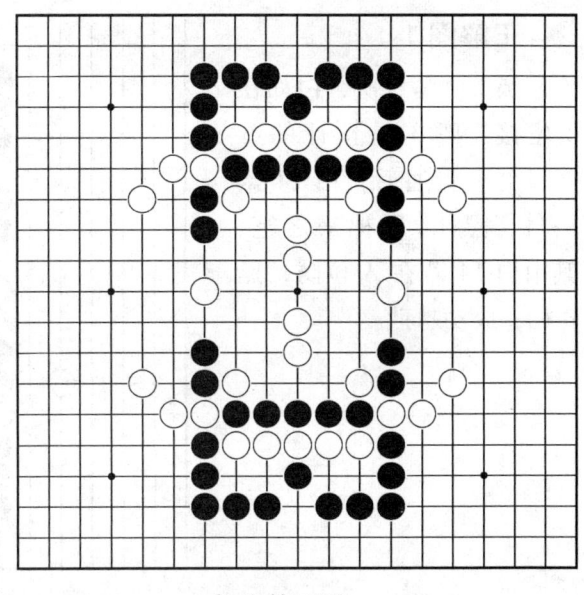

衍生第五题

失败图

黑1、3简单，至白10黑弹尽粮绝。

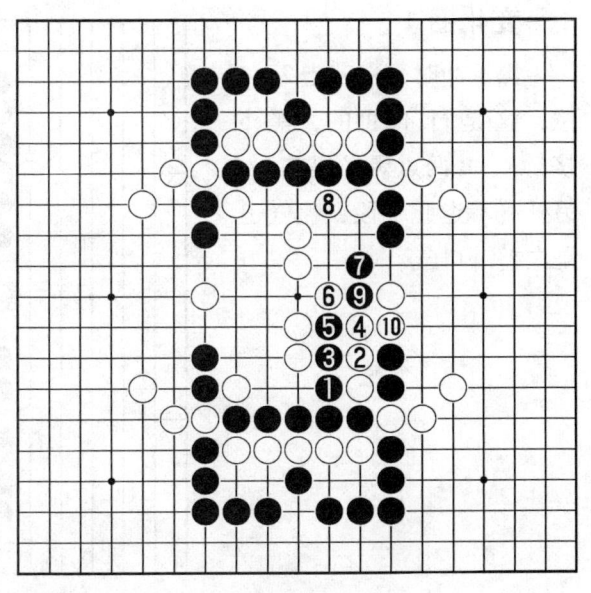

失败图

正解图 1

黑 1 刺是急所，白如在 2 位接，黑 3 是预计的方案，上下贯通后，白 14 紧一气，黑 15 顶神来之笔。其中白 14 若在 A 位防，黑 B 枷，成功越狱。

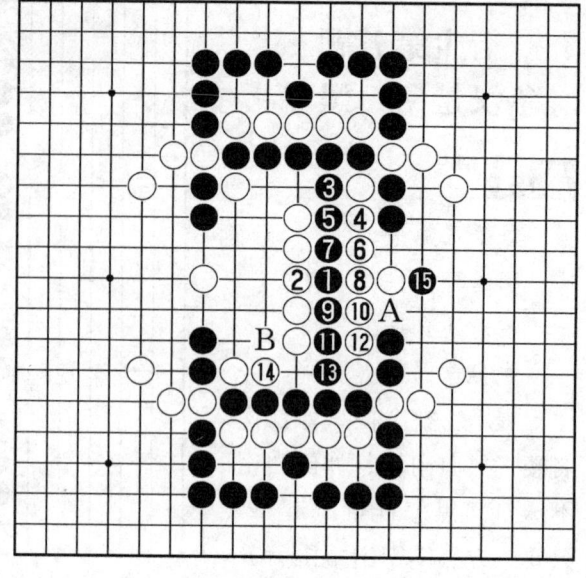

正解图 1

变化图 1

黑 1 冲时，白若走 2、4 位，这是行不通的，黑 5 挤，A、B 两点黑必得其一。另外，不走此手段，比气也是白差一口气。

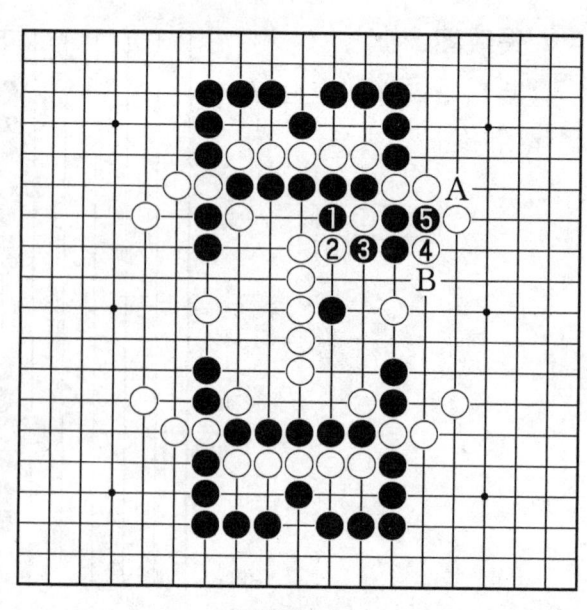

变化图 1

变化图 2

黑改下在 1 位，白 4 只能封，双方紧气，下边白四子被杀，但上方主力部队突围。

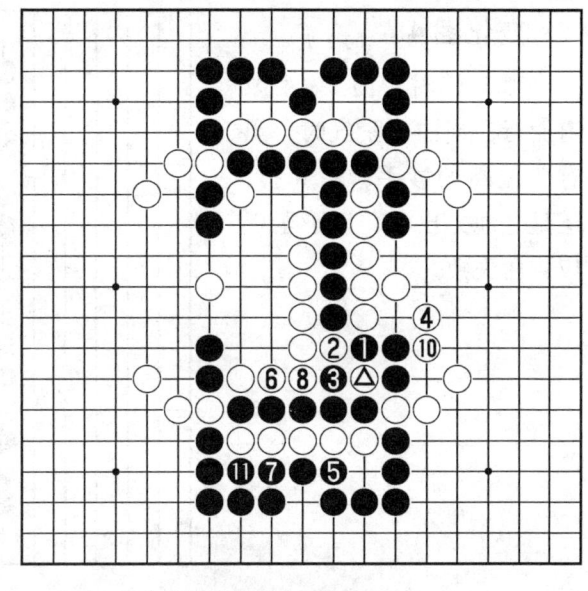

变化图 2　❾ = △

变化图 3

白走 1 位紧封，因黑有 2 位扳的手段，白 3 只能夹，黑 4 挤打，白溃不成军。

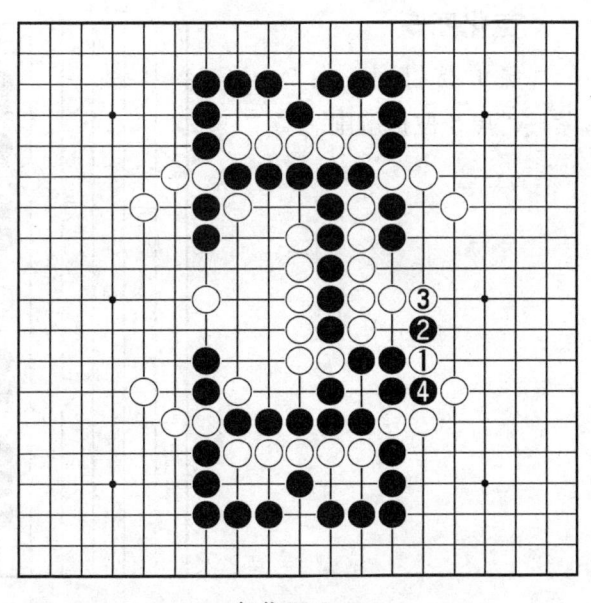

变化图 3

变化图 4

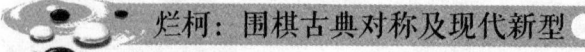

黑 1 长时，白 2、4 改道而行，当白 6 紧气时，黑有 7 位断的妙手，白 8 打，还是老地方出棋，以下至黑 17，白失败。

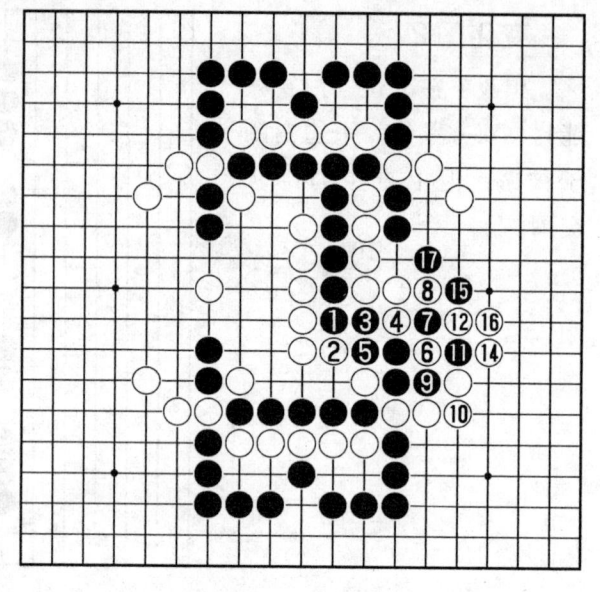

变化图 4　⑬=⑥

变化图 5

黑 1 挤打时，白 2、4 紧气，黑 5 位提解围。

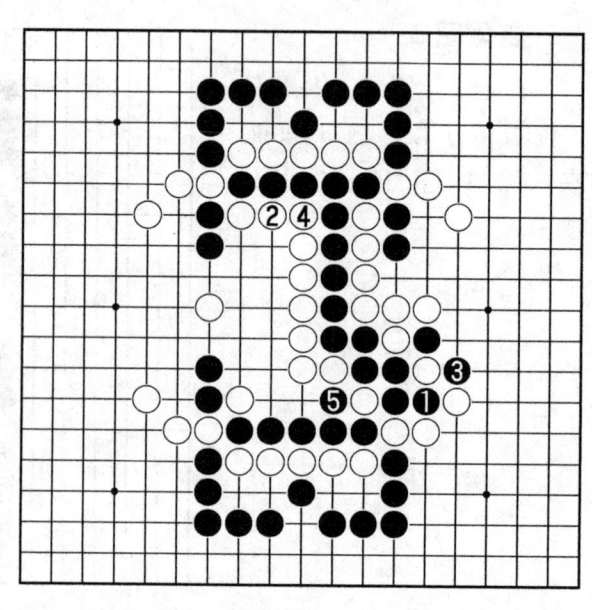

变化图 5

变化图 6

黑 1 位长，白 2、4 紧气严厉，至白 6 黑只有两气。

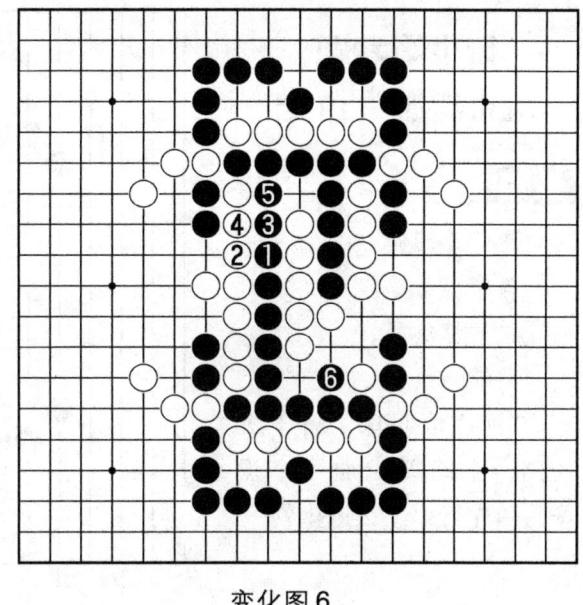

变化图 6

变化图 7

白 1 冲时，黑走 2 位不行，白 5 若在 7 位打，黑粘，白 A 后是白快两气的局面。

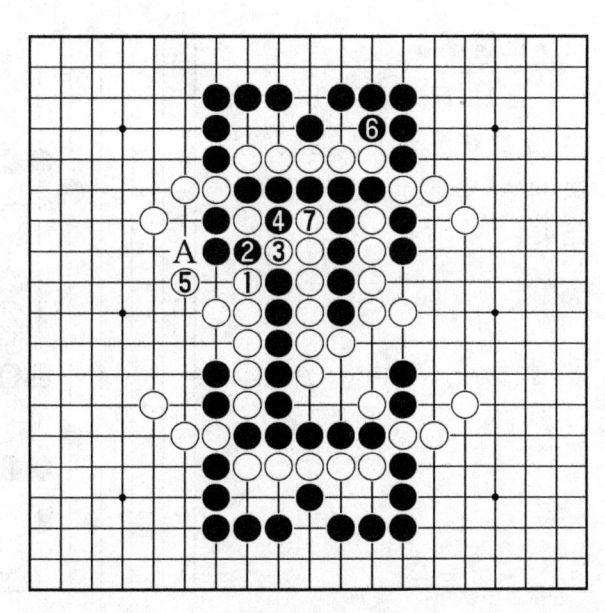

变化图 7

衍生第六题
疏帘缥缈　白先

> **题诗**
>
> 道院无迎客，
> 疏帘缥缈垂。
> 未须惊倒屣，
> 共看弈残棋。

"海底取明珠"各下沉一路，中间天元加一个黑子，白先行，怎么逃生？

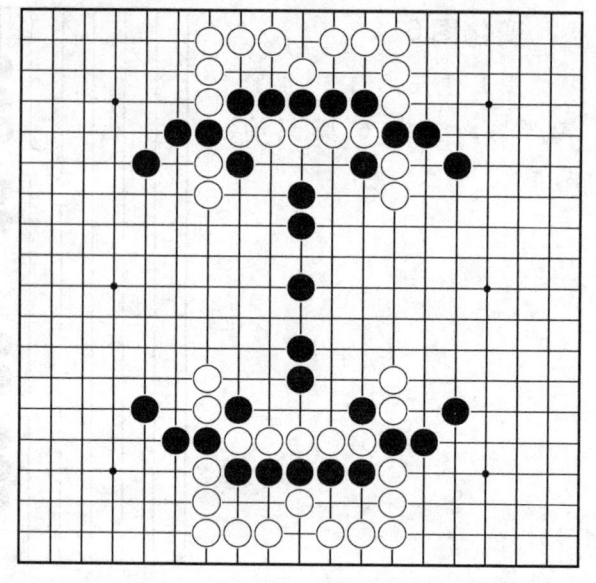

衍生第六题

正解图1

白1、11凶猛冲出，至白23擒获黑五子，彻底解决自身安定问题，棋局结束。

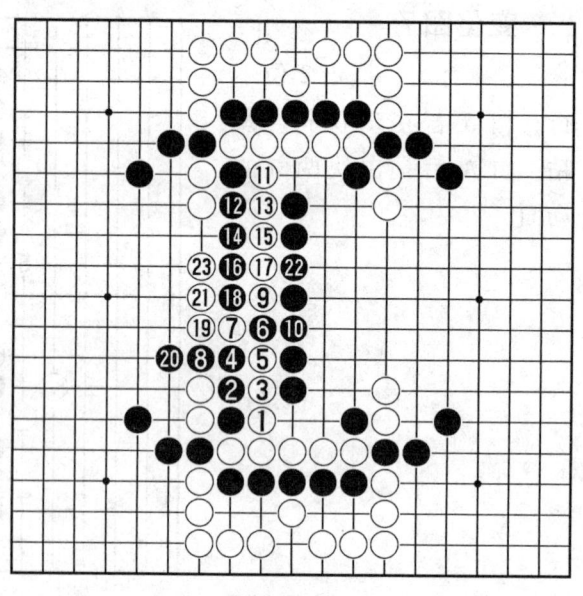

变化图1

变化图1

黑1在外围多长一路，白2、4仍冲断，揪住不放，白14再断，只有拼搏。黑15打，夺路而逃，但白16恋战，至黑23接，白前功尽弃。

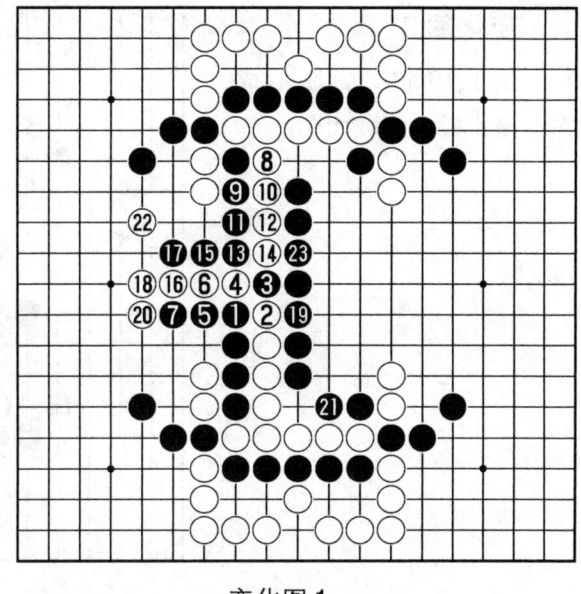

变化图1

变化图2

白走1、3位冲打，这样白7抓获黑两子。

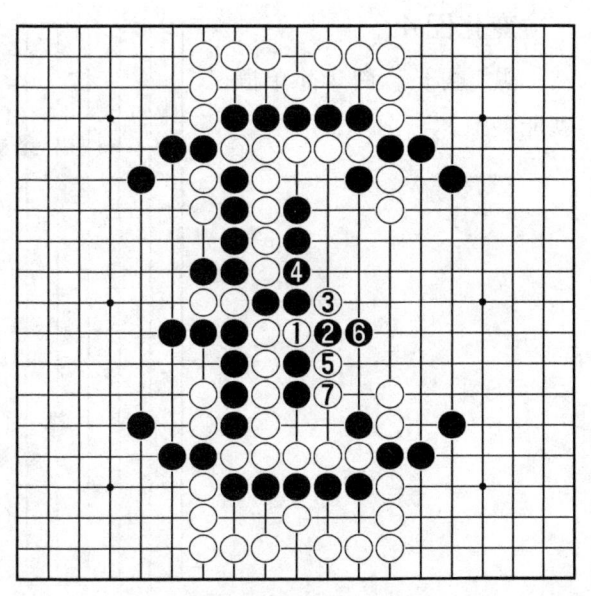

变化图2

变化图3

黑1、3退却，溃不成军，白4扳，满载而归。

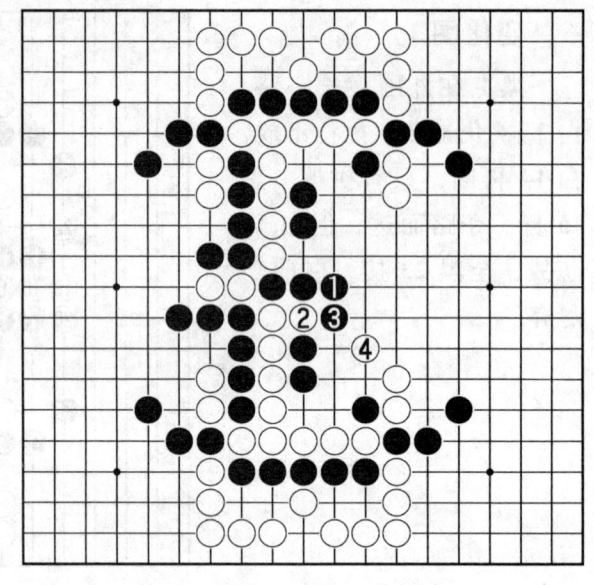

变化图3

变化图4

黑1再长，白2简单枷就能突围。

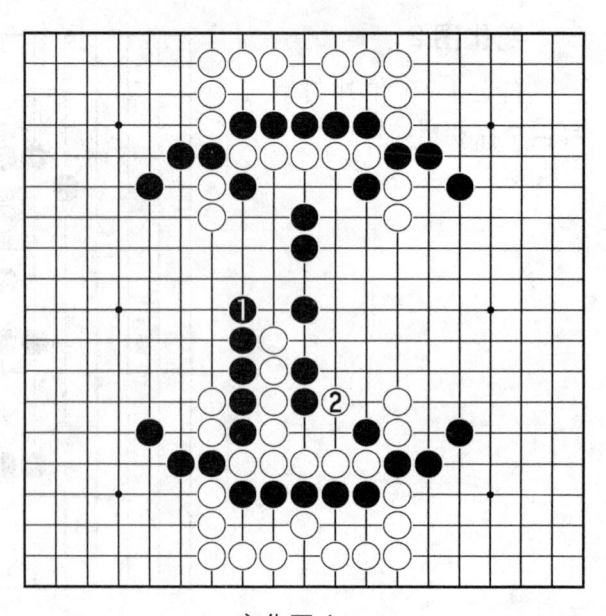

变化图4

变化图 5

白不走 A 位枷，白 1、3 挑衅，黑 8 打上去，白 9 也不甘示弱，将战事扩大，双方杀得天昏地暗，白 15 长出，黑 16 提劫，白 17 好劫材，充分挖掘此型潜力，黑 18 若收气，以下至白 25，黑失败。

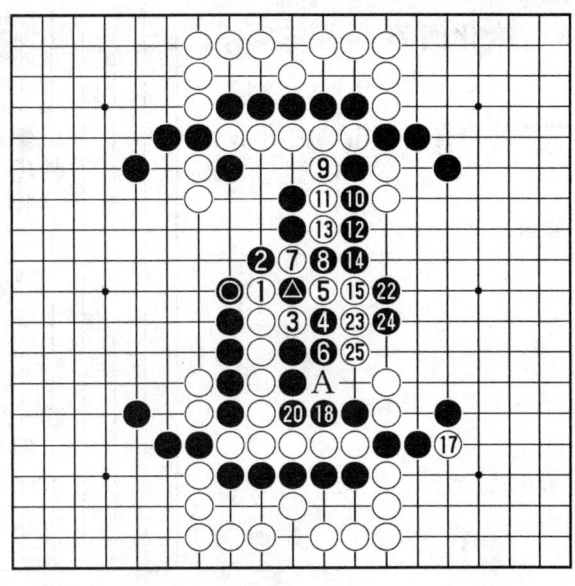

变化图 5　⑯=△　⑲=⑦　㉑=△

变化图 6

白 1 位粘不好，这样会出大事，至白 7 后，好像吃了黑两子解决问题，但等待白棋的是巨大的灾难。

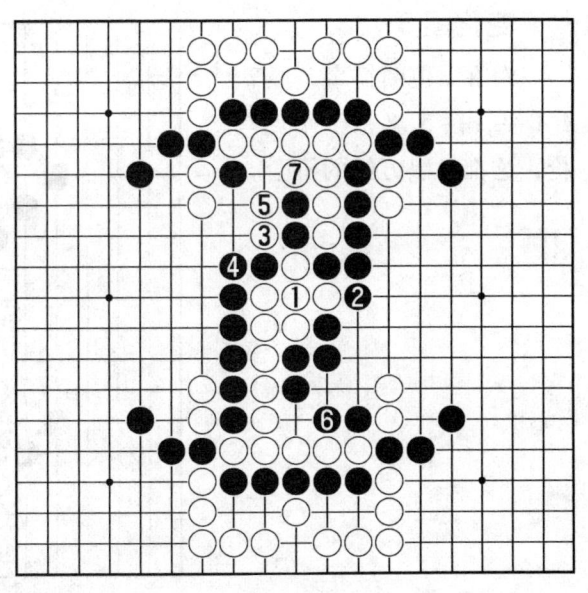

变化图 6

变化图7

黑8扑，白9提，黑12顶手筋，有此一击，白身形不稳，至黑18白差一气被杀。

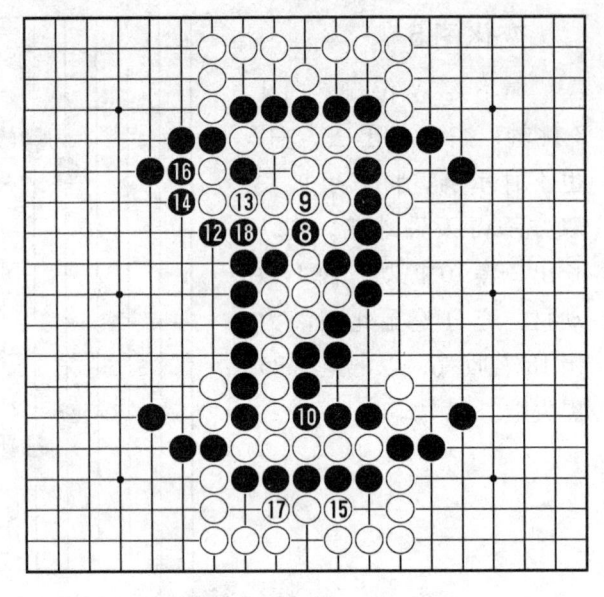

变化图7　⑪=❽

变化图8

白在1位断搞事，黑2、4不妥，白5又杀了个回马枪，这都是黑方给的机会。

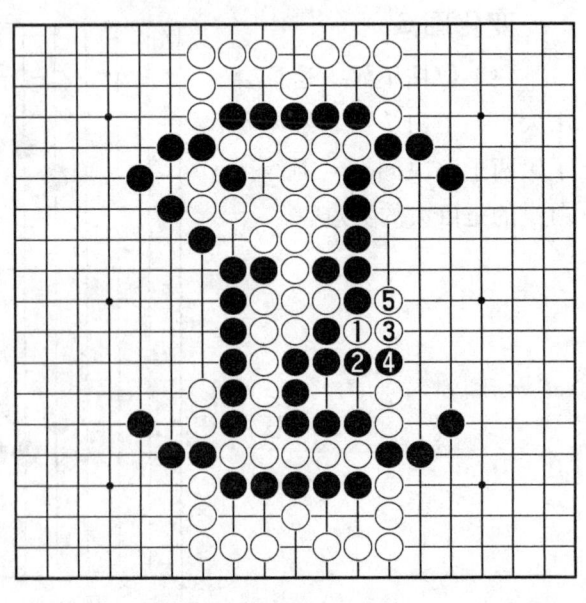

变化图8

变化图9

黑棋只要平心静气地在1位收气就能取胜，有时心浮气躁可以把一盘好棋输掉。

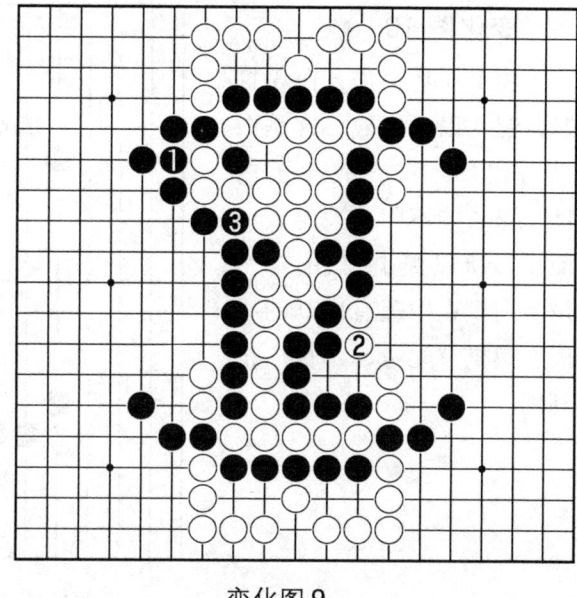

变化图9

正解图2

黑1打，白2长冷静，举重若轻，黑3提劫，白4打作劫材，这样简明。

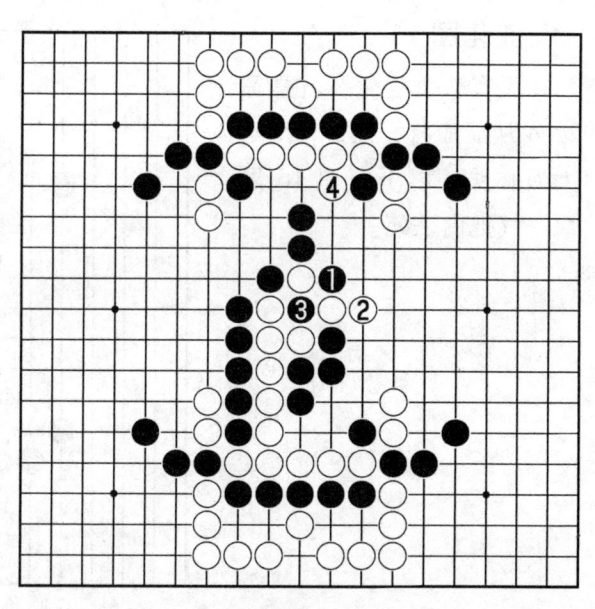

正解图2

变化图 10

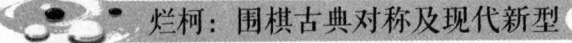

白 1 找劫很损，白 3 打时，黑 4 以下迎战，这是白棋希望的，双方战斗至白 15，黑成接不归，大龙破网而出，所以黑 14 只能走 A 位。白棋在中腹有做劫的手段，黑棋首先考虑不被白棋利用。

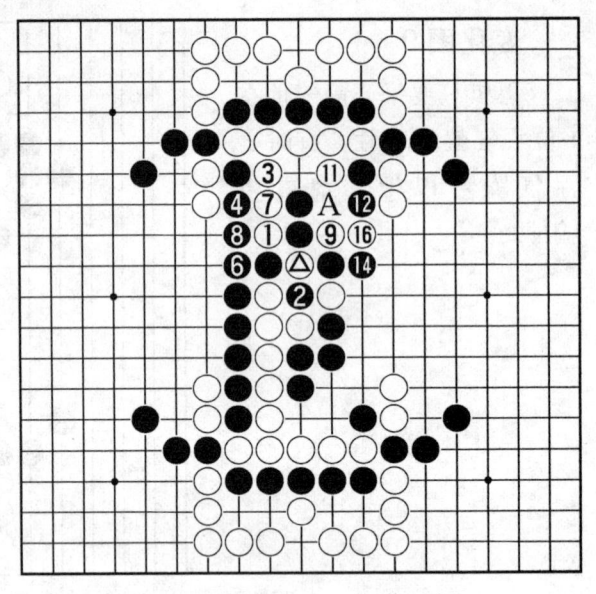

变化图 10　⑤⑬ = △　❿ = ❷

变化图 11

还有一个变化，就是黑 2、4 从后面打，白 5 若接则大祸临头，以下至黑 16 黑快一气把白杀死。

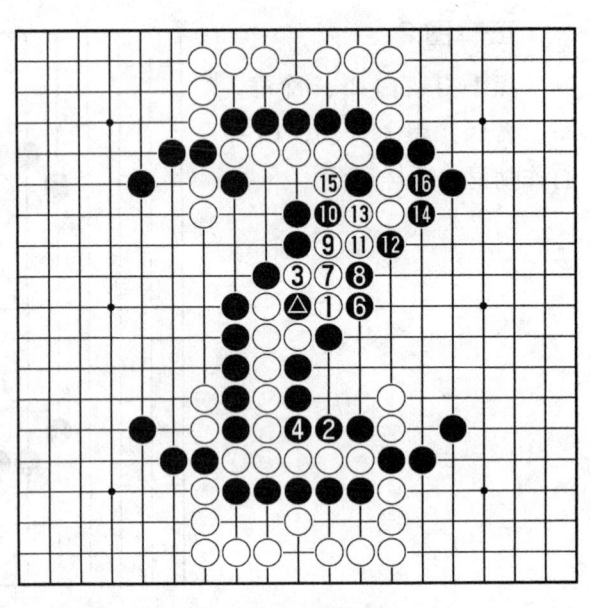

变化图 11　⑤ = △

变化图 12

白在 1 位打策应，则可避免前面的不幸遭遇，黑 2、4 跑，白 5 再接，以下至黑 10 后，黑棋有两个断点不好补，黑 12 若接，白 13 断打，黑 12 若在 13 位接，白 13 在 12 位断，黑棋筋被吃，结果更糟。

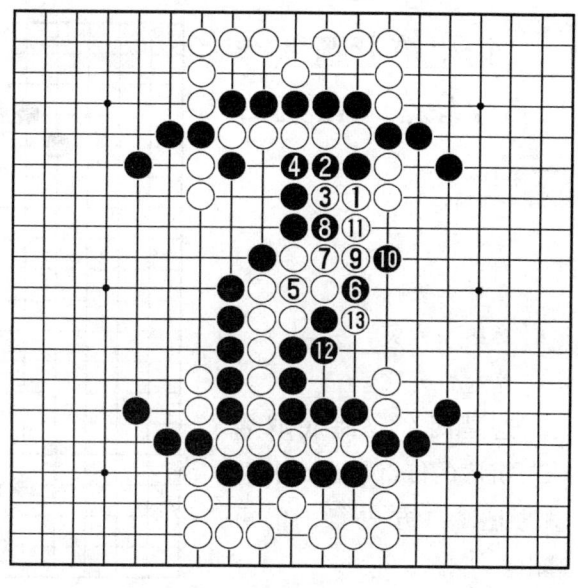

变化图 12

变化图 13

白 1 打出也行，黑 2 逃，以下至黑 8 封，白 9 打，至白 11 提，也救出一方。

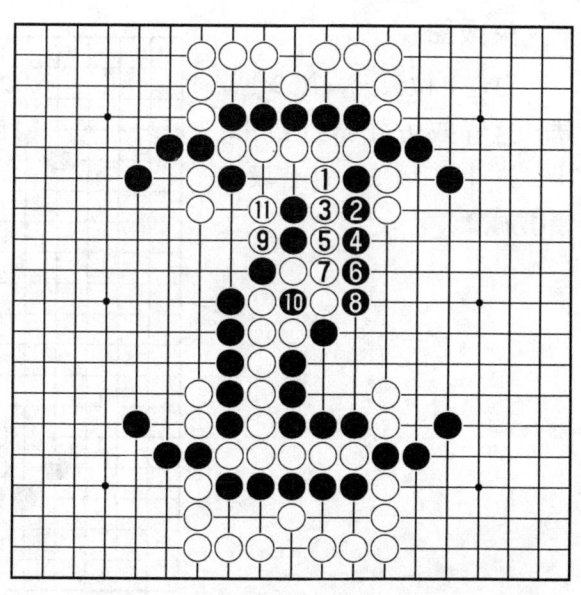

变化图 13

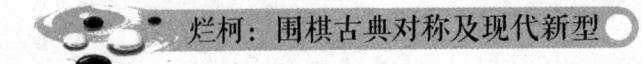

衍生第七题
古今豪杰 白先

题诗

古今豪杰辈，
谋略正类棋。
局终一大笑，
惊起白云飞。

这是两个"海底取名珠"沉底的传奇故事，有意思的是，白方先行，仍可逃出。

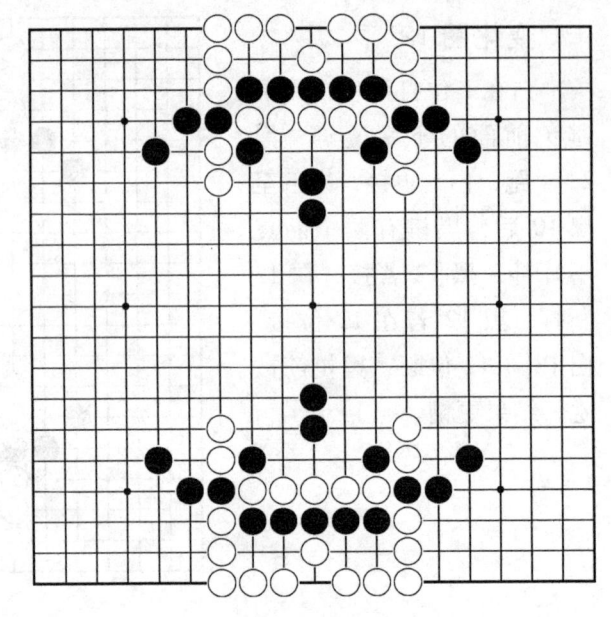

衍生第七题

失败图

白走1位天元，黑2也错，这样双方在错进错出中，产生了白23的手段，黑棋崩溃。

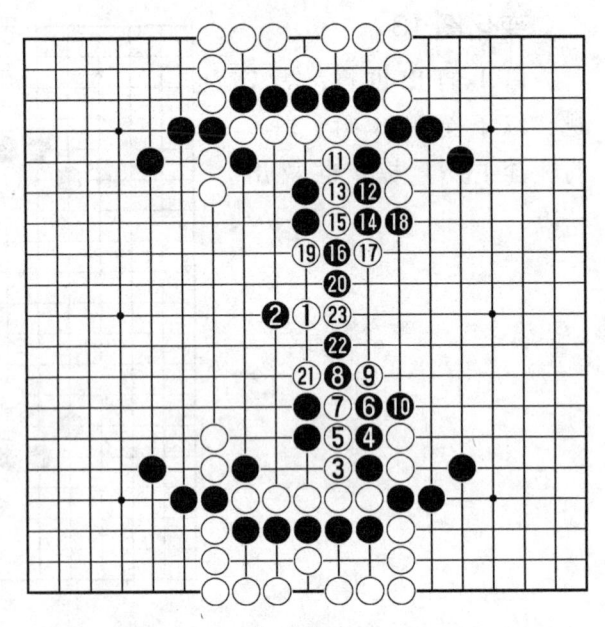

失败图

变化图 1

当白 1 天元时，黑 2 直接紧气是简明的好手，当白 23 冲，黑 24 拐，只处理一边，因白 27 打，黑 28 提，大道至简，举重若轻。黑 10 改在 28 位提更简明，打碎了白一切幻想。

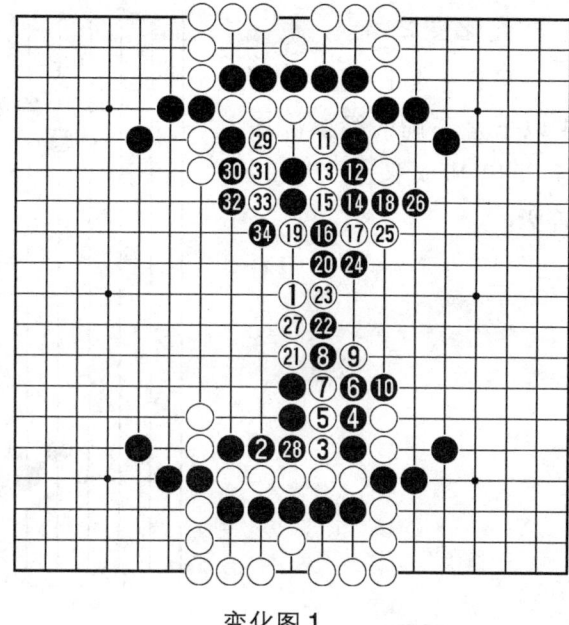

变化图 1

正解图

白 1 直接行动是正解，白棋不给黑棋喘息的机会，着着逼黑棋应战，然后白 21 挖，锐利无比，黑 A、B 两个弱点就都暴露了。

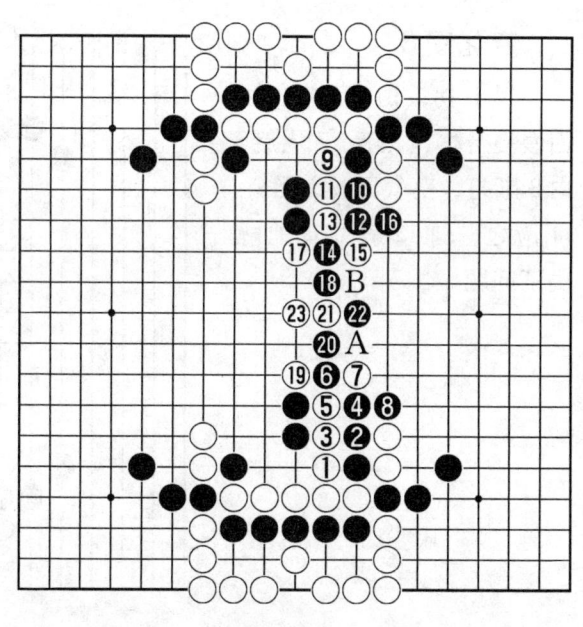

正解图

变化图2

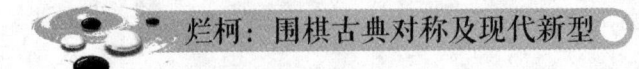

黑只能走1位逃生，白4以下是正确的行棋次序，至白12形成双打，黑叫苦连天。

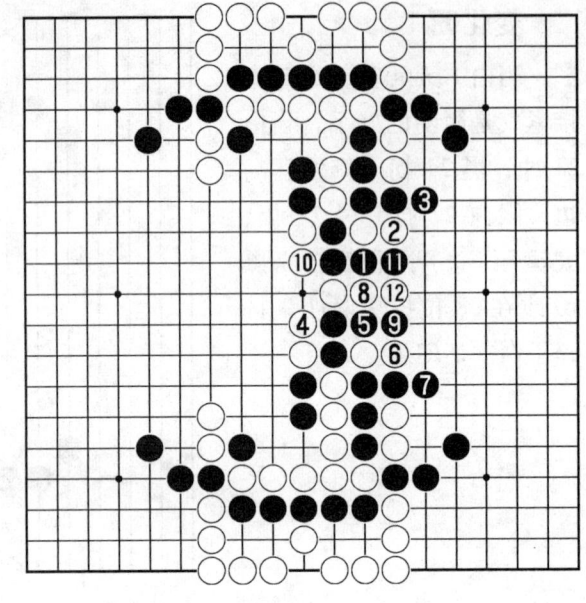

变化图2

变化图3

黑1拐，白2、4在后面慢慢行棋，黑5、7周旋，白8断打，荡气回肠，黑9、11应之，白12就简单地解决了问题。

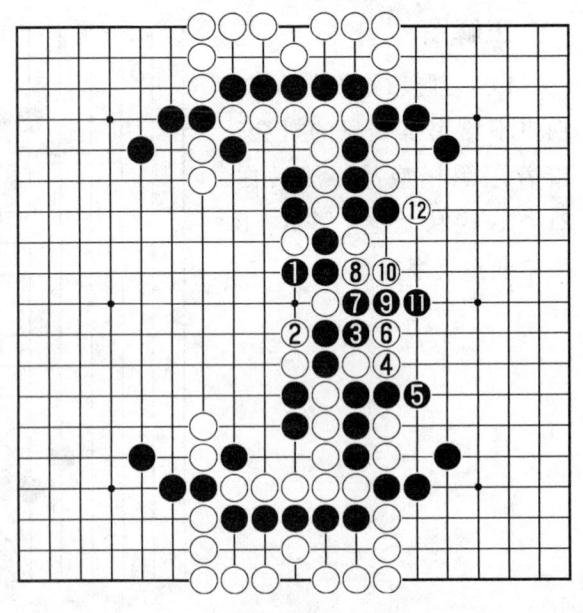

变化图3

变化图 4

黑改在 1 位打，更加不好。

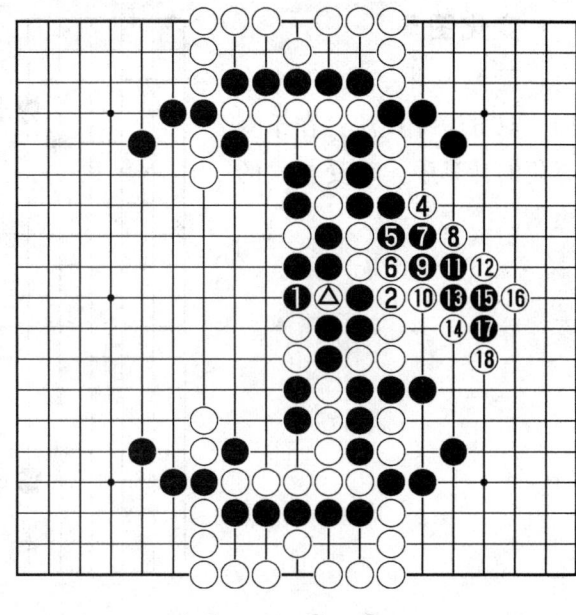

变化图 4　❸=△

研究余味

假设黑△长，右边无棋，研究左边余味，白在 1 位打，黑 2 当然长，但黑 4 越下越愉快，至白 13 就出事了，余味变成现实，果真如此吗？

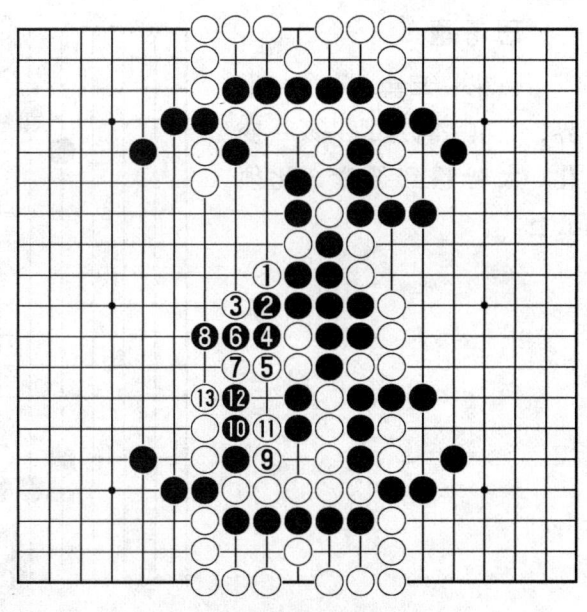

研究余味

变化图 5

至黑 9 断,白又被吃回。双方演绎兵法,在千变万化的计算中,享受艺术的熏陶。

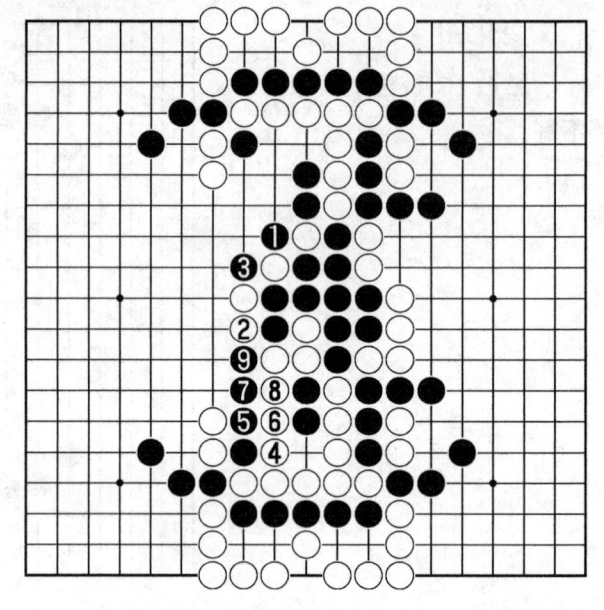

变化图 5

思考题

一花一天堂,一沙一世界,一棋一哲理,一人一变化。大智慧到彼岸,此须心行。

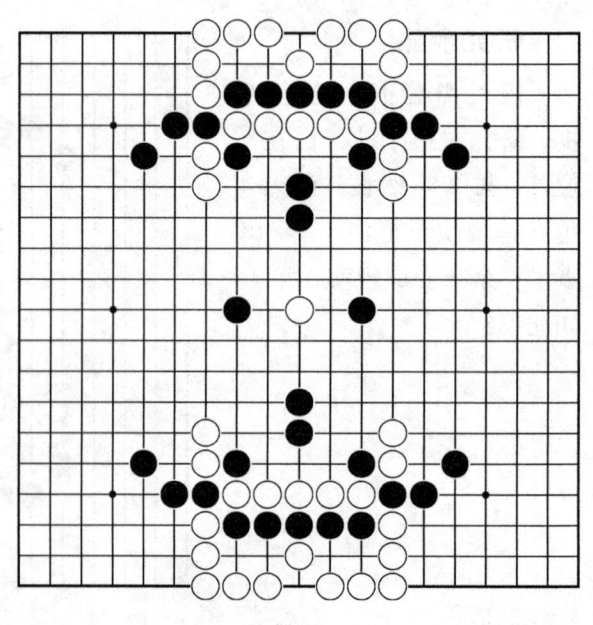

思考题

感悟

　　牛顿看到苹果落地，发现了万有引力，阿基米德在洗澡时发现浮力定律，我在研究对称棋中，也发现了前人没有发现的东西。"海底取名珠"在《玄玄棋经》中刊出，已有600余年，为什么从古至今没有人研究出这些有趣的变化呢？关键是没有构思对称棋型，其实这些变化不是很复杂，一般的研究就可以找到结果。

　　围棋讲求宁静与淡泊，它象征着中国文化的博大精深，所以说，研究围棋古题就是我们与古代圣贤对话、手谈，每个人都可以深切地感受到这是一种熏陶，一种理性的培养过程，让浮躁的心渐渐沉静下来，最终归于一种深沉的质朴，那些围棋大师的奇思妙想，相信也可以使你感受一种庄严的、智慧的火花，这就是围棋的魅力。

　　孤灯残影，寂寥无声，棋盘上充满哲学，在伤痕累累之中忍耐，在花草无涯的旷野中执着地求道，寻寻觅觅，可能收获的仍是失败、残缺、孤独。然而，探寻艺术之美是自由的、快乐的，也是感伤的、悲壮的，如花，如大海的落日，它是一种不同风格的美，只有懂得的人才有此感受。

　　围棋经过了技术、文化、电脑的开发后，对称棋是围棋最后一道亮相的风景线，研究它更能感受围棋的玄妙、神秘，体验黑白真谛，探索阴阳平衡，在方寸时空间轮回。

见此图标 微信扫码
发现方寸棋盘里的古今风华

题诗

置君愚宁子，
议乐哂温公。
谁谓商山老，
飘然到橘中。

第8题　白先

提示：白棋"愚宁子"，如果双向逃出，可能冤家路窄，怎样引征？不是所有中心点都行，"橘中乐"在哪里？

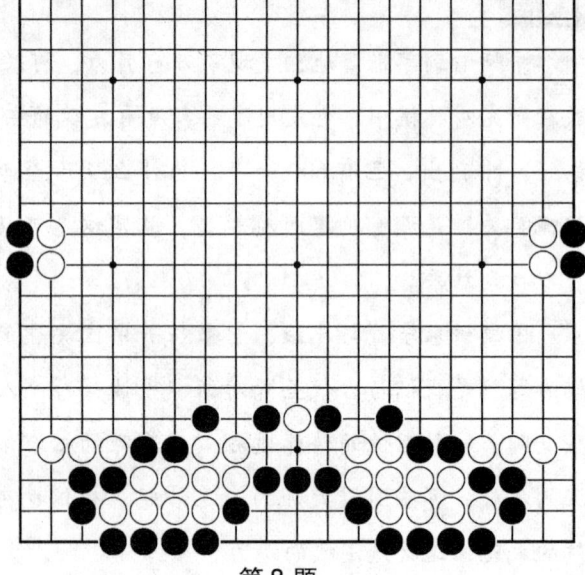

第8题

第三题　千层宝塔势　白先

本题选自元代古谱《玄玄棋经》，攻杀从左下角开始，后波及右上再转回左下，波澜壮阔，解毕的棋形似千层宝塔，故名。下边攻杀是古今著名的手筋。以此为契机，研究各种征子问题。

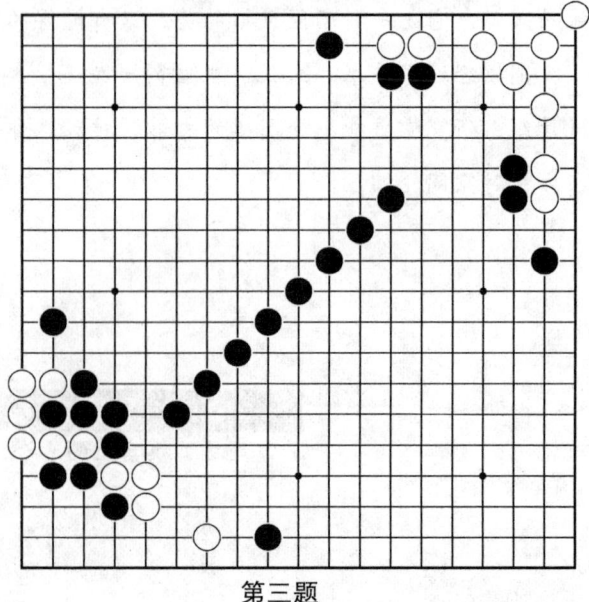

第三题

正解图

白1夹手筋，黑2粘必然，白3扳，白5夹又是连贯的紧气好手，白11一路尖刺绝妙，黑14逃出后，白17一路追杀，至黑56接上引征之后，白57、67两次改变征子方向，至白105，黑穷途末路，只能坐以待毙。

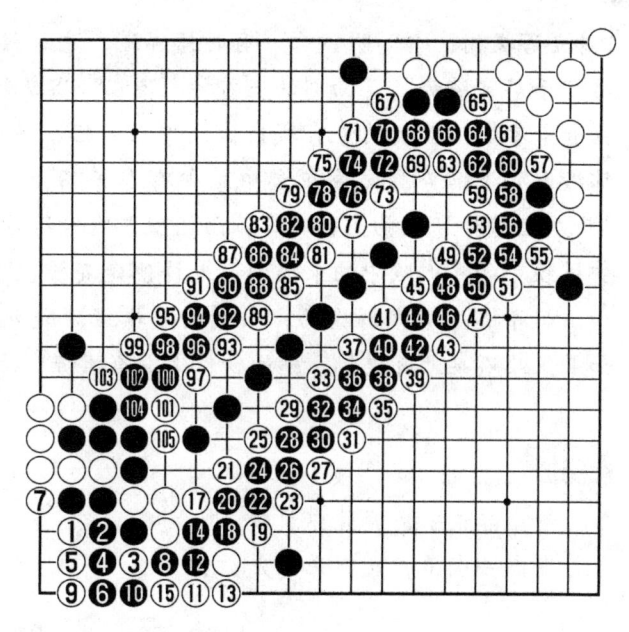

正确图　⑯＝③

典故

陕西省扶风县的法门寺，素有"关中塔庙始祖"之称，初建于东汉时期，距今已有1700多年的历史。宋时徽宗赵佶御赐诗寺手书"皇帝佛国"的匾额，昭示着法门寺的与众不同。法门寺的闻名，在于寺内有座藏有佛祖释迦牟尼佛舍利的"真身宝塔"。据佛典上称，释迦牟尼涅槃后200多年（约公元前272—226年），笃信佛法的古天竺国王将佛骨舍利分为84000份，分葬于天下各国。法门寺塔为中国19座佛骨舍利塔中的第五座，极为有名。

唐时的法门寺塔为四层木塔。明朝穆宗隆庆二年（1568年），陕西省的西安、凤翔等府县发生地震，余波传到扶风县，经历了700多年风风雨雨的木塔轰然倒塌，人们发现塔基内有一座神秘地宫，里面藏有金光耀眼的佛用法器，金匣、红色袈裟历历在目。令人称奇的是石桌上刻着"千层宝塔势"棋势，竟与出版的《玄玄棋经》中的"千层宝塔势"一模一样。地宫一直未打开，佛教著作中也未刊载棋势，不知元代的晏天章是怎么知道的，这一直是个谜，令人难以想象。

据法门寺的方丈讲，当年法门寺得佛祖舍利子时，为庆贺喜事，当时的方丈奕尚禅师令人在石桌上刻下棋势"千层宝塔势"，因他善弈创作此题。

第一章　挖掘古典对称之形

175

"身是菩提树，心如明镜台。有时悟弈道，竟如禅明意。"这是奕尚禅师在石桌"千层宝塔势"下面刻的一首诗，现在进塔就能看到，只是石桌有些风化。据专家考证，古代棋势有藏在古画中的习俗，另外瓷器上也绘制围棋，还有锦缎上也绣棋势，收藏在盒中，少有在玉石上微雕。或许盗墓的人将载有"千层宝塔势"宝物盗出地宫，阴错阳差地传到晏天章的手上？但作者在《玄玄棋经》的序、跋中均未提到，或许他是花重金收买的，不然解释不通，因为法门寺塔是明代倒塌的，而《玄玄棋经》是元代末年刻印的，时间不对，如果仅此石桌上有棋势，别的物件上没有棋势，他是怎样知晓此题的？

题诗

眉山非快手，弈胜亦欣然。
变态一翻覆，几微系后先。

第9题　白先

提示：白先行，正确击之，简单；若放弃要点，自己反遭不测，两边黑白依然双活。

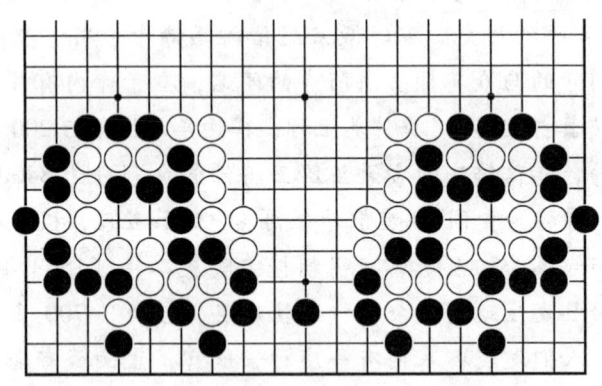

第9题

创作

衍生第一题
神机未识　黑先

题诗

　　围棋白日静，
　　举袖清风吹。
　　神机众未识，
　　妙著时出奇。

　　这是由"千层宝塔势"改编，左下角改为对称，错综复杂，右上角保持原题风貌，全题以对角线而对称。黑有两处被征，全局有多少个有效引征点？

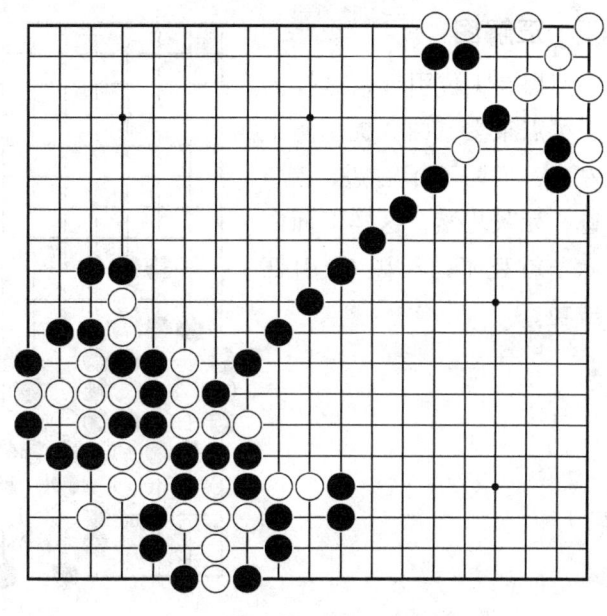

衍生第一题

论证图

　　黑1逃征子，白2打，黑3再逃，以下至白76，征子是贯通的，对角几颗黑白棋子是障眼的，中间一队黑子也帮不上忙，事情不会这么简单——

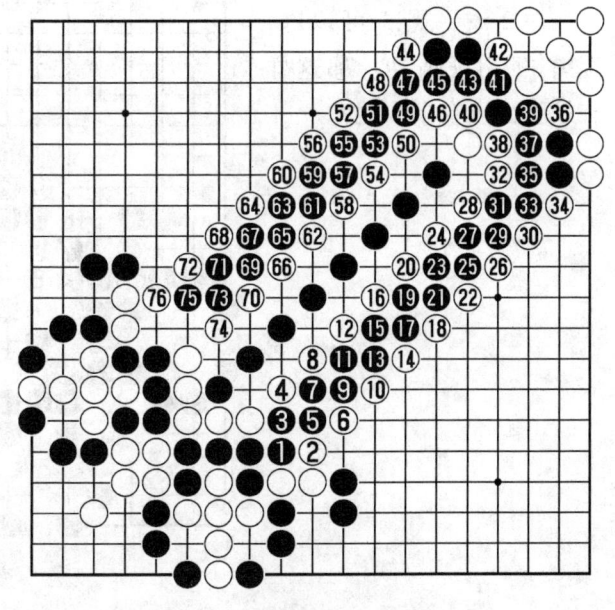

论证图

第一章　挖掘古典对称之形

正解图

黑在1位引征，这样的引征点很多，白2提，防了左边，但防不了右边，黑3逃，死灰复燃，这样下面白六子就死了，至黑63引征成功。

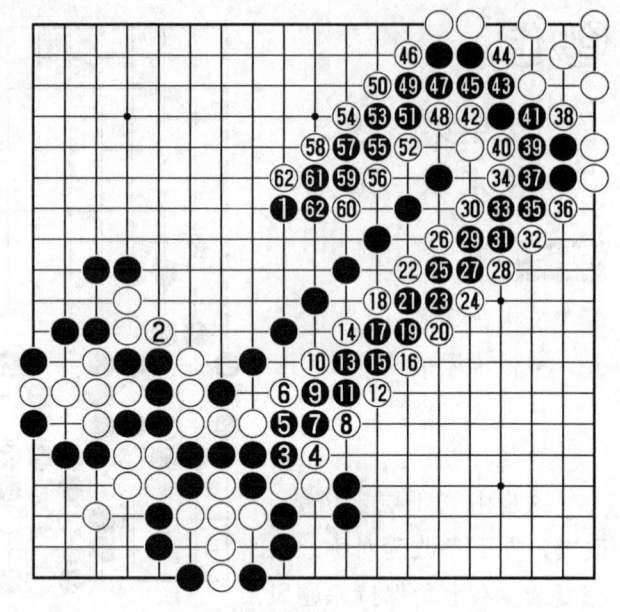

变化图2

变化图1

白2吃，黑3可以逃，至黑17引征成功。那这样有效引征点有多少呢？

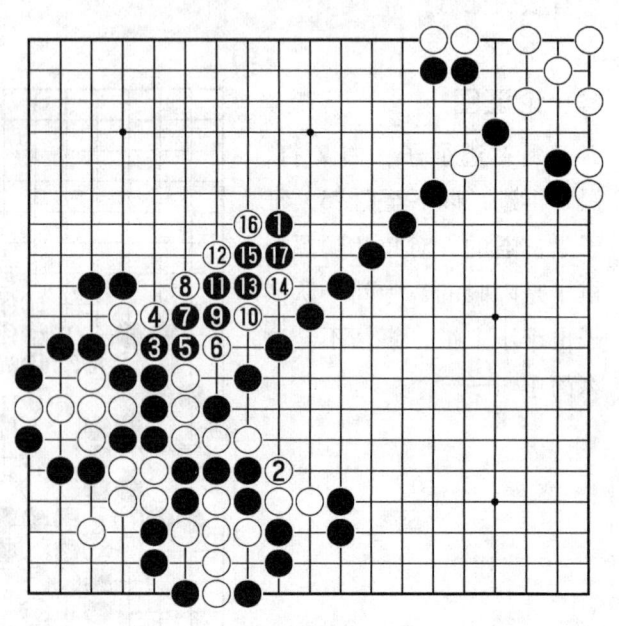

变化图3

变化图 2

黑 1 引征，白 2 打反击，黑 3 反打，反复核算，这样两边引征有效，黑子如果在 A 位引征。白 B 提，黑引征无效。本图讨论第二个问题（白从右向左征过去），黑 7 引征，白 8 误应，至黑 19 引征有效，白 8 若在 9 位夹，黑 8 长，白 12 位吃，黑引征有效，但白单在 12 应，黑引征无效。

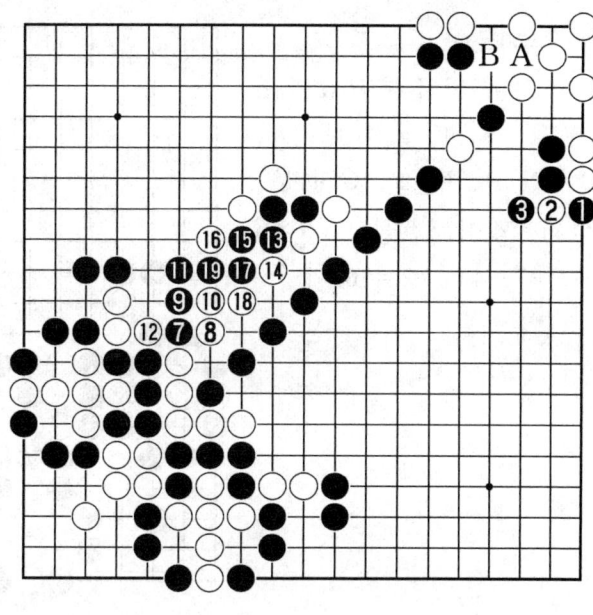

变化图 2

变化图 3

黑 1 引征，白 2 夹不好，因黑 3 是先手，白 4 提后，黑 5 可以逃生，黑 3 还可以直接在 4 位打但白 2 直接走 4 位提，仍可征杀黑 5 逃出的几子，黑 1 不是有效引征点。本图讨论第二个问题，黑 13 是不是有效引征点呢？白 14 是最强硬的手段，黑 15 长，黑两边引征有效。

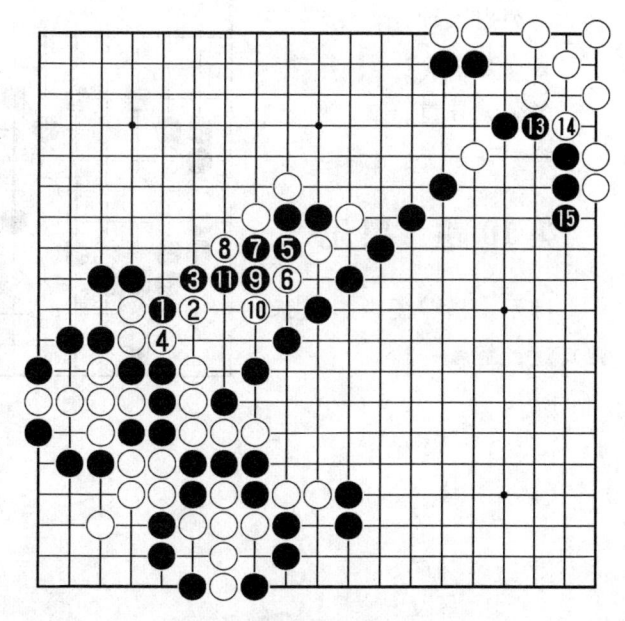

变化图 3

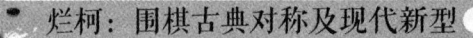

结论

a、b、d 不是有效引征点，c、e、f、g 均是，A、B、C、D、E、F、G 也是，全局有效引征点是：(6×6+5+7+4)×2=104 个。

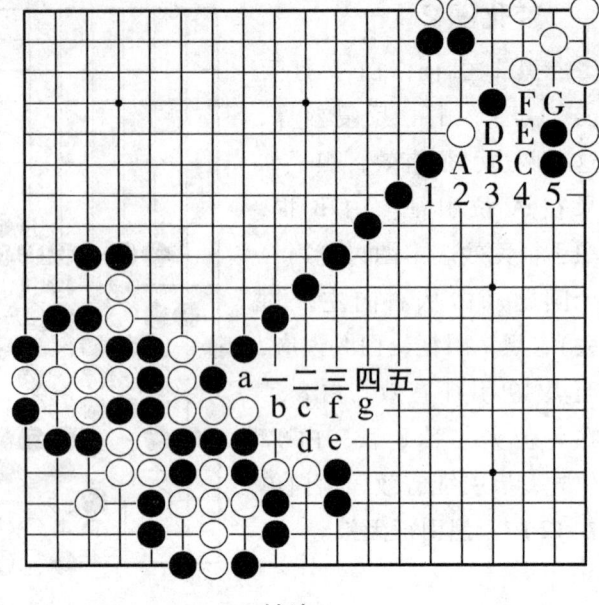

结论

题诗

陶公虑太过，
雪女慧堪怜。
张弛诚吾道，
斯文许尔贤。

第 10 题　黑先

提示：横势复杂，黑张弛有道，解救一边。

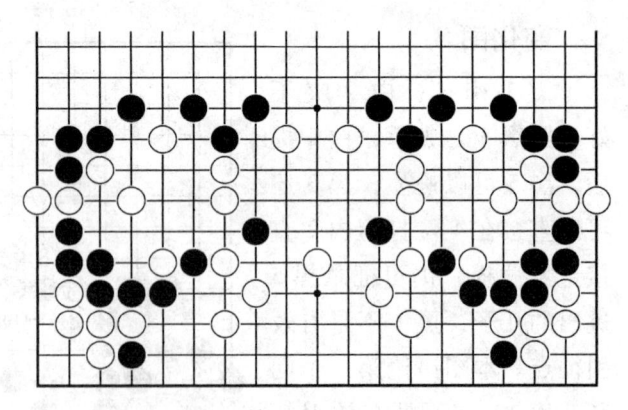

第 10 题

衍生第二题
归来笑问　黑先

题诗

偶尔观棋忽烂柯，
岂知胜负是如何。
归来笑问人间事，
恰是人间胜负多。

黑两角可以被对方征杀，有没有一子解双征的下法？

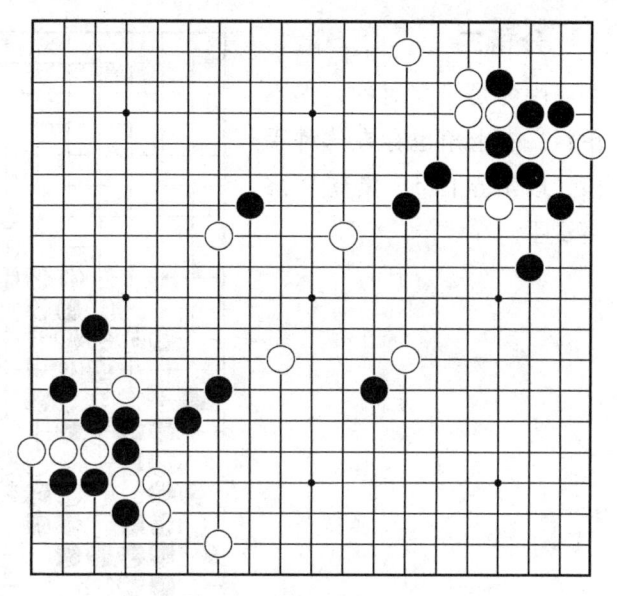

衍生第二题

分析一

只有知己知彼，才能百战百胜，要洞察对手的意图，采取相应的对策。首先看白有什么霹雳手段，白1夹，至黑10后，白11一路小尖，直刺黑的咽喉，至白53把黑棋征掉。

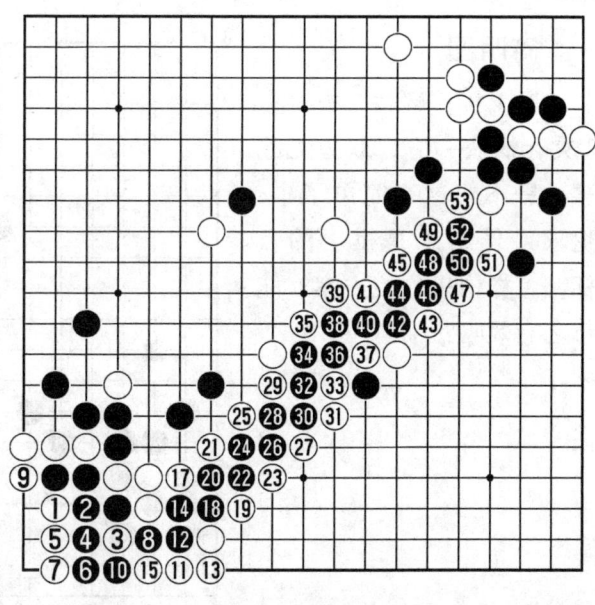

分析一　⑯=③

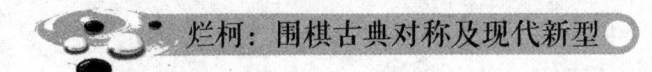

分析二

因为是研究对称，祸不单行，右上角也存在这种手段，以下至白53黑同样惨遭毒手。

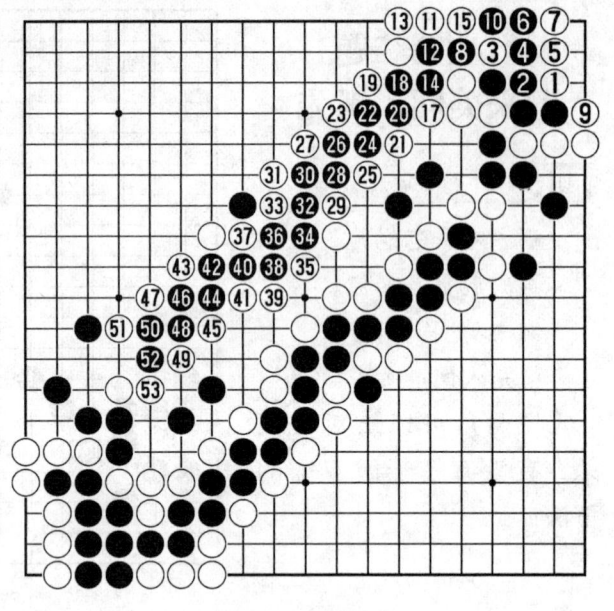

分析二　⑯=③

简明图

黑1接，解救一方，白2夹，擒获一方，双方无战事。黑不想这么简单了事，追求最佳结果是棋手的目标，怎样构思作战方案？能行之有效吗？

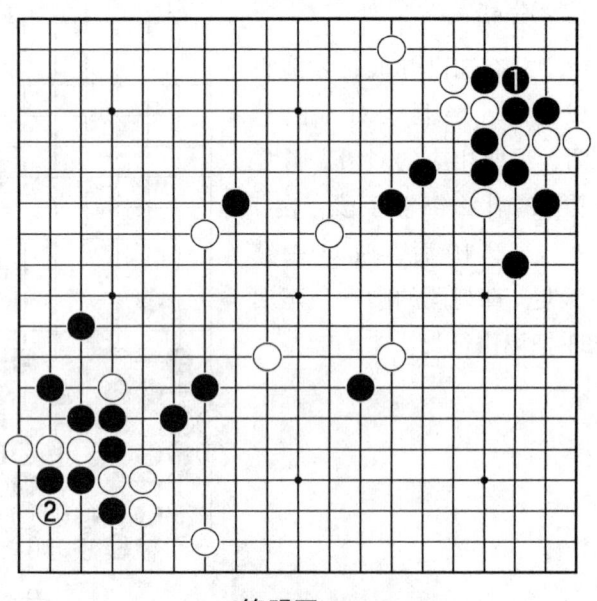

简明图

启示图

黑 1 占天元，登高望远，当两条大龙会师时，黑 1 起双打的作用，所以黑 1 是奇兵。

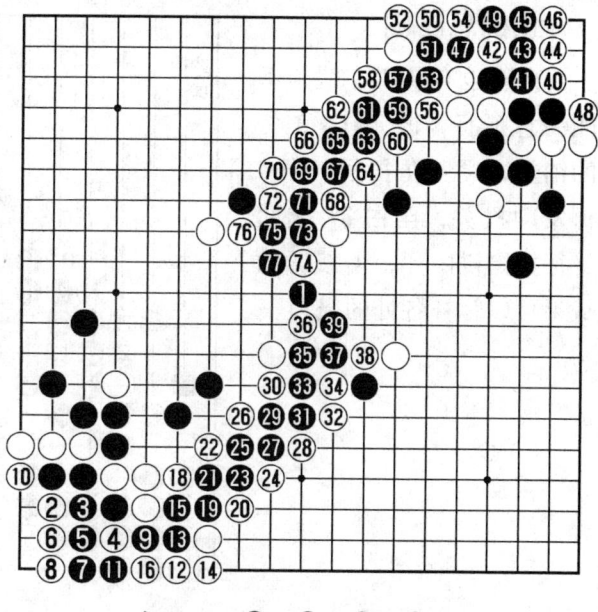

启示图 ⑰=④   55=㊷

变化图 1

这是善后处理，白 1 卡打，黑 2 提只此一手，当白 5 当头一棒时，黑 6 可以拔花解危。

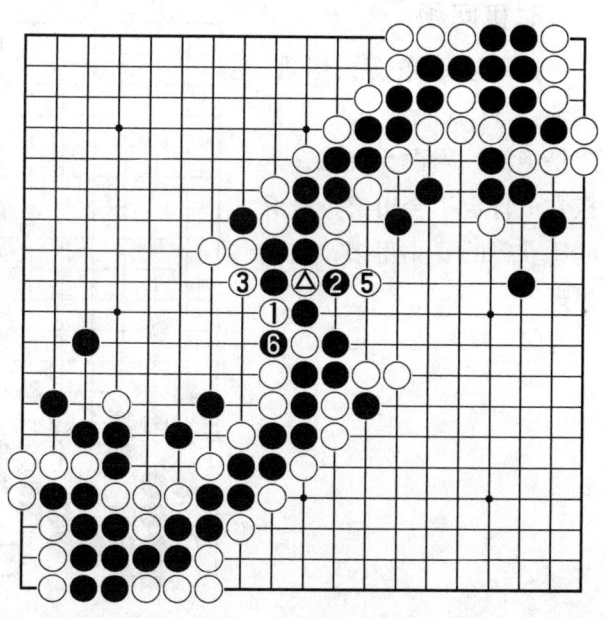

变化图 1 ❹=△

第一章 挖掘古典对称之形

183

正确思路图

白棋也有转机，就是不能一意孤行，改走1、3位的铺垫，黑4防征子，白5再发动机关，至白31成回旋征把黑棋闷死，所获得的战果可以弥补各处的损失。

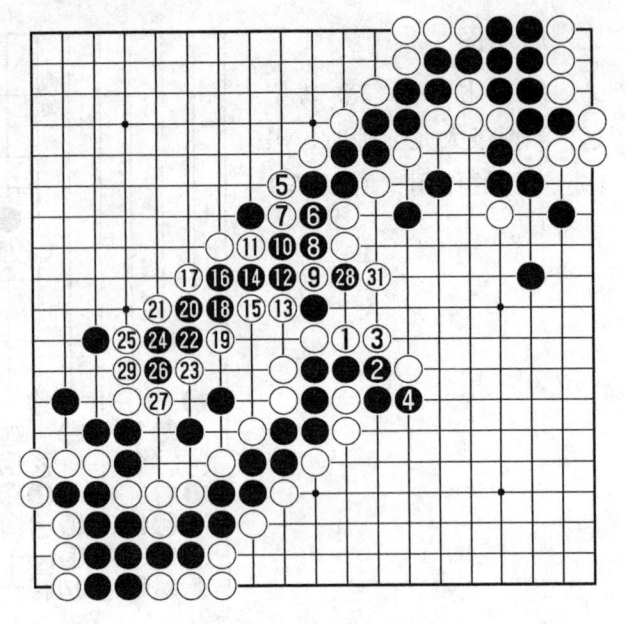

正确思路图　㉚=⑨

时机问题

如果左下角伤亡惨重，再走白1、3就晚了，黑知道是绝路，当白5夹时，黑棋右上肯定不会出逃，舍弃的比获得的要小得多，这是棋理。

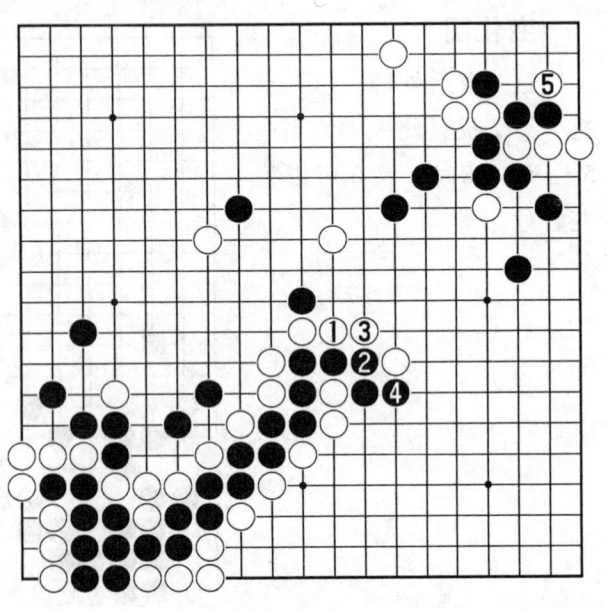

时机问题

双方正解

当黑1占天元两处引征时，白2夹，黑3接，白4再夹，使两处黑棋走重。如果黑3在5位接，白就在3位补一刀，双方和平解决，都没有惨重伤亡。

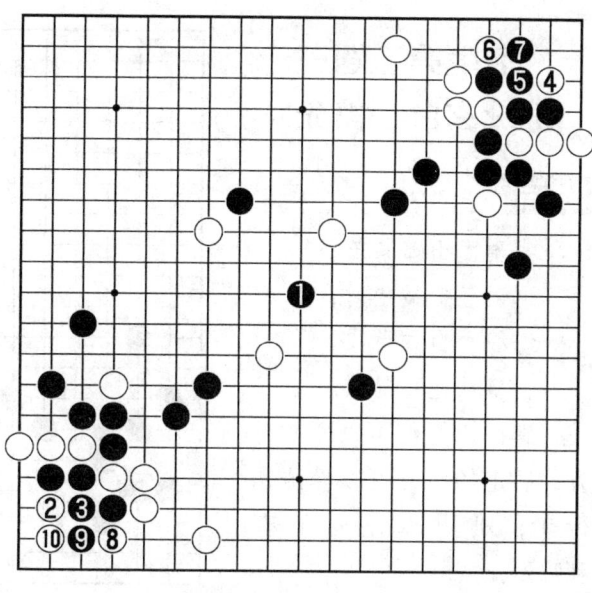

双方正解

题诗

不作丹朱戏，
难禁清昼长。
敢言白玉局，
聊取紫罗囊。

第11题　白先

提示：黑棋形有严重缺陷，白在行动前，要左顾右盼，最好步调一致。

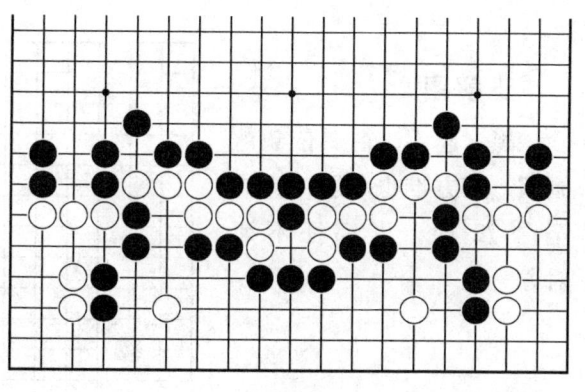

第11题

衍生第三题
纷纷玄白　黑先

题诗

我爱商山茹紫芝，
逍遥胜似橘中时，
纷纷玄白方龙战，
世事从他一局棋。

黑白双方都可以征死对方，后走的一方可以模仿先行者，难道真是先下有利吗？

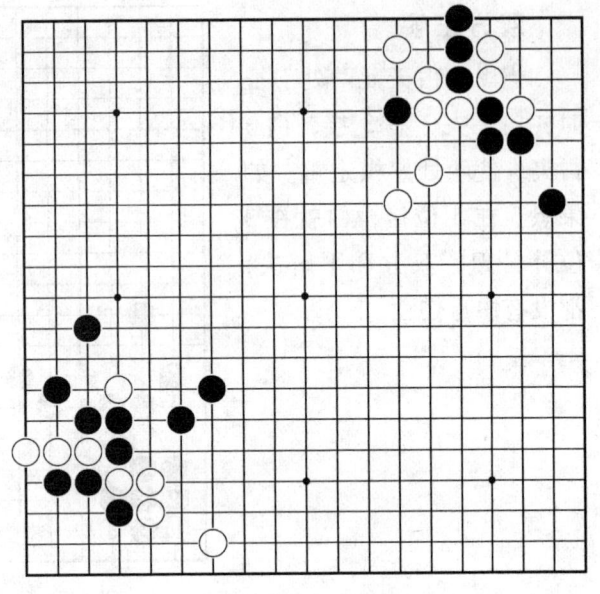

衍生第三题

正解图

黑1起手，白2依葫芦画瓢，双方谁也不服，交战至白72时，谁都征不死对方。

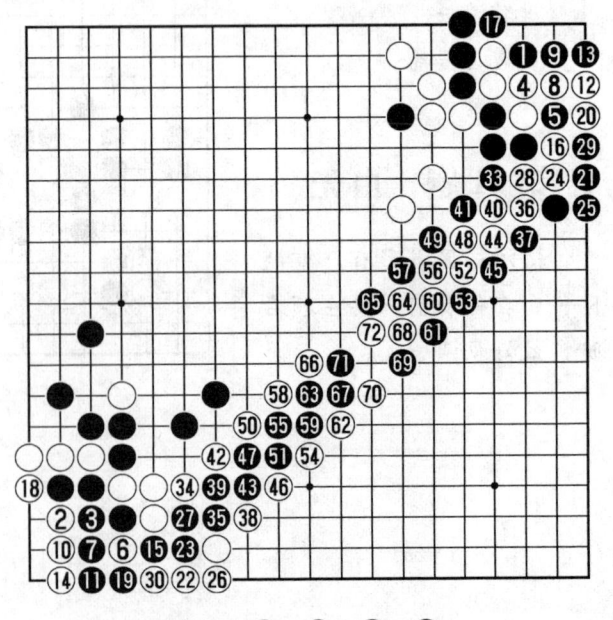

正确图　㉛ = ⑥　㉜ = ⑤

衍生第四题　此乐商山　白先

题诗

客迷柯下路，
人在橘中家。
此乐商山似，
休争着数差。

左右同形，白两角的棋子，可以一起逃吗？

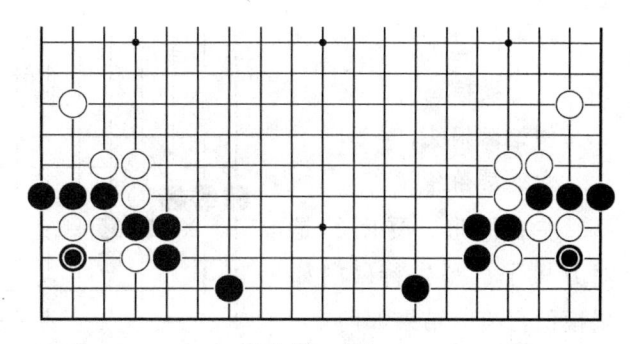

衍生第四题

失败图

白1和白17如果都逃出来，双方变化至黑56，白全军覆没。

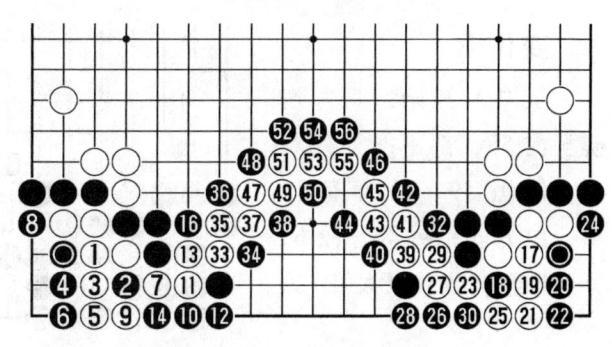

失败图　⑮=❷　㉛=⑱

正解图

白1此时引征还不晚，左右逢源，黑2吃住左边，白3、5逃出，右边黑棋也就阵亡了。

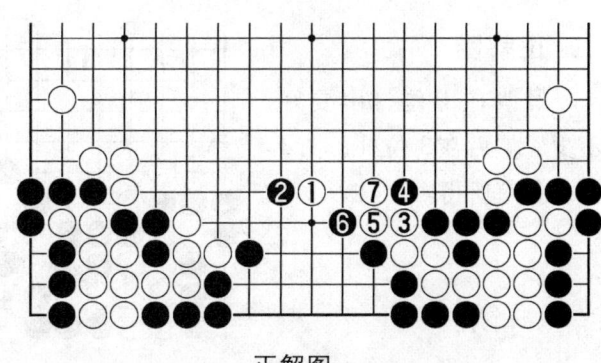

正解图

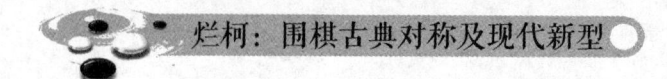

衍生第五题　高处惊鸦　黑先

题诗

静中时落子,
高处欲惊鸦,
枸杞篱根吠,
棠梨屋角斜。

左右同形,受困的是对方棋子,黑先行,白如果模仿行棋,结果如何?

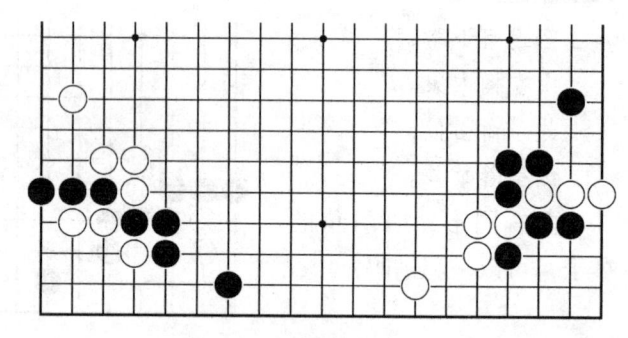

衍生第五题

变化图

从黑 1 开始,双方切磋至白 58,都不能征死对方,但黑 59、61 草率行事,白方收拾残局,白 64 斧底抽薪,收获极大。

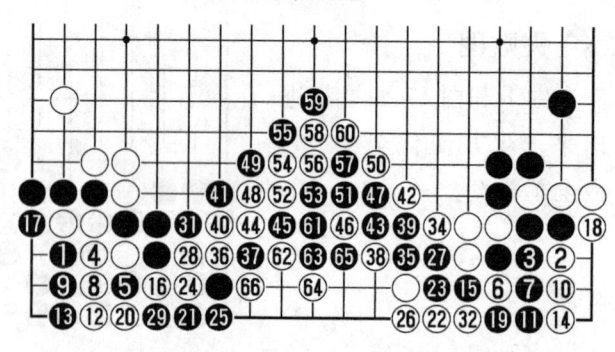

变化图　㉙=⑥　㉚=❺

正解图

黑改在 1 位打出要好不少,然后在 3 位补,白 4 吃,各有所得。

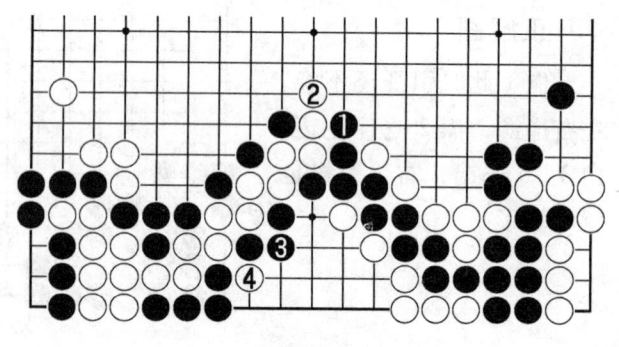

正解图

衍生第六题
唐明皇游月宫　白先

题诗

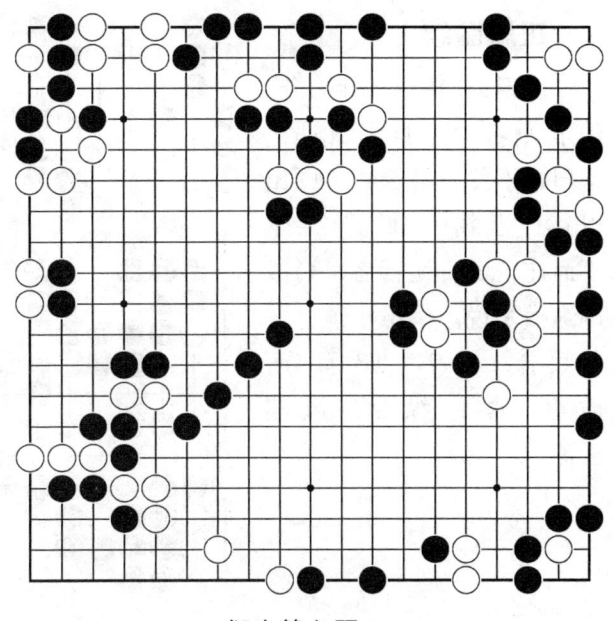

　　这是一道趣题，原载于《玄玄棋经》，古人精心制作，从左下角的对杀收气开始，布满全局的棋子虽不成形，但都是有意识地摆出来配合征子，因为是周游全局的盘旋征，在棋枰上要转好几圈，由于左下角的棋形与"千层宝塔势"塔基相同，故收录之。

衍生第六题

正解图

　　白1图谋已久，白9可以反打。棋经曰：行远而正者吉，机浅而诈者凶。能畏敌者强，谓人莫己若者亡。意旁通者高，心执一者卑。

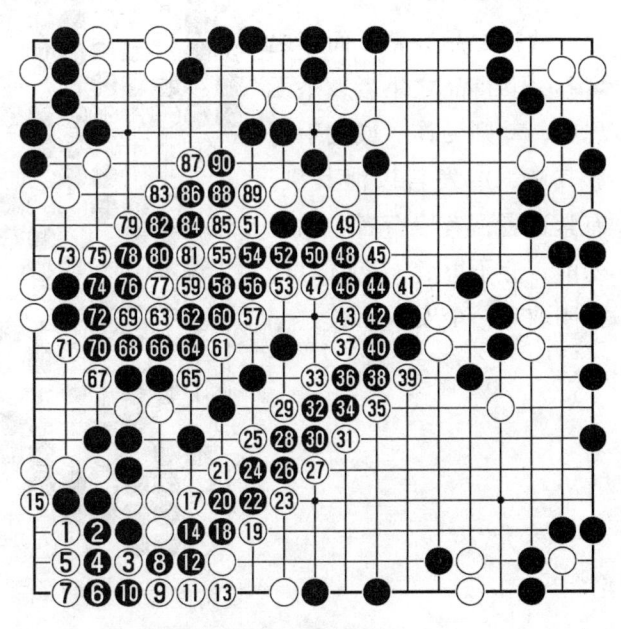

正解图　⑯＝③

正解图续 1

或曰："棋以变诈为务，劫杀为名，岂非诡道耶？"予曰，不然。易云："师出以律，否藏'凶'。"兵本不尚诈，谋言诡行者，乃战国纵横之说。棋虽小道，实与兵合。白91、93藏诈，诡也，黑白纵横，风起云涌。

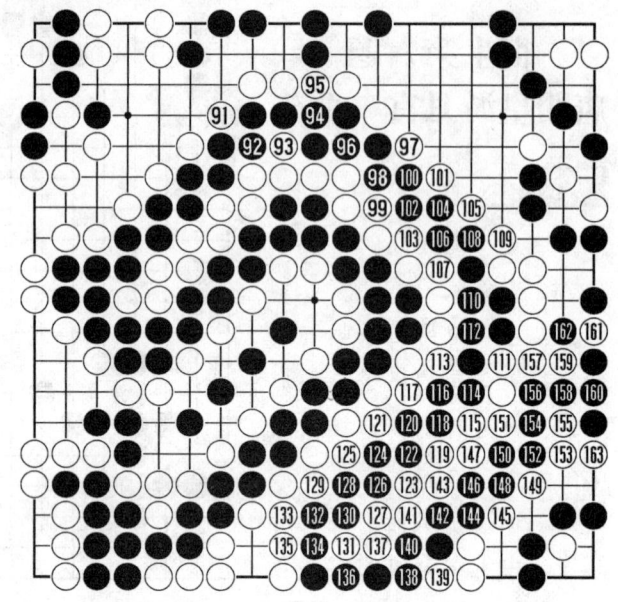

正解图读 1

正解图续 2

故棋之品甚繁，而弈之者不一。得品之下者，举无思虑，动则变诈。或用手以影其势，或发言以泄其机。有紧逼者，有慢行者。粘子勿前，弃子思后，至白211，抱团取暖，全安乐死。

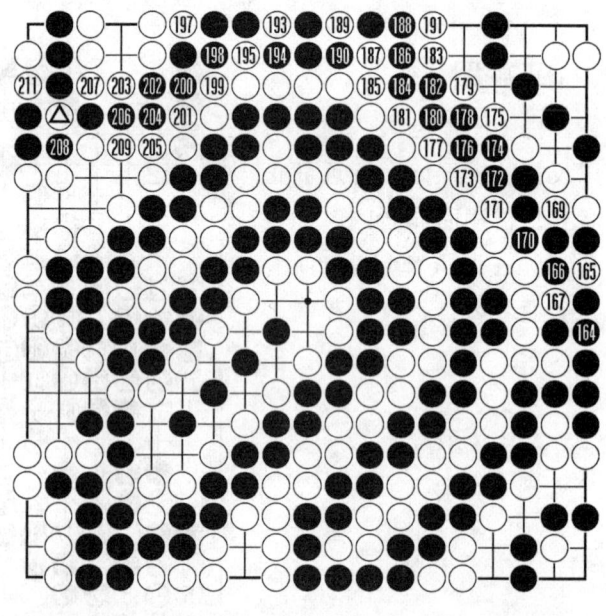

正解图读 2　168＝165　192＝189　196＝193　210＝△

感悟

胡仔《苕溪渔隐丛话》记载了这样一则故事，僧法远住浮山。欧阳修听说法远奇逸，便前去造访，他发现法远并没有特异常之处。后来欧阳修与客人下棋，法远坐在旁边，欧阳修便趁收拾棋子之时，请法远因棋说法。

法远即令挝鼓升座，说："若说此事，如两家着棋相似。何谓也？敌手知音，当机不让。若是缀五饶三，又通一路，始得有一般底。只解闭门做活，不能夺角冲关，硬节与虎口齐张，局破后徒劳绰斡。所以道：肥边易得，瘦腹难求。思行则往往失粘，心粗则时时头撞。休夸国手，谩说神仙。赢局输筹既不同，且道黑白未分时，一着落在什么处？"良久曰："从来十九路，迷悟多少人？"

欧阳修惊叹不已，从容对同僚说："修初疑禅语为虚诞，今日见此老机缘，所得所造，非悟明心地，安能有此妙旨哉！"禅宗认为，禅无处不在，随处可参。行走可参禅，下围棋自然亦可参禅，棋理如禅理，参透十九路也就参透了禅。所以徐照《赠从善上人》一诗说："诗因缘解堪呈佛，棋与禅通可悟人。"这种以道悟棋、以棋悟禅的观点，给后世文人士大夫弈棋增添了一种玄奥空灵的理性色彩。法门寺的方丈奕尚禅师是得道高僧，故在放佛祖舍利子的地宫石桌上刻下棋势，以明后人。

棋与禅、棋与道已融为一体，而悟道参禅可洞明棋趣棋理，下棋又犹如参禅悟道。至于张乔《咏棋子赠弈僧》中"黑白谁能用入玄，千回生死体方圆。空门说得恒沙劫，应笑终年为一先。"则完全是佛家棋偈，因缘参悟，方能开窍。

围棋讲究高雅超逸，追求物我两忘的精神境界，这和佛教、道教所主张的超尘出世，在某种程度上正相契合，因此，魏晋南北朝以来，围棋就和释道参禅结下了不解之缘。佛寺道门中不乏围棋高手，他们和文人士大夫中嗜道爱弈者的交流也常见于史端。晋朝名僧支遁既通庄老，复好围棋，形象地称对弈为"手谈"，在纹枰对坐中尽情地感受无声的内心交流，辞喻绝妙，显示了围棋在玄言清谈中的独到功用和棋艺的玄妙境界。"江东独步"的王坦之

烂柯：围棋古典对称及现代新型

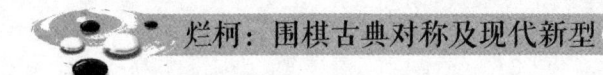

美称围棋为"坐隐"，道出了弈者追求心神超逸、超然无累的意境，均与佛道通幽。

东晋名流祖纳又称围棋为"忘忧"。祖纳，字士言，范阳道人。他的弟弟就是历史上有名的闻鸡起舞的英雄祖逖，后因北伐无援而失败。祖纳对弟弟的失败是十分痛心的，于是终日以下围棋来排解内心的痛苦，王隐劝他"惜寸阴"，他回答说："我弈忘忧耳！"宋刘仲甫撰有《忘忧集》围棋谱，宋徽宗赵佶还写了"忘忧清乐在棋枰"的诗句，都出典于此。名篇之辑，如雷贯耳。

原题

第四题　烂柯势　白先

本题选自元谱《玄玄棋经》，研究角上白棋五子的解救之法，要充分注意白五子只有三气。

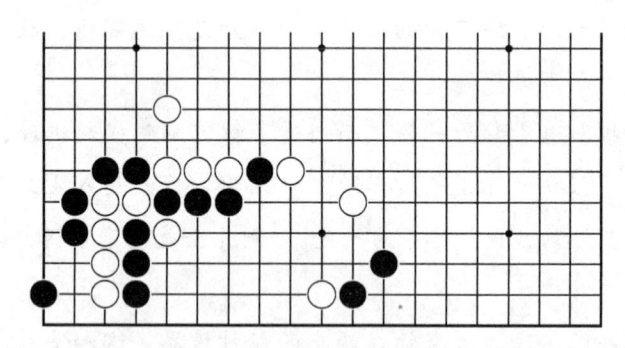

第四题

正解图

白1夹是常用手筋，黑2冲必然，白3、5滚打包收，以下至14，白已活棋是正解。棋经曰：人生而静，其情难见，感物而动，然后可辨。

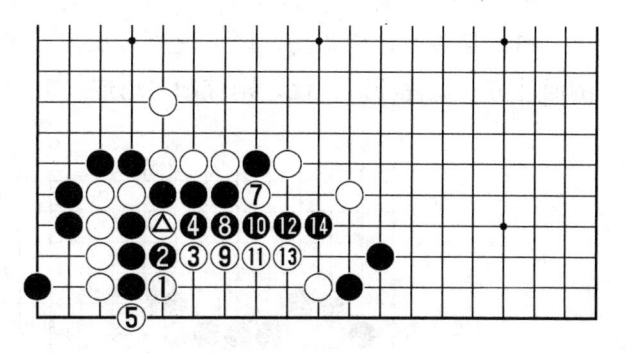

正解图　⑥＝△

变化图1

黑改在1位立下，白8虚跳好手，黑9忙于处理中间，白16兜底包打，至白22黑差一气而负。

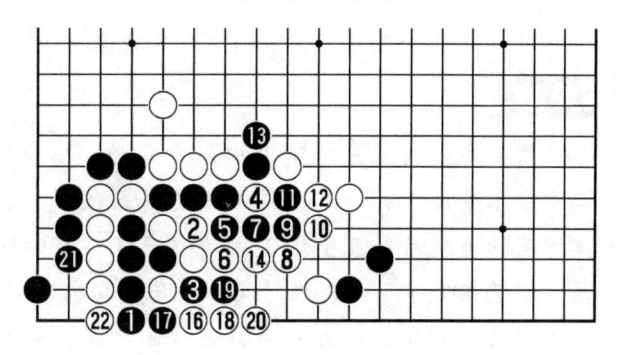

变化图1　⑮＝△

变化图2

黑改在1位提，白2挤是好手，黑3处理下边，白6以下把黑征杀。

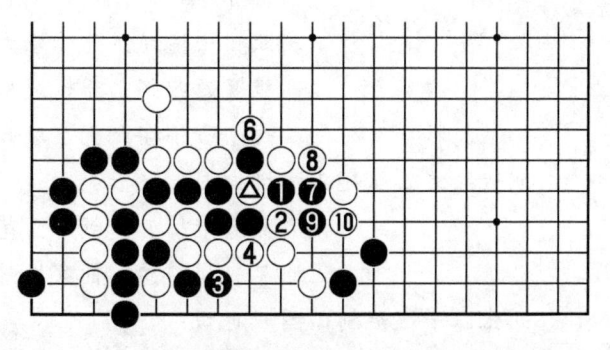

变化图2　❺＝△

烂柯：围棋古典对称及现代新型

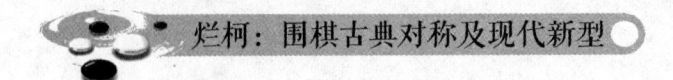

变化图3

白1是俗手，黑2拐，以下变化至黑8，白五子气短被杀，失败。"落重围而计穷，欲佻巧而行促，剧踈勒之迍邅，甚白登之困辱。"

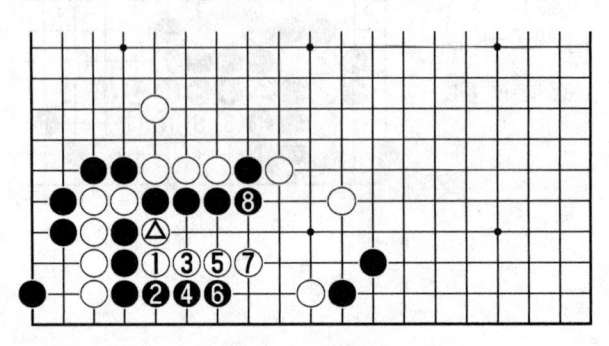

变化图3

典故

梁任昉在《述异记》中讲，晋朝时，信安郡（浙江衢州）有个石室山，山中松木繁茂。有一天，樵夫王质入山伐木，忽见两童子在对弈，王质在旁津津有味地观看。童子边下棋边吃枣子，有时顺手递一颗枣子给王质吃，王质便不觉饥饿了。一眨眼时间，一局棋尚未下完，棋童便对王质说："你怎么还不回去？看你的斧头……"王质回头摸摸斧头，木柄已烂尽。烂柯的故事是神话传说，历代诗人墨客作为赋诗作画的题材，唐代诗人孟郊的《烂柯石》诗云：

　　　　仙界一日内，人间千载穷。

　　　　双棋未遍局，万物皆为空。

　　　　樵客返归路，斧柯烂从风。

　　　　唯余石桥在，犹自凌丹虹。

明代徐文长《题王质烂柯图》诗云：

　　　　闲看数着烂樵柯，涧草山花一刹那。

　　　　五百年来棋一局，仙家岁月也无多。

明张以宁《烂柯山图》也说：

　　　　人说仙家日月迟，仙家日月转堪悲。

　　　　谁将百岁人间事，只换山中一局举。

又高启《观弈图》说：

　　　　错向山中立看棋，家人日暮待薪炊。
　　　　如何一局成千载？应是仙翁下子迟。

唐宋间好事者拟《烂柯图》棋谱一局，注云："昔王质入衢州烂柯山，采樵遇仙弈棋，乃记而传于世。"现遗存我国最古的棋谱，宋李逸民《忘忧清乐集》中辑，在日本围棋杂志上刊载，被列为中国古谱的代表作之一。

题诗

角道空传记，乘除自有方。
儿童争画纸，漫学老夫狂。

第12题　黑先

提示：黑谋生艰辛，白不学"老夫狂"，黑棋"角道空传记"。

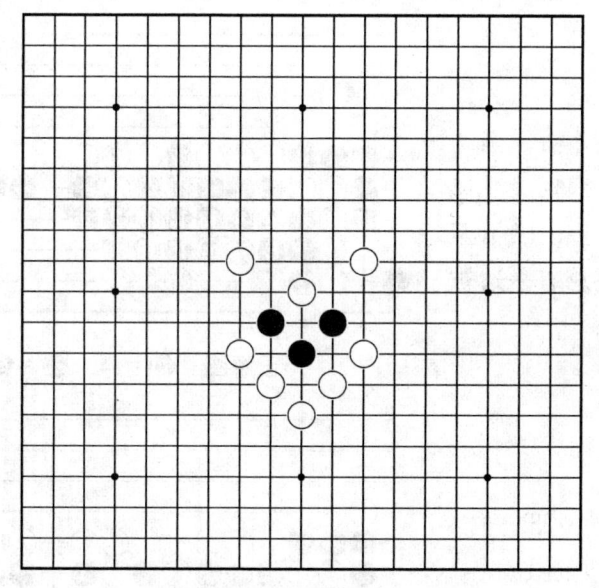

第12题

创作

衍生第一题
劝君柯烂　白先

题诗

自入山来不记时，
棋边痴坐老年衣。
劝君柯烂休归去，
归到人间世事非。

这是"烂柯势"左右对称，并加了白△和黑△数子，白先，怎样寻找回家的路？二路的白一子就是樵夫王质。

衍生第一题

正解图

白1、3挖粘，黑4接，补一边毛病时，白5夹还来得及动手，以下至白21寻劫，黑总有一边被吃，极其残酷。

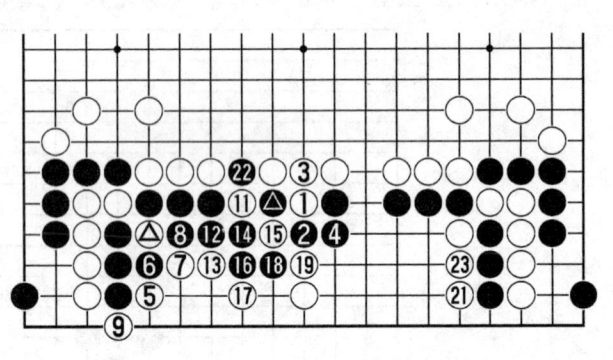

正解图　⑩=△　⑳=△

变化图1

黑改为1位立下，白4刺更厉害，黑棋筋被吃。

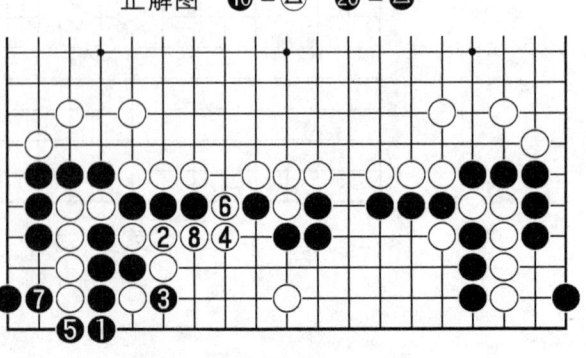

变化图1

196

变化图2

白不能走1位冲，这里有陷阱，是回不了家的，变化至黑8止，对杀白差一气。

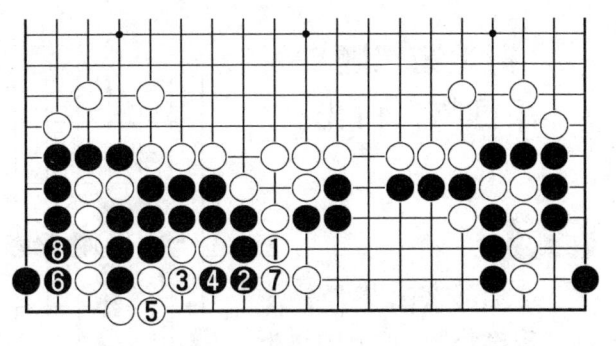

变化图2

变化图3

白改在1位接，黑2空立好手，至黑8，白仍不行。

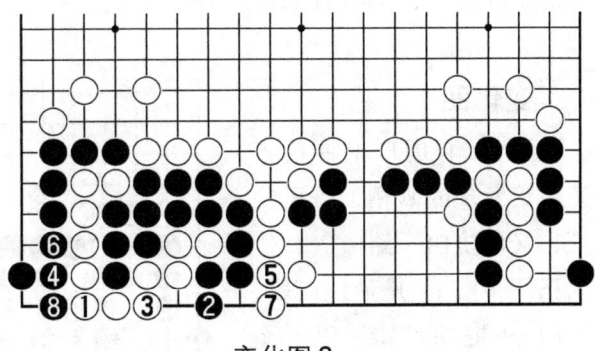

变化图3

题诗

只园三日雨，
碧涧一枰秋。
试问酒中趣，
何如林下幽。

第13题　白先

提示：白围困黑棋的包围网薄弱，怎样走一手兼顾左右两边，不让黑有机可乘？

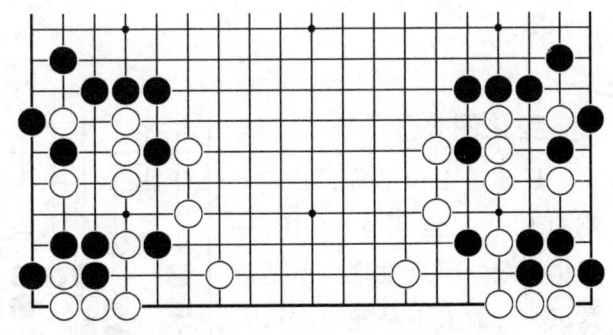

第13题

衍生第二题
采樵势　白先

题诗

这是《玄玄棋经》中的"采樵势"，角上的棋形与"烂柯势"相同，外围的情况有所不同，是同一棋势的不同创作，黑棋有绝妙的手段与白抗衡。

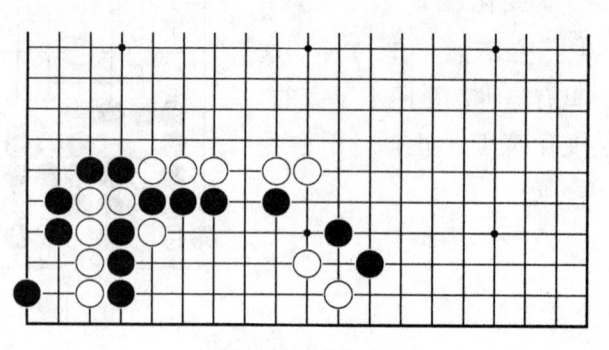

衍生第二题

变化图1

黑14卡是日本古代棋圣道策发现的妙招，既可防征，又可防白一路收气，作为正解，白17是最佳应手，但白19提劫是错，以下至白37提劫后，黑38可以在12提劫抵抗，对此，白无法招架。

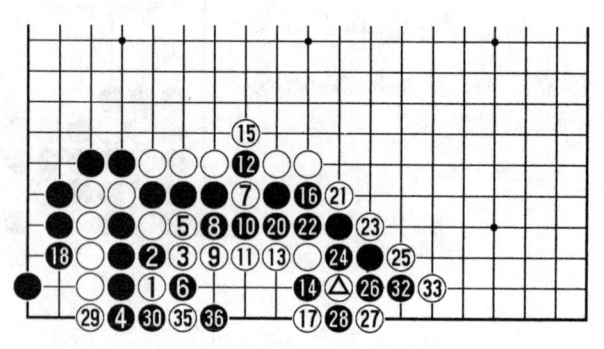

变化图1　⑲=⑦　㉛㊲=△　㉞=㉘　㊳=⑫

变化图2

黑改走1位防守，白2翻打厉害，以下至白10，黑棋失败。研究发现，A是盲点，一般人不易发现，只有棋艺高超的人才能发现此间的秘密。

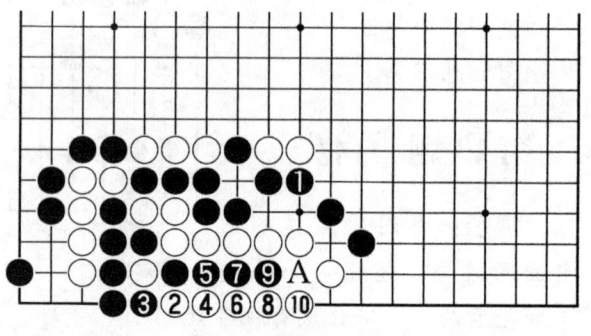

变化图2

198

变化图 3

黑 1 单纯地在下面防一手，白 2 简单一打，至白 10 就把黑征死了，这种平庸的着法根本改变不了此际危险的局势。

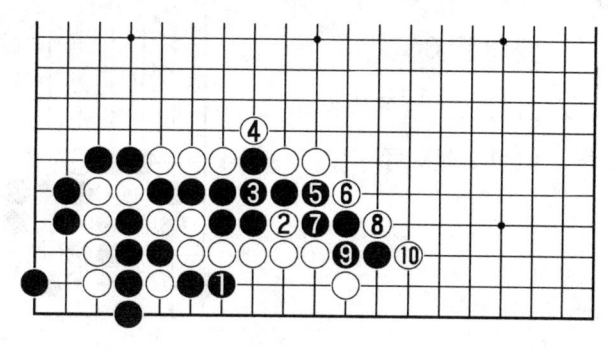

变化图 3

变化图 4

白 1 兜吃失效，以下至黑 8，可以看出黑▲在绝佳的位置上，发挥奇妙的作用，围棋十诀中有"动须相应"，可能就是指这类棋吧。

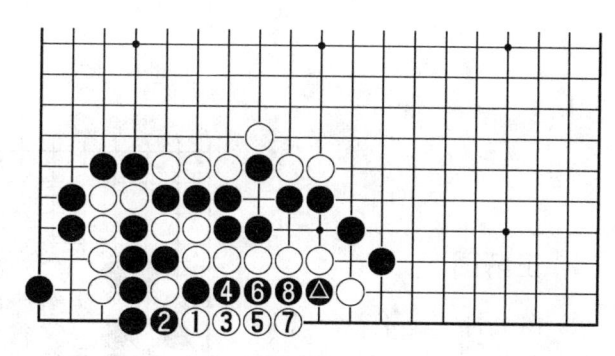

变化图 4

变化图 5

白 1 跳是常用手段，对此，当白 9 接时，黑弃掉五子，转于 10、12 位取白五子是关键之着，在转换的过程中，黑达到目的。

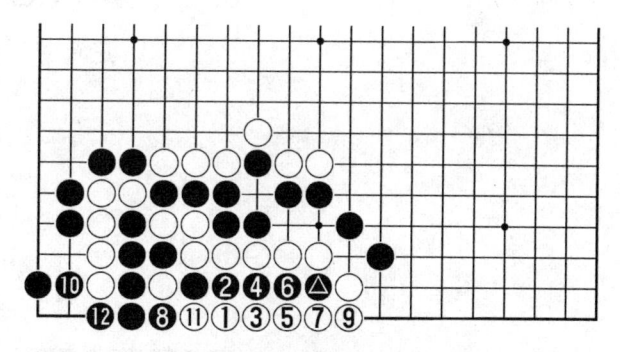

变化图 5

变化图 6

白 1 立，想解决两边之忧，但黑 2 是鬼手。

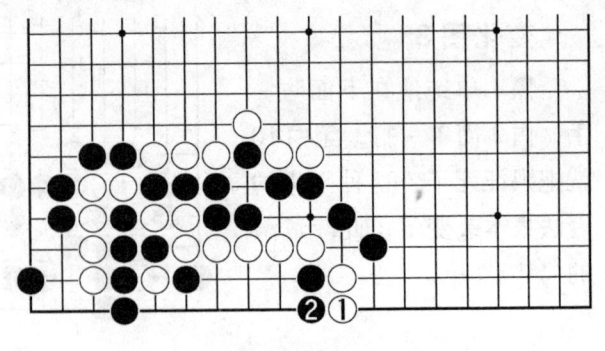

变化图 6

正解图

白 1 打才是正着，以下至白 19 提是先手劫，黑没有周旋的地方。

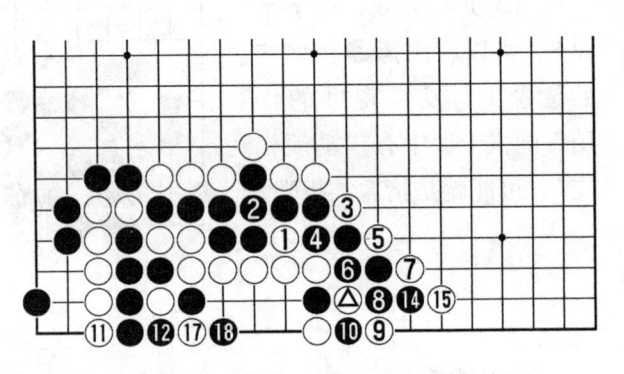

正解图　⑬⑲ = △　⑯ = ❿

发现方寸棋盘里的古今风华

题诗

从他著虎口，
寻我镇神头。
惟悟争先法，
当机与手谋。

第14题 黑先

提示：黑中腹绝望，怎样"惟悟争先法"，金蝉脱壳？

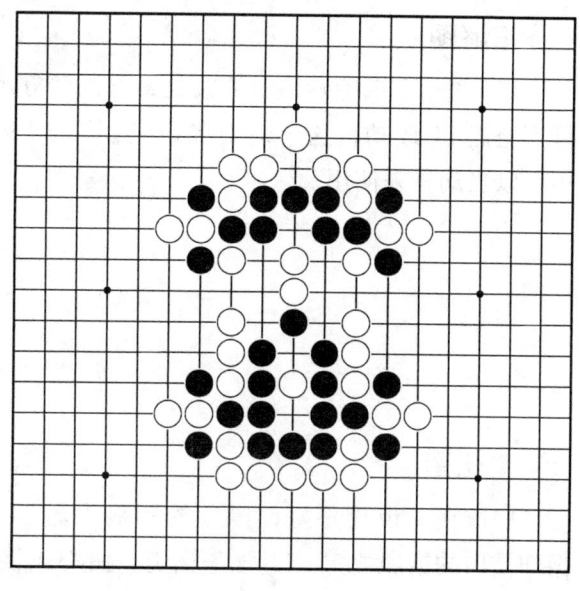

第14题

原题

第五题 道士炼丹 黑先

本题选自《玄玄棋经》的"入妙势"，我觉得把它改成"道士炼丹"更贴切。黑出不去，也做不活，极为困苦，怎样在角上谋得一线生机？

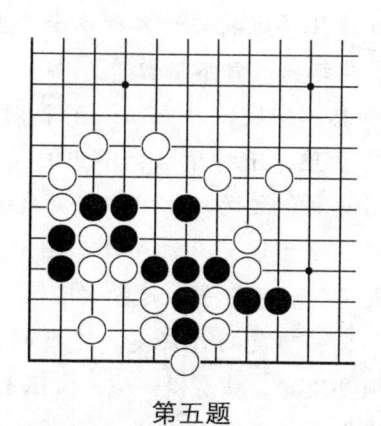

第五题

第一章 挖掘古典对称之形

正解图

黑1托、3扳绝妙，白4接是最好的防守，以下至黑11成劫，这个劫对黑有利，黑7、9还可以当劫材来使用。

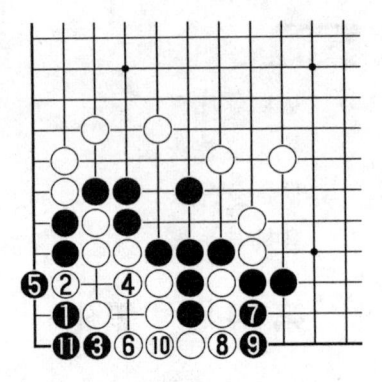

正解图

变化图

白改在1位更不好，黑2挖不显山露水，但却是白的锥股之痛，不管怎么走，白都成接不归。

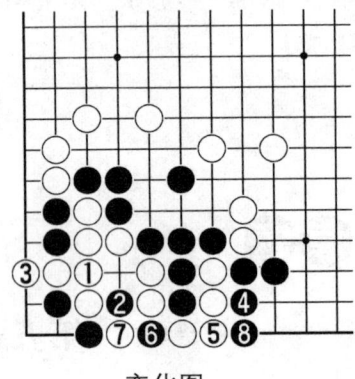

变化图

典故

南宋时，在中国北方出现了道教的一大教派全真教，全真教的创始人为王重阳。王重阳的大弟子马钰在《甘水仙源录》卷一《马丹阳道行碑》中曾教导人们，要"静坐以调息，安寝以养气，心不驰则性定，形不劳则精全，神不忧则丹结，然后减情于虚，宁神于极，不出户庭，而妙道得矣"。而围棋，在他看来，乃"争名竞利"之物。他曾作《满庭芳·看围棋》：

争名竞利，恰似围棋。至于谈笑存机，口幸相谩，有若蜜里藏砒。见他有些活路，向前侵，更没慈悲。夸好手，起贪心不顾，自底先危。

深类孙庞斗智，忘仁义，唯凭巧诈诳奚。终日相征相战，无暂闲时。常存杀心打劫，往来觅，须要便宜。一着错，似无常限至，扁鹊难医。

这首诗将围棋的"争""诈"写得极为传神。特别是写一招失误，满盘皆输，对当事者而言，犹如大限来临一般，真是摸透了下棋者的心态。当然，如此"争名夺利"就难免魔障难除了。他棋艺高超，为此制作棋势，告诉人们不可玩物丧志，还起了一个好听的名字叫"入妙势"，信鸽传书，寄给晏天章。

为此，马钰又附上《满庭芳·迷棋引》一首词，指出一条迷途而返之路：

口幸谩人，手谈胡指，暗怀奸狡心肠。只图自活，一任你咱亡。得胜无声之乐，笑他家，不哭之丧。无慈念，杀心打劫，一向骋乖张。

偶因师点破，回心作善，入道从长。便通玄知白，守黑离乡。绝虑忘机养浩，炼神丹，出自重阳，行教化，阐扬微妙，诗曲满庭芳。

创作

衍生第一题
去沙通断　白先

题诗

去沙通断涧，
插援护新荷。
棋罢看山卧，
钓归摇楫歌。

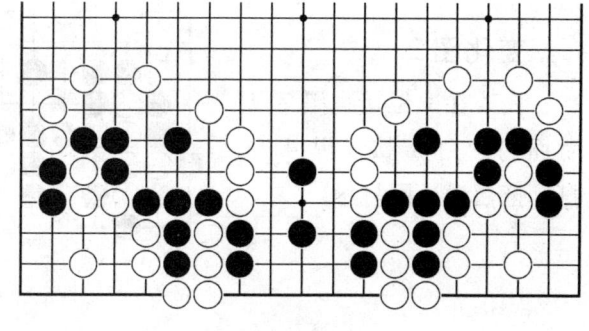

衍生第一题

把两个"入妙势"构思在一起，白先手，能一着消除黑角中的手段吗？

失败图

白1补一边，黑2、4手段厉害，白5打，黑6至10，白已形成接不归。

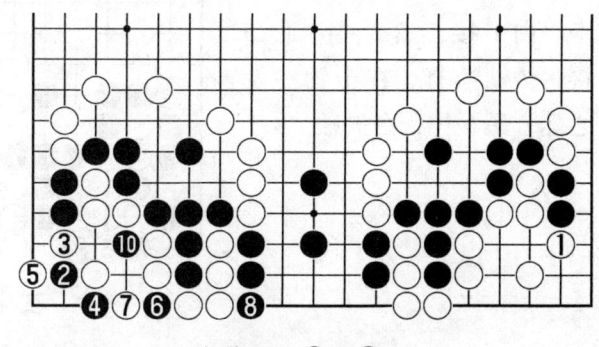

失败图　⑨=⑥

第一章　挖掘古典对称之形

203

变化图1

白改在1位接,黑2挖是此型的要点,至6又是接不归之势。

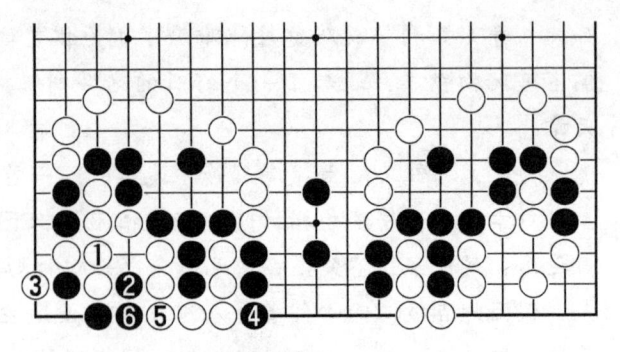

变化图1

变化图2

白改在1位接,黑2从后面打,白3接,黑4包打,把白棋一网打尽。

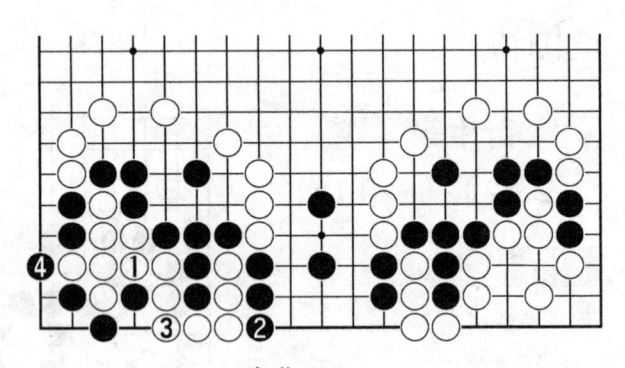

变化图2

变化图3

白1接,黑2、4,白5接,被动挨打,在千钧一发之际,黑6扑,白失败。

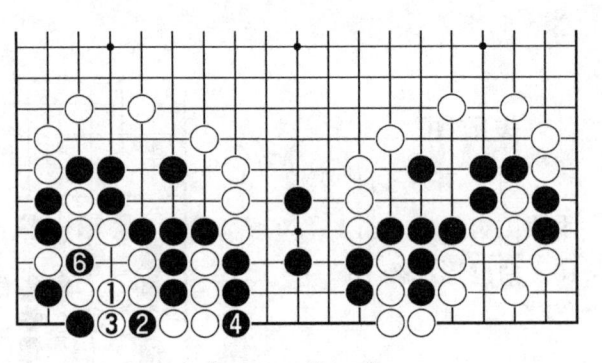

变化图3 ⑤=❷

204

变化图 4

白 4 打，黑 5、7 破阵，白险象环生，不能自保。

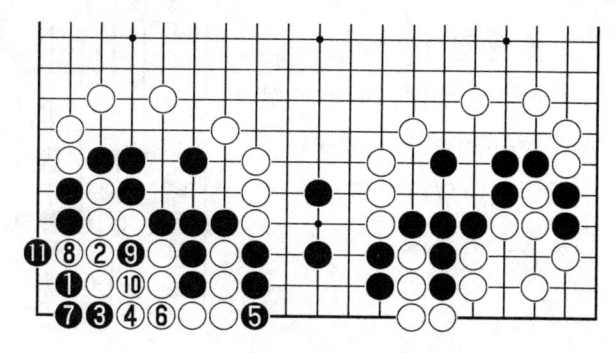

变化图 4

正解图

白 1 左右同型击中央，看能不能救出白两角于水深火热之中。黑 2 再托，白 3 挖一下，以下黑不能阻止白两军联络。

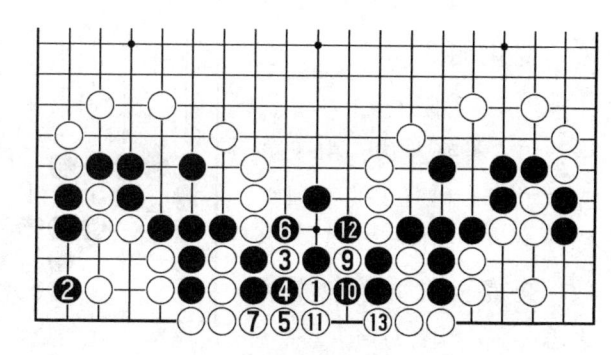

正解图　❽ = ③

变化图 5

黑改于 1 位接，白 2、4 伺机联络，方向有误，当黑 5 背兵法要诀时，白 6 拐已脱身。

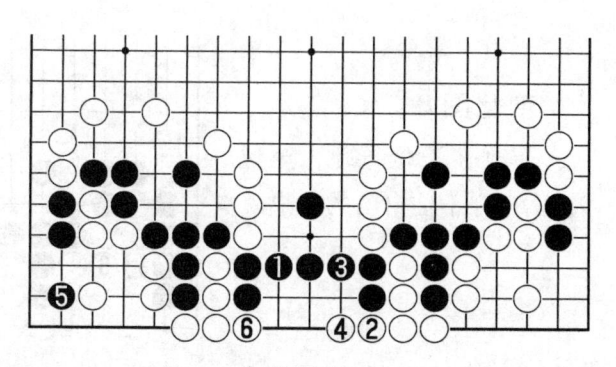

变化图 5

第一章　挖掘古典对称之形

205

变化图 6

黑在 1 位打,失去了黑在 2 位扑的变化,这样白 2 接后,左边危机已解消,至白 6 黑扑了空,无可奈何。

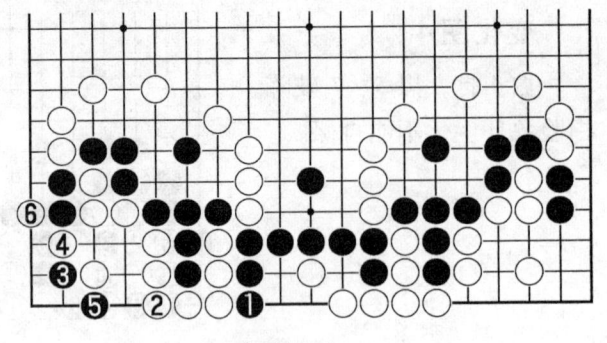

变化图 6

变化图 7

黑 1、3 阻止白大军联络,白 4 补好左边,由于事先做了黑 1 和白 2 的不利交换,黑 5 再托,手段已失效,交战至白 10,白安然无恙。

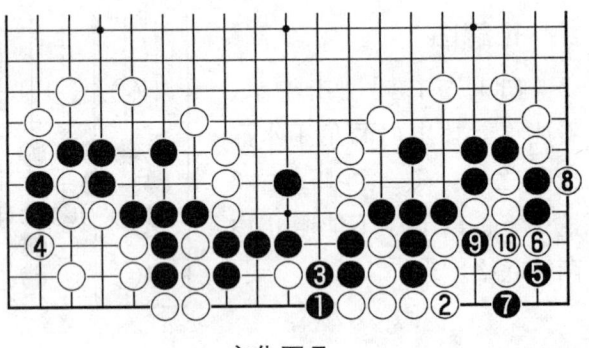

变化图 7

变化图 8

黑改在 1 位抢攻,至黑 9,白已守不住自己的门户。

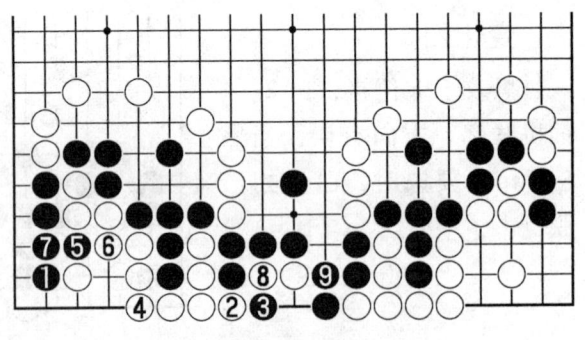

变化图 8

变化图 9

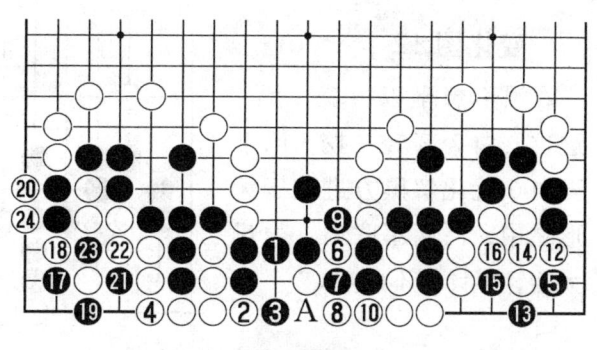

原来之前白犯了错误，就是在黑 1 接时，就要走白 2、4，使黑 3 在此定形，黑 1 在左边积蓄力量，拉开架势，白应于左边防守。黑 5 逆袭，白 6 挖，至白 10 长出一气，黑不能走 A 位，这是命脉所在，黑 13 扳，白 14 接，右边也无事。黑 17 至白 24 止，左边白棋也无事。

变化图 9　⑪ = ⑥

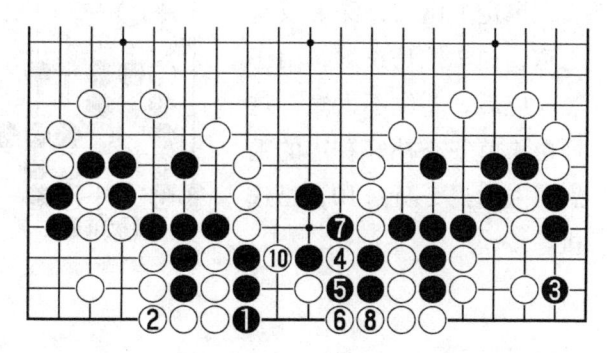

变化图 10

黑改走 1 位直接动手，白 2 接后，左边已无后顾之忧，黑 3 负隅顽抗，白 4、6 干脆利落，至白 10 挖，黑已大坏。

变化图 10　❾ = ④

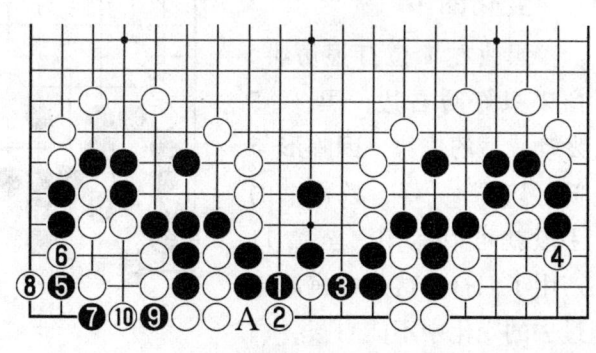

变化图 11

黑 1 团，白 2 扳，黑 3 再补，白 4 补右边，方向正确。黑 5 亡白之心不死，至白 10 后，由于黑 A 位不入气，黑失败。

变化图 11

变化图 12

黑不想坐以待毙，黑1进攻，白2轻轻一挖，以下至白6就化解黑方进攻于无形之中，白两军联络，力量大增，黑计谋不成功。

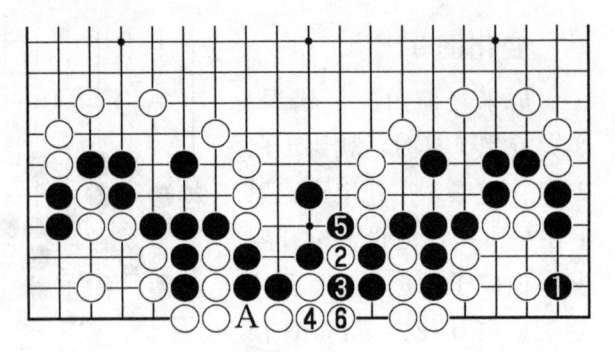

变化图 12

变化图 13

黑走1位夹，深谙攻防之道，白2挖是正解，由于黑3应后，A位不入气，这样白4就安心补好右边的毛病，左边黑5至白10，已逸机。

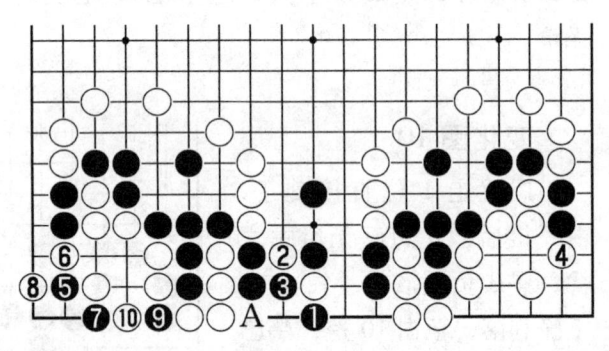

变化图 13

变化图 14

黑改在1位打很厉害，白2只好防右边，黑3、5发动凌厉的攻势，因阵形与"入妙势"一样，教科书的手段就可以运用，至黑11产生了双打。这是白棋陷于过去的变化中不能自拔，白4走A位没问题。

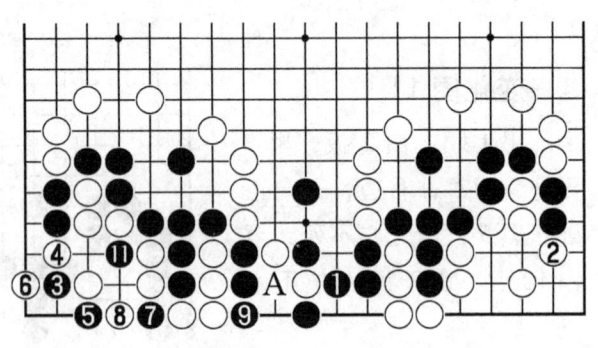

变化图 14 ⑩=❼

变化图 15

　　白在 1 位接，不严谨，右边留有隐患。黑 2 出手严厉，白 3 接迷失了方向，至黑 12 白全阵被毁。

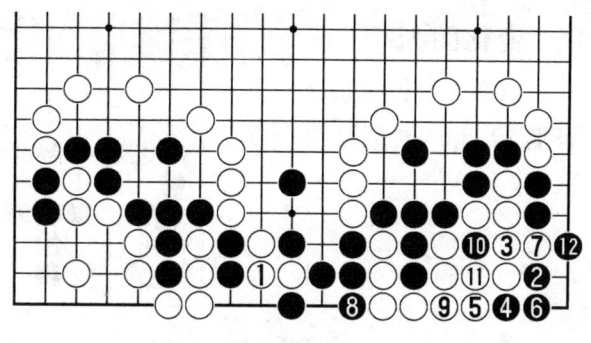

变化图 15

变化图 16

　　白改在 1 位反击，心有余而力不足，黑 2 扳依然严厉，至黑 8 白少一气而负。

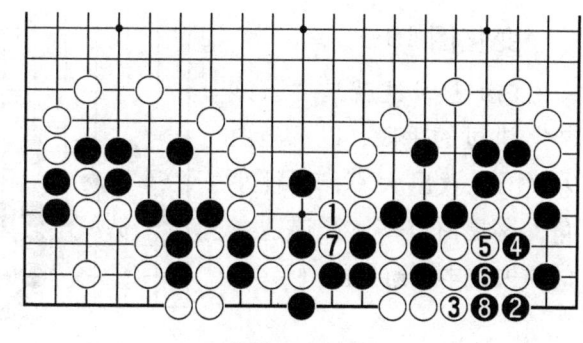

变化图 16

变化图 17

　　白 1、3 走入歧途，黑 4 至黑 8 招致杀生之祸。

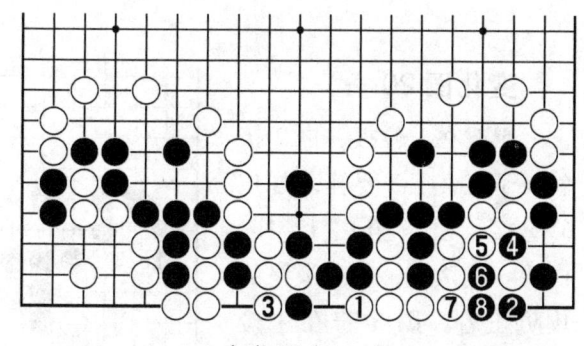

变化图 17

变化图 18

白在 1 位扳抵抗，以下至黑 12 止，也是黑快一气取胜。

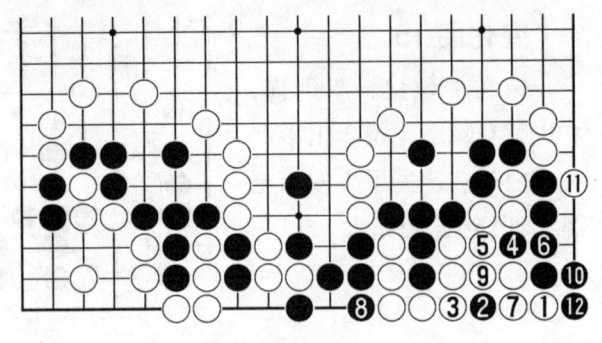

变化图 18

变化图 19

白 1 接，这就是"入妙势"讲过的手段，以下至白 9 解围，救出大军，牺牲小角，这是白棋不够严谨造成的损失，本可避免的。

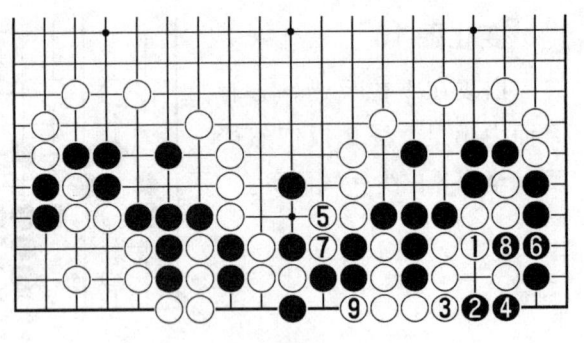

变化图 19

变化图 20

黑改在 1 位扳，白 2 接就长了气，黑 3 要补，白 4、6 挖接，以下至白 12 扑，白快一气杀黑，这是最终的攻防正着。黑 3 若在 4 位接，对杀也差一气。

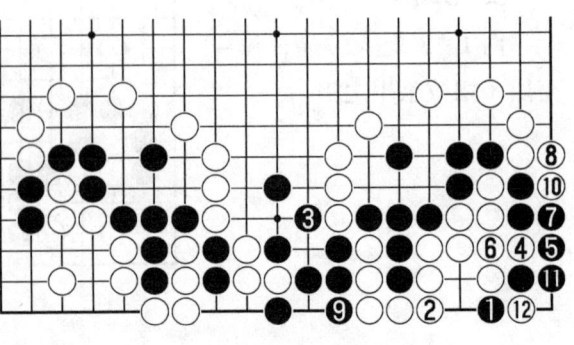

变化图 20

变化图21

白2走1位打，这是劣着，双方走到黑8后，黑是先手劫，白自找麻烦。

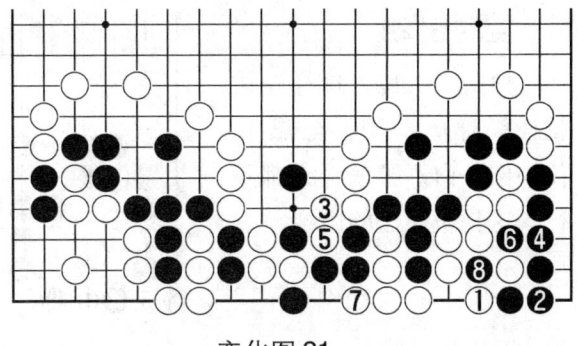

变化图21

变化图22

白1不好，不紧凑，白9渡过，是因为黑2不好，给了白方机会——

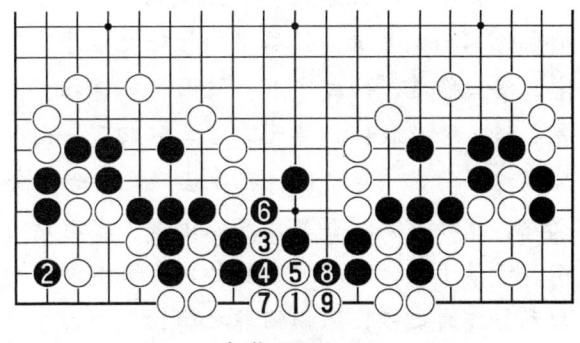

变化图22

变化图23

黑1双是不可错过的要点，既然白把此点拱手相让，黑岂有不收之理？至黑15白把大角作赌注，已经阵脚大乱。

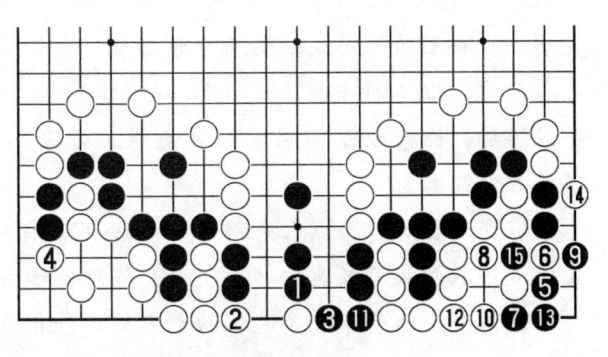

变化图23

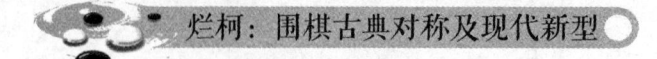

变化图 24

白防在 1 位，这样左边就任黑肆虐宰割，至黑 12 仅一例，白不管怎样走都不行，这是研究过的内容。

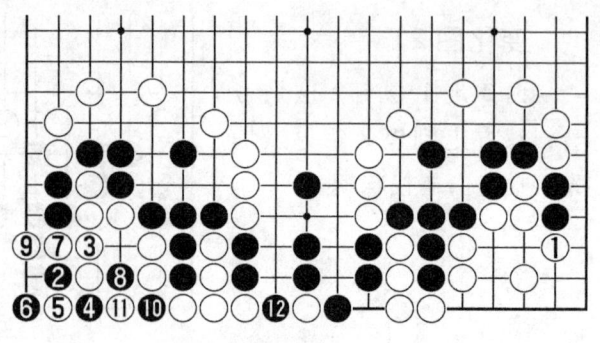

变化图 24

感悟

马钰寄给晏天章的词。上阙写下棋者的心情，心怀奸诈，得胜偷着乐，哪管他家如丧考妣，极尽讽刺控苦之能事。下阙翻出词的本义，叫人回心向善，潜心修道，知白守黑，视围棋如害物，断尘念俗虑，去巧诈机心，养浩然之道，修身成仙。晏天章给马钰回了一封信，用马钰的信鸽寄出，信的内容是这样的——弈之说，孔孟尝及之。世传尧以丹朱少智，教之以弈。虽未必然，然弈有算法存焉，足以道智，容有是也。余性狷且拙，少贱，力学乏暇，于琴于弈皆懵然。道长之词，愧不能言弈之奥秘以答之。道长棋势，盖以动静方圆之妙，纵横错综之微，直与河图洛书之数，同一机也。博雅君子与我同谋，倘正而是之，则甚幸。至正九年岁在己丑暮春之初庐陵后学马钰与师弟丘处机坐隐手谈，丘处机也作一词《无俗念·枰棋》与师兄马钰有异，他向来爱憎分明，君子坦荡荡，词作写道——前程路远，未昭彰，金玉仙姿灵质。寂寞无功天赐我，棋局开颜销日。古柏岩前，清风台上，宛转晨餐毕。幽人来访，雅怀闲斗机密。初似海上江边，三三五五，乱鹤群鸦出。打节冲关成阵势，错杂蛟龙蟠屈。妙算嘉谋，斜飞正跳，万变皆归一。含弘神用，不关方外经术。

寂寞无聊之时，幽人来访，古柏松风，有棋一局，不亦快哉！况且，棋虽小道，不涉教门经典，也可弘大，作修性养生之用，何乐而不为？

武昌大东门长春观是道教的十方丛林，相传丘处机来过此地。元代前期，因元太祖成吉思汗召见丘处机，丘处机率弟子八人，跋山涉水万余里，历时四年会见成吉思汗，成吉思汗问："如何治理天下及长生之道？"丘处机答："敬天爱民为本，清心寡欲为要。欲统一天下，必在不嗜杀人。"太祖尊其为神仙。

笔者是武汉人，曾数次去长春观参观。大门内有两棵白果银杏树，一雄一雌，两棵为伴，每到秋天，果实累累。传为丘处机所栽，树龄已有千年，古朴庄严。

长春观西有道截图和用鹅卵石拼成的阴阳太极八卦图，其左首有乾隆石刻"甘棠"二字，字体深厚朴质，淳古高雅，寓意深刻。当廉政清官离任时，人们常以"甘棠"颂之。道藏阁收有全套明版《正统道藏》，著名的清乾隆进士、音韵学者钱大昕慕名来此查阅《道藏》，写下《三洞璇华序》。

西区还有西王母殿、《道德经》碑壁、丘祖圣迹图、孟宗祠、撞击金钟等。每一座神像都有一个动人的神奇故事，是一种文化的展现，围棋之争只是小插曲。

题诗

荆璞玉为子，井文楸作枰。
有求惟别墅，不喜得宣城。

第15题　黑先

提示：白只有通过两个方块四求活，才能与下方黑棋决战，黑怎样出击？

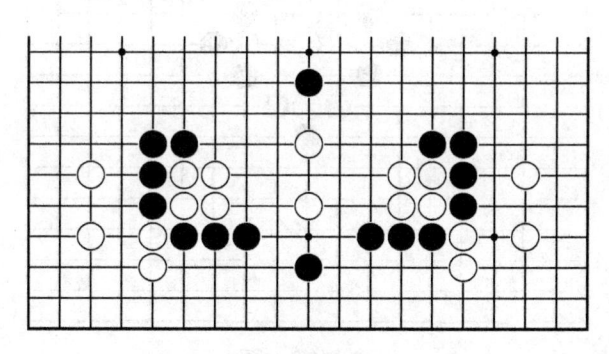

第15题

烂柯：围棋古典对称及现代新型

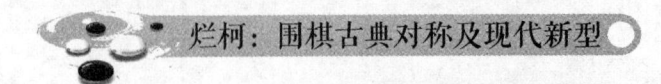

第二章
创作世界未见新型

自创第一题　遣日棋局　白先　开天辟地

题诗

邻舍春新麦，家人拾晚蚕。
推移逢夏五，赋与叹朝三。

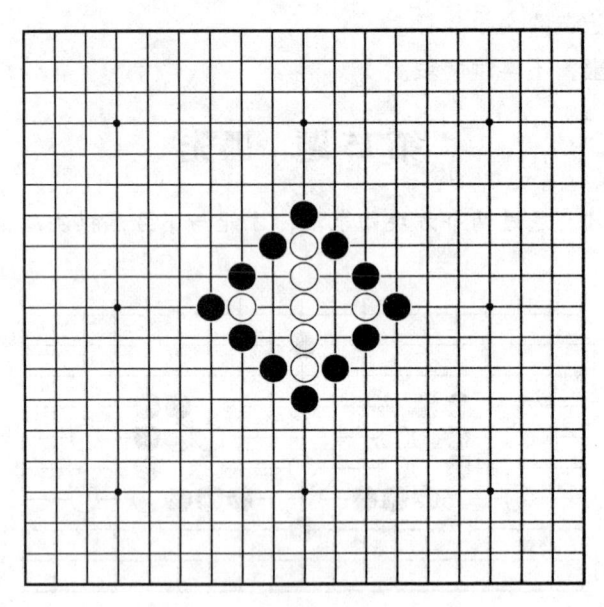

自创第一题

白棋被困在中间，怎样逃出？从中破局走出来，看到四周的美景，宁静和祥和，顿时，一些烦恼就会烟消云散。

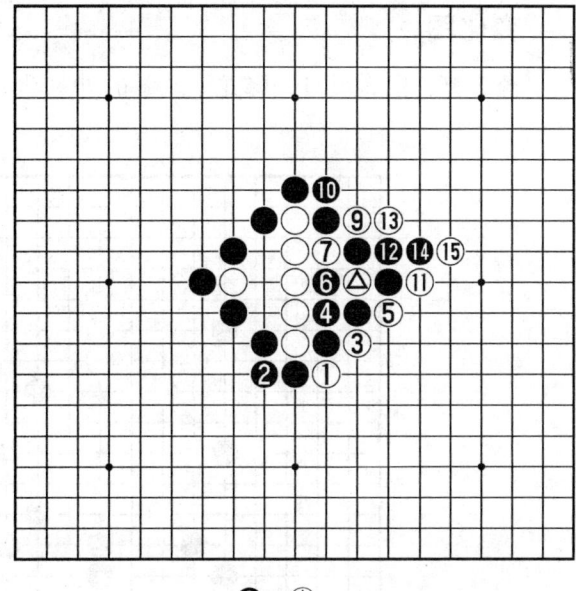

❽ = △

正解图

白 1 断，黑 2 接，白 3 打，轻轻巧巧、若有若无地举手一划，至白 15 重见光明。

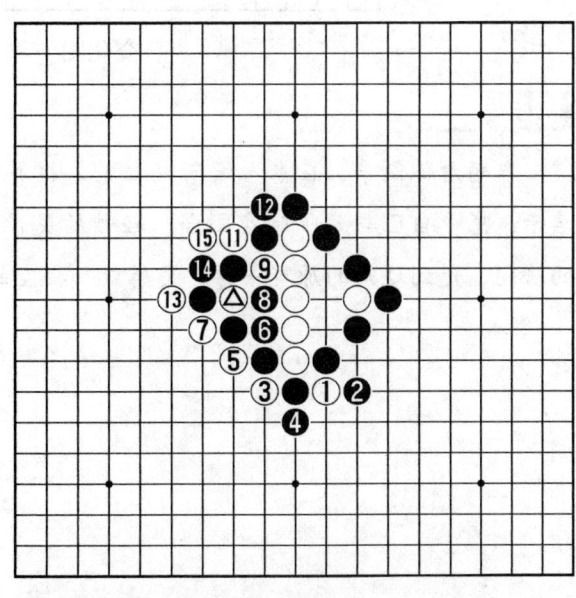

正解图　❿ = △

第二章　创作世界未见新型

变化图

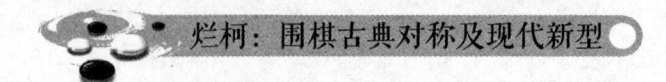

黑2打,白3反打,降龙十八掌的外家功夫登峰造极,至白15断金削玉。

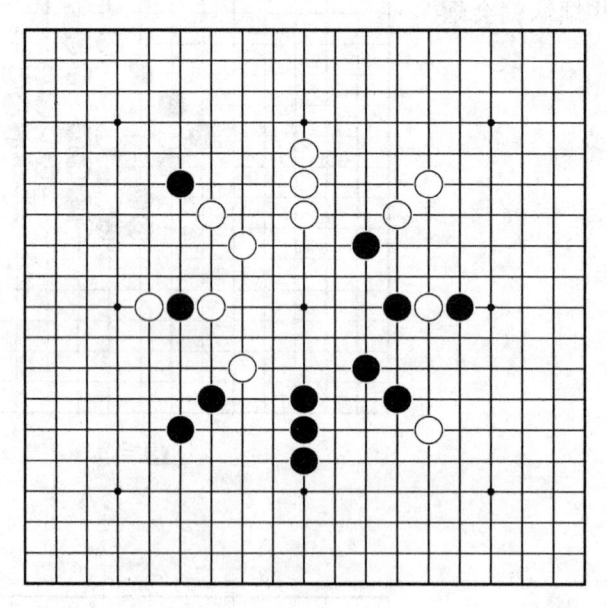

变化图

感悟

本题看似简单,在本人没研究之前,棋界谁也没见到。我是受八卦图的启示,感受自己与无限时空融合,轻妙的灵性不断地扩大,好像自己从狭小的房间,走到辽阔的原野一样,灵感就如夜空的流星,稍纵即逝。

自创第二题　两穷相遇
黑先　魔方迷宫

题诗

我为诗穷子亦穷,
两穷相遇说飘蓬,
记从活处寻高着,
莫泥区区死局中。

禅花非锦绣,身处色法空,春秋化作雨,法界如虚空。做自由的人,要有一颗平常的心。黑先行,怎样直捣黄龙?

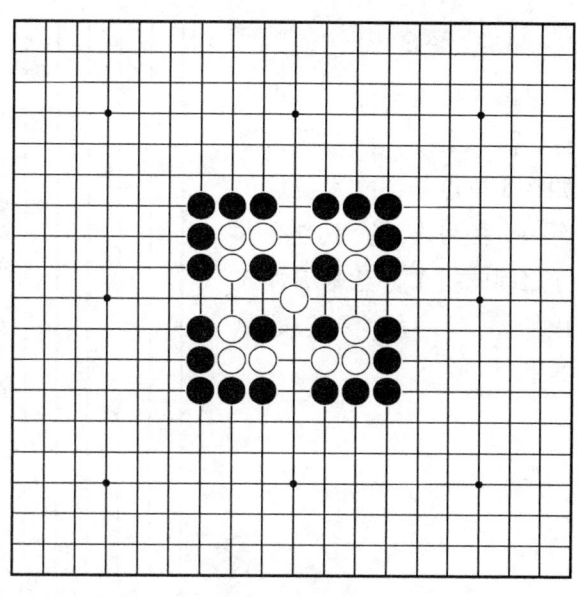

自创第二题

失败图1

黑1打正确,白2应,但黑3错误,白4提后,A和B两点白必得其一。

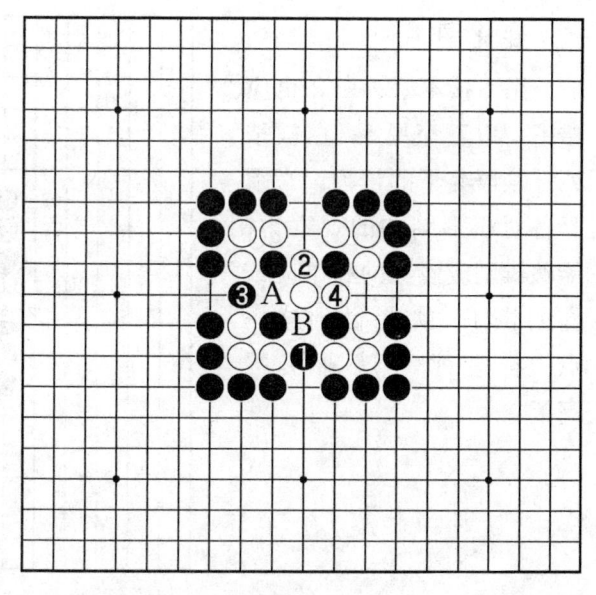

失败图1

217

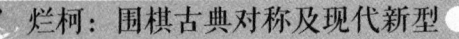

失败图 2

黑 3 接也不好，白 4 挤打，黑 5 必提，白 6 提，黑如在 3 位点杀，白 A 位提仍有一个栖身之地。双方在方寸之间的拼杀，竟是出神入化，要杀一块不是简单的事。

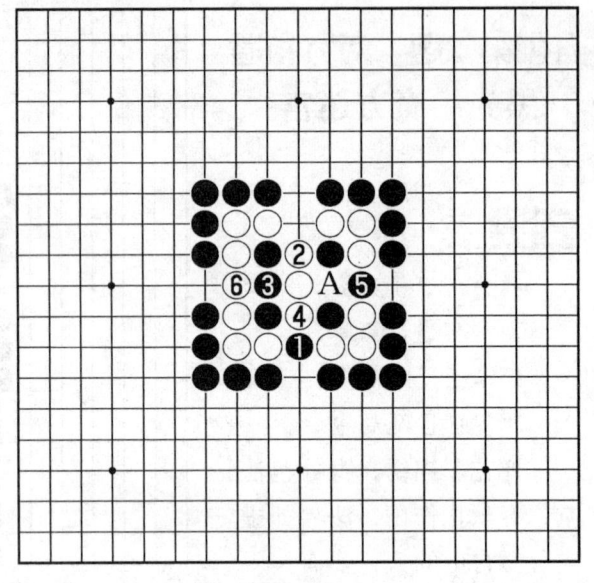

失败图 2

变化图 1

黑 1 接不好，白 2 也应错了，以下至黑 5，白被杀死。领悟弃子的情趣，必须具备对棋形结构的观察力，能够辨别应该弃的和不应该弃的棋子，如果做到这一点，棋艺水平就确实提高了。

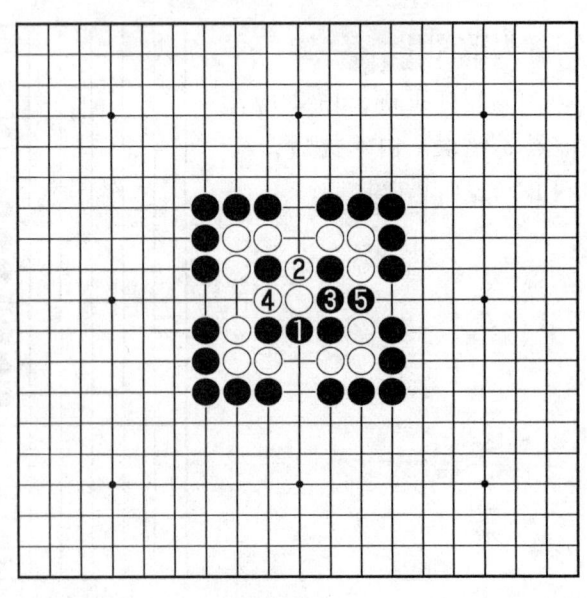

变化图 1

变化图2

对黑1，只要白2接就能平安无事，以下至白6便是一例。其中黑3若在A位接，白5接绝妙，黑成一种特殊的接不归之势，这种情况十分罕见。

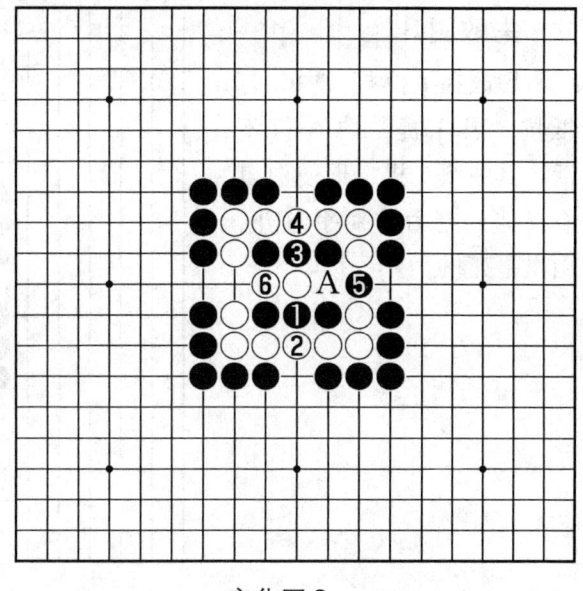

变化图2

变化图3

黑1接，白2只此一手，黑3提，白4打，黑5损，白6位打就活。

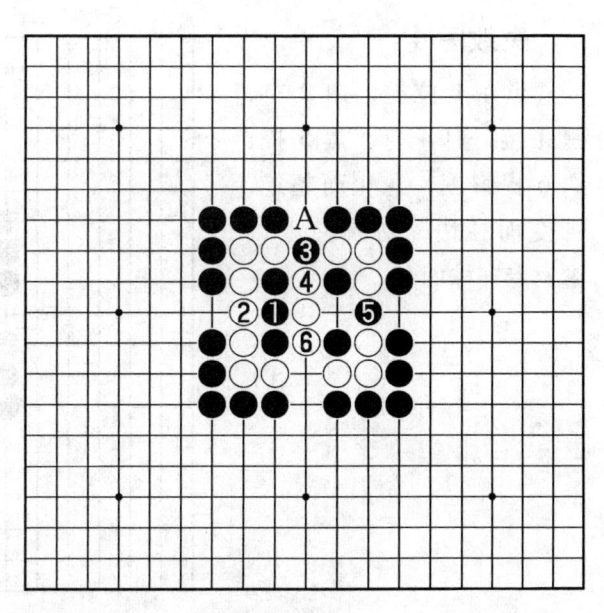

变化图3

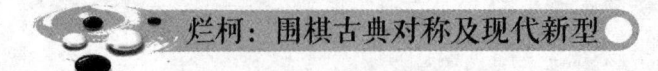

失败图3

黑改在1位打,白2打抵抗,黑3提,白4打不活。其中黑5提,即使白棋有充沛的精力与对手缠斗,白棋是死棋。

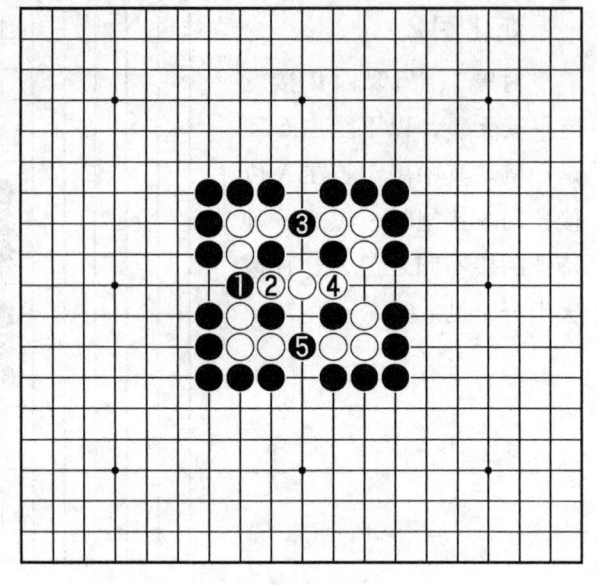

失败图3

失败图4

黑在1位挖,白2打,黑3接,白4打,黑5提,白6提解围,龙化而超绝,神变而独悟,勿胶柱以调瑟,专守株而兔。

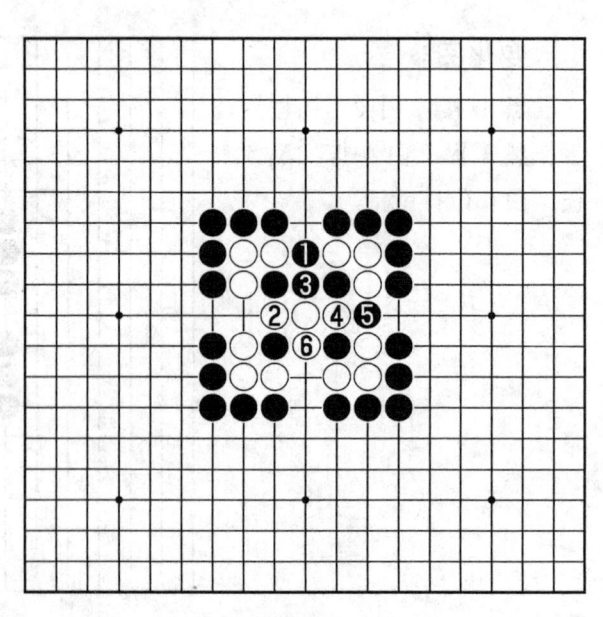

失败图4

正解图

黑1必须要打,当白2时,黑3提,冷静是正解。白4、黑5见合,黑必得一处。

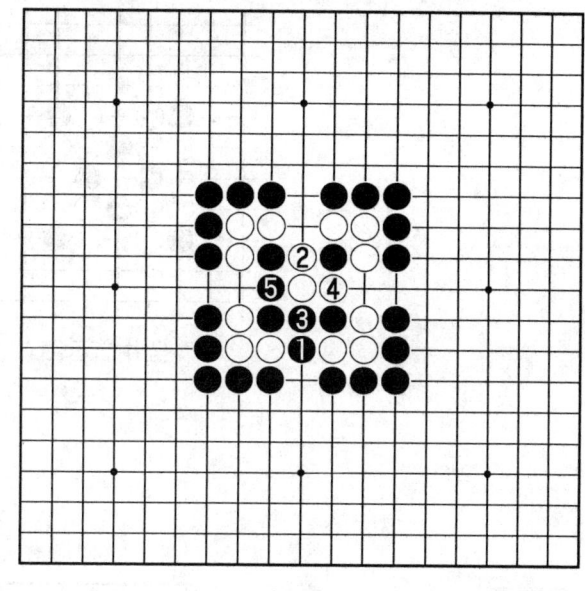

正解图

变化图4

黑1打时,白在2位应,黑3提,白4时,黑5再提,这样A、B两处,白只能得一处。白2如走B位,黑3位提,白4位,黑A位,白也不行。

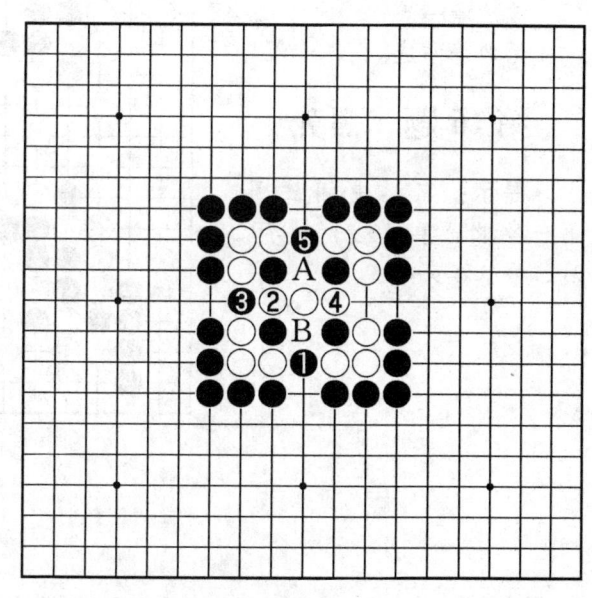

变化图4

烂柯：围棋古典对称及现代新型

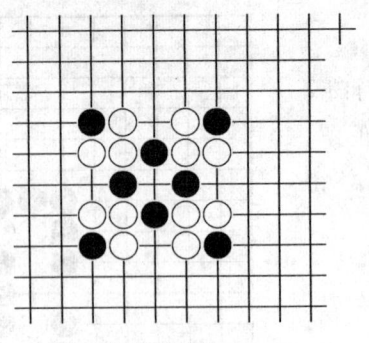

坐井启示图

题诗

跕跕飞鸢堕，
丁丁伐木声。
破愁逢一笑，
无地著亏成。

第16题　黑先

提示：黑棋中间被围，第一步很简单，先手走厚之后，再从容突破。

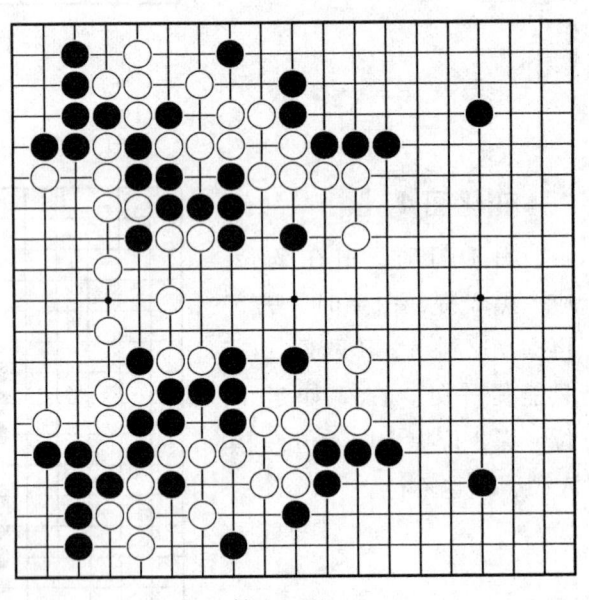

第16题

自创第三题　松菊吹香
黑先　宇宙爆炸

题诗

　　松菊吹香满旧篱，
　　借人屋住不如归。
　　胸中岂是无韬略，
　　袖手棋边看着棋。
　　黑棋中间只有四气，怎样突围？白棋外围气很紧，黑棋可以做文章。

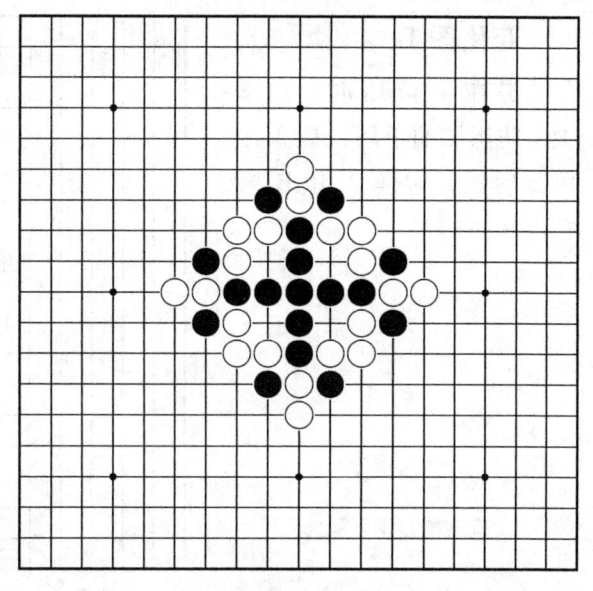

自创第三题

正解图1

　　黑1压是正解的第一步，好的开始是成功的一半。白2必长，黑3再压，白4长防征子，黑5在此用力，白6如长，黑7简单地把白枷死。

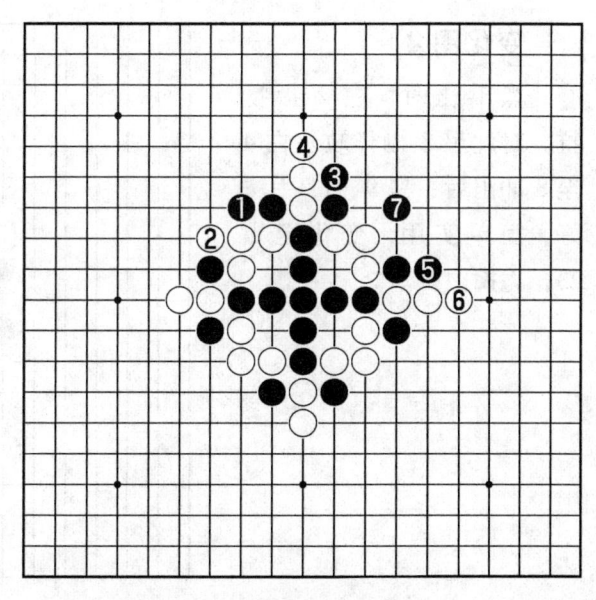

正解图1

223

变化图 1

黑在 1 位压时，白 2 尖，防黑枷的手段，黑 3 在白背后压，这样 A 和 B 黑必得其一。

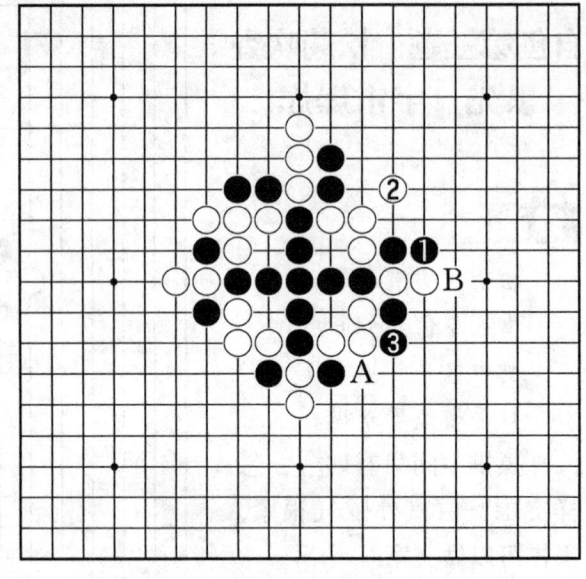

变化图 1

变化图 2

黑 1 压时，白 2 扳抵抗，对此黑 3 枷伴攻。白 4 至 8 冲出后，黑 9、11 手法好，简单实用，变化至黑 23，力擒白棋。

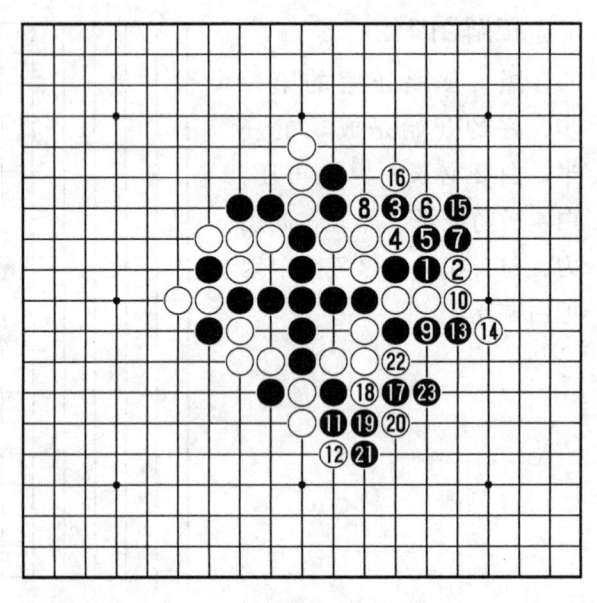

变化图 2

变化图 3

看来常规应法不行，黑1压，白2扳，把弦绷紧，黑3白4，两强相遇勇者胜，黑7、9动出有点早，白10打安心，以致黑11至13的手段失效，白18冲突围，无人可挡。

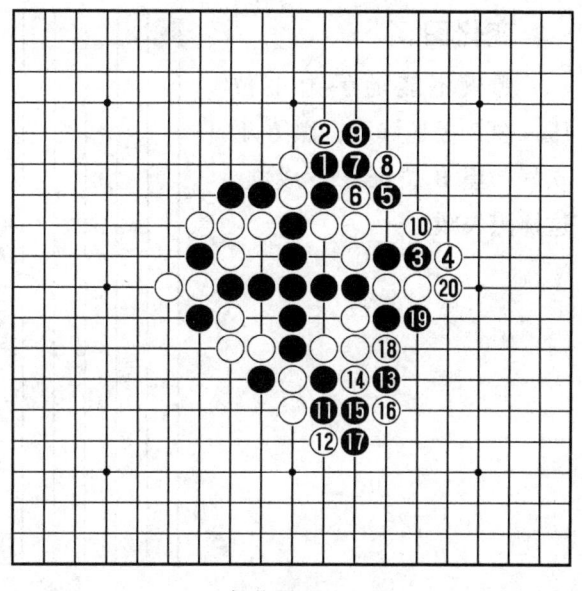

变化图3

变化图 4

白1时，黑在2位压，声东击西，白3必扳，黑4虚枷手筋，黑6接时，白7平庸，因黑8征子成立，至黑12把白棋杀死。

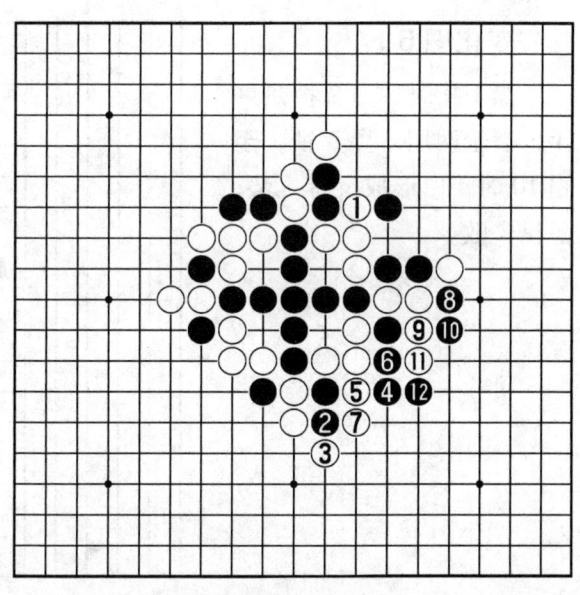

变化图4

变化图5

黑棋不能随手走1位压,白2扳是好手,黑A不入气,黑B位征子不成立,这样黑失败。

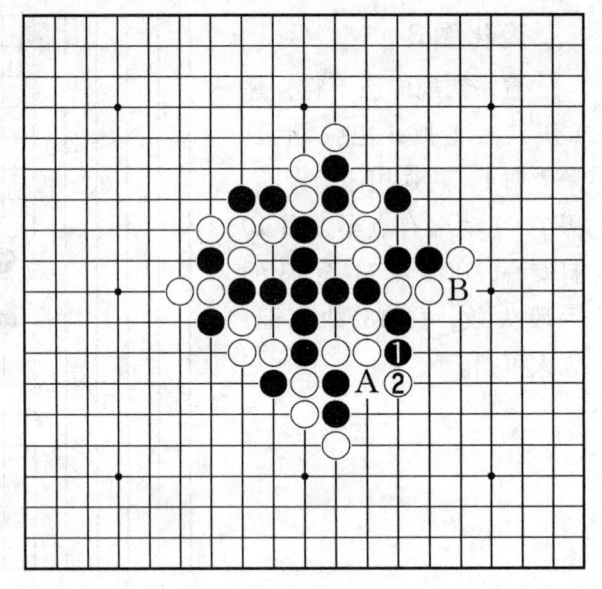

变化图5

变化图6

黑1接时,白2扳是好手,一子两用,黑3征,至白10时,白形成反打之势,黑棋失败。

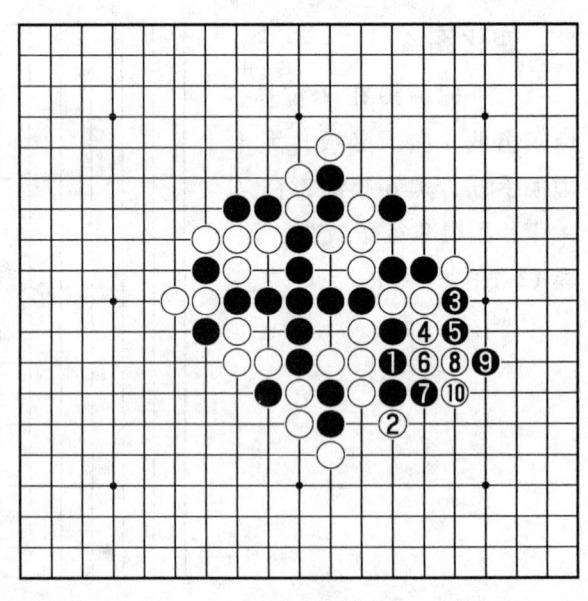

变化图6

变化图 7

白 1 冲时，黑 2 以下再作交换，至白 9 定形后，黑 10 压，出其不意，着眼全局，黑 12 压时，白 13 必接，黑 14 再逃绝妙，不能让黑有 A 位先手打，这样黑 16 就成为有效先手，至黑 22 征子，真是风水轮流转，东方不亮西方亮。

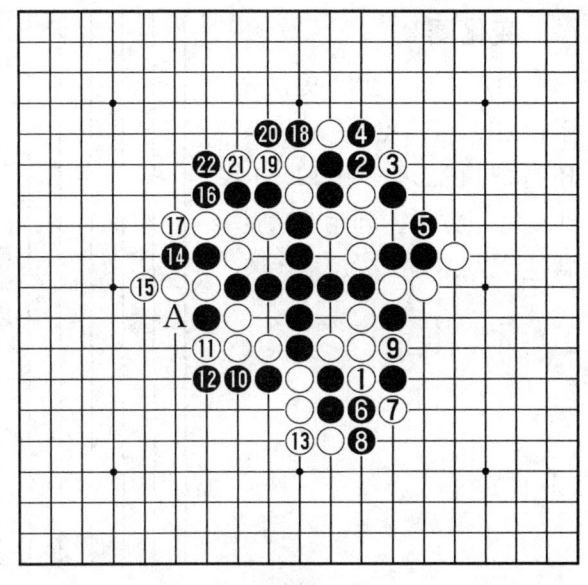

变化图 7

变化图 8

黑 1 压，白 2 冷静长，这是第三个攻防变化，黑 3 仍枷，当黑 11 压时，白 12 只能长，避免悲剧重现。黑 13 时，白 14 不好，黑 15 以下变化至黑 21 止，无法两全，白 22 如提，黑 23 征杀。

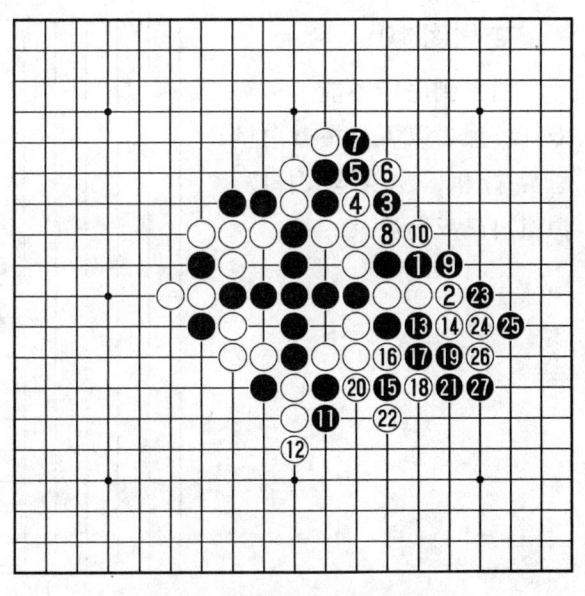

变化图 8

227

变化图9

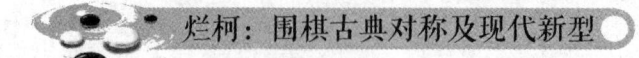

白走1位，黑2提是先手，白3后，黑4、6以下还是把白征杀，黑12、14改变征子方向，利用了边的特性。

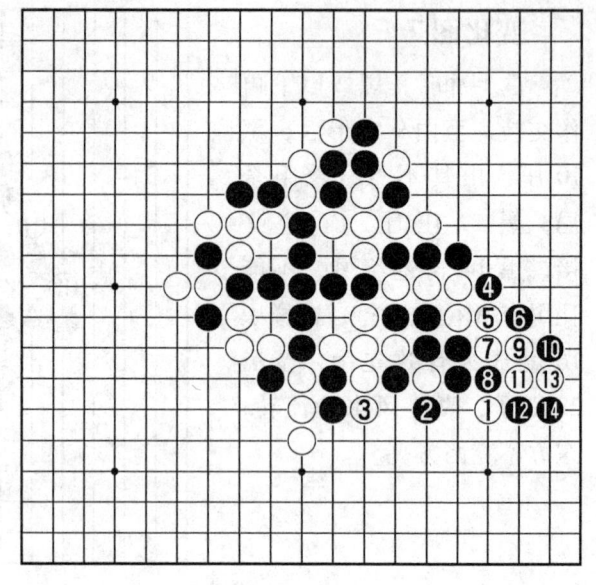

变化图9

变化图10

白1到底能不能一子解双征？黑2以下就按着白棋思路行棋，结果至白17，黑棋自己反而被杀。

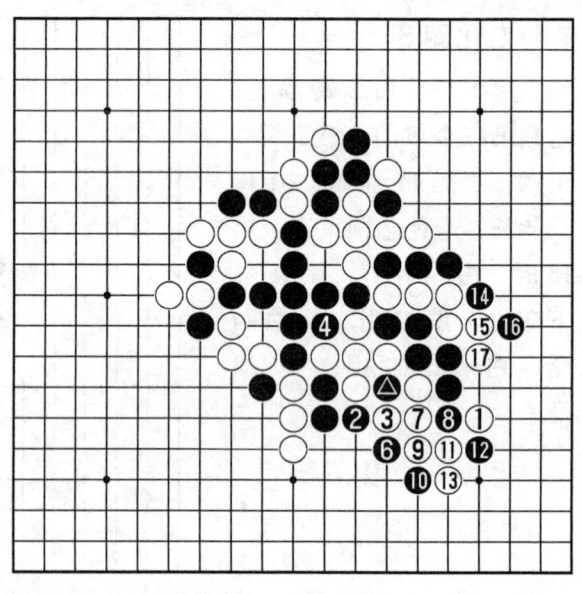

变化图10　⑤=△

变化图 11

黑走 1 位打出，长出自己的气，然后按照边的特性，黑 11、13 把白征杀。

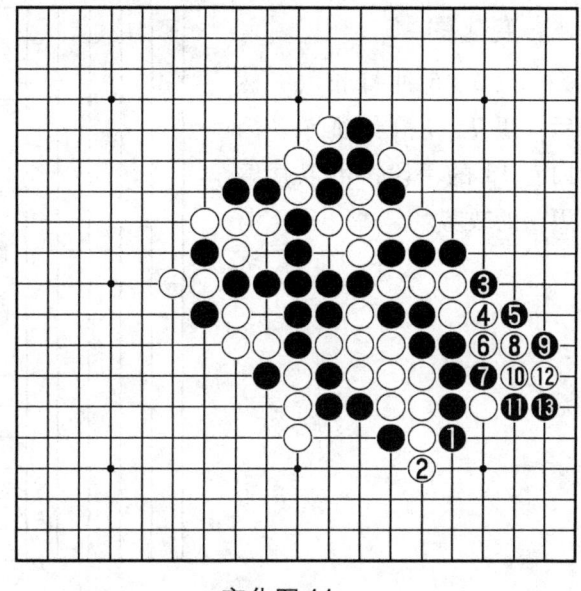

变化图 11

变化图 12

白 1 夹是突围手筋，有此一招，可以粉碎黑棋在此的阴谋。先看黑 2、6 两手行不行？白 7、9 就汤下面，颇有滋味，以下至白 13，白不为而为，顺理成章。

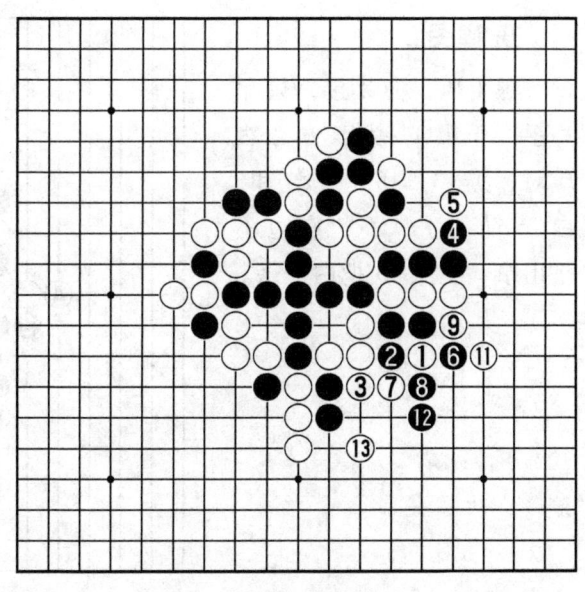

变化图 12　⑩ = ①

变化图 13

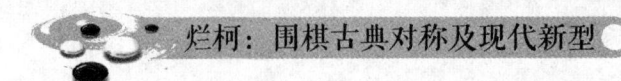

黑 3、5 冲打长气，然后，黑 7、9 开始征杀，因白有 18 的手段，可以瓦解黑棋的攻势。

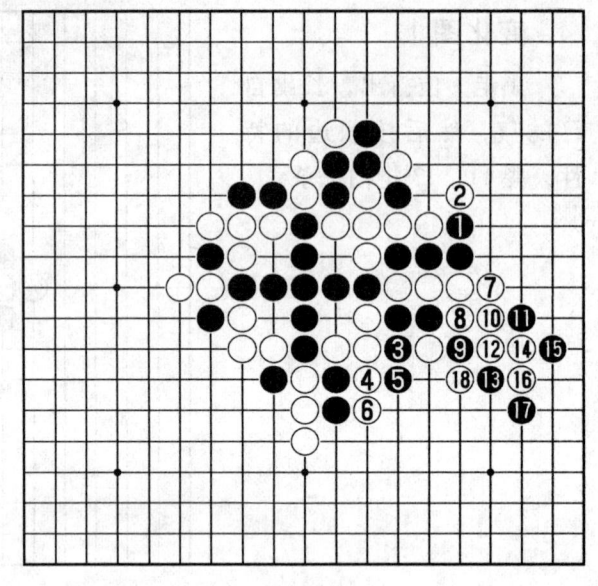

变化图 13

正解图 2

黑 1 压，白 2 接，只此一手。至黑 11 为双方必然应对，黑 13、15 心平气和，白 16 防一手，不料右边还是出事，至黑 25 把白征杀。

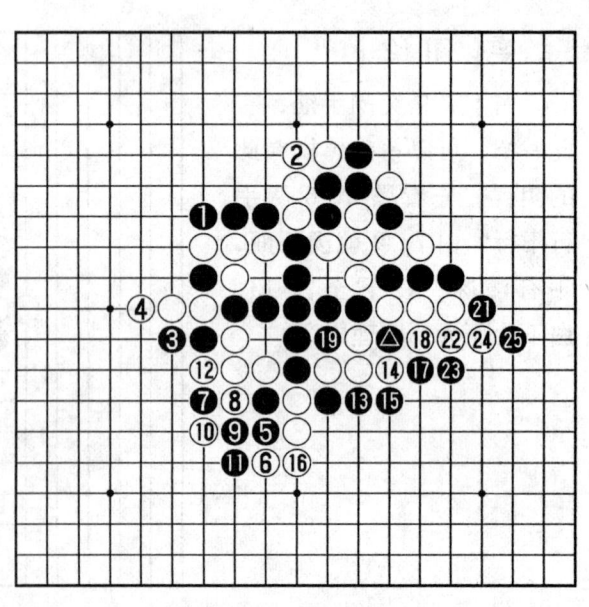

正解图 2　⑳ = △

变化图 14

白改在 1 位扳，黑 2 断打，黑 4 枷，至黑 8 打，成全了黑一世英名。

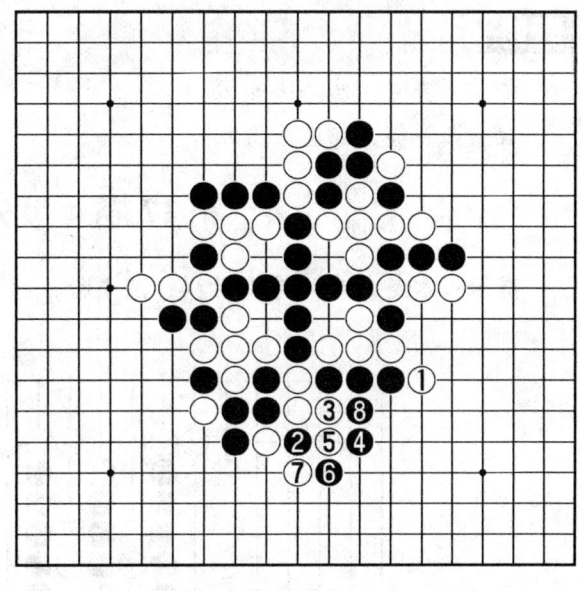

变化图 14

形成图

起手只有五子，黑 9 扳欲突围，白 10 断，至黑 13 后，以此类推，东南西北这样定形后，至白 32 就形成此型。

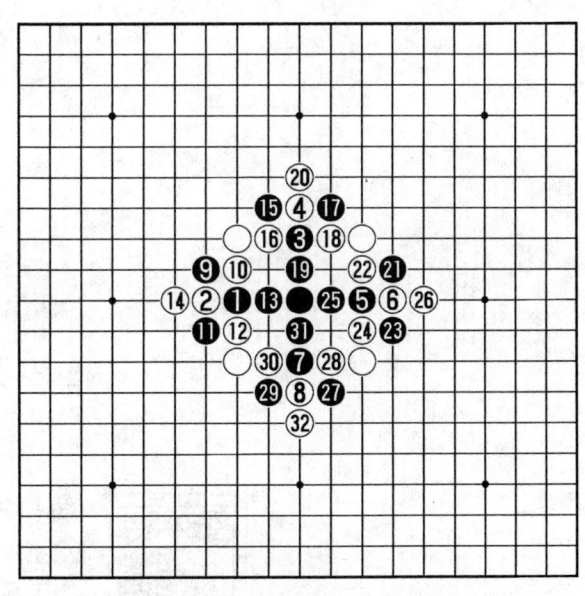

形成图

烂柯：围棋古典对称及现代新型

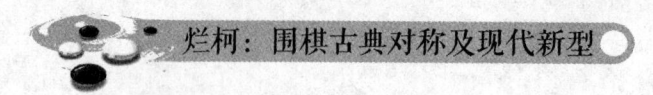

题诗

妙手固多暇，怠兵终易穷。

戏余归一笑，战罢失群雄。

第17题　黑先

提示：这是"川"字对称棋，黑先行，胜负在一瞬间。

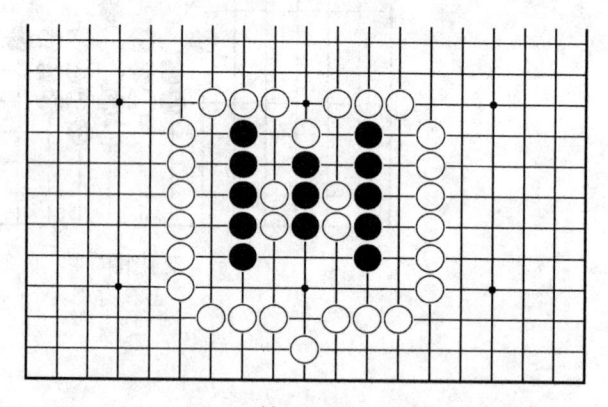

第17题

自创第四题　始悟老仙
黑先　四面楚歌

题诗

　　日出樵柴日落归，
　　几年黑白梦纷飞。
　　看来直待斧柯烂，
　　始悟老仙棋外机。

　　黑方块四有七气，白四块棋子都有四气，黑无法做活，只能攻杀白棋，四条边的攻防相互关联，这是本人创作最为成功的作品，可以用"玄妙"二字来形容。

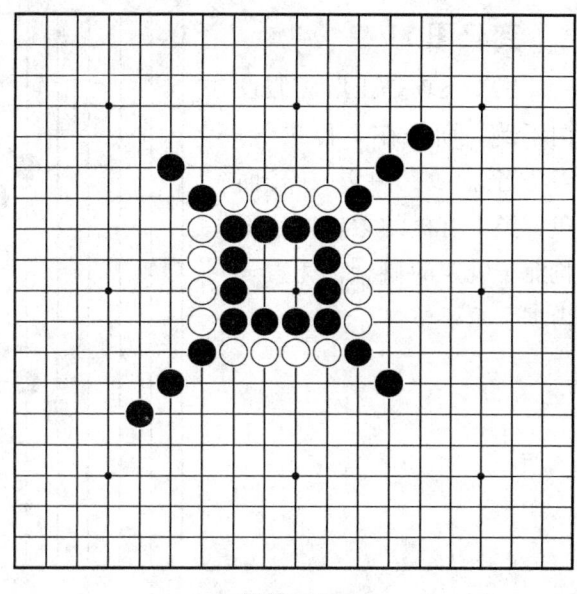

自创第四题

失败图

　　黑1虎，不懂此形的精髓，白8下完后，黑两眼望青天，黑方块四死于白腹之中。

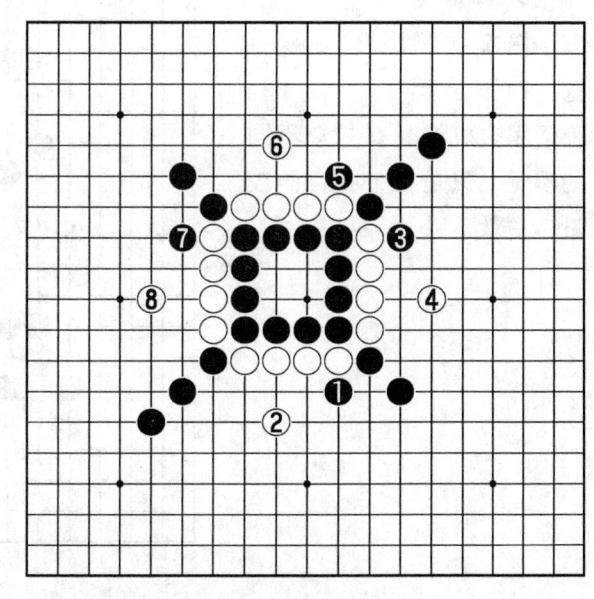

失败图

第二章　创作世界未见新型

233

变化图 1

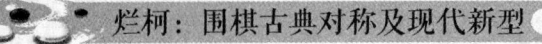

黑 1 飞攻是正解。假设白不跑，而是在 2 位拼气，双方至黑 9，白差一气而负，黑 1 有棋的柔软性，不拘泥于既定的概念，凭直觉占据了重要位置。

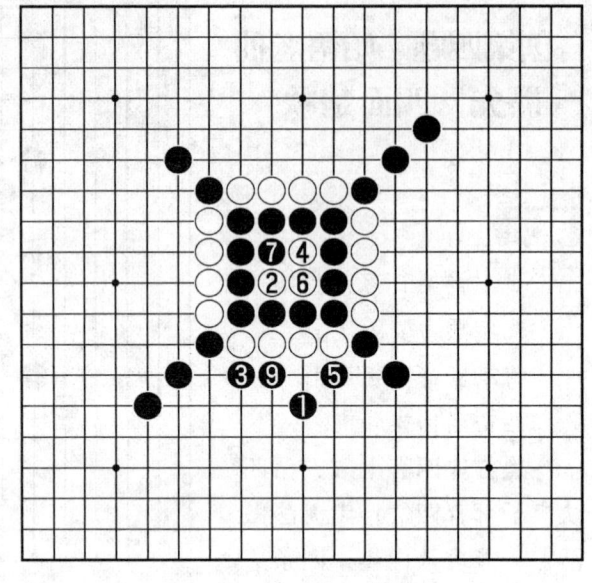

变化图 1　⑧ = ⑥

变化图 2

白 2 关，黑 3 巧妙一挖，以下至黑 13，不得动弹，黑方好像具有与众不同的嗅觉，只是几个回合的较量，白就落败。

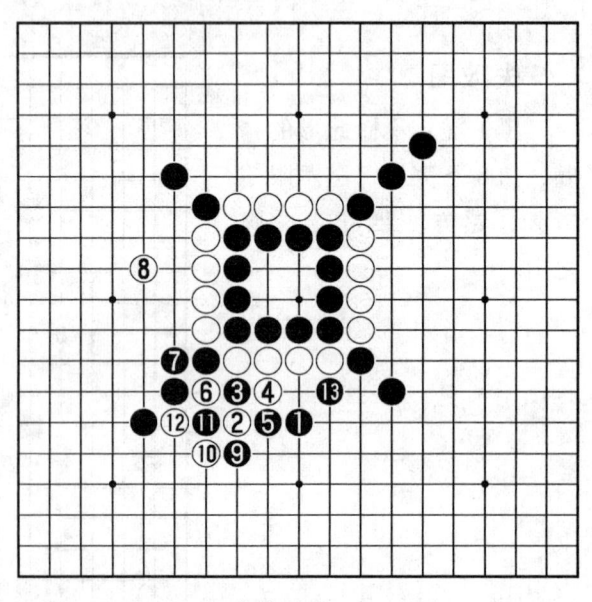

变化图 2

变化图3

　　白改在1位长气，黑2、4是严厉紧气手段，至黑10把白围困，黑棋步调之轻快，就好像河水在奔流，眨眼之间就把白淹没。

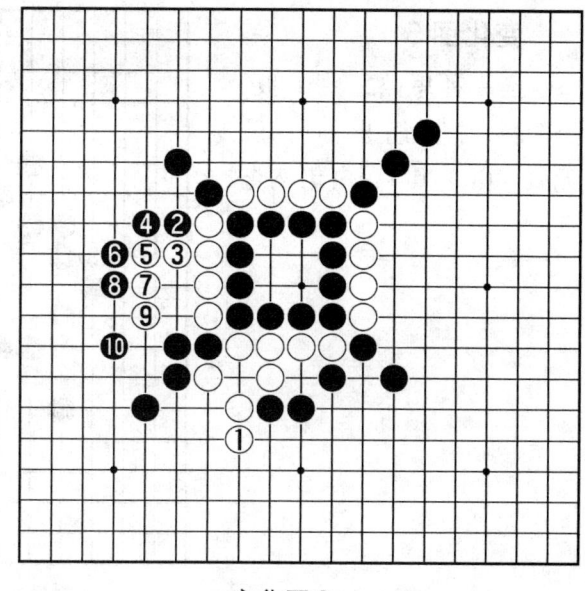

变化图3

变化图4

　　白走1位尖突围，黑2托，穷追不舍，白9、11奋力寻找突破口，黑12冷着，把白所有的梦想都粉碎。

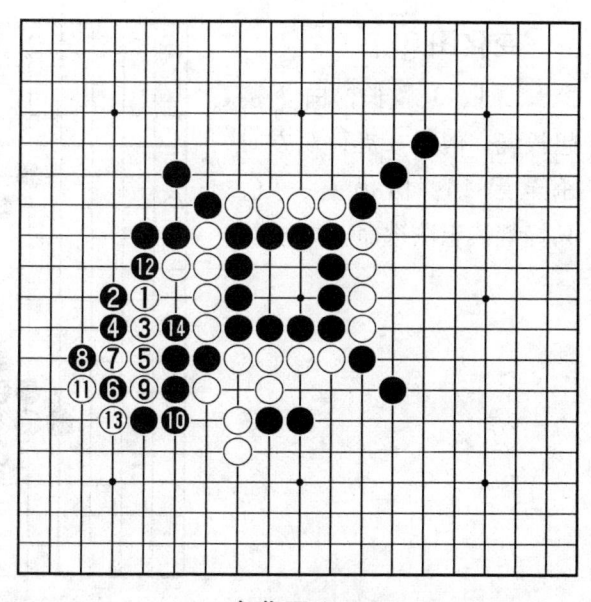

变化图4

变化图 5

换一种思路，白1扳，黑2断，打在筋上，白四肢无力，白3黑4，白仍然奄奄一息。

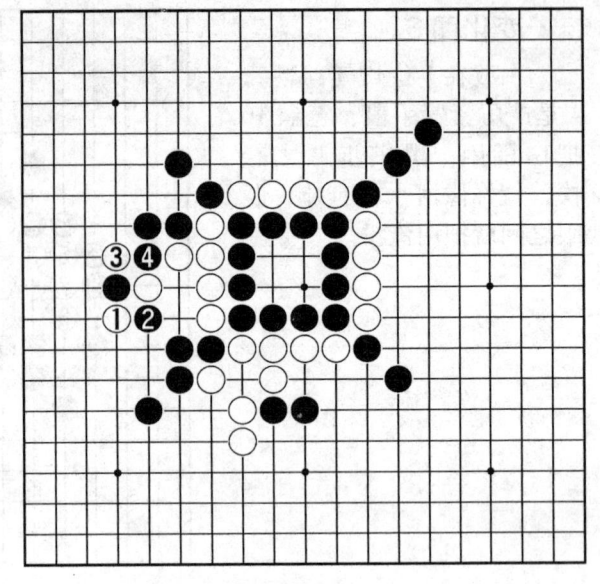

变化图 5

变化图 6

白1、3靠长，白7接想长气，但黑8虎，双方对杀至黑16，白仍差一气，只好继续想法逃命。

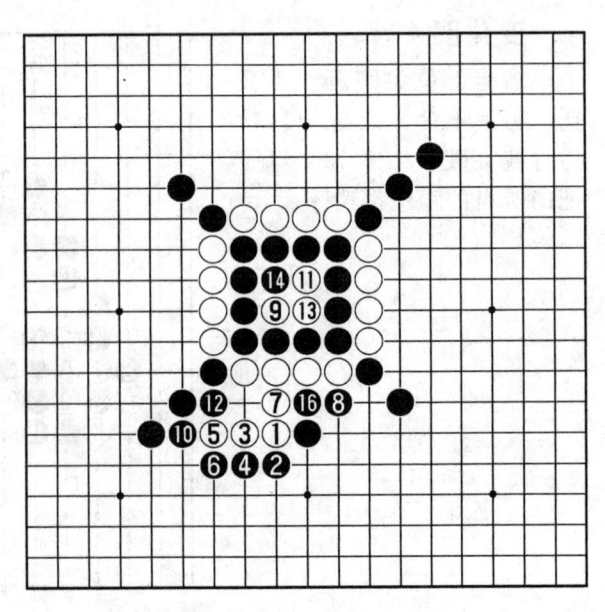

变化图 6 ⑮=⑬

变化图 7

白改走 1 位谋求出头，但是，黑 2 虎是恰到好处的试应手，火候、时机、手法均拿捏得很好，至黑 6 后，A 和 B 黑可得其一，任何一点足以摧垮白棋的意志。

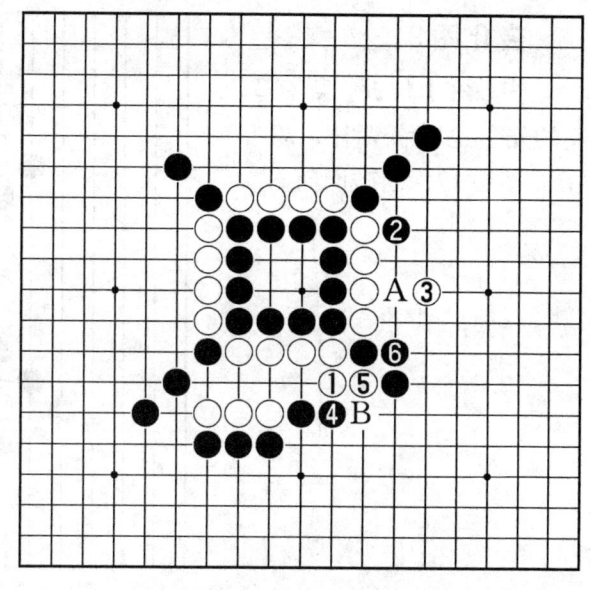

变化图 7

变化图 8

白改在 1 位防守，黑 2 自然推进，双方至白 21，黑 22 在后面一挤，白命悬一线，但白有好招还击，现在进入战斗高潮，稍有不慎，就会坠下悬崖。

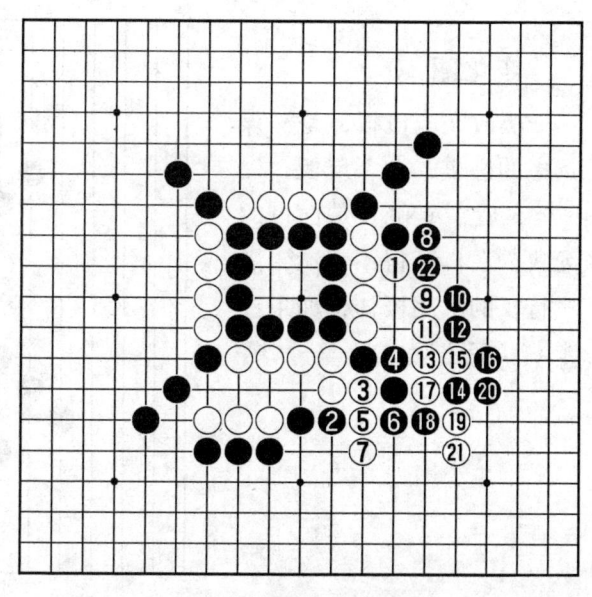

变化图 8

变化图 9

白改在 1 位扳,黑有 2、4 的先手也于事无补,双方战斗至黑 17,白破网而出。

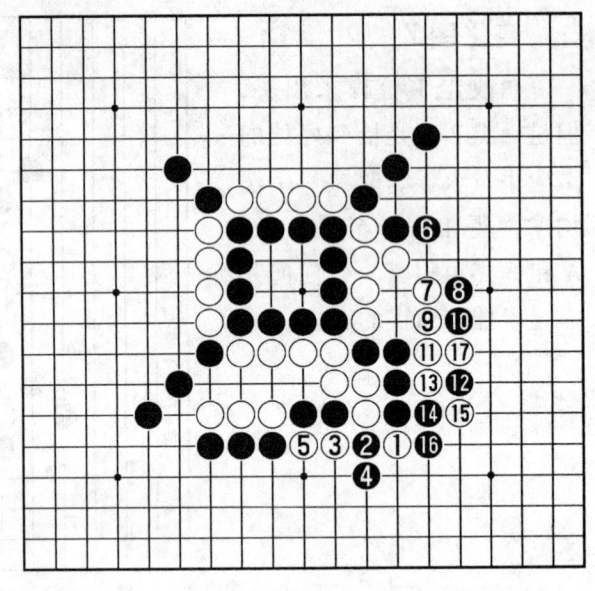

变化图 9

变化图 10

黑改在 1 位扳,是深谋远虑的好棋,白 2 反扳,黑 3 至 5 后,A 和 B 是白棋的死穴,白棋不得不承认,黑棋行棋的次序极佳,如果白走 C 位反击呢?

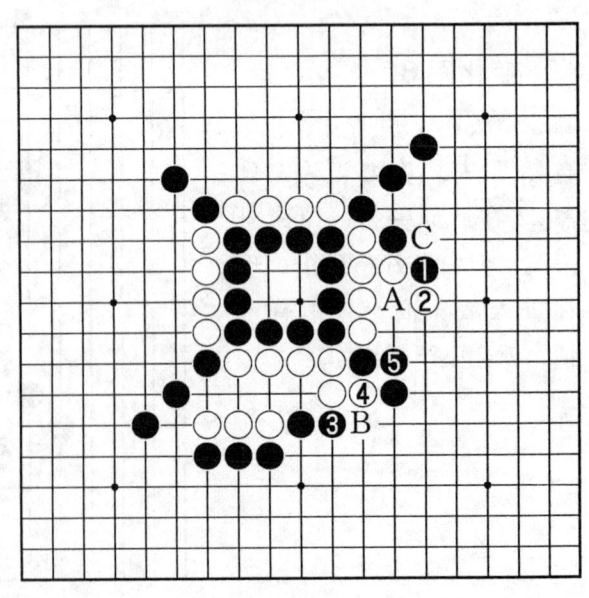

变化图 10

变化图 11

白1打，黑2虎，这是正确的方向，把白引向未知，黑4先手，白5防被征吃，黑6发动袭击，至黑22尽管是不同故事的版本，却是相同的结局。

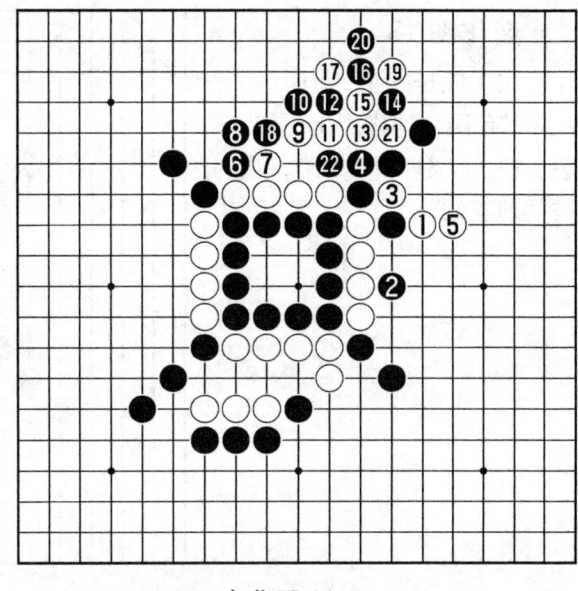

变化图 11

变化图 12

白1夹，黑2不好，过早暴露心机，这是因为白没下出最好招法，至黑14不幸遇难。能否抓住要领，关键在于是否有合理的思考方法。

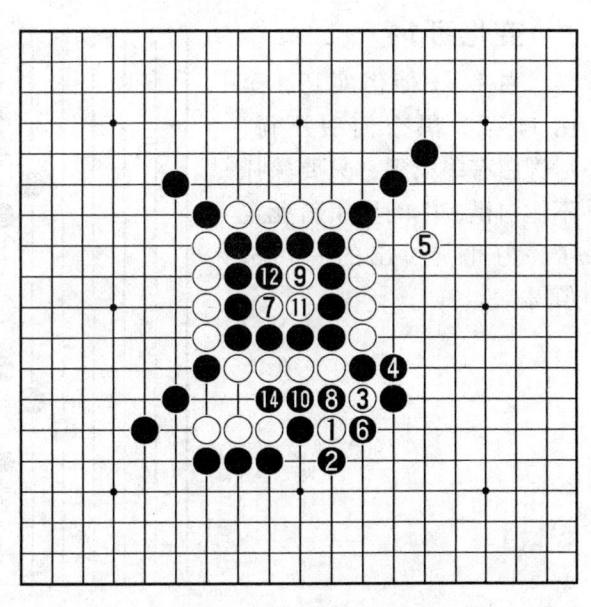

变化图 12　⑬＝⑪

变化图 13

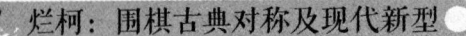

白1虎是好手,但白7、9突围有误,这样黑12是先手,白17飞,黑18跨,白被就地正法。

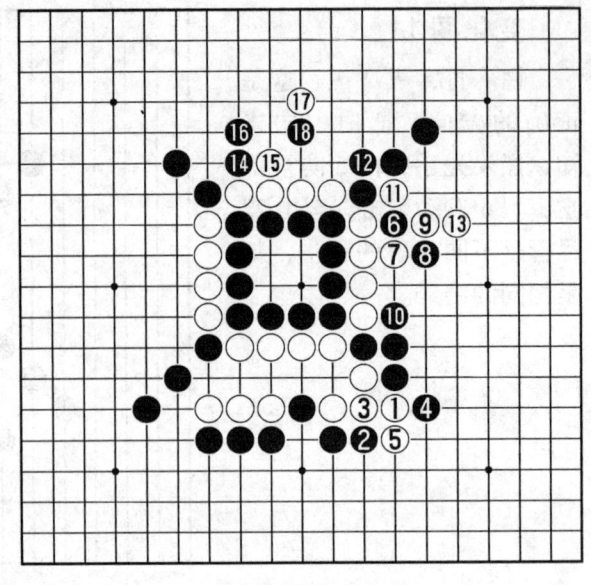

变化图 13

变化图 14

白1、3似俗实巧,至白11后,黑奈何白不得,尽管白有些狼狈,只要黑抓不住白棋,中间黑棋就死定了,为此所付出的一切都值得。

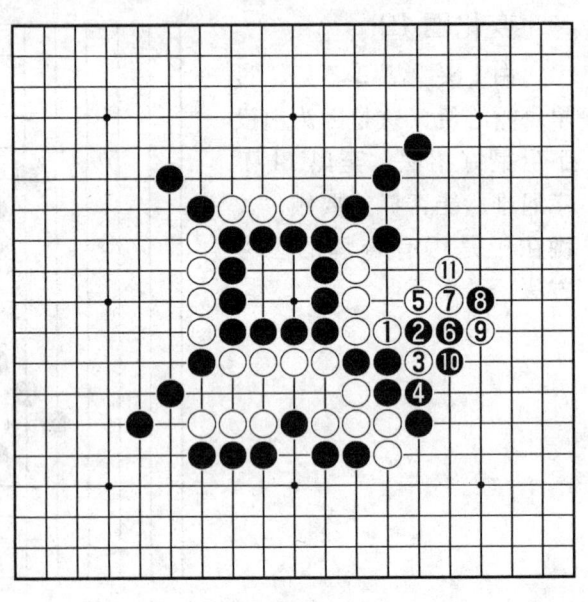

变化图 14

变化图 15

白 1 时，黑 2 虎是妙机，白 3 关，是第一种应法，黑 4 再虎，催促白 5 与黑 6 交换，A 和 B 都是美食，黑只要吃到一处，就会心满意足。

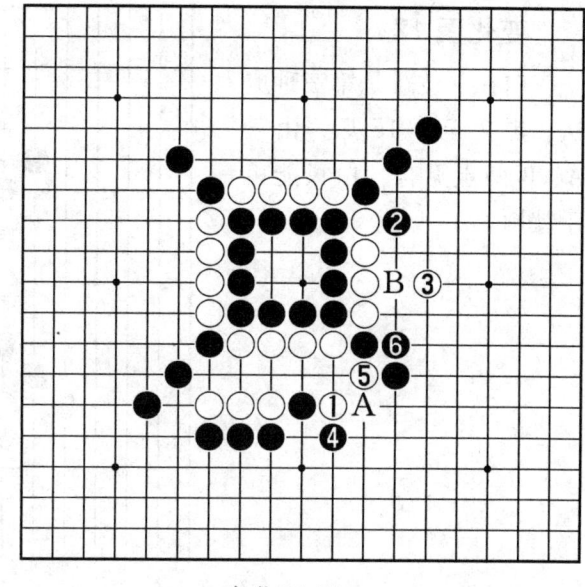

变化图 15

变化图 16

白 1 拐是第二种应法，也挽救不了失败的命运，黑 6、8 把白引向自己设计好的陷阱，至黑 28，白失败。

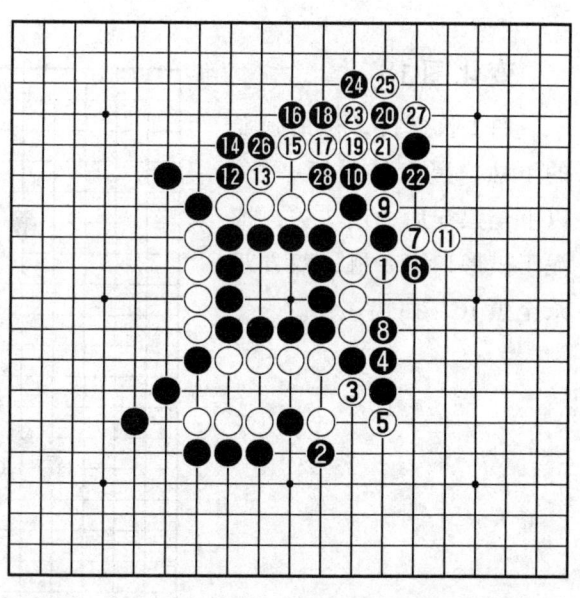

变化图 16

变化图 17

白在 1 位跳是第三种应法，黑 2 至黑 16 后，由于 A、B 两点见合，白只能束手就擒。

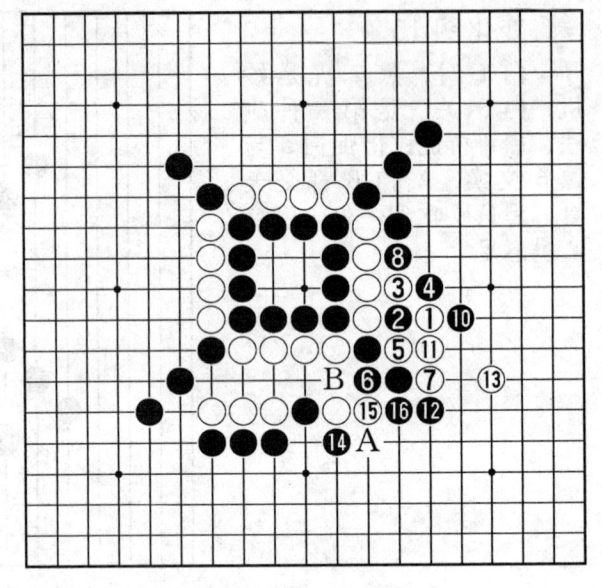

变化图 17　⑨ = ❷

变化图 18

白 1 长抵抗，是最顽强的下法，黑 2 挖是第一感，以下至黑 6 后，白 7 关，拘泥于棋形，黑 8 枷，双方对杀至黑 16，白快一气。

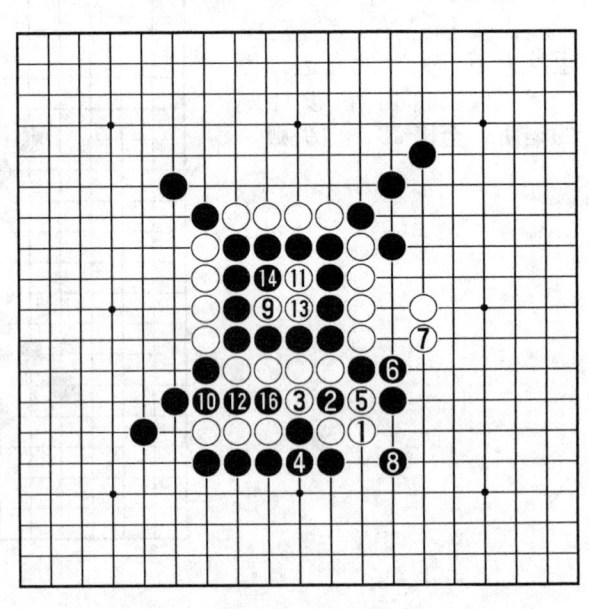

变化图 18　⑮ = ⑬

变化图 19

白 1 贴是实战好手，紧住黑棋的气至关重要。黑 2 枷封，白 3 至 9 突围，黑 10 转身欲捕获这块白棋时，白 11 意外地凶狠，黑 12 断，白 13 以下把黑棋赶尽杀绝，好生厉害。

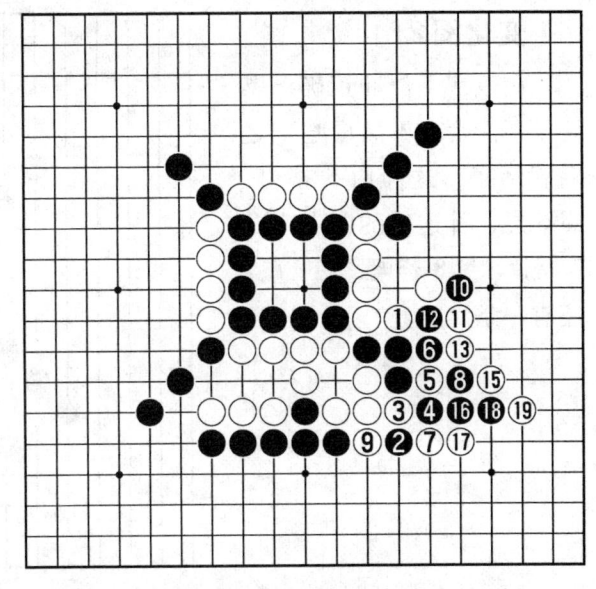

变化图 19　⑭=⑤

变化图 20

黑走 1 位消极抵抗，白 2、4 打虎出头，这只是白的一种选择，白在此有几种出头方法。黑 9 枷，不能让白逃得太远，白 10 冲，黑 11 必须扳住，不然中间黑棋与这块白棋对杀，气不够，但白 14、16 选错了突破口，至黑 21 白壮烈牺牲。

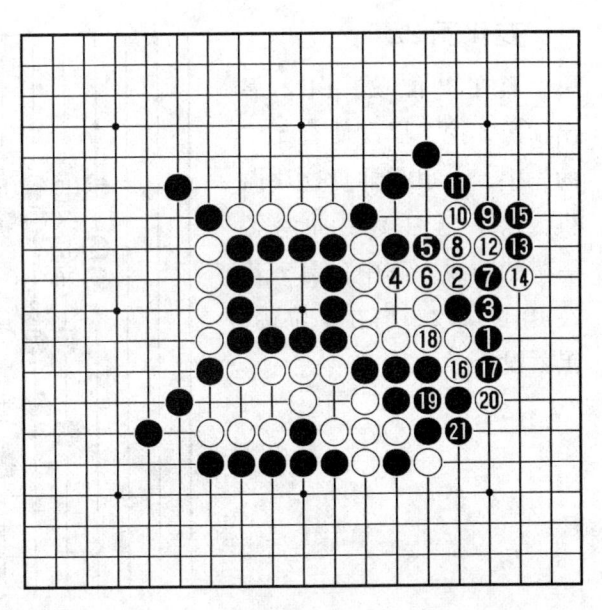

变化图 20

变化图 21

白改在 1 位冲正确，黑两子不能舍，不然白吃子之后就活了，这样白 5 挤打，黑 6 虎，补这边的断点，白 7 提后，黑 8 若虎，白 9 跳，还有一条出路。

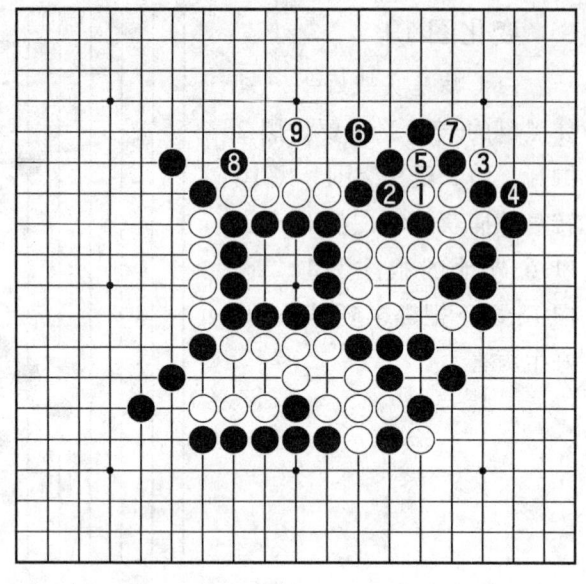

变化图 21

变化图 22

黑在 1 位攻，白 2 靠出，黑 3 挖，黑即使有 5 位的先手，也很难捕捉这块白棋，以下至白 16，冲垮了黑棋的防线。其中，黑 7 若在 10 位飞攻，白在 9 位跳，黑就没招了。

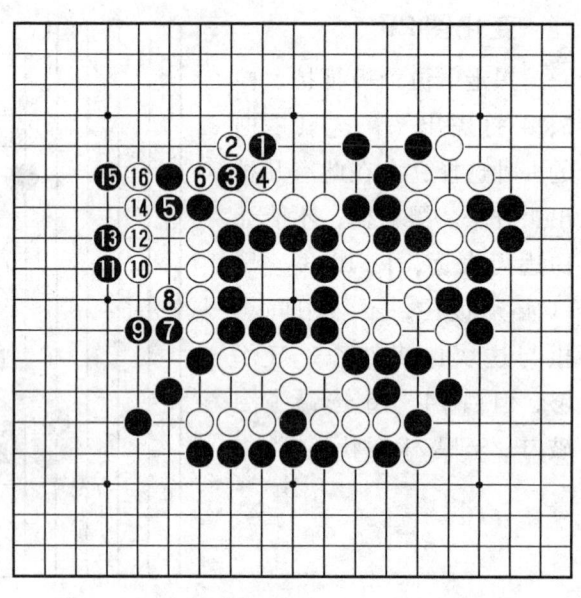

变化图 22

变化图 23

黑在1位飞枷，才是此际的好手，黑下边太强壮了，可以充分发挥作用，白2、4、6是徒劳的，如果下边白棋与中腹黑棋杀气，如变化图18所示差一气。此时，白棋才明白自己当初做了一件多么糊涂的事，让黑棋下得太厚了。

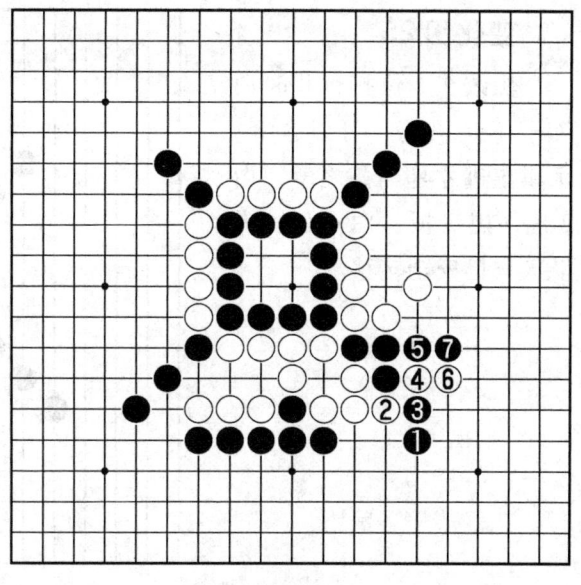

变化图 23

变化图 24

黑3扳时，白不走23位的长，而是直接走4位的夹，黑5虎，白6跳，以下至黑15是双方最正确的次序，这时，白16、18突围，黑19也只能迎上，不能退缩，白20打后，白22扳厉害，黑23如断打，至28吃住黑两子，其中，白24还可以在A位打，这招更厉害。

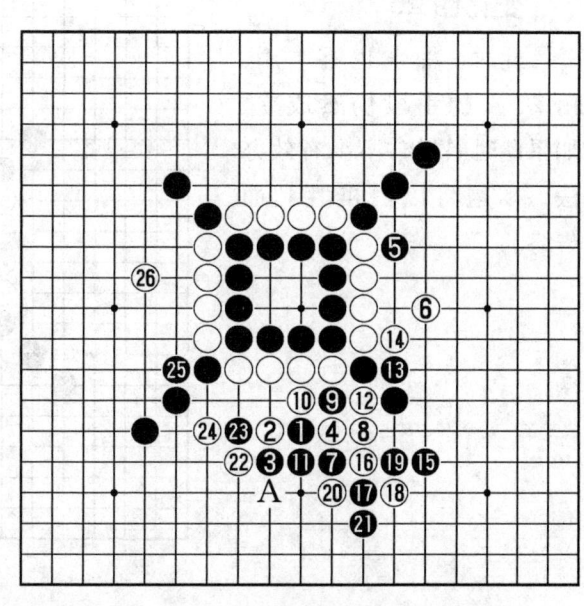

变化图 24

245

变化图 25

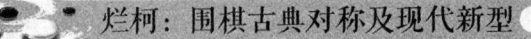

黑改在 1 位打,此时白四子不是棋筋,可以舍弃,大棋出逃才是当务之急,白 2 虎,黑 3 扳,白 4 长,大队人马已安全转移。

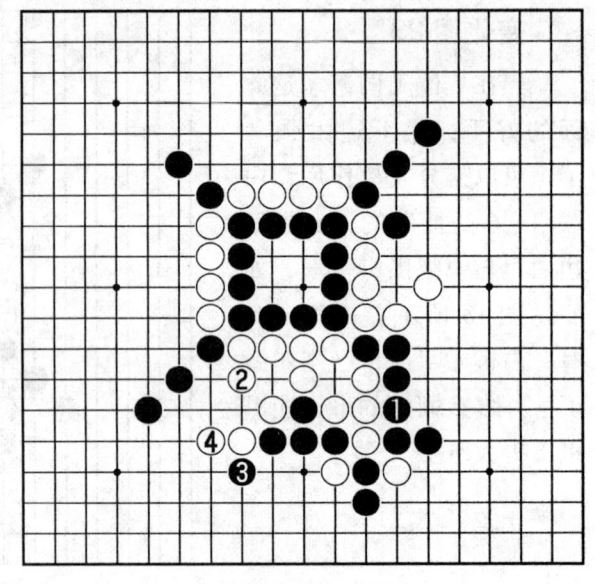

变化图 25

变化图 26

此时,黑 1 也不中用,白 2、4 的手段仍然成立,如果此时黑棋拿不出有效办法,本题将以白棋胜利而告终。

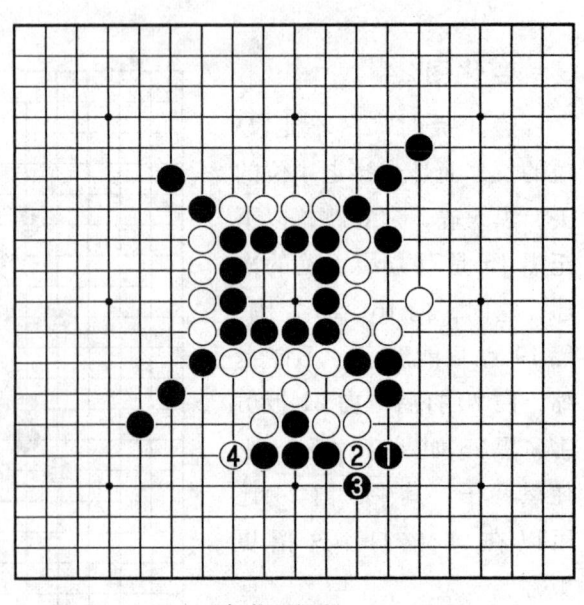

变化图 26

正解图

白2靠时,黑3再用相同的手法,在右边发动进攻役,当白8夹,黑9尖是画龙点睛之笔,白在右下处有出路,黑在此有一将把关后,两边总能堵住一边。白10、12处理一方,黑15扑劫,酷烈,白16提,黑17一劫可以把白打爆。

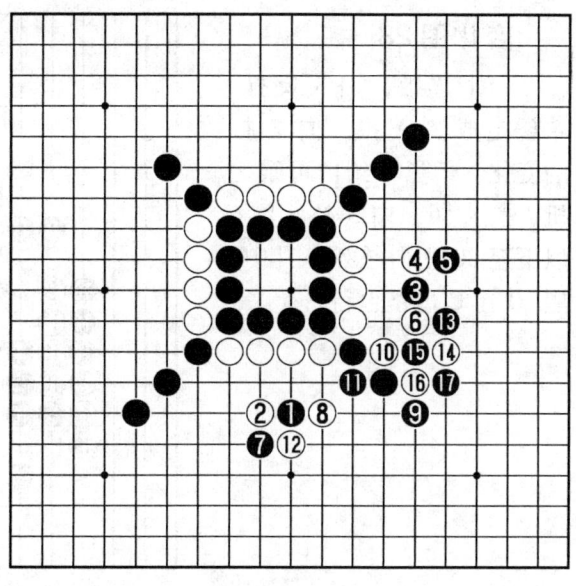

正解图

变化图27

白在1位补,黑2、4扳长,上图的黑9正好把白的出路堵住,令人遗憾的是,白7、9也不行,白三子被提后,白失败。

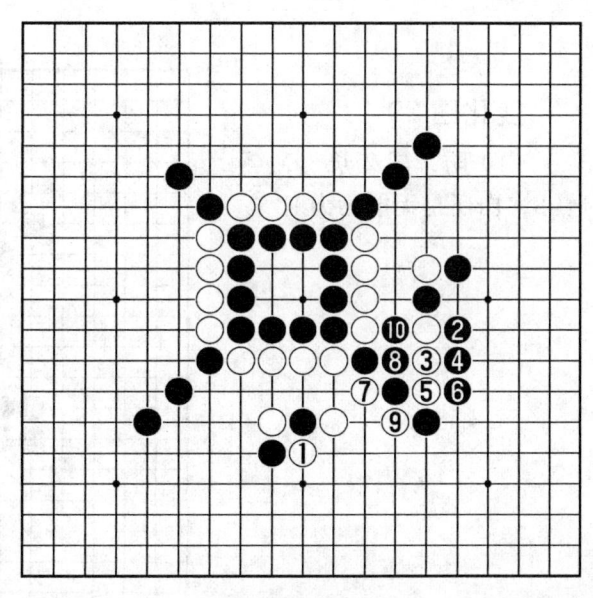

变化图27

变化图 28

白 1 连扳，白 3 反打，希望走成黑 A 提，白 B 打的变化，但黑不给白可乘之机，黑 4 团，白 5 补，黑 6 以下至 20 把白杀死。其中，黑 20 在 C 位挤也行。

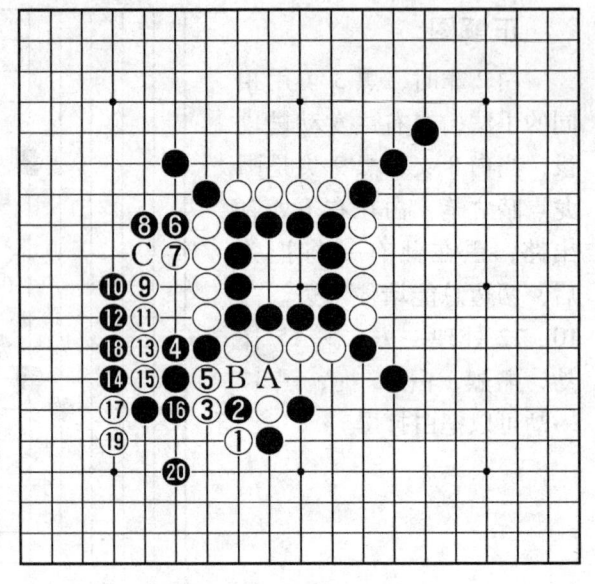

变化图 28

变化图 29

白 1 防，黑 2 长出，至黑 8，白还是无能为力。

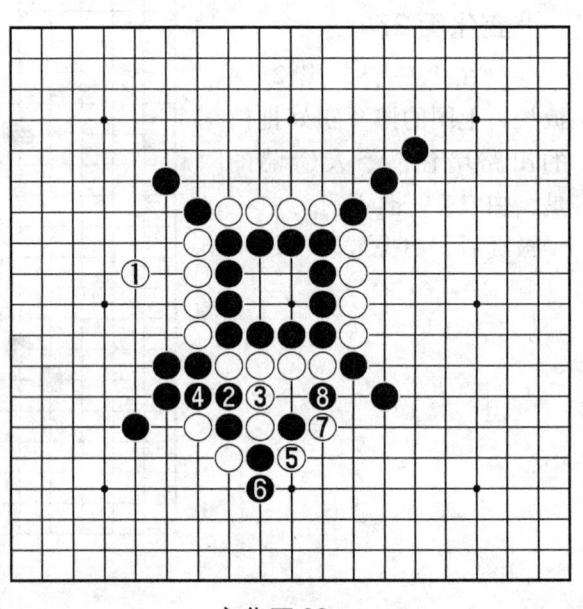

变化图 29

正本清源 1

黑 1 杀气腾腾攻来，白 2 单靠，现在只剩下最后一种方法，黑 3 有谋略，白 4 跳，黑 5、7 摧枯拉朽至黑 11，白不行。

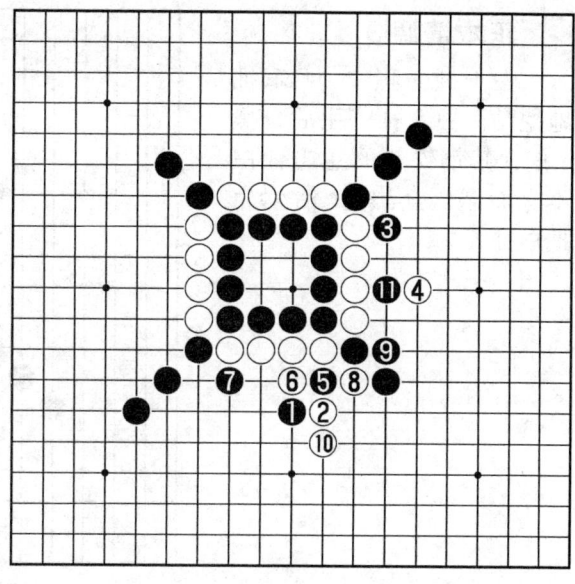

正本清源 1

正本清源 2

白改在 1 位防守，黑 2、4 催促黑 6 定形后，再黑 8 扳，发动第二波攻击，当黑 12 接后，黑 14 再发动第三波攻击，终于在黑 22 把白击溃。

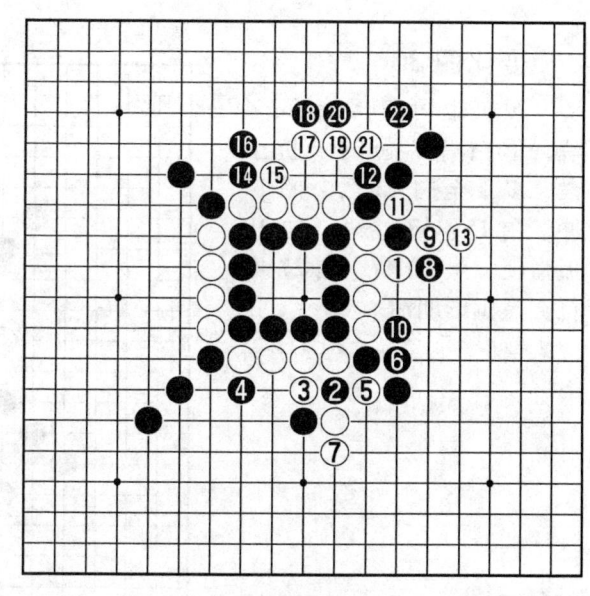

正本清源 2

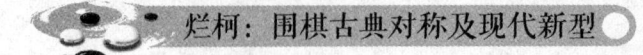

正本清源 3

　　白 1 跳，黑 2、4 笨拙地挖粘，白 5 补一手后，黑 6 挖，其钢铁般的意志让白不寒而栗，至黑 12 活生生把白征死。

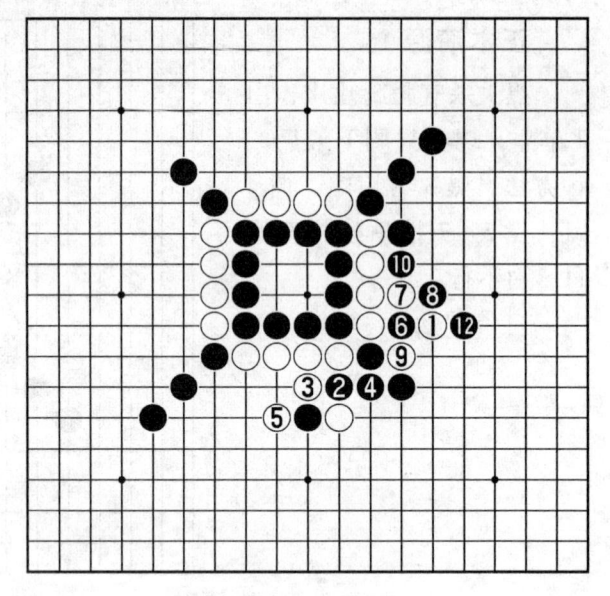

正本清源 3　⑪=❻

变化图 30

　　黑棋也可直接走 2、4 位，但白有 7 位的抵抗手段，以下至白 13 后，黑 14 冲，白 15、17 治理，白 19 扳强硬，黑 20 断，白 27 爆打，黑棋形崩溃。

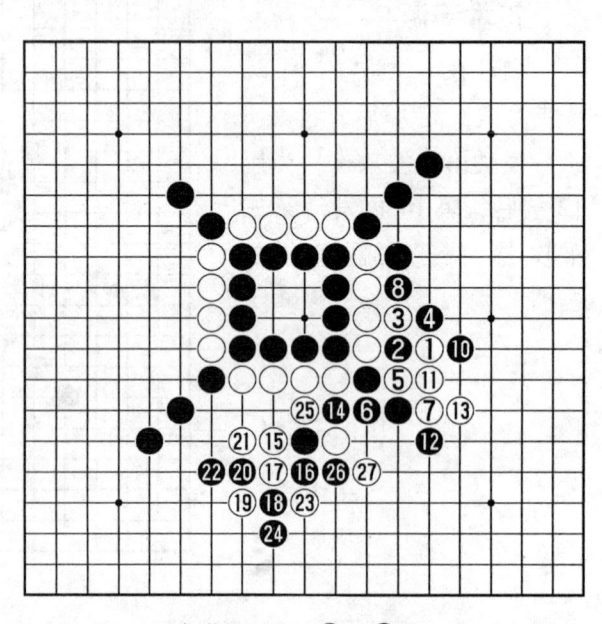

变化图 30　⑨=❷

变化图 31

黑只能走 1 位，但黑 7 不宜过早定形，战斗延绵至左边、上边，黑 21 攻，白 22 跳不妥，因黑 27 是先手，这样黑 29 封有力，至 33 黑生擒白棋。

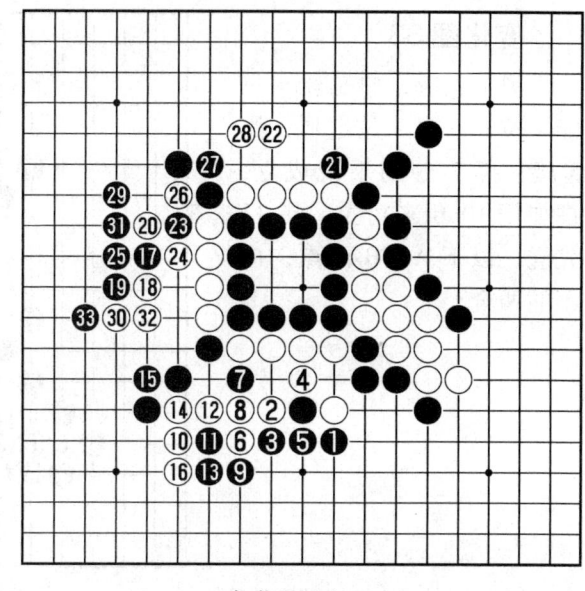

变化图 31

变化图 32

白 1 好，黑 2 长，白 3 如在 A 位压，黑 B 位扳有力。白 3 跳，由于黑两子不是很强，不能使用过激手段，白有足够的空间与黑周旋，所以，黑要对之前的着法予以修正。

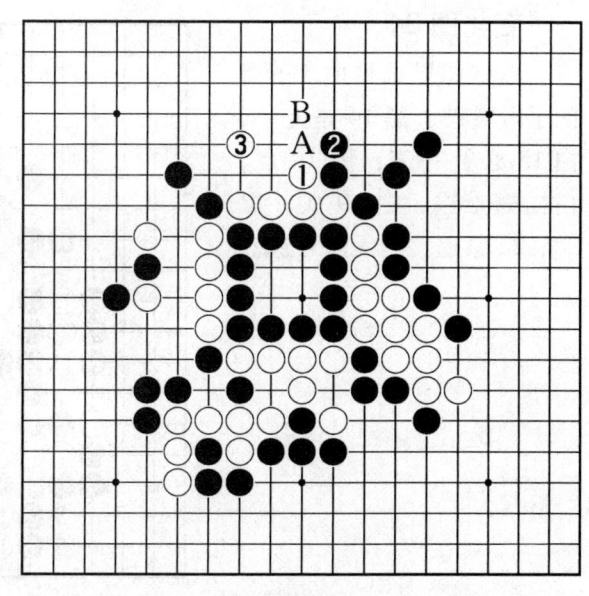

变化图 32

变化图 33

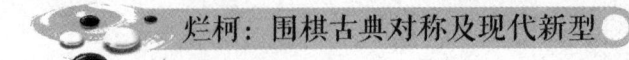

黑 1 先扳，白是软头只能 2 位长，再 3 位定形，黑 5 爬，黑 7 枷的手段成立，白如用 10 断来对抗，黑 11 先虎，以下 A、B 两点，白不能两全。

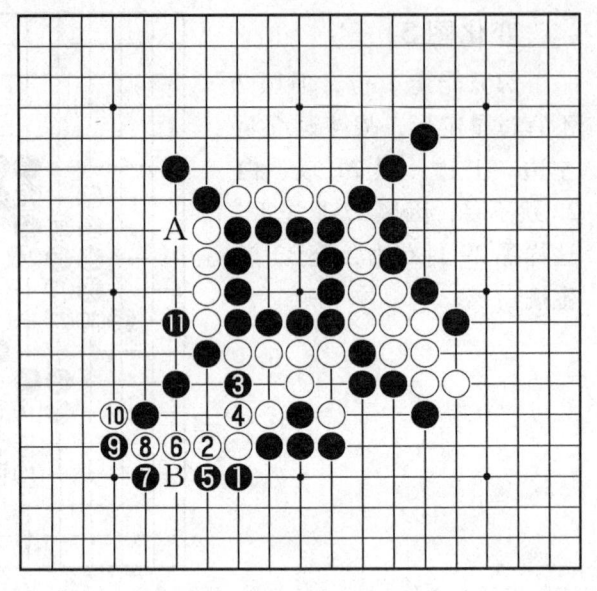

变化图 33

变化图 34

白棋如果选择白 1 至 5 的手段突破，黑 14 是先手，白 15 必补一刀，黑 16 虎，白插翅难逃，白 19 尖，黑 20、22 紧逼，白无路可逃。

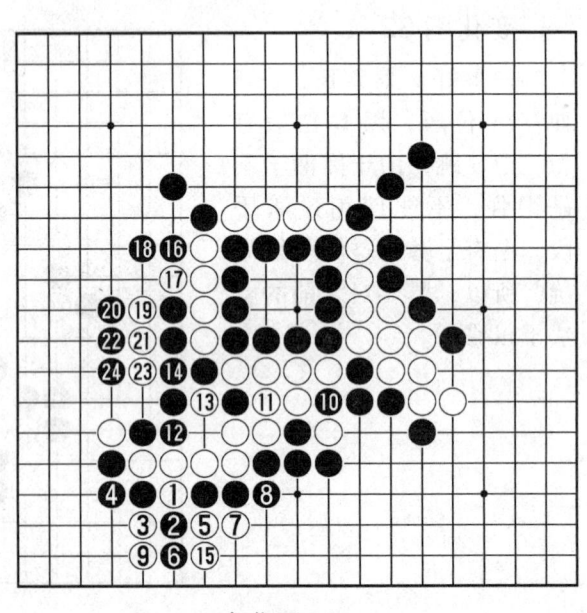

变化图 34

落幕

白 1 弯，不好，黑 2 虎，至黑 6 后，A 和 B 见合，白失败。

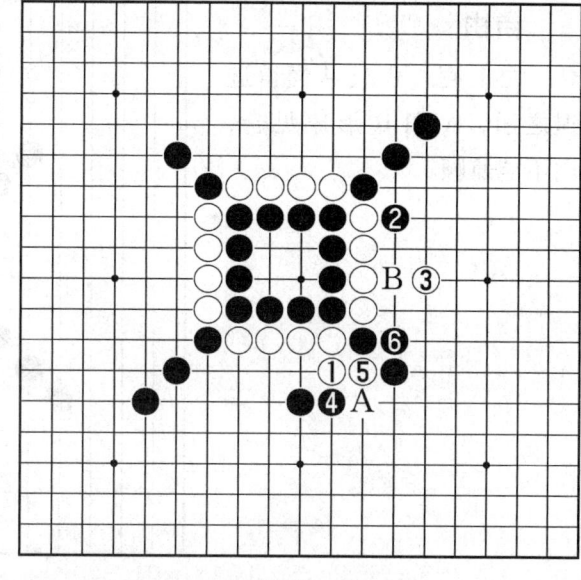

落幕

抽搐

白 1 抵抗，就像前面讲过的一样，黑棋梦幻般的攻击浪潮，让白棋感到沮丧。

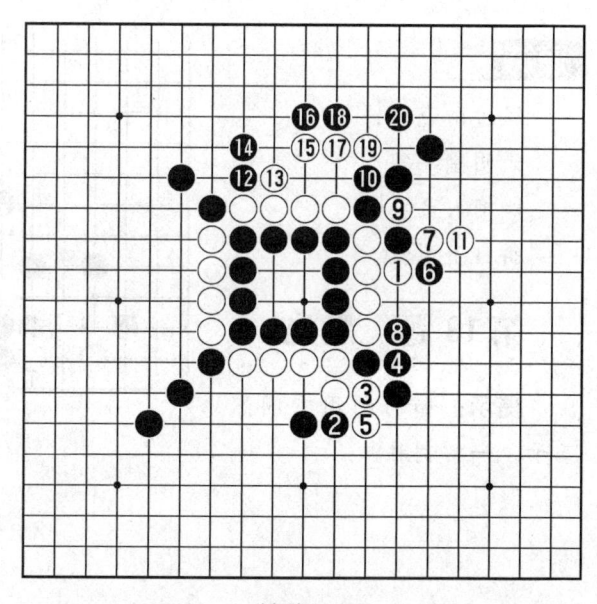

抽搐

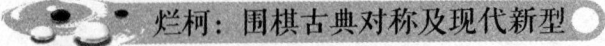

自由

白1关，黑2、4懂得进退之道，A和B形成见合，白不能兼顾。

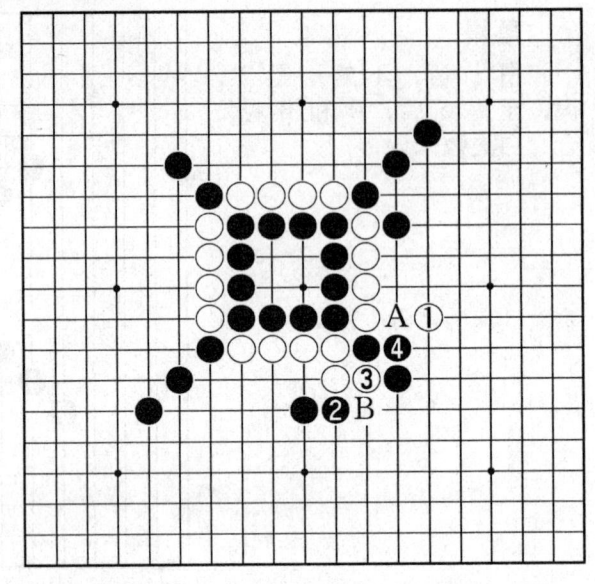

自由

题诗

风过雨霓息，
天明星斗空。
烂柯人已去，
斜日上窗红。

第18题　黑先

提示：如何利用中间黑三子，一招制胜？

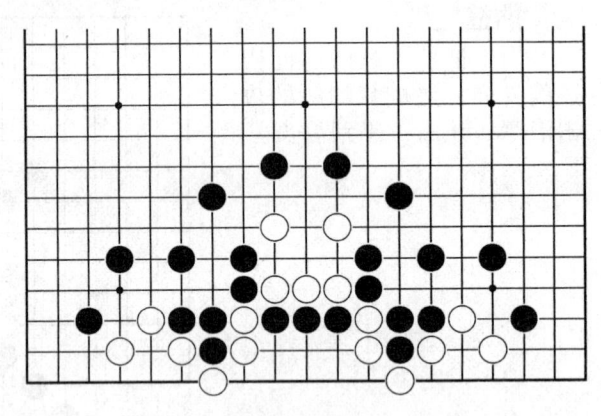

第18题

自创第五题　遣醉纵横
黑先　投石问路

题诗

遣醉纵横驰笔阵，
乘闲谈笑解棋围。
出门未免流年叹，
又见湖边木叶飞。

这是一道富有现代特征的棋势——点三三的变化，黑先行，怎样下出妙味来？

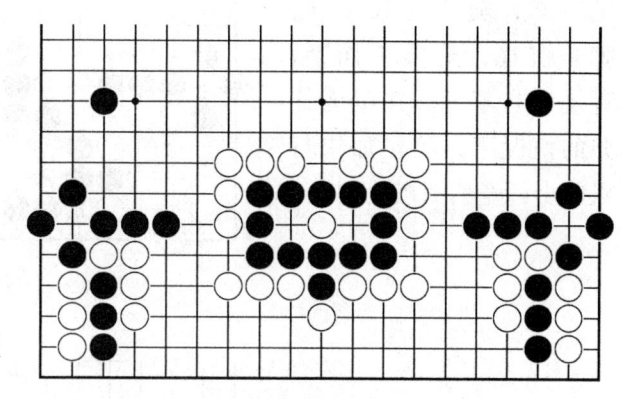

自创第五题

正解图

黑1二路曲，白2扳，双方缠斗在一起，斗得甚是紧凑，忽然白24一滑，摔了一个筋斗，跌下被擒，作茧自缚。

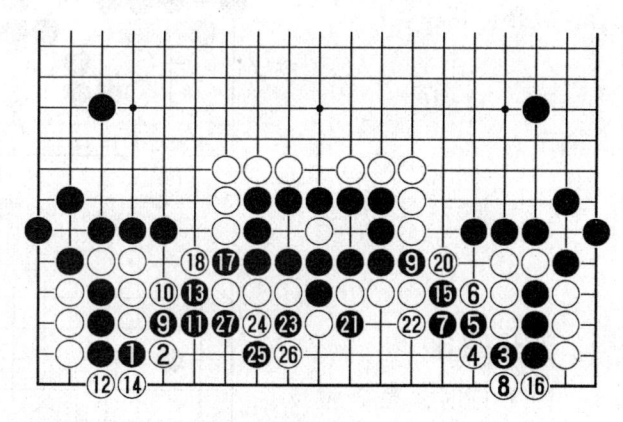

正解图

变化图1

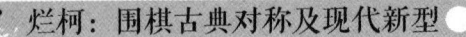

白在2位打,黑3初发一掌,随后身跟掌转,脚步沉稳,至黑7而活,竟是大有意境。在毫无征兆的情况下,黑棋加快行棋节奏,竟然活棋。

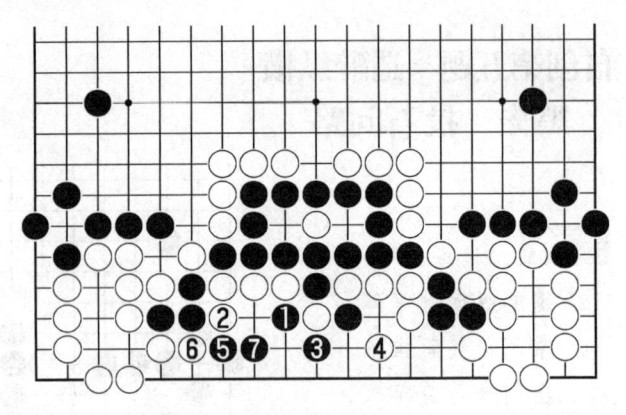

变化图1

变化图2

白1打,白3允许黑4拔花,以下A、B形成见合,黑必得其一。

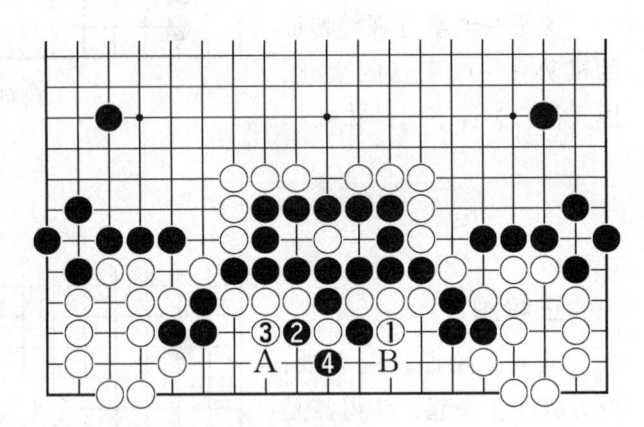

变化图2

变化图3

白1打时,黑2位反打,白3、5凝重,黑6一长,挥刀而砍,A、B形成见合,黑必得其一。

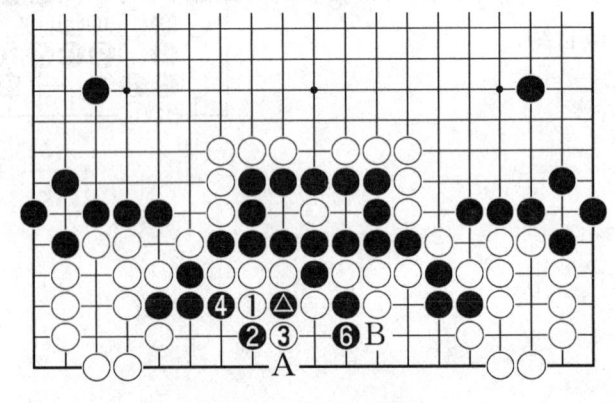

变化图3　⑤=△

变化图 4

当白 1 打时，黑 2 兜底，白方万料不到空明拳，竟是让人防不胜防。在白棋行棋节奏变化的瞬间，黑棋犀利手段如手术刀般插进白棋要害。

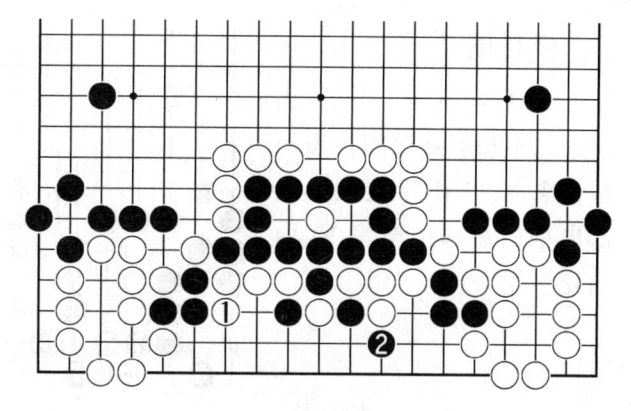

变化图 4

变化图 5

白 2 打时，黑切不可在 3 位呆长，不然至白 8 窒闷伤身，黑 9 白 10，已是侥天之幸，管它什么真假功夫。

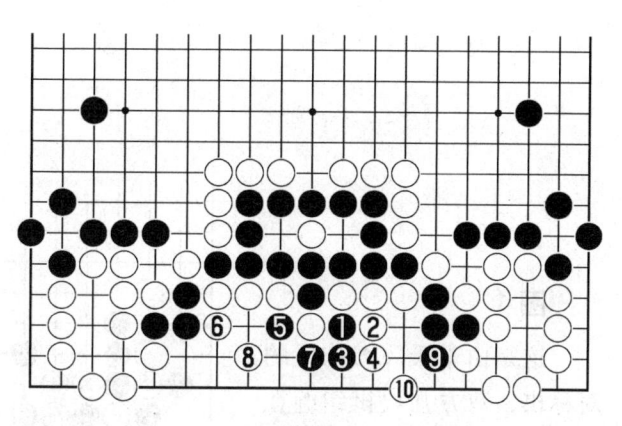

变化图 5

变化图 6

白 4、8 直接打，双方缠斗至黑 21，白还是不中，黑棋回归中原。

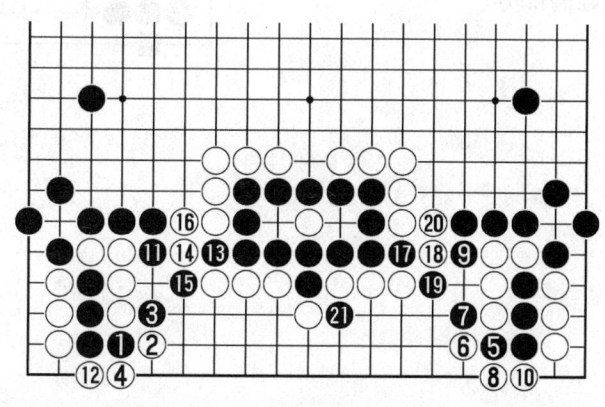

变化图 6

变化图7

　　白2只能退，黑3出击，白不知不觉之间被黑抓住，黑5、7出手之快，全部出乎白意料，至黑13白角死。

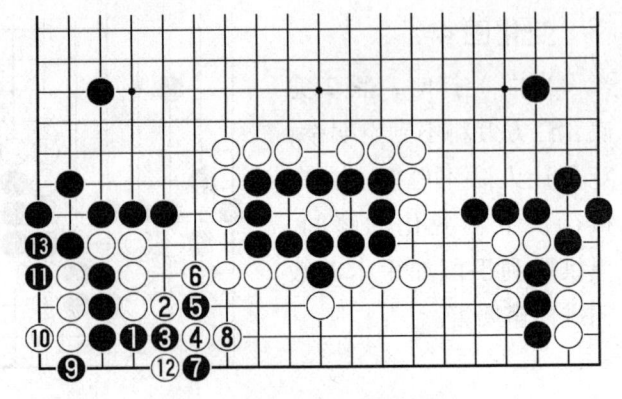

变化图7

图1

　　这是由芈氏飞刀构成的对称棋，双方几块棋纠缠在一起，其难度接近对称题最难的部分。

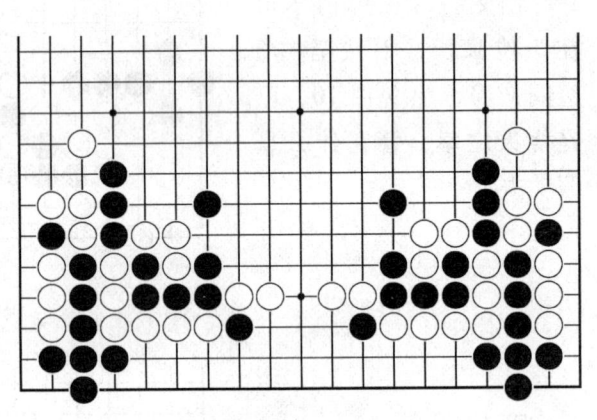

芈氏飞刀势　黑先

图 2

　　这是宋太宗御制第二题"独飞天鹅势",我加了黑△四子,做成上下对称,黑若从 A、B 位邪魅冷酷地进攻,就会发现不一样的世界。围棋在技与嬉的基础上,又有了道的色彩,手谈、坐隐、忘忧,见素抱朴,方能达到人生理想之境。

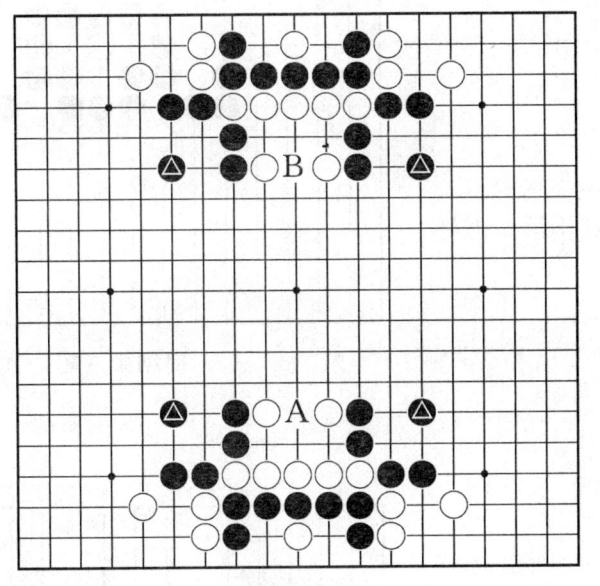

存在与发现

自创第六题　前车之鉴
黑先　柳暗花明

题诗

　　白石山中自有天，
　　竹花藤叶隔溪烟。
　　朝来洞口围棋了，
　　赌得青龙直几钱。
　　黑丁四被点不活，怎样破网而出？

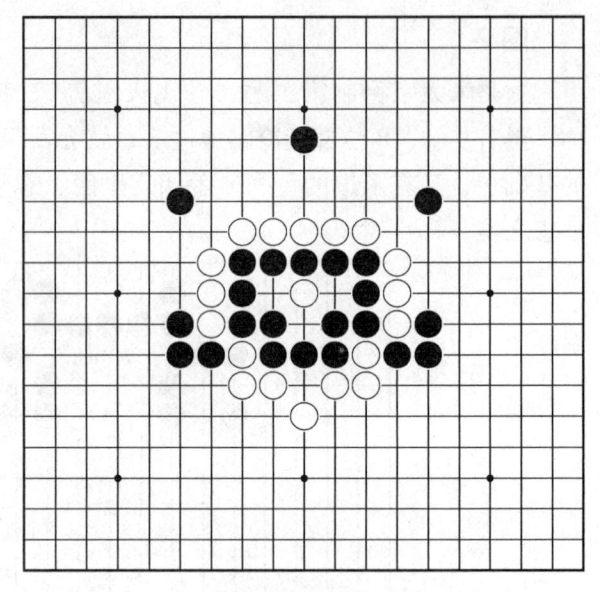

自创第六题

正解图

　　黑1、9先后断是必然的招法，白2黑3，黑7必须要走，以下至黑27，黑棋把白棋枷死。

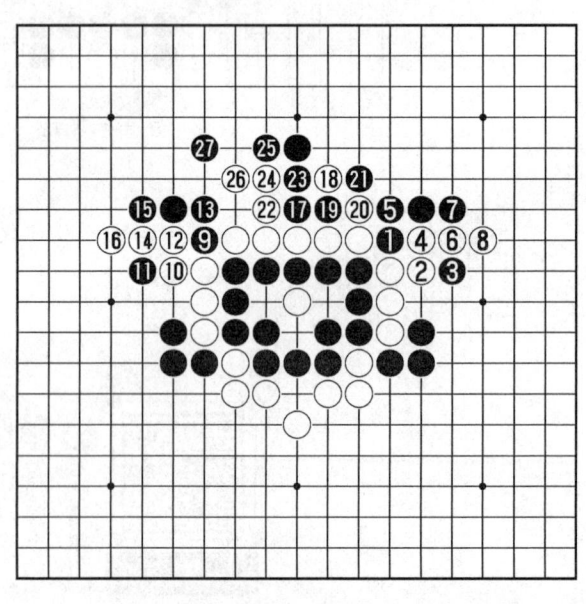

正解图

变化图 1

白改为 1 位笨冲，黑 2 必须虎住，以下至黑 12 黑仍被枷死。

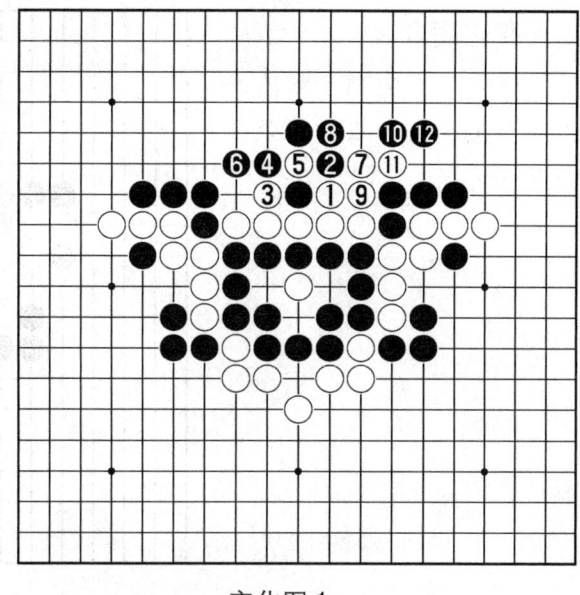

变化图 1

变化图 2

白改在 1 位刺，黑 2 老实接住，白 5 跳，黑 6、8 冲断，以下至黑 12 虎，白也是受制之形，无法动弹。

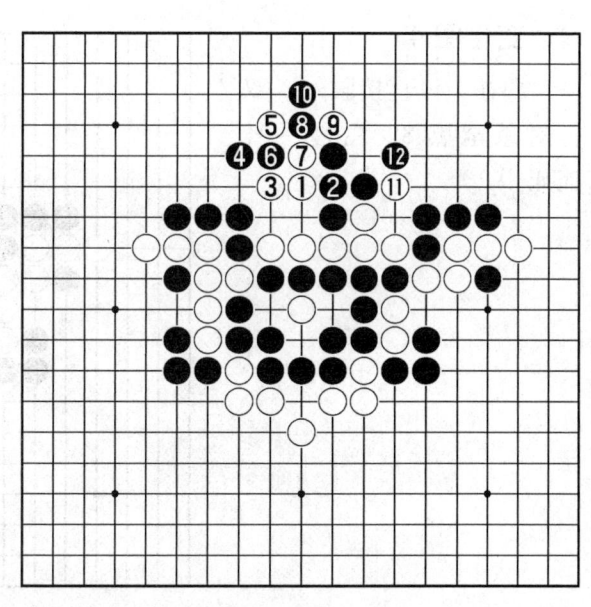

变化图 2

变化图 3

黑走 1 位尖顶，紧凑，以下至黑 5 枷，双方对杀，白慢一气。

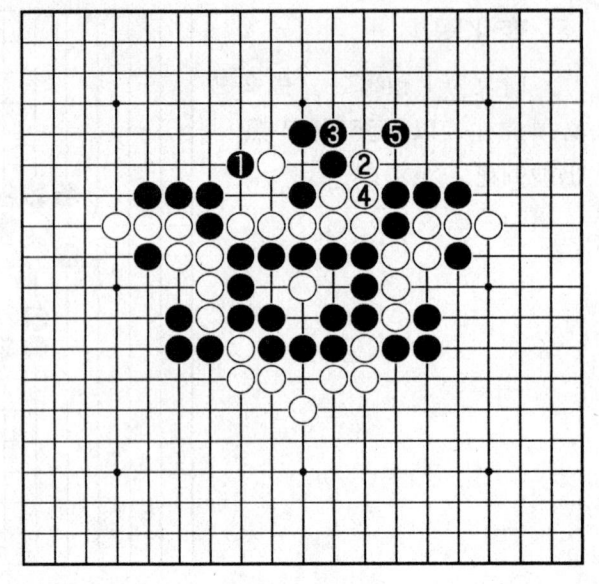

变化图 3

变化图 4

白在 1 位直接收气，双方对杀至黑 8，白慢一气而死。

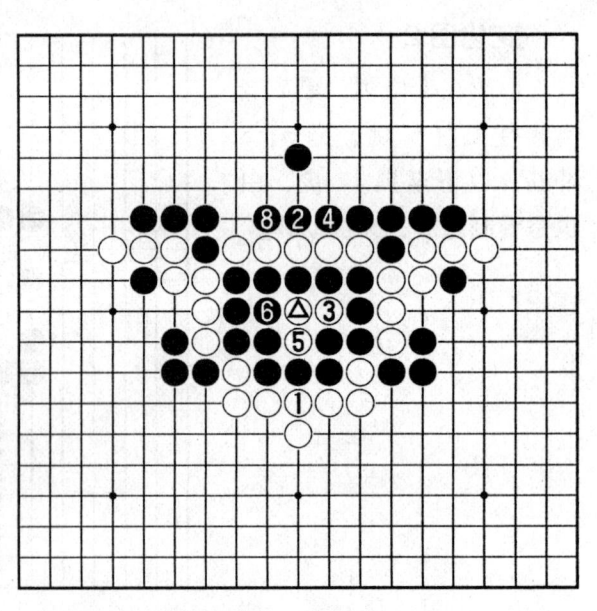

变化图 4　⑦ = △

变化图 5

　　白 1 挖是妙手，黑棋如果应错，白棋就跑，如黑 2 长，白 3 轻妙是形，至白 7，黑抓不住白棋。

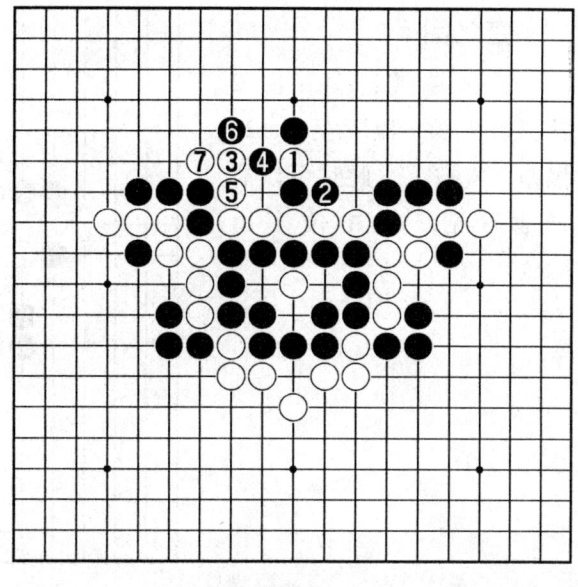

变化图 5

变化图 6

　　黑 1 打正确，当黑 3 顶时，白 4 夹很迷惑人，黑 5 若冲，以下至白 10 拐出。

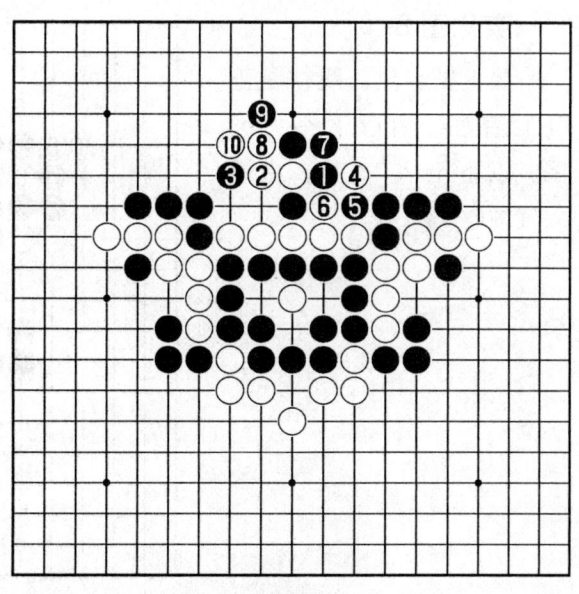

变化图 6

变化图 7

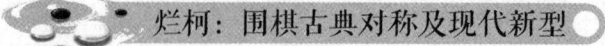

黑 1 单接冷静，白 2 接，黑 3 枷，以下至白 12，黑差一气被杀，此时可以清楚地看见，白 A 位多出一气。

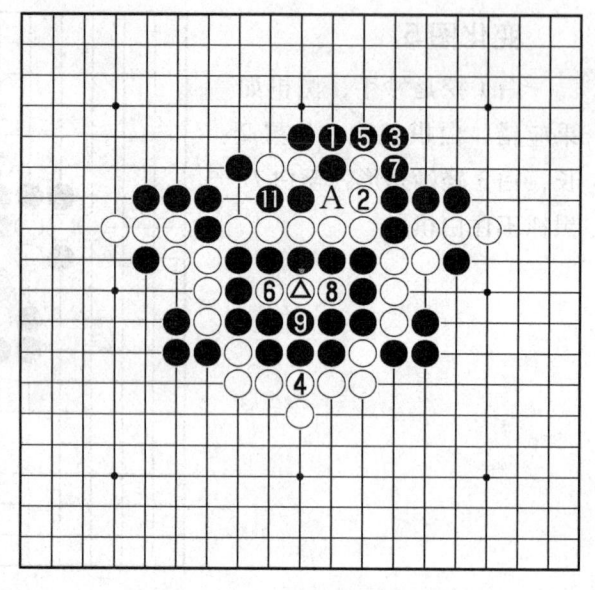

变化图 7　⑩ = △　⑫ = ⑧

变化图 8

黑 1 压、黑 3 跳枷是正确的着法，白以下奋力突围，以下至黑 13 止，白慢一气被吃。

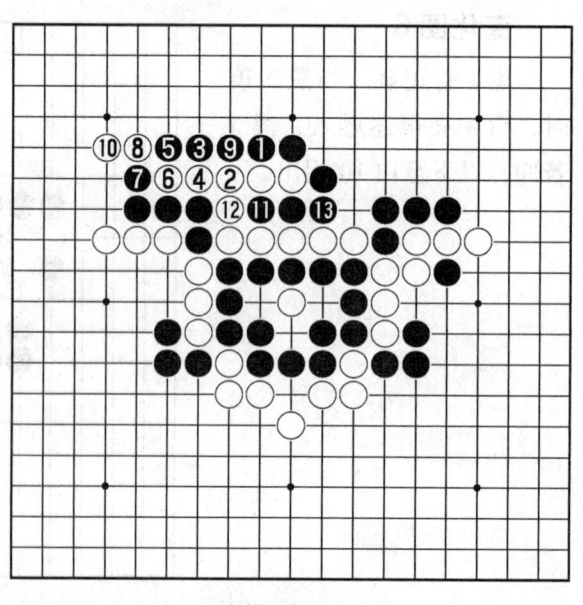

变化图 8

变化图 9

白改在 1 位断,制造纠纷,对此黑 2 接,以下至黑 18 止,白依然不行。

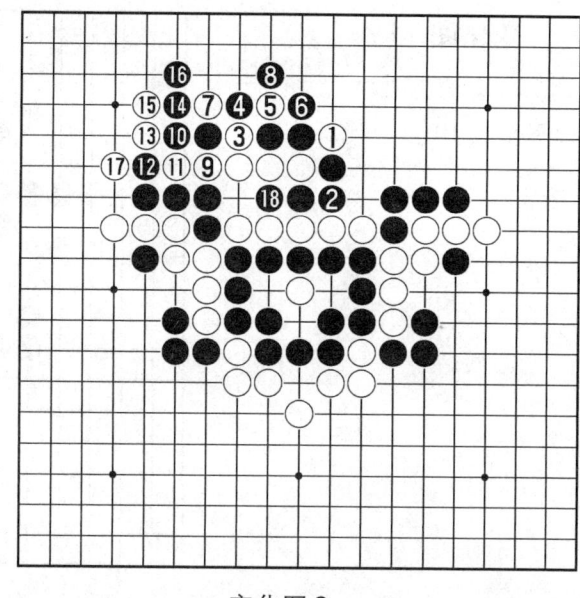

变化图 9

变化图 10

白 1 断,黑 2 紧住白气,以下至黑 20,白仍被吃,与前图大同小异。

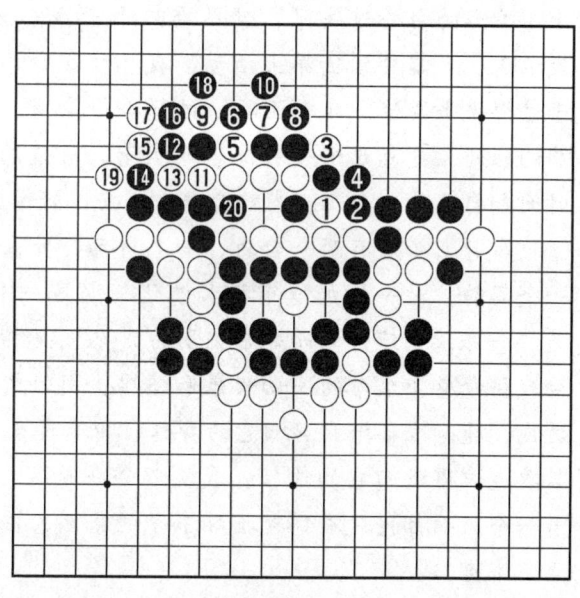

变化图 10

烂柯：围棋古典对称及现代新型

变化图 11

白 1 直接紧气也不行，以下至黑 10 止白死。

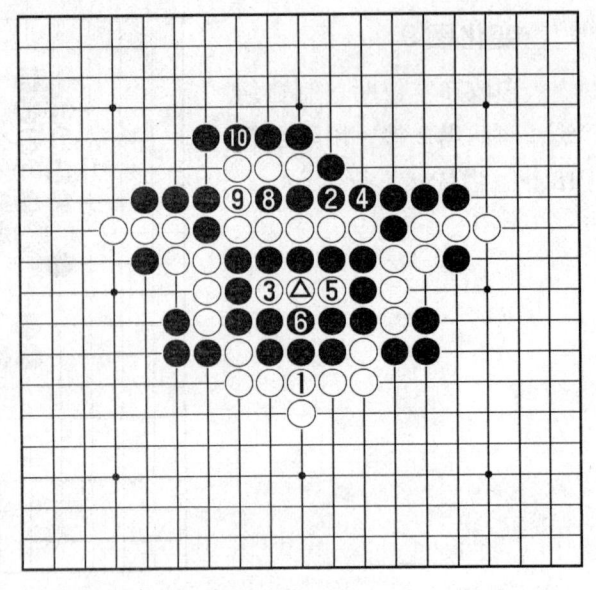

变化图 11　⑦=△

感悟

喧哗的白昼过去了，世界重归于宁静，我坐在灯下，感到独处的满足。我承认，我需要到世界上活动，我喜欢旅行、冒险、奋斗、成功、失败。日子过得平平淡淡，我会无聊；过得冷冷清清，我会寂寞。但是，我更需要宁静的独处，更喜欢过一种沉思的生活。总是活得轰轰烈烈、热热闹闹，没有时间和自己待一会儿，我就会非常不安，好像失了魂一样。

我身上必定有两个自我，一个好动，什么都要尝试，什么都想经历；另一个喜静，对一切加以审视和消化。这另一个自我，如同罗曼·罗兰所说，是"一颗清明宁静的而非常关切的灵魂"。仿佛是它派我到这人间活动，鼓励我拼命感受生命的一切欢乐和苦难，同时又始终关切地把我置于它的视野之内，随时准备把我召回它的身边。即使我在世上遭受最悲惨的灾难和失败，只要我识得返回它的途径，我就不会全军覆灭。它是我的守护神，为我守护着一个风雨都侵袭不到也损坏不了的家园，使我在最风雨飘摇的日子里也不至无家可归。

自创第七题　循环往复
黑先　九九归一

> **题诗**
>
> 紫霞洲上雨如丝，
> 白发衰翁有所思。
> 吟付三山林敬则，
> 烂柯国手尚观棋。

题目要求：四角相同，黑捕获任何一方白五⚛子就算成功。

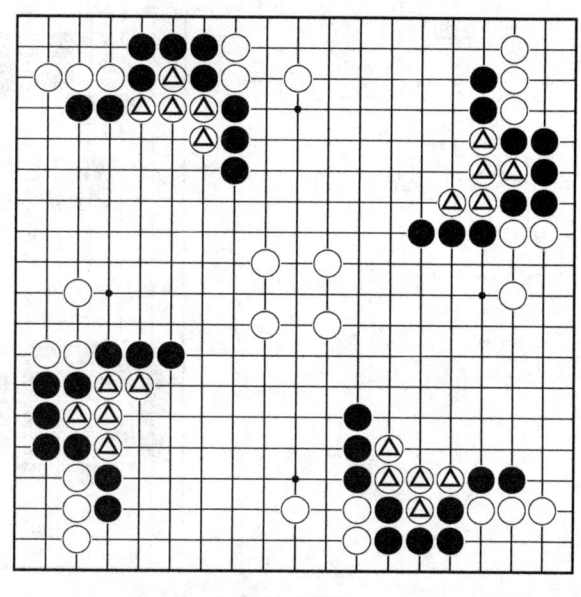

自创第七题

变化图 1

右上角，黑1飞，好像很凶，但白2、4轻松化解。另外展示其他对杀，黑都不行。

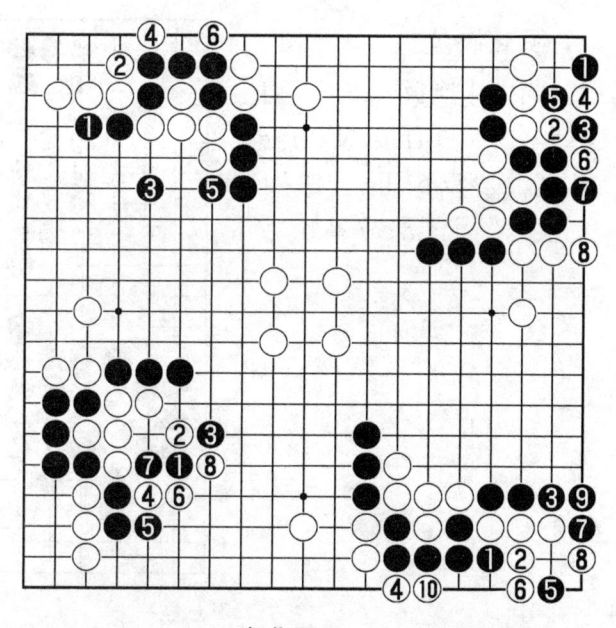

变化图 1

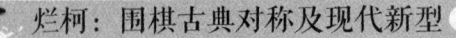

正解图

黑1关是正着,左上角白4连接时,黑5打不好,上当,至黑11成劫,不好。

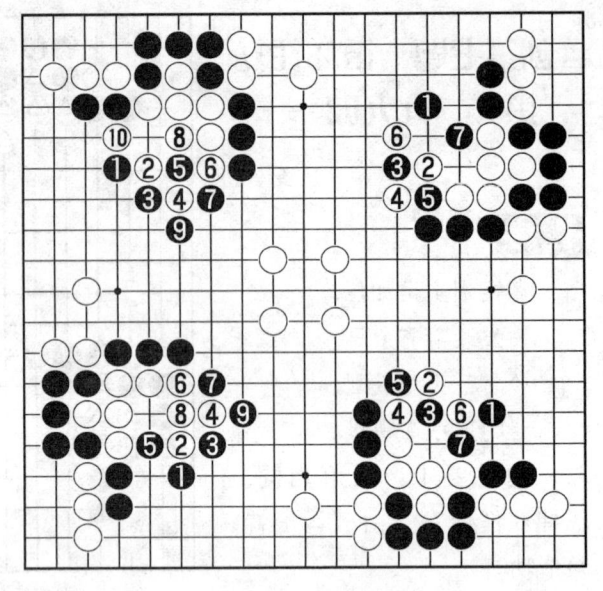

正解图 ⑪=❺

变化图2

当白4连扳时,黑5打好手。白6只有接,四方循环,以下至黑67止,白一处大龙被杀,尤其黑57精妙。

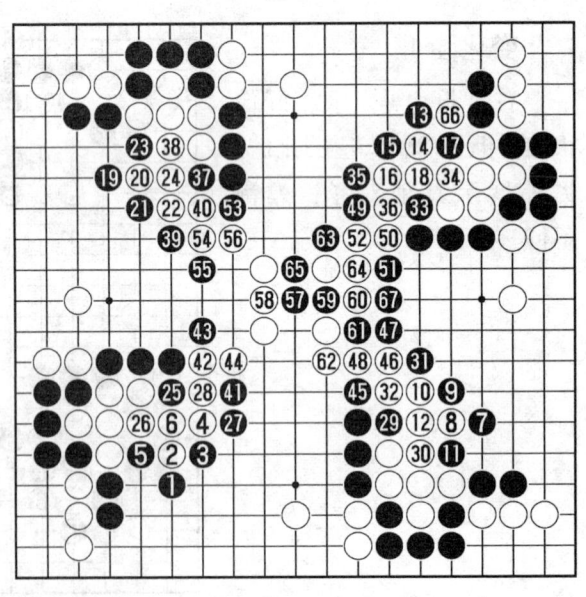

变化图2

变化图 3

白改在 2 位接也不行，以下至黑 7 卡打是双叫。

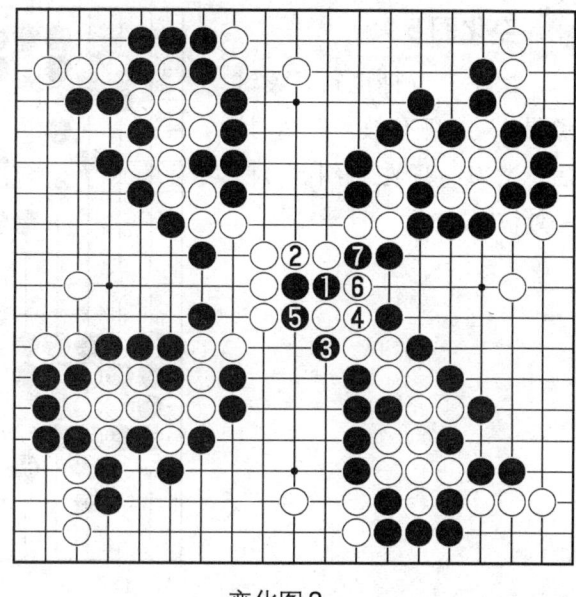

变化图 3

变化图 4

白走 1 位团，黑 2 退出是先手，白 3 须接，以下黑 12，白依然风雨飘摇。

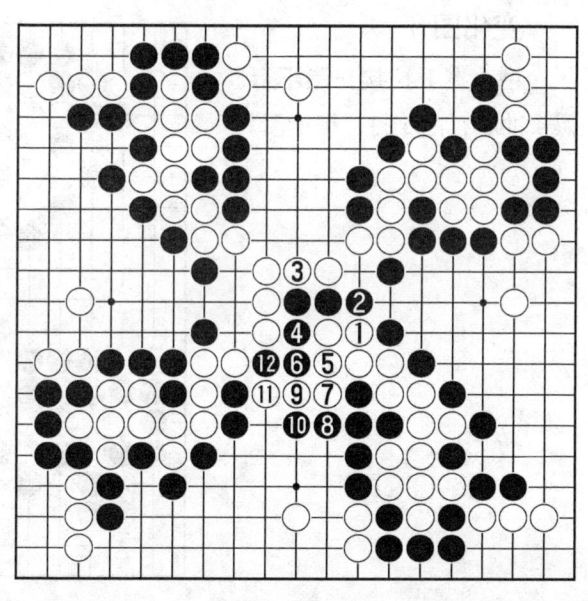

变化图 4

变化图 5

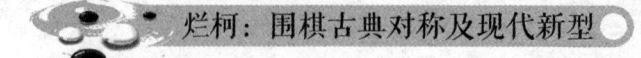

黑在 1 位打也行，关键黑是 13 点仍有效，白 20 接后，黑 21、23 左右纠缠，白一处被吃。

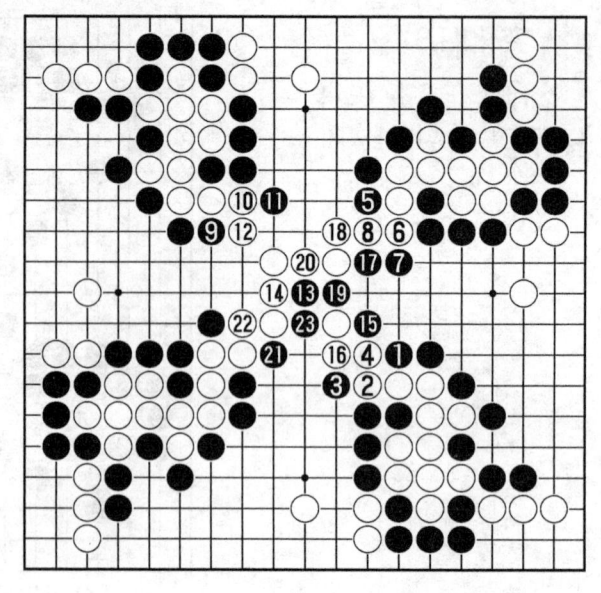

变化图 5

变化图 6

白改在 1 拉接，黑不行，黑 4 冲断，白 5 打，黑崩溃。

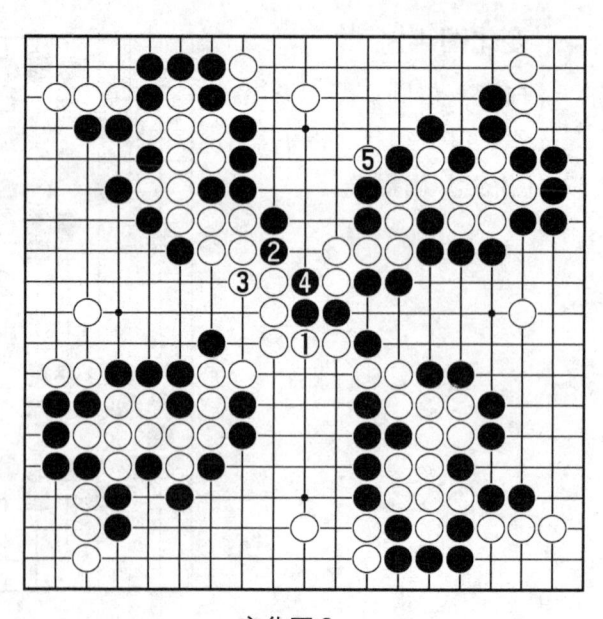

变化图 6

变化图 7

黑 3 单冲是好次序，白 4 打抵抗，黑 5、7 可行，以下至黑 13 白被吃掉。

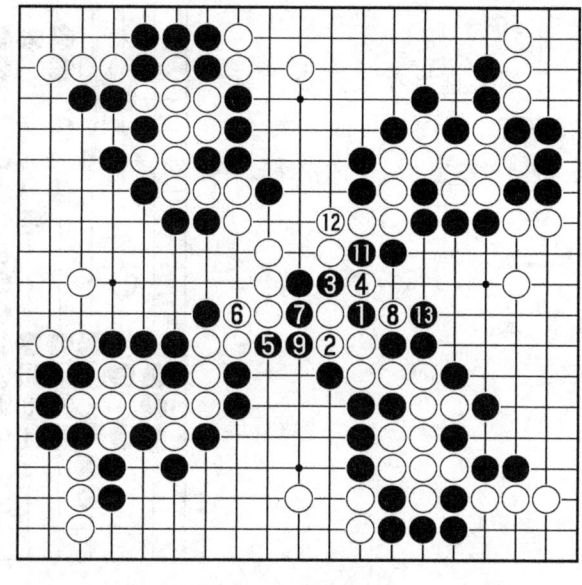

变化图 7　⑩ = ❶

变化图 8

白在 1 位接也不行，黑 2、4 先手，至黑 8 止，白仍被吃。

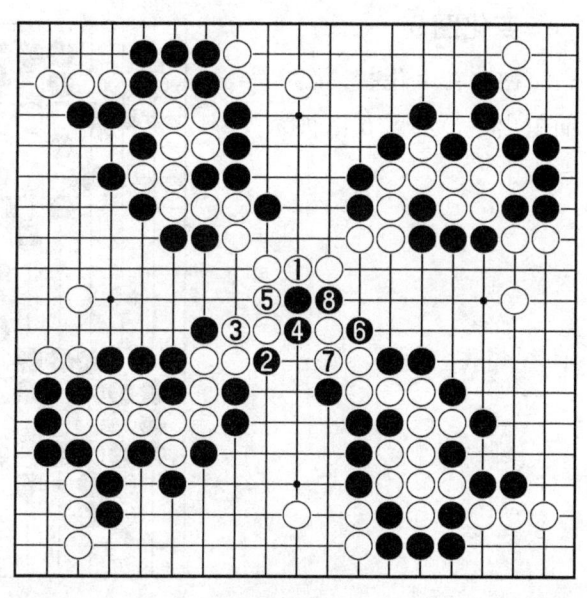

变化图 8

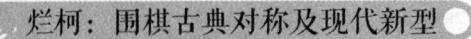

探讨

黑1直接在天元点，看行不行，当白2接时，黑3、5行动，至黑37，白仍不行。

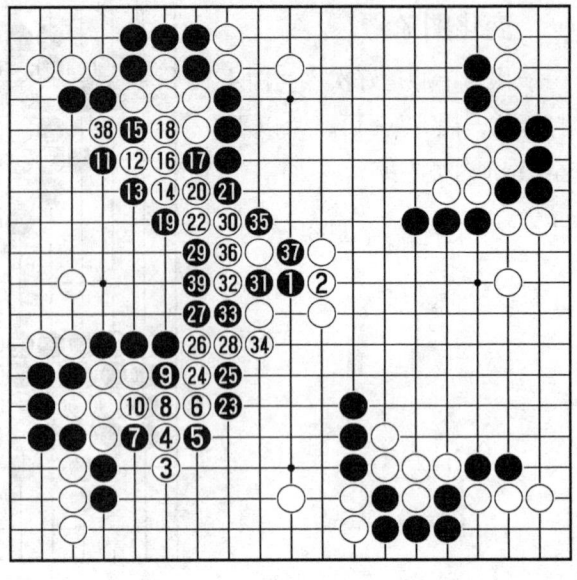

探讨

变化图9

白改在1位接，黑2、4简单出手，至黑6白被杀死一边。

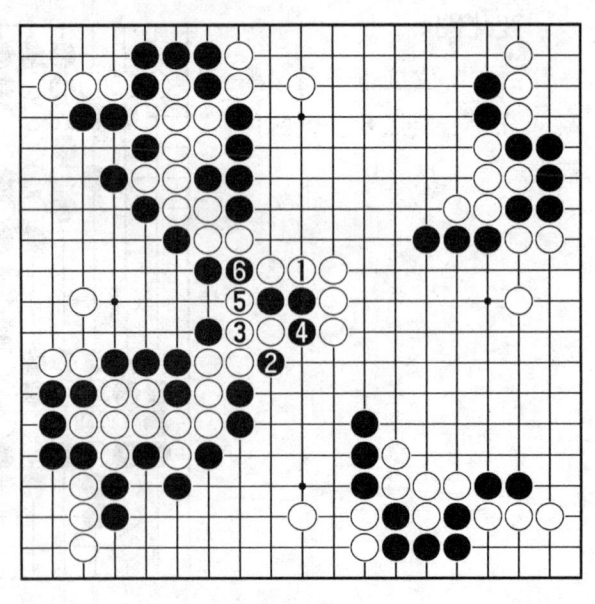

变化图9

变化图 10

白 1 也不行，以下至黑 24 黑把白征杀。

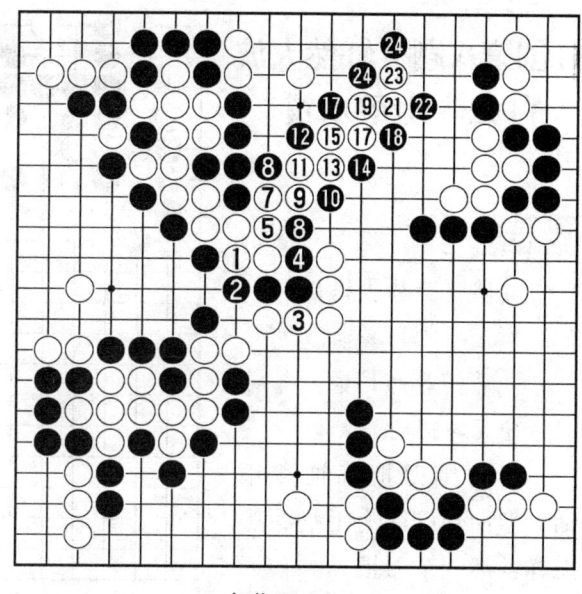

变化图 10

题目来源

当初我是先看到左下角棋形，后来我把它弄成左右对称，如果黑 1、7 行动，变化至白 36，黑不行。

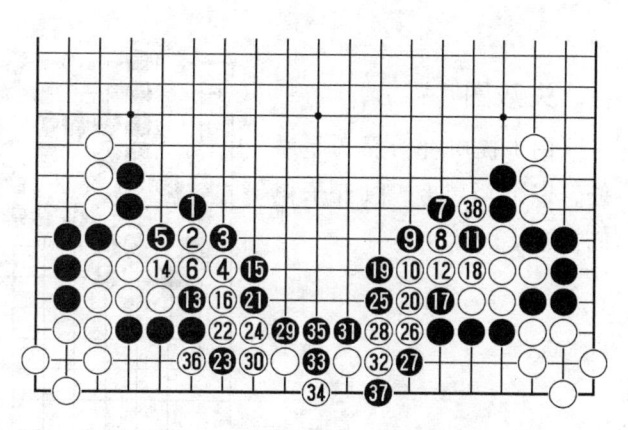

题目来源

自创第八题 轩然大波
白先 山重水覆

题诗

乱鸦飞鹭势纵横，
对面机心岂易萌。
一着错时都是错，
宁无冷眼看输赢。

对角黑刀把五被点不活，但白包围圈有毛病，黑怎样救活一个刀把五？

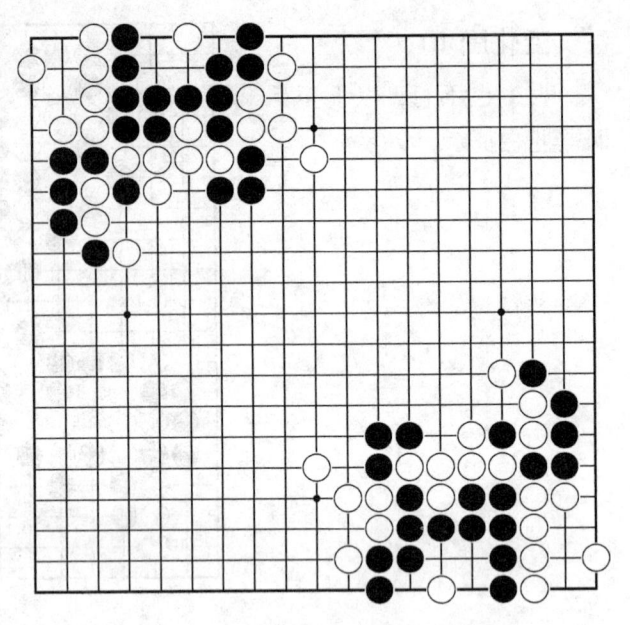

自创第八题

失败图

白1提单补，黑2是手筋，以下至黑8，白五子棋筋被吃。

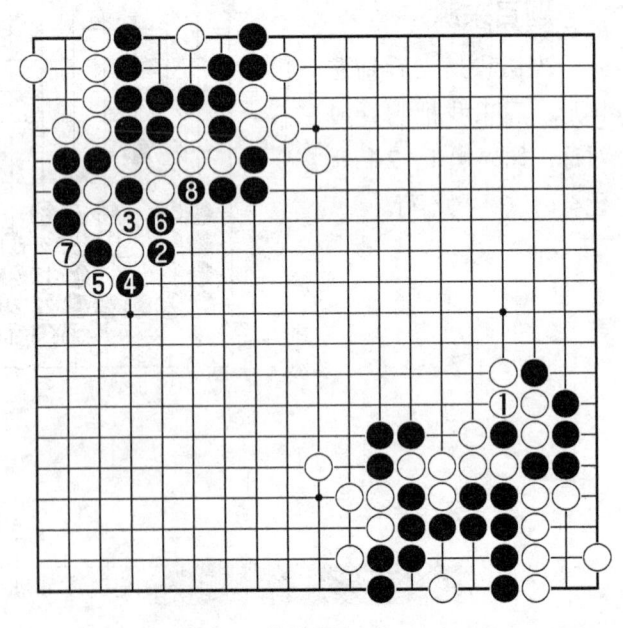

失败图

变化图1

白1尖,黑2枷,以下至黑8,白仍接不归。

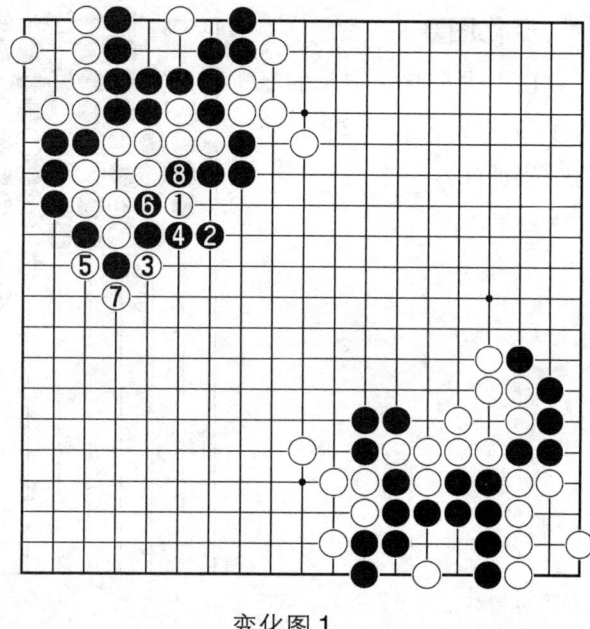

变化图1

变化图2

白1顶时,也不行,黑2长,白3提后,黑4封死。

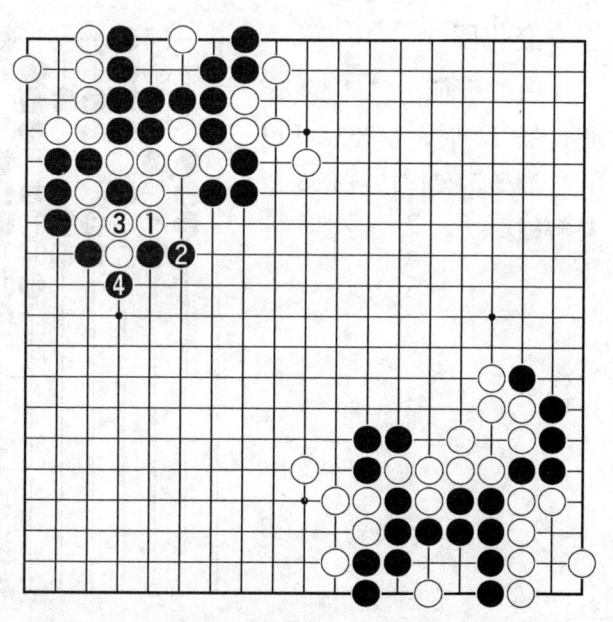

变化图2

变化图 3

白 1 尖是此时唯一的抵抗手段，以下至黑 28 黑棋把白棋征死。

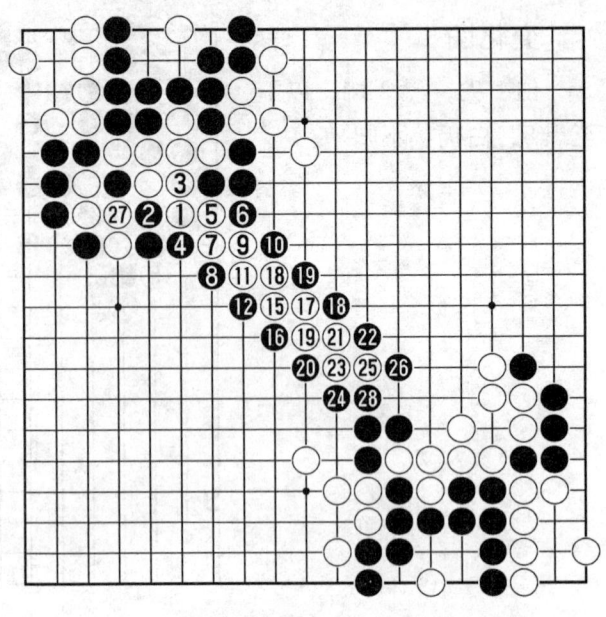

变化图 3

变化图 4

白 1 引征，黑 2、4 定形，黑 32 时，白 33 可以长，当黑 34 封时，白 35 双打解围。

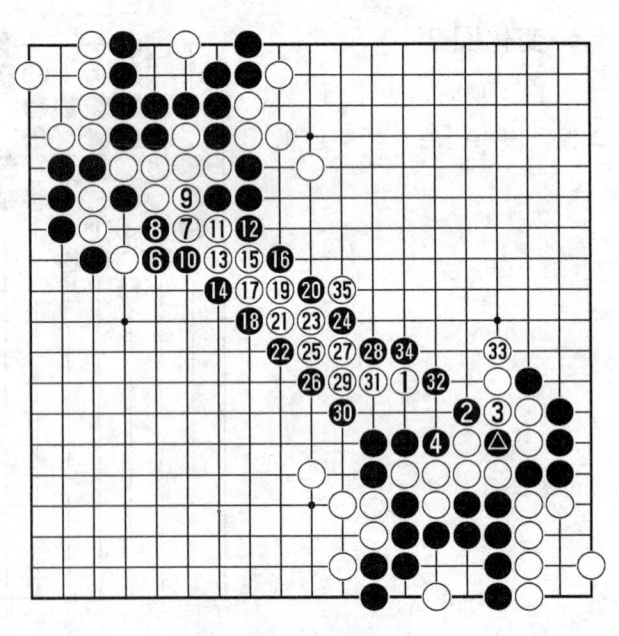

变化图 4　⑤ = ▲

变化图 5

黑 1 在此多打一路，当黑 21 时，白 22 只能防一边，黑 23 打吃，白失败。

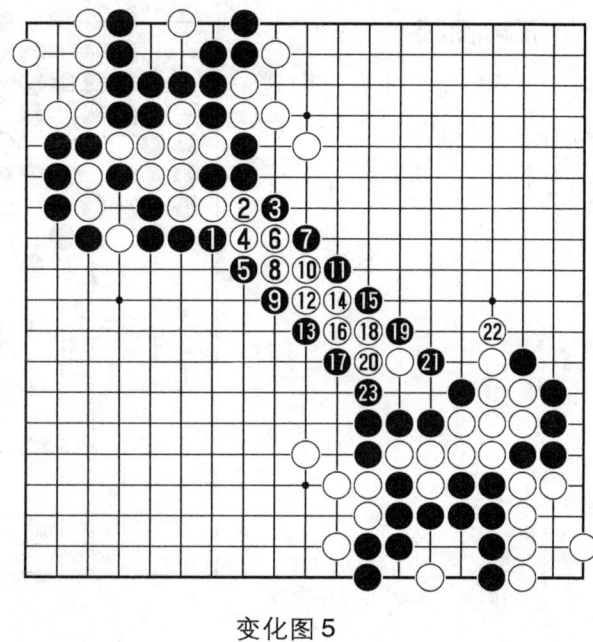

变化图 5

正解图

白 1 走天元，想两边引征，以下至白 29，白成功。

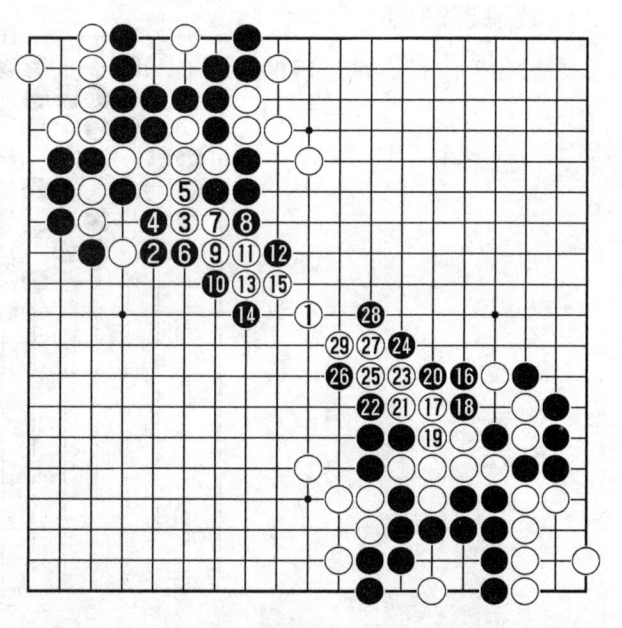

正解图

正解图续

黑 30、32 打吃，白逃到角上去，因白有 65、67 延气手段，黑失败。

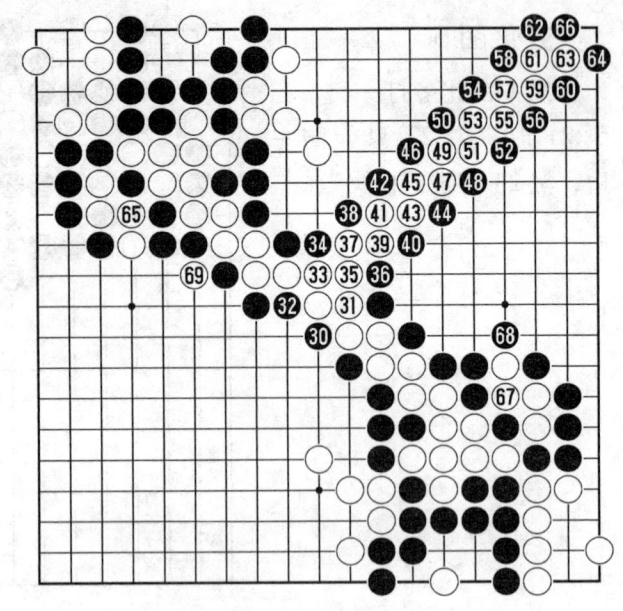

正解图续

破解正解图

黑在 1 位打，是正确的着法，白 2 逃，以下至黑 13 止，白被杀死。

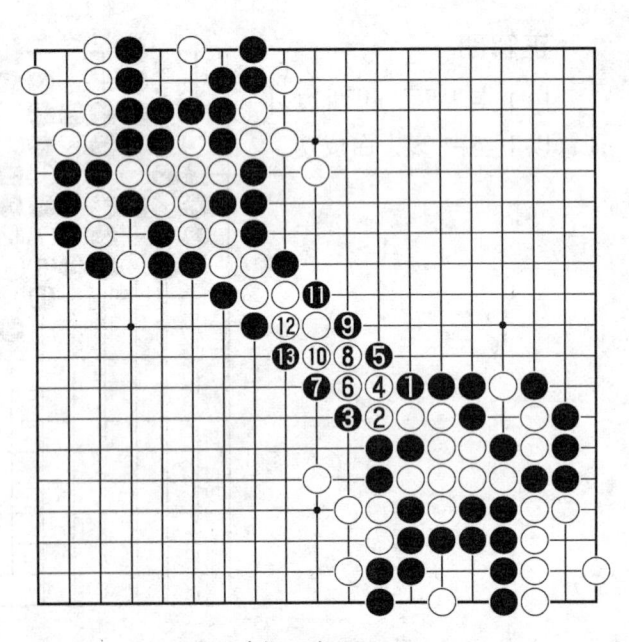

破解正解图

变化图 5

黑 1、9 相向征吃，黑 19 打，白 20，黑毫无作为。

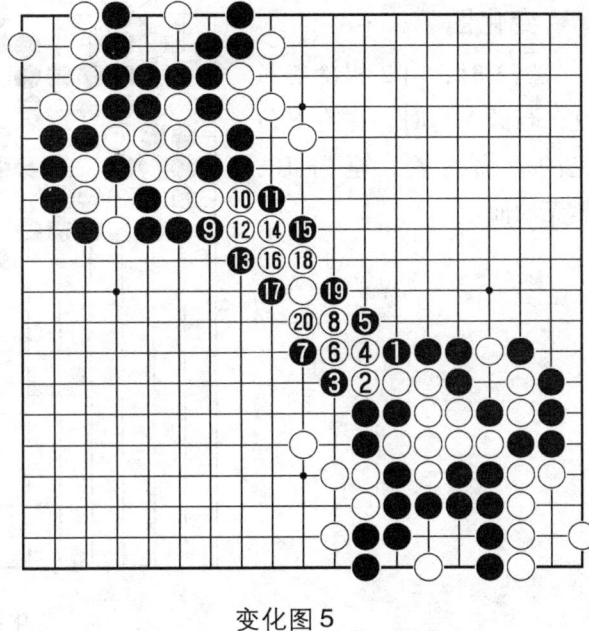

变化图 5

变化图 6

黑单走 1 位具有一定欺骗性。黑 5 吃掉一边，白不好。

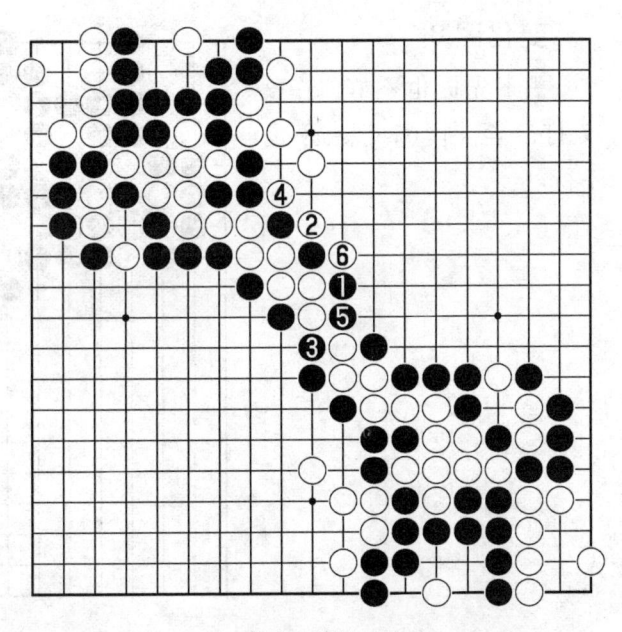

变化图 6

变化图 7

黑 1 时，白 2 提冷静长气，当黑 5 打时，白有 6 位提的救命之着，至白 10，黑无功而返。

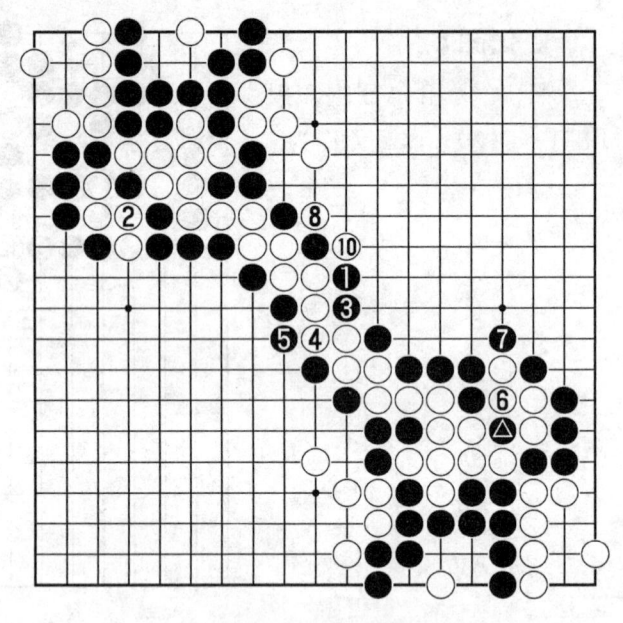

变化图 7　⑨＝△

变化图 8

黑 1 先提也不好，白 2 双打，至白 6，黑还是不行。

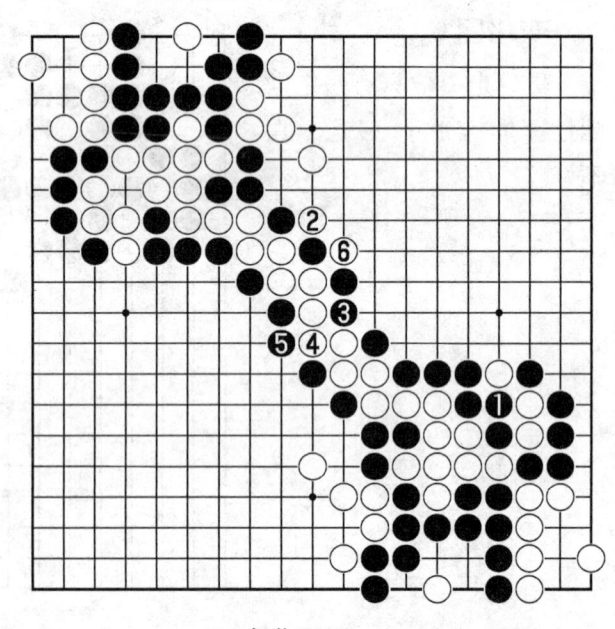

变化图 8

变化图 9

白 1 在天元左下引征，看如何？现在研究黑 14、20 的征法，以下至黑 34 挤进去打，白死一边。

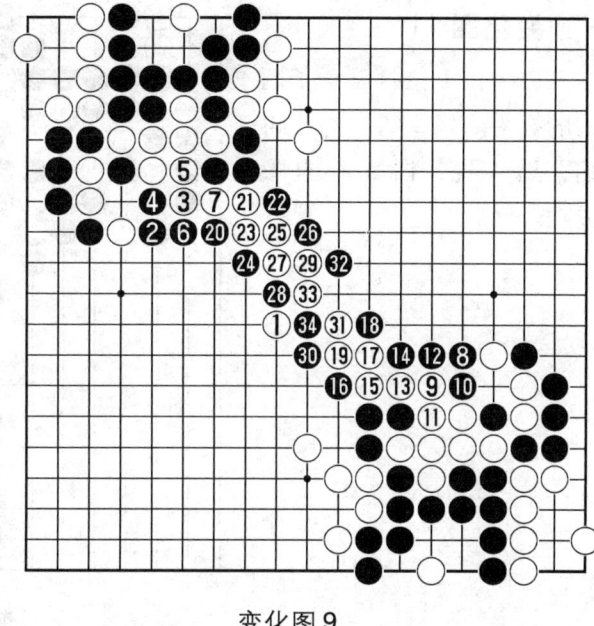

变化图 9

变化图 10

黑改在 1 位打，当白棋两条巨龙靠拢时，黑 17 接，白 18 不好，黑 19 征吃一方。

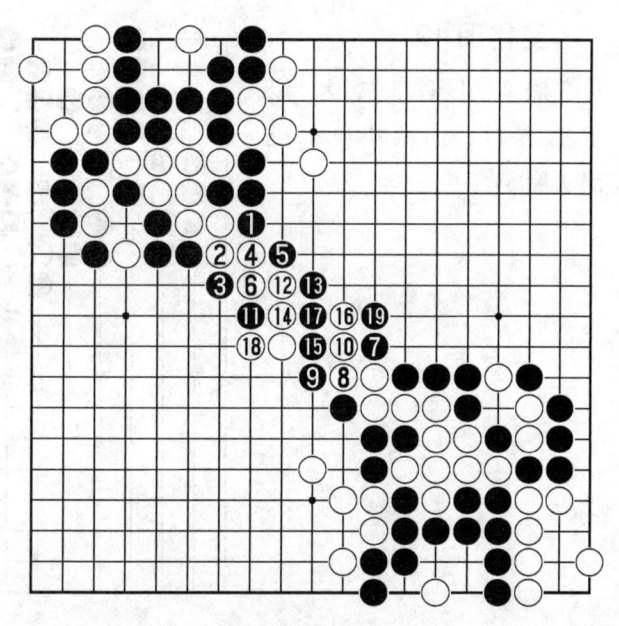

变化图 10

变化图 11

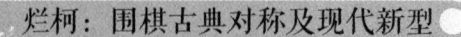

白改在 1 位打是一子两用的好手。黑 2 时，白 3 再拐，黑 4 提，白 5 扑自救成功。

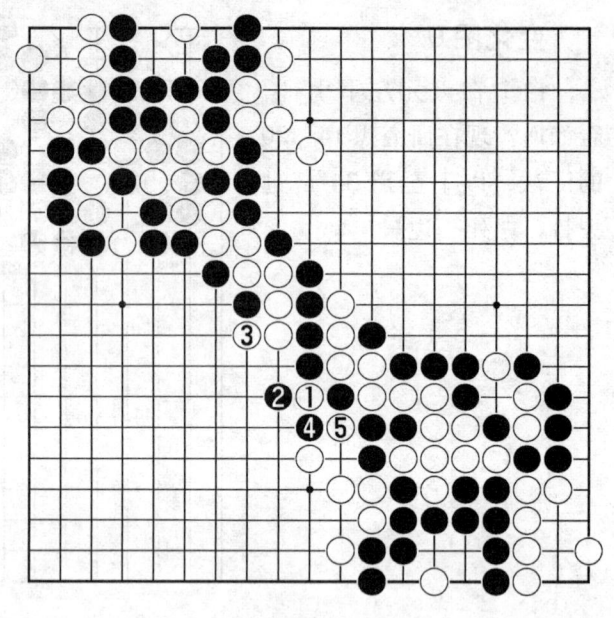

变化图 11

变化图 12

黑 2、4 追求紧凑，以下至黑 11，白两块棋都逃出了魔掌。

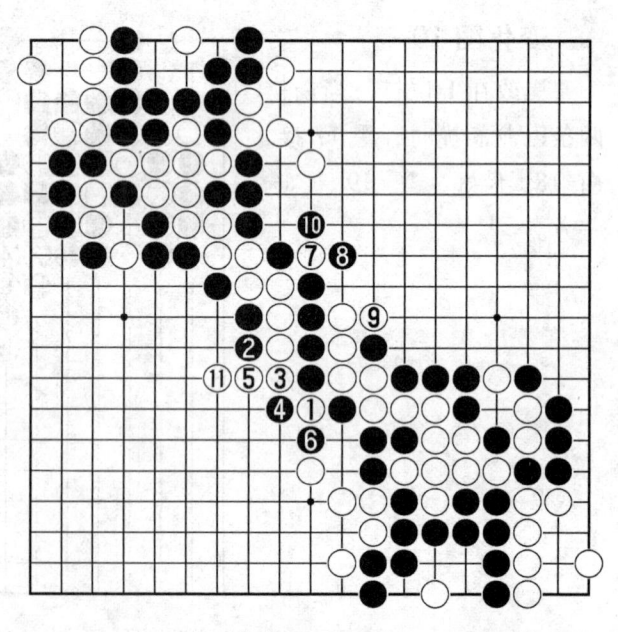

变化图 12

变化图 13

让黑棋痛苦的是，黑 2 不能打，因白 3 一打，黑美梦破灭。

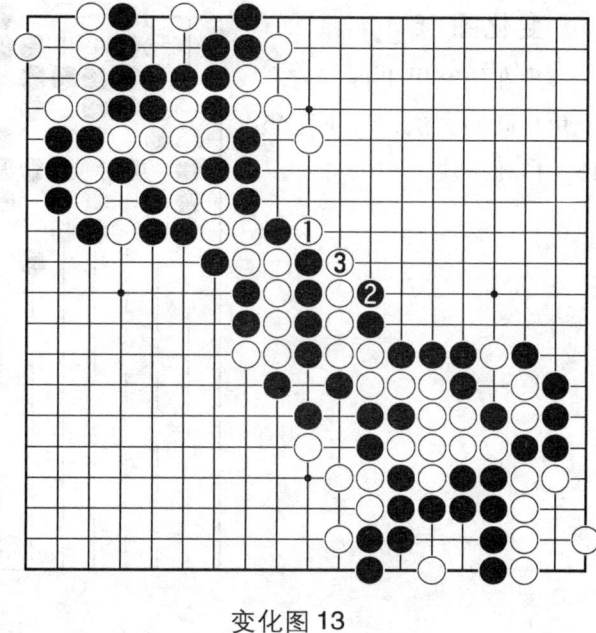

变化图 13

变化图 14

假设黑有▲一子，当白 3 时，黑 4、6 提一子，A、B 两点黑必得其一，征死白棋一边。

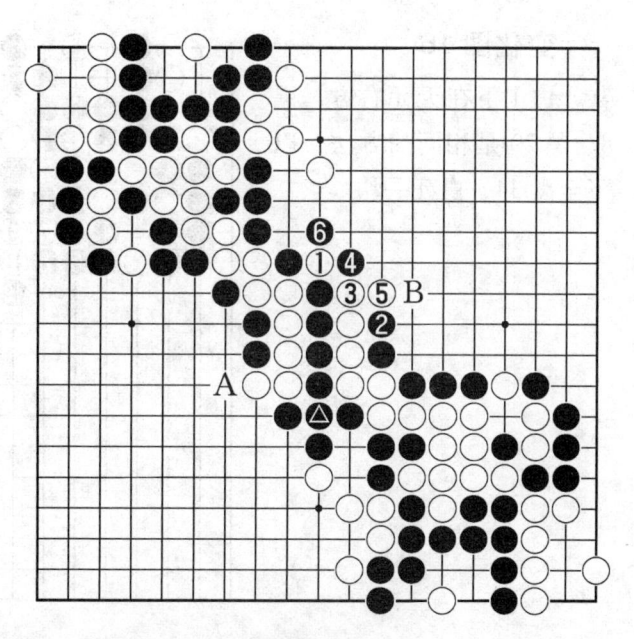

变化图 14

变化图 15

现在研究黑 1 征，与左上角相同的方法，以下至黑 15，白死一块。

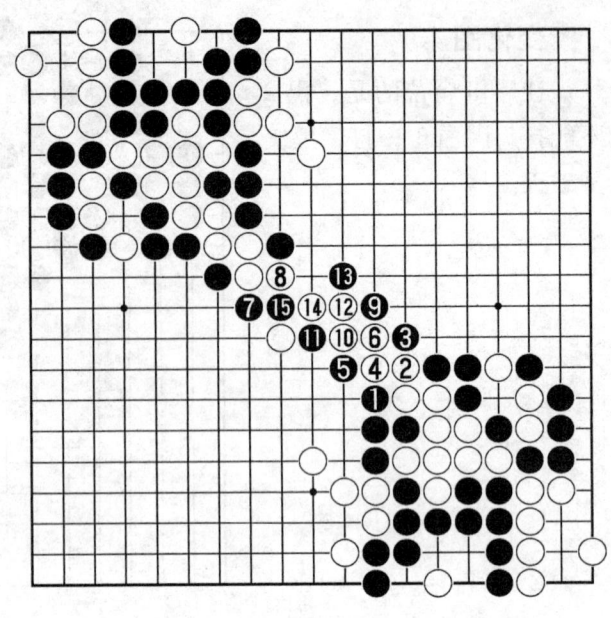

变化图 15

变化图 16

白 1 下在天元右方，黑 8、黑 20 是相同的方法，以下至黑 34，白死一块。

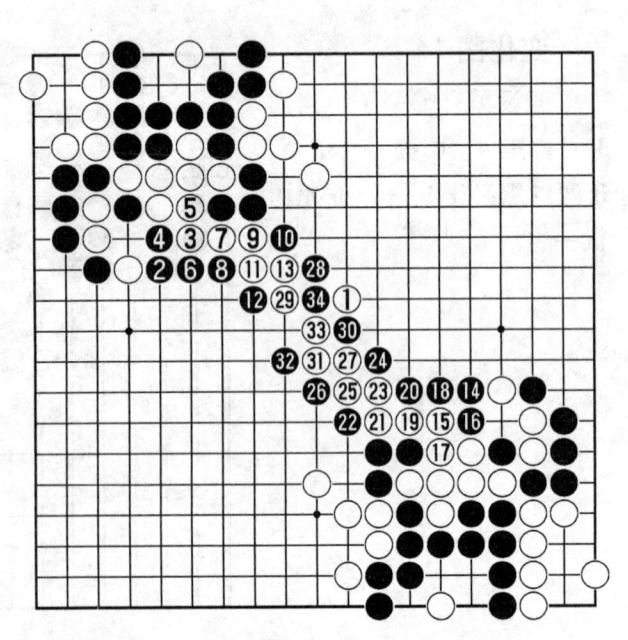

变化图 16

变化图 17

黑 1 打，与左上角一样的方法，至白 16 打，白两处解围。加上黑 17、19 紧凑的好手，至黑 21，白 22 抵抗，黑 23 反打，至黑 25 白仍然被征死。

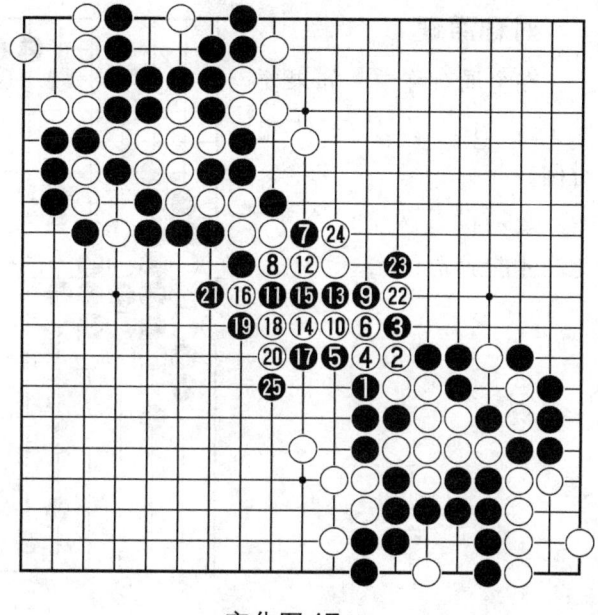

变化图 17

变化图 18

黑在 1 位征，是对称的征法，黑 17 分断，白 18 长出，黑 19、21 不能置白于死地。

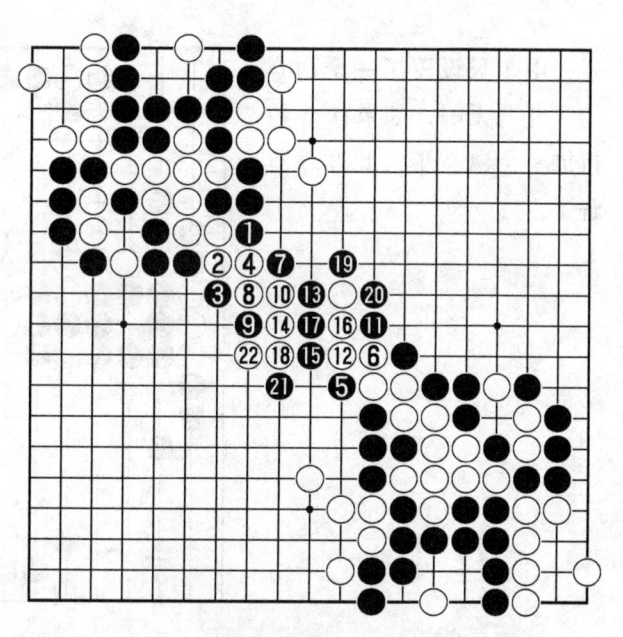

变化图 18

对称原理

在全局对称中,如果要设置棋子,必须要对角对称。

必须设置两个白△子,此题才能成立。

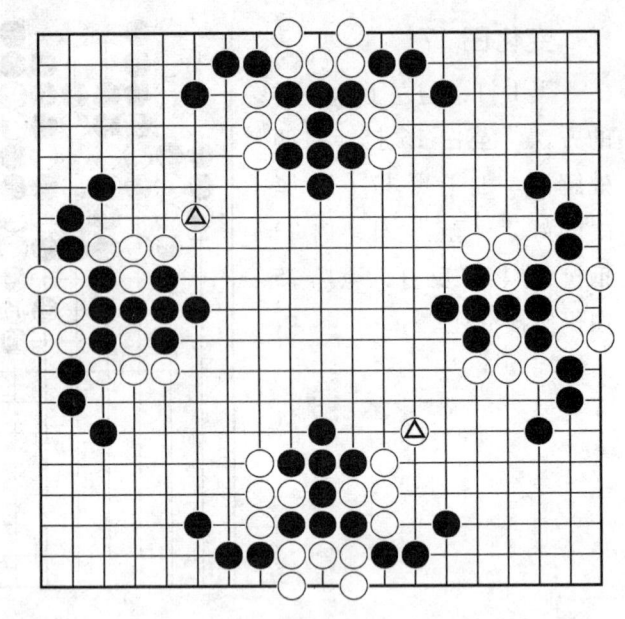

对称原理

由于只设置了一个白△子,此题无解,如果在 A 位再加一个白△子,此题就有解了。

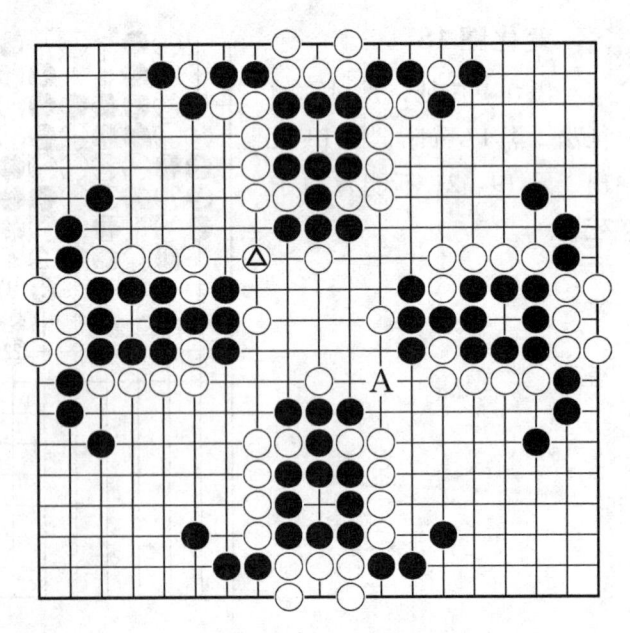

例证：

这是"始悟老仙"一题，正因为黑两个△子，此题才有解。

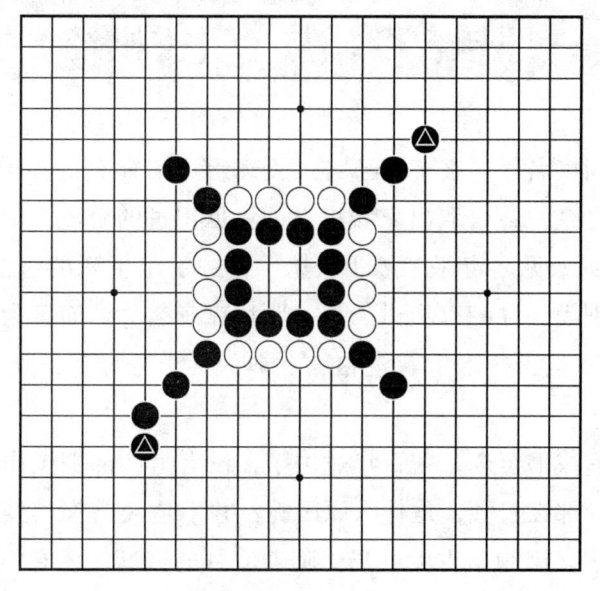

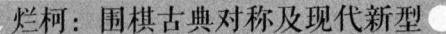

烂柯：围棋古典对称及现代新型

代后记
——照耀古今，与《玄玄棋经》相媲美

我国元朝围棋名著《玄玄棋经》，是宋朝丞相元献公的孙子晏天章和同乡严德甫在对弈之余，各自取出家藏棋书，将见识过的手段，确实令人赞赏的手法，以及今所未见之奇手、妙手、鬼手，一手定生死的着法，一一列举，按其局势分门别类，并配以棋谱。每一题均赋于名称，而且为了使人们易于理解其精妙之着点，还附上解说格言、典故，十分详尽，真可谓集棋经之大成。

然而，自它成书至今，六百年过去了，没有另一部围棋作品有它那样辉煌，那么经典，那么玄妙，是什么原因呢？并不是《玄玄棋经》把天下围棋好题都创作完了，因为千古无同局。随着岁月的流逝，还有很多的好题、妙局、玄势有待今人去开掘。只是我们现代人太浮躁了，太功利了，没有古人那么悠闲、那么宁静地研究棋道。以古照今，是不是我们现代人应该用优秀的传统文化修身养性呢？

这是我在2011年6月，人民体育出版社出版的《秘谱剑客——围棋技术情报解密》一书的后记。现在刚好十二年，《烂柯传世：围棋古典对称及现代新型》，从书名到内容都十分新颖，别具一格，完全可以与《玄玄棋经》相媲美。我们试图从棋艺、文化、典故去解读，尤其是感悟这个部分，是作者研究心得。

严格地说，这本书的复杂程度，肯定超过了元代的《玄玄棋经》，甚至可以与日本的《发阳论》相提并论。世界围棋冠军芈昱廷曾说："你这些棋虽然复杂，但实战中不会产生。"尽管如此，凡是懂棋的人都知道，围棋的棋理是相通的，虽然棋形不能产生，但是那些手筋妙招、攻防手段不能借用吗？我认为，围棋锦标赛与趣味研究是围棋的两个方面，就像太极中的阴阳一样，相辅相成。在深奥无比的围棋中，肯定还存在着无穷无尽的精彩绝伦的对称形，只是我们目前还没有发现而已。我手中还有四五百道未发表的对称题，其中精彩并不亚于发表的。不知人工智能是否有围棋对称形的创作功能，对此我很期待。

借此机会对围棋同仁表示衷心的感谢，特别是《围棋报》主编钱国柱做了大量工作，让棋谱准确无误。这是一件繁琐而细致的工作，他任劳任怨，只为让读者享受美好的阅读。

有些女性平凡而伟大，从不显山露水，成功的男人背后，有她们艰辛付出。我认识一位这样的女性，具有远见卓识，胸怀宽阔，高风亮节，默默耕耘，勇于挑战，负重前行，她的人格魅力是认知人性真善美的窗口。我心里对她充满了无限敬佩之情。我很荣幸结识这样一位伟大的女性。天不负我，我不负天。

在写作这本书的时候，我不幸摔倒造成骨折，学校有关方面负责人刘桂阶妥善处理了这件事，使我不会因此分心而影响这本书的创作，借此机会向他表示衷心的感谢，人在困境之中，一点帮助就是巨大的支持。滴水之恩，当涌泉相报。

从1991年出版的《小林流对局精选》开始到现在的《烂柯：围棋对……》，每一本书我都送华中师范大学图书馆收藏，为研究我作品的人提供一份翔实的资料，这些书记录了我人生的轨迹，每本书背后都有一个精彩的故事。

对于作家来说，书在哪里，他的家就在哪里，对于有些热爱知识的人来说，图书馆是追梦的地方，过去，我为写作常去图书馆查资料；现在，为了健康和快乐，常去图书馆打乒乓球，现在回想起来，我与华中师范大学会图书馆还真有些缘分。

刘乾胜
2023 年 11 月于武汉